Dirk Wentzel (Hg.)

Europäische Integration – Ordnungspolitische Chancen und Defizite

Schriften
zu Ordnungsfragen der Wirtschaft

Herausgegeben von

Prof. Dr. Gernot Gutmann, Köln
Dr. Hannelore Hamel, Marburg
Prof. Dr. Helmut Leipold, Marburg
Prof. Dr. Alfred Schüller, Marburg
Prof. Dr. H. Jörg Thieme, Düsseldorf

Unter Mitwirkung von

Prof. Dr. Dieter Cassel, Duisburg
Prof. Dr. Karl-Hans Hartwig, Münster
Prof. Dr. Hans-Günter Krüsselberg, Marburg
Prof. Dr. Ulrich Wagner, Pforzheim

Redaktion: Dr. Hannelore Hamel

Band 82:   Europäische Integration – Ordnungspolitische Chancen
             und Defizite

Lucius & Lucius · Stuttgart · 2006

Europäische Integration –
Ordnungspolitische Chancen und Defizite

Herausgegeben von

Dirk Wentzel

Mit Beiträgen von

Thomas Apolte, Hubertus Bardt,
Ansgar Kortenjann, Helmut Leipold,
Albrecht F. Michler, Christian Müller,
Alfred Schüller, Heinz-Dieter Smeets,
Torsten Sundmacher, Dirk Wentzel

Lucius & Lucius · Stuttgart · 2006

Anschrift des Herausgebers:

Prof. Dr. Dirk Wentzel
Hochschule Pforzheim
Jean Monnet-Lehrstuhl für
Europäische Wirtschaftsbeziehungen
Tiefenbronner Straße 65
75175 Pforzheim

dirk.wentzel@hs-pforzheim.de
http://europa.hs-pforzheim.de

Bibliografische Information der Deutschen Nationalbibliothek

Die Deutsche Nationalbibliothek verzeichnet diese Publikation in der
Deutschen Nationalbibliografie; detaillierte bibliografische Daten sind
im Internet über http://dnb.d-nb.de abrufbar.

(Schriften zu Ordnungsfragen der Wirtschaft; Bd. 82)
ISBN   978-3-8282-0382-2

© Lucius & Lucius Verlags-GmbH • Stuttgart • 2006
Gerokstraße 51 • D-70184 Stuttgart

Druck und Einband: ROSCH-BUCH Druckerei GmbH, 96110 Scheßlitz
Printed in Germany

ISBN   978-3-8282-0382-2
ISSN   1432-9220

Vorwort

Am 1. Januar 2007 übernimmt Deutschland die Präsidentschaft im Rat der Europäischen Union. Nie zuvor hat eine deutsche Regierung eine ähnlich umfangreiche Aufgabenliste mit auf den Weg bekommen wie im ersten Halbjahr 2007. Nach dem vorläufigen Scheitern des europäischen Verfassungsprozesses ist eine „Zeit des Nachdenkens" eingetreten, die verdeutlicht, wie sehr Europa derzeit mit seiner eigenen Kernfrage befaßt ist: Was genau kann und will Europa für seine Bürger zukünftig sein? Welche ordnungspolitischen Optionen und wirtschaftspolitischen Leitbilder stehen zur Verfügung?

Die europäische Architektur befindet sich im Spannungsfeld teilweise gegenläufiger Interessen. Manche wünschen sich einen stärkeren Verbund der Gründungsstaaten und der Länder der Eurozone, um in einem „Europa der zwei Geschwindigkeiten" die eigenen Ordnungsvorstellungen gegenüber den Neulingen aus Osteuropa verteidigen zu können. Andere wiederum wünschen einen eher loseren Verbund der Europäer, der auch für weitere Zutrittsländer offen ist, eine Art von Freihandelszone also mit politischem Fundament. Bis heute ist völlig offen, ob Europa eine Art von Staatenbund oder aber ein Bundesstaat sein will.

Obwohl die Frage der europäischen Integration vor allem auch eine Frage der wirtschaftlichen Interessen ist, beschäftigen sich vergleichsweise wenige Ökonomen mit der Erforschung dieses Prozesses und überlassen das Feld gerne den Juristen und Politologen. Dies ist insoweit zu bedauern, da gerade der ökonomische Ansatz über Instrumente und Methoden verfügt, die wechselseitige Vorteilhaftigkeit von Tauschprozessen zu analysieren. Die gegenwärtigen europäischen Streitpunkte sind vorwiegend ordnungspolitischer Natur, etwa wenn es um die Einhaltung der Stabilitätskriterien geht, wenn die Frage der Aufnahme neuer Mitglieder diskutiert wird oder wenn die dringend notwendige Reform des Agrarsektors auf dem Programm steht. Auch die Frage, ob die anspruchsvollen Ziele der sog. Lissabon-Strategie zu verwirklichen sind, kann nur durch eine genaue Analyse der hierfür notwendigen Ordnungsbedingungen beantwortet werden.

Im vorliegenden Band wird der Versuch unternommen, aus ordnungsökonomischer Perspektive einen Blick auf den gegenwärtigen Status quo der europäischen Integration zu werfen. Dabei werden sowohl Grundsatzfragen als auch ordnungspolitisch besonders relevante Teilaspekte aufgegriffen und kritisch zu diskutiert.

Im ersten Beitrag befaßt sich *Heinz-Dieter Smeets* (Universität Düsseldorf) mit den Grundlagen der europäischen Integration von der EGKS bis heute. Dieser Beitrag, der auch einen Überblick über die wichtigsten ordnungspolitischen Weichenstellungen und Einigungsschritte umfaßt, dient als Einleitung und als verbindende Klammer zu den nachfolgenden Beiträgen. Im zweiten Artikel geht *Helmut Leipold* (Universität Marburg) der grundlegenden Frage nach, wie Europa mit dem Spannungsverhältnis zwischen Konsens und Mehrheitsprinzip umgehen kann. Während das Konsensprinzip in einem Europa der 27 kaum noch praktikabel ist, fehlt dem Mehrheitsprinzip in spezifischen Fragen, die nationale Empfindlichkeiten berühren, die grundlegende Akzeptanz. *Ansgar Kortenjann* und *Thomas Apolte* (beide Universität Münster) diskutieren anschließend, ob aus der Europäischen Verfassung ein Gründungsmythos entstehen kann, wie er beispielsweise in der amerikanischen Verfassung bis heute lebendig ist. Allerdings zeigt sich, daß der bisherige Verfassungsprozeß eher der Konsolidierung der bestehenden Verträge diente, um für die nach Osten erweiterte Union eine Handlungsgrundlage zu garantieren.

Einen zentralen Aspekt für die weitere *wirtschaftliche* Entwicklung Europas behandelt *Albrecht F. Michler* (Universität Düsseldorf) in seinem Beitrag über die Geldpolitik der Europäischen Zentralbank. Hierbei wird deutlich, daß die bisherigen Erfolge der EZB in ihrer politischen Unabhängigkeit und in der institutionellen Struktur begründet sind, aber keinesfalls schon langfristig als gesichert gelten können. Eine weitere ordnungspolitische Grundsatzfrage der europäischen Integration untersucht *Alfred Schüller* anhand des Verhältnisses von Wettbewerbs- und Industriepolitik. Kritisch stellt er fest, daß in der zunehmenden Neigung zu industriepolitischer Intervention und Protektion die Gefahr einer wettbewerbsfeindlichen Gestaltung des Binnenmarktes zu sehen ist. Ein Beispiel hierfür sind die von *Hubertus Bardt* (Institut der Deutschen Wirtschaft, Köln) behandelten Strommärkte, die nach wie vor als wettbewerbliche Ausnahmebereiche organisiert sind. Die Europäische Union hat ohne Zweifel Verdienste bei der Liberalisierung dieser Märkte erworben, wenngleich es insgesamt noch national starke Unterschiede im Engergiemix und in den langfristigen strategischen Überlegungen gibt. *Torsten Sundmacher* und *Christian Müller* (beide Universität Duisburg), gehen anschließend der Frage nach, inwieweit die Sozialpolitik in Europa ordnungskonform mit dem Binnenmarkt verbunden werden kann. Die sog. Offene Methode der Koordinierung (OMK) ist vor allem in sozialpolitischen Fragen eine durchaus zielführende Methode, um institutionelles Lernen und Systemwettbewerb zu fördern. Der abschließende Beitrag von *Dirk Wentzel* (Hochschule Pforzheim) analysiert den weitgehend liberalisierten europäischen Medienmarkt. „Medien und Telekommunikation ohne Grenzen" sind Teil des Binnenmarktprogramms, wenngleich es gerade bei den Medien immer wieder auch Versuchungen einzelner Länder gibt, zu protektionistischen Neigungen zurückzukehren.

Alle Beiträge dieses Bandes wenden sich einerseits an die akademische Fachwelt, andererseits aber auch an Studierende, die an Fragen der europäischen Integration interessiert sind. Mit einem möglichst realistischen Bild von der europäischen Integration werden bisherige Erfolge des Binnenmarktes, aber auch immer wiederkehrenden Neigungen zu staatlichem Interventionismus und zu bürokratischer Gängelung vermittelt. Soll die europäische Integration eine ordnungspolitisch solide Zukunft haben, sind die künftigen Integrationsschritte sorgfältig abzuwägen und ihre Auswirkungen im globalen Zusammenhang zu bedenken.

Die Drucklegung dieses Bandes ist willkommener Anlaß, allen Beitragenden einen großen und herzlichen Dank auszusprechen. Mein erster Dank gilt allen Autoren, die trotz großer Zeitnot und Arbeitsbelastung die Zeit gefunden haben, aus ihrem jeweiligen Interessengebiet einen Beitrag zu liefern. Ein besonderer Dank gilt Dr. *Hannelore Hamel*, die mit großer Akribie die eingereichten Manuskripte in druckreife Texte verwandelt hat. Zu danken ist auch *Christel Dehlinger*, die durch ihre langjährige Erfahrung und technische Kompetenz die Drucklegung bestens gewährleistet hat.

Danken möchte ich auch der Hochschule Pforzheim, die mir für meine europäischen Aktivitäten volle Unterstützung und Rückhalt gewährt und Freiräume ermöglicht. Ebenfalls danken möchte ich Prof. Dr. *Adrian Wanner* und der Pennsylvania State University, die mir durch die Einladung im Sommer 2006 die Gelegenheit gaben, meinen eigenen Beitrag noch einmal gründlich zu überarbeiten und fertigzustellen. Nicht zuletzt danke ich der Europäischen Kommission und der *Aktion Jean Monnet*, die den finanziellen Rahmen für meinen *Jean Monnet*-Lehrstuhl bereitstellt und hierdurch europabezogene Forschung und Lehre in größerem Rahmen ermöglicht.

Pforzheim, im Oktober 2006   Prof. Dr. Dirk Wentzel

Inhalt

Dirk Wentzel (Hg.), Europäische Integration – Ordnungspolitische Chancen und Defizite
Schriften zu Ordnungsfragen der Wirtschaft · Band 82 · Stuttgart · 2006

Stand und Perspektiven der europäischen Integration

Heinz-Dieter Smeets

Inhalt

1.   Politischer und institutioneller Rahmen

Die europäische Integration entwickelte sich vor dem Hintergrund der Nachkriegspe-
riode, in der man durch die Schaffung einer Vielzahl von internationalen Organisationen
und Kooperationen eine friedlichere Weltordnung schaffen wollte. Dieser Aufbau ent-
sprechender Organisationsstrukturen kam allerdings im Nachkriegseuropa nicht problemlos zustande (*Tömmel* 2006, S. 15).

> „Europa lässt sich nicht mit einem Schlage herstellen und auch nicht durch eine einfache
> Zusammenfassung: Es wird durch konkrete Tatsachen entstehen, die zunächst eine Soli-
> darität der Tat schaffen."

Mit diesen Worten unterbreitete der damalige französische Außenminister *Robert
Schumann* (zitiert nach *Fritzler* und *Unser* 1998, S. 21) am 9. Mai 1950 der Öffentlich-
keit einen Vorschlag, der am 18. April 1951 umgesetzt wurde. Sechs europäische Staa-
ten gründeten zu diesem Zeitpunkt die Europäische Gemeinschaft für Kohle und Stahl
(EGKS) – auch kurz als Montanunion bezeichnet – und verzichteten damit primär im
Interesse der Friedenssicherung auf ihre nationalen Souveränitätsrechte in besonders zur
damaligen Zeit wichtigen ökonomischen Sektoren. Dies war die Keimzelle der heutigen
Europäischen Union (EU).

Heute besteht die EU – wie **Übersicht 1** veranschaulicht – aus drei Säulen. Die zentrale und gewichtigste Säule bilden die Europäischen Gemeinschaften, die sich wiederum aus dem Euratom-Vertrag und dem EG-Vertrag (eine Fortentwicklung des EWG-
Vertrags von 1958) zusammensetzen. Der EGKS-Vertrag ist planmäßig im Jahre 2002
ausgelaufen. Noch relevante Vorschriften sind dabei in den EG-Vertrag integriert worden. Die Europäischen Gemeinschaften umfassen in erster Linie die Grundlagen der
wirtschaftlichen Integration und bilden daher den Schwerpunkt der weiteren Überlegungen. Die Basis der Europäischen Vertragswerke (EGKS-Vertrag, EWG-Vertrag;
Euratom-Vertrag) wurde erstmals im Jahre 1987 durch die Einheitliche Europäische
Akte ergänzt und reformiert. Gegenstand dieses Vertragswerkes war insbesondere die
Verwirklichung des Binnenmarktes bis Ende des Jahres 1992. Darüber hinaus wurden
die Entscheidungsverfahren der EG reformiert und dem Europäischen Parlament mehr
Kompetenzen zugestanden. Die Zuständigkeiten der EG in den Bereichen Umweltschutz sowie Forschung und Technologie wurden ausgeweitet. Man „bewegte" sich
jedoch immer noch ausschließlich in der zentralen Säule der Europäischen Gemeinschaften.

Erst mit dem Maastrichter Vertrag von 1992 wurden die Europäischen Gemeinschaften zur Europäischen Union. Im Mittelpunkt dieses Vertrags stand unzweideutig der
Stufenplan zur Errichtung der Europäischen Währungsunion und damit erneut ein Element der mittleren Säule. Außerdem verpflichteten sich die Vertragspartner aber auch
zu einer engeren Zusammenarbeit in der Außen- und Sicherheitspolitik sowie in der
Innen- und Justizpolitik. Hierdurch wurden die beiden flankierenden Säulen des „Europäischen Hauses" hinzugefügt. Die neuen Politikbereiche blieben jedoch von den Ge-
meinschaftsverfahren ausgeschlossen.

Übersicht 1: Aufbau der EU

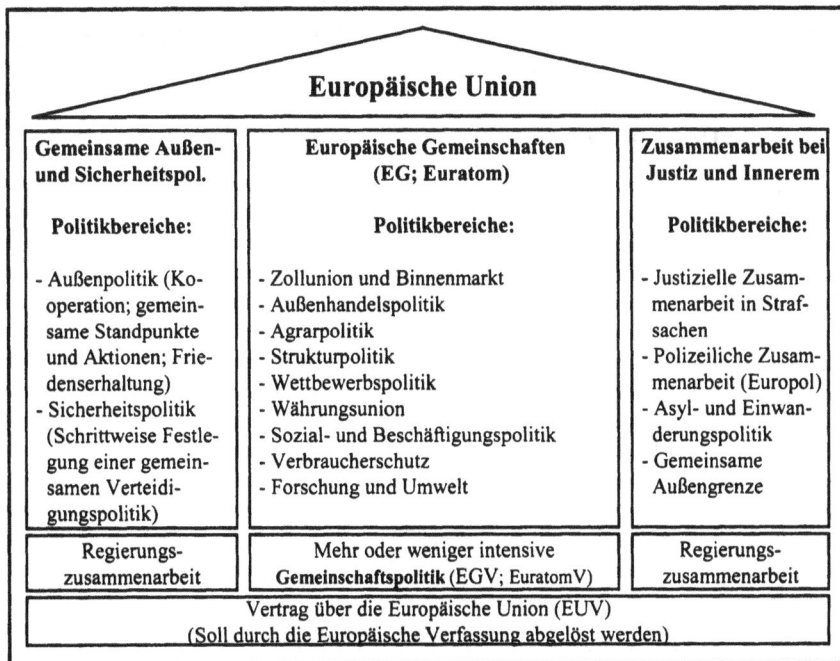

Europäische Union		
Gemeinsame Außen- und Sicherheitspol.	**Europäische Gemeinschaften (EG; Euratom)**	**Zusammenarbeit bei Justiz und Innerem**
Politikbereiche:	**Politikbereiche:**	**Politikbereiche:**
- Außenpolitik (Kooperation; gemeinsame Standpunkte und Aktionen; Friedenserhaltung) - Sicherheitspolitik (Schrittweise Festlegung einer gemeinsamen Verteidigungspolitik)	- Zollunion und Binnenmarkt - Außenhandelspolitik - Agrarpolitik - Strukturpolitik - Wettbewerbspolitik - Währungsunion - Sozial- und Beschäftigungspolitik - Verbraucherschutz - Forschung und Umwelt	- Justizielle Zusammenarbeit in Strafsachen - Polizeiliche Zusammenarbeit (Europol) - Asyl- und Einwanderungspolitik - Gemeinsame Außengrenze
Regierungszusammenarbeit	Mehr oder weniger intensive **Gemeinschaftspolitik** (EGV; EuratomV)	Regierungszusammenarbeit
Vertrag über die Europäische Union (EUV) (Soll durch die Europäische Verfassung abgelöst werden)		

Der Vertrag von Amsterdam brachte 1997 weitere Kompentenzzuweisungen an die EU im Bereich der Innen- und Justizpolitik. Ferner wurden die Kompetenzen des Europäischen Parlaments weiter ausgeweitet. Nicht einigen konnte man sich hingegen über eine Reform der zu diesem Zeitpunkt bereits absehbaren Osterweiterung. Dies blieb dem Vertag von Nizza vorbehalten, der im Dezember 2000 beschlossen wurde. Die wenig überzeugenden Regelungen riefen jedoch Kritik auf breiter Front hervor. Zugleich wurde jedoch eine – von allen Seiten begrüßte – neue Reformrunde vereinbart, in deren Mittelpunkt der im Februar 2002 eingesetzte Konvent stand, der die Erarbeitung einer Europäischen Verfassung übernahm.

Die Europäischen Gemeinschaften der mittleren Säule sind ferner gekennzeichnet durch eigenständige – eigens geschaffene – Organe, die unmittelbar geltendes Recht (Sekundärrecht) für die Mitgliedsstaaten setzen.[1] Dieses sekundäre Gemeinschaftsrecht wird von den (Haupt-)Organen der EG – der Kommission, dem Rat der Europäischen Union und dem Europäischen Parlament – gesetzt sowie vom Europäischen Gerichtshof ausgelegt. Im Laufe der Zeit ist so ein dichtes Netz von rechtlichen Regelungen entstanden. In der Summe werden das Primär- und das daraus entwickelte Sekundärrecht als „gemeinschaftlicher Besitzstand" (Aquis communautaire) bezeichnet. Im Gegensatz dazu sind die beiden flankierenden Säulen in erster Linie „nur" durch die Zusammenar-

---

[1] Vgl. zum institutionellen Rahmen der EU zum Beispiel *Thiel* (1998) und *Tömmel* (2006).

beit der Regierungen der Mitgliedsstaaten gekennzeichnet. Die Institutionen der Union besitzen in diesem Zusammenhang lediglich koordinierende Aufgaben.

Die Organe der EU, ihre Aufgaben (im Rahmen der mittleren Säule) und ihr Zusammenspiel veranschaulicht **Übersicht 2**.

Übersicht 2: Organe der EU

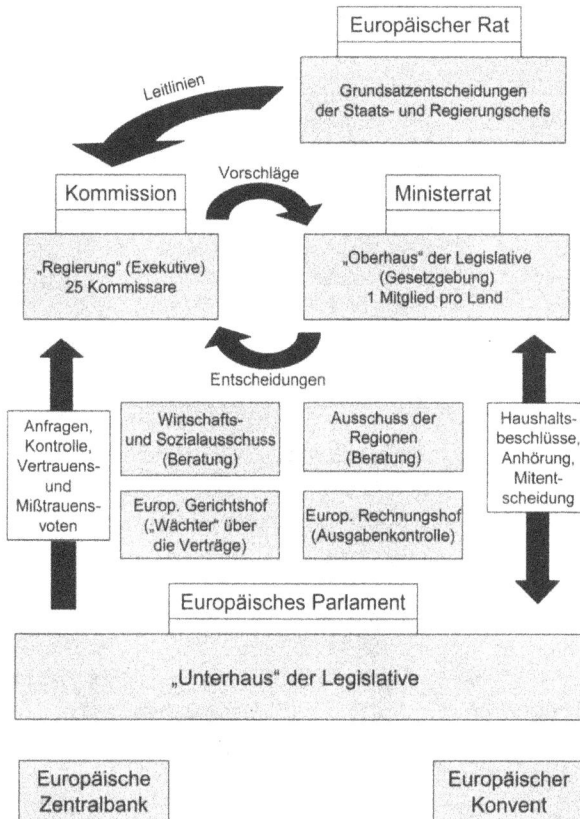

Quelle: In Anlehnung an *Thiel* (1998, S. 70)

Der Europäische Rat hat dabei eine herausgehobene Stellung, obwohl er in den Römischen Verträgen nicht vorgesehen war und erst auf der Pariser Gipfelkonferenz im Dezember 1974 durch eine Vereinbarung zwischen den Regierungen entstand. Er wurde erst später in die Europäischen Verträge einbezogen. Laut Maastrichter Vertrag gibt der Europäische Rat „der Union die für ihre Entwicklung erforderlichen Impulse und legt die allgemeinen politischen Zielvorstellungen für diese Entwicklung fest". Seit der ersten Sitzung im Frühjahr 1975 in Dublin treffen sich die Staats- und Regierungschefs der Mitgliedsstaaten mindestens zweimal im Jahr als „Europäischer Rat". Er steht über den drei Säulen der EU und dient als Forum für alle Fragen, die die Mitgliedsstaaten als wichtig erachten. Ihm obliegt die politische Richtlinienkompetenz.

Die Kommission ist eine von den nationalen Regierungen unabhängige Institution. Im vergemeinschafteten Bereich der mittleren Säule hat die Kommission eine starke Stellung, da sie die Gemeinschaftspolitik auf der Grundlage der Beschlüsse des Ministerrats oder in direkter Anwendung der Vertragsbestimmungen umsetzt. Diese herausgehobene Stellung resultiert ferner, aus dem Initiativrecht der Kommission. Es besagt, daß am Anfang jedes Gesetzgebungsverfahrens ein Vorschlag der Kommission stehen muß. Darüber hinaus vertritt die Kommission die EU in internationalen Organisationen.

Der Rat der Europäischen Union (Ministerrat) setzt sich – je nach Sachthema – aus den jeweiligen Fachministern der nationalen Regierungen zusammen. Er ist diejenige Ebene im gemeinschaftlichen Entscheidungsprozeß, auf der die nationalen Interessen der Mitgliedsstaaten Eingang finden. Ursprünglich konnte der Ministerrat alle gesetzgeberischen Entscheidungen in der Gemeinschaft alleine treffen. In verschiedenen Bereichen teilt er sich dieses Recht jedoch mittlerweile mit dem Europäischen Parlament. Dieses hatte zunächst – gemäß den Römischen Verträgen – nur das Recht auf Anhörung. Im Laufe der Zeit hat es jedoch erhebliche Mitwirkungsrechte erstritten, auch wenn seine Stellung nicht mit der eines nationalen Parlaments vergleichbar ist. Die Befugnisse des Europäischen Parlaments lassen sich wie folgt zusammenfassen:

- Mitwirkung bei der Gesetzgebung,
- Budgetrechte und
- Kontrollrechte.

Zu den sogenannten Hauptorganen zählen neben dem Europäischen Parlament, der Kommission und dem Ministerrat der Europäische Gerichtshof sowie der Europäische Rechnungshof, der zur Prüfung der Haushaltsführung bestellt wurde. Darüber hinaus wurden beratende Organe in Form des Wirtschafts- und Sozialausschusses sowie des Ausschusses der Regionen geschaffen (siehe *Wentzel* 2006). Die durch die aktuellen Entwicklungen der vergangenen Jahre entstandenen Organe sind die Europäische Zentralbank und der Konvent zur Vorbereitung einer Europäischen Verfassung.

Unter den politischen Rahmen läßt sich auch der EU-Haushalt fassen. Da er jedoch in engem Zusammenhang mit der gemeinsamen Wirtschaftspolitik insbesondere in Form der Agrar- und Strukturpolitik steht, soll er – gemeinsam mit diesen Themen – in Abschnitt 3. erläutert werden.

Vor dem Hintergrund dieses allgemeinen institutionellen Rahmens soll im folgenden die wirtschaftliche Integration im Rahmen der zentralen Säule „Europäische Gemeinschaften" ausführlich analysiert werden.[2]

---

[2] Zusammenfassende (Lehrbuch-)Darstellungen der europäischen Integration finden sich beispielsweise auch bei *Klemmer* (1998), *Weindl* (1996), *Ohr* und *Theurl* (2001), *Nienhaus* (2003), *Pelkmans* (2001) und *Hitiris* (2003). Vgl. auch das zentrale Internetportal der EU unter http://europa.eu.int/index_de.htm.

2. Etappen der wirtschaftlichen Integration

Der Grundstein für die europäische (Wirtschafts-)Integration wurde – wie vorher bereits erläutert – durch die Errichtung der europäischen Gemeinschaft für Kohle und Stahl im Jahre 1952 gelegt. Für das Gebiet der späteren Staaten der Europäischen Wirtschaftsgemeinschaft (EWG) schuf man mit ihr grundsätzlich einen Freihandelsraum für die Montanwirtschaft, wenngleich der EGKS-Vertrag manche wettbewerbsinkonforme, mehr interventionsfreudige Regelung enthielt. Diese integrationspolitischen Erfolge sowie der Stillstand in den GATT-Aktivitäten nach 1956 förderten die europäischen Bemühungen, wenigstens die wirtschaftliche Zusammenarbeit der EGKS-Länder voranzutreiben. Überraschend schnell konnten sich die Außenminister der sechs EWG-Staaten (Deutschland, Belgien, Luxemburg, Frankreich, Italien, Niederlande) – obschon sie sich erstmals 1956 zu einer Konferenz zusammenfanden – über die Gründung einer Wirtschaftsgemeinschaft einigen, so daß die entsprechenden Verträge bereits am 1. Januar 1958 in Kraft traten.

Trotz zum Teil stark divergierender ordnungspolitischer Vorstellungen stimmte man grundsätzlich überein, daß der weitgehende Abbau von Handelshemmnissen und die damit einhergehende Schaffung größerer Märkte den internationalen Austausch steigern müßte und auf diesem Wege den wirtschaftlichen Wohlstand mehren würde (*Müller-Armack* 1966, S. 402). So finden sich denn auch bereits im EWG-Vertrag (EWGV) die folgenden vier Grundfreiheiten als verbindliche Ordnungsprinzipien für die Errichtung und für das Funktionieren des Gemeinsamen Marktes:

– Freiheit des Waren- und Dienstleistungsverkehrs,
– Niederlassungsfreiheit
– Freizügigkeit der Arbeitnehmer und
– freier Kapitalverkehr.

Die handelspolitische Grundstruktur der EWG entsprang somit der Schaffung eines wettbewerblich geordneten Freihandelsraums, der – abgesehen von den beiden „Ausnahmebereichen" Landwirtschaft und Verkehr – nach und nach errichtet wurde: Bereits Ende 1961 wurden die letzten quantitativen Restriktionen zwischen den Mitgliedsstaaten beseitigt. Die Zölle zwischen den Mitgliedsländern wurden schneller als vertraglich vorgesehen, nämlich schon zum 30. Juni 1968, abgeschafft. Zugleich wurde die Harmonisierung des gemeinsamen Außenzolls abgeschlossen.

Obgleich der Gemeinsame Markt nach Ablauf der Übergangszeit als vollendet galt, waren die vier Grundfreiheiten nur unvollkommen verwirklicht. Der stürmische Integrationsverlauf der 60er Jahre schwächte sich in der Folgezeit ab und wurde zum Teil in neue Bahnen gelenkt. Hierzu zählte insbesondere die Erweiterung der Gemeinschaft. So traten am 1. Januar 1973 Dänemark, Großbritannien und Irland der EG bei. Zum 1. Januar 1981 folgten Griechenland und zum 1. Januar 1986 Spanien sowie Portugal. Um zu vermeiden, daß mit dem Beitritt dieser ehemaligen Mitglieder der Europäischen Freihandelszone (EFTA) neue Handelsschranken zwischen der EG und der „Rest-EFTA" aufgebaut wurden, vereinbarte man eine Freihandelszone zwischen diesen beiden Handelsblöcken. Darüber hinaus wurde der Präferenzhandel Großbritanniens mit seinen ehemaligen Kolonien ebenfalls „vergemeinschaftet". Er fand seinen Niederschlag im ersten Lomé-Abkommen. Die USA reagierten auf diese handelspolitische Bedrohung ihrer Exportmärkte durch eine Handelsinitiative im GATT. Es kam zur Tokio-Runde (1973-1979), die eine erneute Zollsenkung für Industriegüter um etwa ein Drittel der bestehenden Sätze mit sich brachte. Gleichwohl kam es in den 70er Jahren zu einer Umkehrung des Liberalisierungsprozesses, von der auch die EG nicht verschont blieb: Statt der weitgehend bedeutungslos gewordenen Zollschranken griff man in zunehmendem Maße auf nicht-tarifäre Handelshemmnisse zurück. Gründe für das Stocken des Integrationsprozesses lagen wohl u. a. im perfektionistisch angelegten Harmonisierungskonzept der EG zusammen mit der Einstimmigkeitspraxis des Ministerrats und in der allmählichen Lähmung des politischen Einigungswillens. Über viele Jahre wurden daher Begriffe wie „Europessimismus" und „Eurosklerose" prägend für die Einschätzung des Integrationsprozesses in der EG (*Giersch* 1987).

Für alle wirtschaftlichen Bereiche der EG bestand somit noch ein erheblicher Spielraum, die Marktintegration voranzutreiben (*Langhammer* 1987). Dieser integrationspolitische Nachholbedarf führte Mitte der achtziger Jahre zu verstärkten politischen Anstrengungen, die EG möglichst rasch zu einem einheitlichen Markt auszubauen. Hierbei ging es insbesondere darum, die im EWG-Vertrag bereits enthaltenen Ordnungsprinzipien in Form der vier Grundfreiheiten nun endlich durchzusetzen. Zu deren Verwirklichung erarbeitete die Kommission ein Programm zur Vollendung des Binnenmarktes, das sie im Juni 1985 dem Europäischen Rat als Weißbuch vorlegte, der es unverzüglich billigte. Wichtiger als die dort aufgeführten Einzelmaßnahmen war jedoch der Übergang zu einer neuen Integrationsstrategie in Form des Ursprungsland- bzw. Herkunftslandprinzips.[3]

Zu Beginn des Jahres 1993 wurde dann der Europäische Binnenmarkt realisiert. Hierdurch wurden alle innereuropäischen Diskriminierungen im Austausch von Waren, Dienstleistungen sowie in der Mobilität von Arbeit und Kapital (weitgehend) unterbunden. Ausnahmen sind nur noch bei zwingenden Erfordernissen der Gesundheit, der Umwelt und der Sicherheit zulässig.

Seit dem politischen und ökonomischen Zusammenbruch der Mitgliedsländer des sozialistischen Rates für gegenseitige Wirtschaftshilfe (RGW) Ende der 80er Jahre des letzten Jahrhunderts gewann die Ausweitung der europäischen Integration nach Osten zunehmend an Bedeutung. Aus der Sicht der westeuropäischen Länder waren die im Laufe der 90er Jahre abgeschlossenen Europaabkommen (zunächst) ein Instrument, um die demokratische Entwicklung und den marktwirtschaftlichen Neubeginn in den mittel- und osteuropäischen Ländern (MOEL) zu unterstützen. Ökonomisch zielten sie in erster Linie darauf ab, eine Freihandelszone zwischen der Europäischen Union (EU) und den ehemaligen Ostblock-Staaten zu errichten. Um den Handel mit dem Westen nicht zu Lasten der osteuropäischen Partner zu präferieren, schlossen sich die vier sogenannten Visegrad-Länder Polen, Ungarn, die tschechische und die slowakische Republik am 1. März 1993 zu einer Zentraleuropäischen Freihandelszone (CEFTA) zusammen, der am 1.1.1996 auch Slowenien und am 1.1.1999 Bulgarien beitraten. Parallel zu diesen Entwicklungen beantragten jedoch alle MOEL den Beitritt zur EU, der zum 1.5.2004 von

---

[3] Vgl. zu diesem Prozeß *Berg* (1990); *Berthold* (1990) und *Smeets* (1990).

Estland, Lettland, Litauen, Polen, der Slowakei, Slowenien, der Tschechischen Republik und Ungarn vollzogen wurde. Hinzu kamen Malta sowie Zypern.

Der Integrationsprozeß in der Europäischen Union war von Anfang an auf die Errichtung einer Wirtschaftsunion, also auf eine sehr tiefgehende Integration gerichtet. Im Gegensatz dazu stellt die EFTA eher den Versuch dar, die Vorteile regionaler Handelsintegration mit einem möglichst hohen Maß an nationaler (wirtschafts-)politischer Souveränität zu realisieren. Die rechtliche Grundlage der EFTA bildete die am 4. Januar 1960 von Großbritannien, Dänemark, Norwegen, Schweden, Österreich, der Schweiz und Portugal unterzeichnete und am 3. Mai 1960 in Kraft getretene „Stockholmer Konvention". Finnland schloß sich 1961 der EFTA als assoziiertes Mitglied an und wurde 1986 Vollmitglied. Bei der EFTA handelt es sich um eine Freihandelszone, die sich primär auf Industriegüter bezieht.

Parallel zur ersten Erweiterung der EG trat am 1. Januar 1973 das Freihandelsabkommen zwischen der EG und der EFTA in Kraft. Es sah die Schaffung einer Freihandelszone für Industriegüter innerhalb von vier Jahren vor und lehnte sich damit stark am EFTA-Abkommen selbst an. Ein ungehinderter Handel war für solche Waren vorgesehen, die ihren Ursprung in der Region haben. Das Abkommen enthielt darüber hinaus Bestimmungen zu Wettbewerbs-, Beihilfen-, Streitschlichtungs- und Schutzklauselregelungen. Die logische Fortschreibung und die Anpassung dieses Abkommens an den EU-Binnenmarkt ist in dem seit dem 1. Januar 1994 in Kraft befindlichen Abkommen über den Europäischen Wirtschaftsraum (EWR) zu sehen. Im Grundsatz beinhaltet dieses Abkommen, wesentliche Elemente des Binnenmarktes auf ganz Westeuropa auszudehnen. Hierbei handelt es sich insbesondere um die Freizügigkeit der Produktionsfaktoren Kapital und Arbeit sowie den freien Dienstleistungsverkehr und die Niederlassungsfreiheit. Hinzu kommen Regeln über den Marktzugang und die Vermeidung von Wettbewerbsverzerrungen sowie gemeinsame Politiken im Bereich Forschung und Technologie, Umwelt und Soziales. Durch den EU-Beitritt der früheren EFTA-Länder Finnland, Schweden und Österreich zum 1. Januar 1995 wurde die Bedeutung dieses Abkommens allerdings erheblich gemindert.

Neben der zuvor erläuterten handelspolitischen Integration strebte man in der EU zunehmend auch eine währungspolitische Integration an. Bis zum Beginn der siebziger Jahre waren diese Bemühungen der EG jedoch nicht sonderlich intensiv. Hierfür waren zwei Gründe ausschlaggebend: Erstens waren alle westeuropäischen Länder Mitglied des weltweiten Fix-Kurs-Systems von Bretton-Woods, das – solange es funktionierte – eine europäische währungspolitische Integration überflüssig zu machen schien. Zweitens hatten die Gründungsmitglieder der EWG in den Römischen Verträgen explizit auf eine währungspolitische Zusammenarbeit verzichtet, weil damit ein Souveränitätsverzicht in bezug auf die nationale Konjunkturpolitik verbunden gewesen wäre. Zwar wurden im EWGV die Konjunkturpolitik und die Wechselkurspolitik als „Angelegenheiten von gemeinsamen Interessen" deklariert (Art. 103 bzw. 107 EWGV). Eine Koordination der nationalen Währungspolitiken sollte allerdings nur in dem Maße erfolgen, wie sie für das Funktionieren des Gemeinsamen Marktes erforderlich war (Art. 105 EWGV).

Erst die zunehmenden Zahlungsbilanzdefizite wichtiger Mitgliedsländer, die die 1968 vollendete Zollunion und den gemeinsamen Agrarmarkt in ihrem Bestand zu gefährden schienen, sowie die immer häufigeren Krisen im Bretton-Woods-System förderten die währungspolitische Zusammenarbeit innerhalb der Europäischen Gemeinschaft. Ergebnis dieser Bemühungen war schließlich die Einführung des Europäischen Wechselkursverbundes im April 1972. Sie geht auf den Beschluß des EG-Ministerrates von 1971 zurück, in dem dieser der Empfehlung des luxemburgischen Ministerpräsidenten *Pierre Werner* folgte, „ein eigenständiges Wechselkurssystem der Gemeinschaften zu schaffen und die Bandbreiten für die Wechselkursschwankungen zwischen den EWG-Währungen schrittweise zu beseitigen" (*Deutsche Bundesbank* 1976, S. 23). Gedacht war der Wechselkursverbund als erste Stufe zu einer Währungsunion.

Die Stufenstrategie des *Werner-Plans* sah zunächst den Versuch vor, „durch eine abgestimmte Aktion gegenüber dem Dollar die Wechselkursschwankungen zwischen Währungen der Mitgliedsstaaten schon zu Beginn der ersten Stufe versuchsweise innerhalb engerer Bandbreiten zu halten, als sie sich aus der Anwendung der für den US-Dollar geltenden Bandbreiten ergaben" (*ebenda*). Die Umsetzung dieser Empfehlung im April 1972 gilt als Grundstein des Europäischen Wechselkursverbundes, der auch als ‚Schlange im Tunnel' oder später – nach Aufgabe des Blockfloatings gegenüber dem Dollar im Frühjahr 1973 – als ‚Europäische Währungsschlange' bezeichnet wurde. Im weiteren Verlauf kam es jedoch zu immer häufigeren Abwertungen sowie zu Austritten wichtiger Teilnehmerländer, zu denen insbesondere Großbritannien (1972) und Frankreich (1974 und 1976) gehörten. In der Folge etablierte sich bis zur Gründung des Europäischen Währungssystems (EWS) faktisch ein DM-Block, dem auch Länder angehörten, die nicht Mitglied der EG waren.

An dieser Situation änderte sich auch im 1979 eingeführten EWS wenig (vgl. hierzu *Smeets* 1979 und 1993). Ungeachtet der zurückliegenden Erfahrungen versuchten die beteiligten Länder weiterhin, eine eigenständige, an nationalen Zielen orientierte Wirtschaftspolitik zu betreiben. Dies war aber nur möglich, weil man immer wieder auf Konvertibilitätsbeschränkungen in Form von Kapitalverkehrskontrollen und den Wechselkurs als Anpassungsinstrument zurückgriff. So betrug die durchschnittliche nominale Aufwertungsrate der DM gegenüber allen Mitgliedsländern in der Zeit von März 1979 bis einschließlich März 1983 insgesamt 23 Prozent. Nachfolgend sank dann sowohl die Zahl als auch das Ausmaß der Realignments. Die durchschnittliche nominale Aufwertungsrate der DM verminderte sich in der Zeit von April 1983 bis einschließlich Januar 1987 auf insgesamt 7,7 Prozent. In der Zeit von Februar 1987 bis einschließlich August 1992 wurde kein Realignment mehr durchgeführt.

Im September 1992 kam es zur Krise im EWS (vgl. hierzu *Smeets* und *Möller* 1994), die dazu führte, daß Italien und Großbritannien aus dem Währungsverbund austraten. Die Währungen vieler anderer Mitgliedsländer wurden gegenüber der DM abgewertet. Anhaltende Spannungen führten im August 1993 dazu, daß die Bandbreiten – bei formal unveränderten Leitkursen – auf +/- 15 Prozent ausgeweitet wurden, was einer faktischen Aufgabe des Festkurssystems entsprach. Trotz dieser Turbulenzen liefen die Vorbereitungen für den Eintritt der Währungsunion (EWU) unvermindert fort. Im Mittelpunkt dieses Prozesses standen die 1992 im Maastricht-Vertrag festgelegten Konvergenzkriterien, die die Bedingungen zum Eintritt in die Währungsunion festlegen:

- Die Inflationsrate eines Landes darf um maximal 1,5 Prozentpunkte über der Rate der – höchstens – drei preisstabilsten Mitgliedsländer der EU liegen.
- Der langfristige Zinssatz eines Landes darf um maximal 2 Prozentpunkte über dem Satz der – höchstens – drei preisstabilsten Mitgliedsländer der EU liegen.
- Es muß Haushaltsdisziplin vorliegen; d. h. die jährliche Neuverschuldung eines Mitgliedslandes soll 3 Prozent des Bruttoinlandsprodukts (BIP), der Schuldenstand 60 Prozent des BIP nicht übersteigen.
- Ein Land muß erfolgreich am Wechselkursmechanismus des EWS teilgenommen haben; d. h. es dürfen keine ‚starken Spannungen' über einen Zeitraum von mindestens zwei Jahren vor der Prüfung bei normaler Bandbreite und insbesondere keine Abwertung des bilateralen Wechselkurses auf eigenen Vorschlag zu verzeichnen gewesen sein.

Am 1.1.1999 war es dann so weit: Die (damals aktuellen) Mitgliedsländer der EU-15 mit Ausnahme von Großbritannien, Dänemark und Schweden, die freiwillig verzichteten, sowie Griechenland, das die Konvergenzkriterien nicht erfüllte, gründeten die EWU. Griechenland trat nur wenig später am 1.1.2001 nachträglich bei. Die große Zahl an Mitgliedern ließ sich jedoch nur dadurch realisieren, daß die Prüfung der Schuldenquote und die Auslegung der entsprechenden Ausnahmeregelungen äußerst großzügig vorgenommen wurden. Anfang 2002 wurde als vorläufiger Abschluß dieses Prozesses der Euro in der gesamten Währungsunion als gesetzliches Zahlungsmittel eingeführt. [4]

Zu Beginn des 21. Jahrhunderts (2005) umschließt die EU-25 somit einen Raum mit einer Bevölkerung von 457 Millionen Menschen und einem aggregierten BIP von 12,7 Bill. Dollar. Im Gegensatz dazu repräsentieren die USA eine Gesamtbevölkerung von 240 Millionen Menschen, die ein BIP von 12,8 Bill. Dollar erstellen. Faßt man den Rahmen noch weiter, so leben zu diesem Zeitpunkt im gesamten europäischen Freihandelsraum (EU-25 und EFTA) 472 Mill. Menschen, die ein BIP von 14,5 Bill. Dollar erwirtschaften. Die Nordamerikanische Freihandelszone (NAFTA) hingegen weist eine Bevölkerung von 435 Mill. Menschen auf und erstellt ein BIP in Höhe von 14,5 Bill. Dollar. Den wirtschaftlichen Integrationsstand in Europa faßt abschließend **Übersicht 3** nochmals zusammen.

---

[4] Die wichtigsten Etappen der Europäischen Integration faßt **Übersicht 14** am Ende dieses Beitrags nochmals zusammen.

Übersicht 3: Wirtschaftliche Integration in Europa

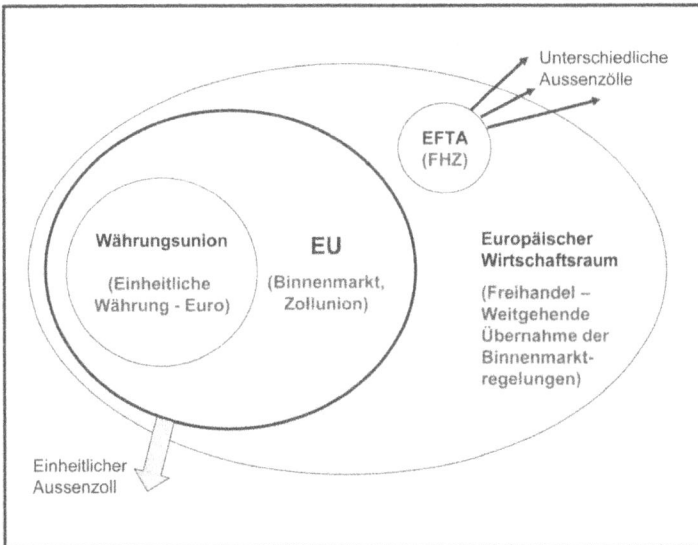

3. Binnenmarkt und gemeinsame Wirtschaftspolitik

Sieht man einmal von politischen Motiven ab, so verfolgt man mit der regionalen handelspolitischen Integration die Steigerung der Wohlfahrt der Teilnehmerländer durch den Abbau der zwischen ihnen bestehenden Hindernisse für den freien Wirtschaftsverkehr (vgl. ausführlich *Smeets* 1996, S 48 ff.). Hierunter fallen je nach der Integrationstiefe Waren, Dienstleistungen sowie die Produktionsfaktoren Kapital und Arbeit. Aus der Sicht der Integrationsländer verspricht dieses Vorgehen eine räumlich zwar begrenzte Marktöffnung, die dafür aber stärker auf die nationalen Interessen zugeschnitten ist, als dies in einem multilateralen Rahmen kurz- oder mittelfristig durchzusetzen wäre (*Borrmann u.a.* 1995, S. 39). Gegenüber dem theoretischen Ideal weltweiten Freihandels stellt die regionale Integration somit eine second best-Lösung dar.

Der zu Beginn des Jahres 1993 realisierte Europäische Binnenmarkt ist durch die in **Übersicht 4** erläuterten vier Grundfreiheiten gekennzeichnet, die alle innereuropäischen Diskriminierungen im Austausch von Waren, Dienstleistungen sowie in der Mobilität von Arbeit und Kapital unterbinden sollen. Gewährleisten will man diese Grundfreiheiten insbesondere durch die Anwendung des Ursprungsland- bzw. des Herkunftslandprinzips. Dieses Prinzip geht zurück auf ein vom Europäischen Gerichtshof bereits 1979 im Cassis-de-Dijon-Fall ausgesprochenes Grundsatzurteil mit den Tenor: Wenn ein Erzeugnis in einem Mitgliedstaat der EU rechtmäßig hergestellt und in den Verkehr gebracht worden ist, darf es in dieser Form überall in der Gemeinschaft ungehindert verkauft werden. Im Gegensatz zu den Harmonisierungsbestrebungen in den 70er und 80er Jahren handelt man nach dem Motto: Soviel Rechtsangleichung wie nötig und soviel gegenseitige Anerkennung wie möglich.

Übersicht 4: Der Europäische Binnenmarkt

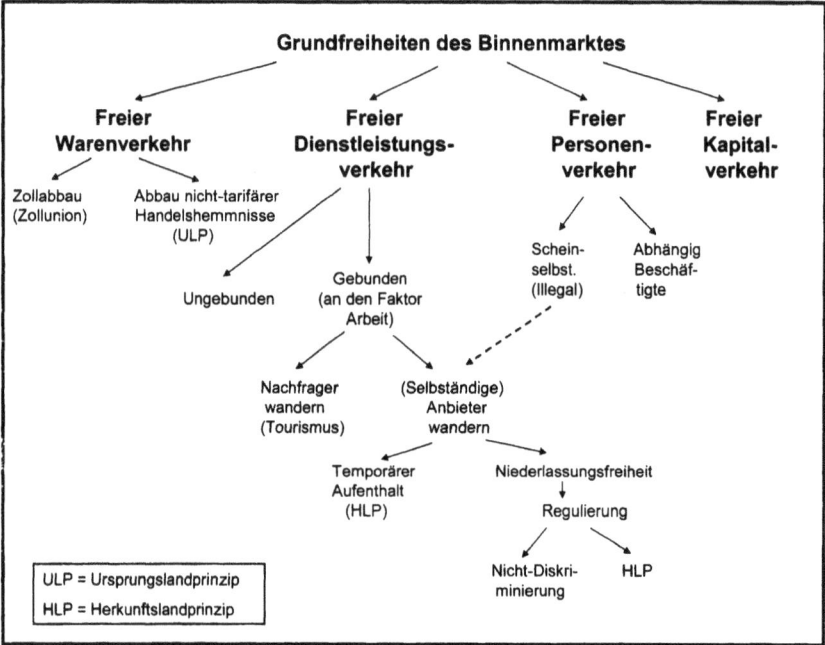

```
                    Grundfreiheiten des Binnenmarktes

        Freier              Freier              Freier          Freier
    Warenverkehr       Dienstleistungs-       Personen-       Kapital-
                          verkehr              verkehr         verkehr

  Zollabbau    Abbau nicht-tarifärer
  (Zollunion)  Handelshemmnisse
               (ULP)                                    Schein-        Abhängig
                                                        selbst.        Beschäf-
                        Gebunden                        (Illegal)      tigte
         Ungebunden    (an den Faktor
                        Arbeit)

                Nachfrager     (Selbständige)
                wandern         Anbieter
                (Tourismus)     wandern

                   Temporärer         Niederlassungsfreiheit
                   Aufenthalt                  ↓
                   (HLP)                   Regulierung

                                    Nicht-Diskri-       HLP
                                    minierung

  ULP = Ursprungslandprinzip

  HLP = Herkunftslandprinzip
```

Sowohl die supranationale Regulierung (= Harmonisierung) als auch die gegenseitige Anerkennung von nationalen Regulierungen führen zu einem ungehinderten grenzüberschreitenden Wettbewerb in dem Sinne, daß keine zusätzlichen Kosten aufgrund unterschiedlicher Regulierungen entstehen. Doch die (ex ante) politisch geplante Harmonisierung von Regularien geht – wie auch die Erfahrungen in der EU lehrten – mit hohen Transaktionskosten einher, um das optimale Regulierungsniveau auf supranationaler Ebene auszuhandeln. Ferner birgt diese Strategie die Gefahr in sich, daß das durchschnittliche Regulierungsniveau am Ende höher ist als in der Ausgangssituation und somit selbst zwar diskriminierungsfreie aber negative Wohlfahrtseffekte auslöst.

Das Ursprungsland- bzw. Herkunftslandprinzip hingegen gewährleistet nicht nur Wettbewerb zwischen den Gütern unterschiedlicher Volkswirtschaften, sondern zugleich auch zwischen deren Regulierungssystemen im allgemeinen, was den Standortwettbewerb auslöst. Dieser Mechanismus mag ebenfalls zu einer Harmonisierung der Regulierungen führen, doch erst am Ende des gesamten Prozesses (ex post) und mit einem Ergebnis, das keiner im vorhinein antizipieren kann. Ergebnisse, die auf Marktprozesse zurückgehen, sind aber stets effektiver und vertrauenswürdiger als dies politische Prozesse je sein können. Man sollte ferner bedenken, daß das Ursprungslandprinzip nicht notwendigerweise auch zu einer Abschaffung jeglicher Regulierung am Ende führen muß. Vielmehr wird die Entscheidung über das Regulierungsniveau und die Ausgestaltung von einer staatlichen Instanz auf die Marktkräfte übertragen. Das Ursprungs- bzw. Sitzlandprinzip ist daher der beste Ansatz, um grenzüberschreitenden Wettbewerb mit einem Minimum an Kosten herzustellen.

Mit fortschreitender Integration der Gütermärkte sind allerdings nicht nur Vorteile verbunden, sondern auch nicht zu vernachlässigende Anpassungskosten. Hierbei stehen häufig nicht die Vorteile der EU insgesamt im Vordergrund, die daraus resultieren, daß die Produktionsfaktoren an den Ort der effizientesten Verwendung wandern, sondern vielmehr die damit möglicherweise vordergründig verbundenen regionalen Umschichtungen der Investitionen und die dann notwendige Reallokation der Produktionsfaktoren. Häufig stellen solche Überlegungen den eigentlichen Hintergrund für die Harmonisierungsbestrebungen in der EU dar. Denn mit zunehmender Harmonisierung vermindern sich die Aktionsparameter des Standortwettbewerbs, bis dieser letztlich ganz zum Erliegen kommt. Die damit eingebüßten Wachstumsgewinne fallen um so größer aus, je stärker sich die supranationale Regulierung am jeweiligen nationalen „Marktführer" orientiert.

3.1. Güterhandel

Am weitesten vorangeschritten ist die Verwirklichung des Binnenmarktes zweifelsfrei beim Warenhandel, wo handelsbeschränkende Maßnahmen nur noch in Ausnahmefällen auftreten. Dies führt zu Wohlfahrtssteigerungen aller beteiligten Länder, hervorgerufen durch den Wegfall der Kosten bei Grenzkontrollen, die Reallokation von Produktionsfaktoren (Spezialisierungsgewinne), durch die Realisierung von Skalenvorteilen und durch die Intensivierung des Wettbewerbs. Hierdurch entstehen Produktions- und Einkommenszuwächse. Darüber hinaus sind es insbesondere die Konsumenten, die durch den integrationsbedingten Abbau von Handelsschranken gewinnen. Für sie erweitert sich das Güterangebot durch neue Importmöglichkeiten, Monopolrenten werden abgebaut, und Preissenkungen setzen Kaufkraft frei. Gravierende Anpassungsprozesse aufgrund der Osterweiterung der EU im Jahre 2004 (vgl. ausführlich hierzu *Belke* und *Hebler* 2002) hat es dabei im Warenhandel nicht gegeben, da die Handelsliberalisierung durch die bereits Anfang der 90er Jahre abgeschlossenen Europaabkommen vorweggenommen wurde. Nur in den „sensiblen" Produktbereichen hatten sich die westeuropäischen Länder vorbehalten, bei Marktstörungen – oder besser Anpassungsproblemen – auf umfangreiche Schutzklauseln zurückzugreifen. Die positiven Entwicklungen im Zusammenhang mit den Europaabkommen haben jedoch die westlichen Länder – in Abhängigkeit von der Bedeutung ihres Warenhandels mit den neuen Mitgliedern – unterschiedlich betroffen. So hat Österreich die größten Vorteile aus der Warenliberalisierung gezogen, gefolgt von Deutschland und Finnland, während die südeuropäischen Länder sowie Großbritannien und Irland keine wesentlichen Vorteile zu verzeichnen hatten (*Kohler* 2001).

Ähnlich positive Wohlfahrtseffekte erwartet man auch von der Liberalisierung des europäischen Dienstleistungshandels. Von Binnenmarktverhältnissen ist man hier allerdings noch weit entfernt, insbesondere deshalb, weil die (nicht-tarifären) Handelshemmnisse in diesem Bereich vielfach auf staatliche Regulierungen zurückgehen. Hinzu kommt das Problem, daß die Dienstleistungsfreiheit häufig eng verknüpft ist mit der Möglichkeit freier Faktorwanderungen, insbesondere freier Arbeitskräftewanderungen.

Diese Zusammenhänge veranschaulicht **Übersicht 4** weiter. Handelt es sich um unge-
bundene Dienstleistungen, die sich direkt – etwa in Form eines Softwareprogramms auf
einer CD – international handeln lassen, ergeben sich weitgehende Parallelen zum Warenhandel. Ist die Dienstleistung jedoch an einen Produktionsfaktor – häufig an den
Faktor Arbeit – gebunden, wie etwa bei Handwerksleistungen, dann erfordert dies einen
(temporären) Aufenthalt im Ausland oder die Gründung einer Auslandsfiliale. In beiden
Fällen kommt der freien Wanderung der Faktoren Arbeit und Kapital besondere Bedeutung zu.

Vor diesem Hintergrund hat die EU-Kommission im Jahre 2005 ihre Dienstleistungsrichtlinie vorgestellt, in deren Mittelpunkt die Anwendung des Ursprungs- bzw. Her-
kunftslandkonzepts zur Durchsetzung der Binnenmarktprinzipien steht. Eingebettet ist
dieses Vorhaben in die „Lissabon-Strategie“, mit der die Steigerung der Wettbewerbsfähigkeit und Produktivität sowie die Schaffung von Arbeitsplätzen in der Europäischen
Union erreicht werden soll. Bei dem Vorschlag geht es vor allem um die Realisierung
der im EGV formulierten Grundprinzipien der Niederlassungs- und Dienstleistungsfreiheit (Art. 43 und 49 EGV).[5] Über die grundlegende Ausrichtung und einzelne Aspekte
des Kommissionsvorschlags ist eine lebhafte Diskussion in ganz Europa entbrannt.

Auf der einen Seite soll die Niederlassungsfreiheit der Dienstleistungserbringer erleichtert werden, was sich auf die dauerhafte Ausübung einer selbständigen Erwerbstä-
tigkeit durch eine natürliche oder juristische Person in einem anderen Mitgliedsstaat als
ihrem Heimatstaat bezieht. Damit sollen die Mitgliedsstaaten verpflichtet werden, ihre
mit einer Niederlassung im Zusammenhang stehenden Verwaltungsverfahren zu vereinfachen. Auf der anderen Seite soll die grenzüberschreitende Erbringung und Inan-
spruchnahme von Dienstleistungen, sprich der freie Dienstleistungsverkehr (Kapitel III
– Art. 16-25) weiter liberalisiert werden. Grundgedanke in diesem Bereich ist die Einführung des Herkunftslandprinzips (Art. 16). Danach würden Dienstleistungserbringer
hinsichtlich der Aufnahme und Ausübung ihrer Tätigkeit im Grundsatz „nur“ noch den
Bestimmungen ihres Herkunftsstaates unterliegen. Daneben sollen auch die Rechte der
Dienstleistungsempfänger (Art. 20-23) gestärkt werden. Die Kommission formulierte in
ihrem Entwurf zudem zahlreiche Vorschriften, die eine verstärkte Zusammenarbeit der
Mitgliedsstaaten fördern sollen und eine europaweite Harmonisierung verschiedener
Qualitätsanforderungen für Dienstleistungen zum Gegenstand haben. Zertifizierungs-
programme sollen eingerichtet werden, welche die Qualität der Dienstleistungen (Kapitel IV – Art. 26-33) sichern. Zudem sollen erweiterte Informationspflichten des Dienst-
leistungserbringers gegenüber dem Dienstleistungsempfänger eingeführt werden. Bei
besonders riskanten Dienstleistungen sollen diese durch eine angemessene Berufshaft-
pflichtversicherung abgesichert werden. Wichtig erscheint auch, daß bei reglementierten
Berufen – solche, die vom Besitz bestimmter Qualifikationen abhängen – Standesregeln
und einheitliche Verhaltenskodizes erarbeitet werden sollen.

Der Vorschlag der Kommission bezieht sich auf einen sehr weiten Bereich von
Dienstleistungen. Darunter fallen auch die sog. Dienstleistungen von allgemeinem wirtschaftlichem Interesse wie Gesundheits- und soziale Dienstleistungen sowie die Ener-

---

[5] Vgl. hierzu etwa *Messerlin* (2005) und *Möschel* (2005).

gieversorgung (Elektrizität, Gas, Wasser), wobei für diese aber teilweise das Herkunftslandprinzip nicht gelten soll. Unbenommen bleibt die Freiheit der Mitgliedstaaten, diese
Dienstleistungen festzulegen und ihre Organisations- und Finanzierungsart zu bestimmen. Auch sind dem Vorschlag der Kommission entsprechend Mitgliedstaaten nicht
verpflichtet, Dienstleistungen von allgemeinem wirtschaftlichem Interesse zu privatisie-
ren, Monopole abzuschaffen und dem Wettbewerb zu öffnen. Vom Anwendungsbereich
ausgenommen sind hingegen nicht marktbestimmte Dienstleistungen von allgemeinem
Interesse, worunter z. B. das öffentliche Bildungswesen oder die öffentliche Verwaltung
fällt. Für das Steuerwesen ist eine teilweise Bereichsausnahme vorgesehen (Art.2. Abs.3
Kommissionsvorschlag).

Von der Umsetzung der Richtlinie erwartet die Kommission eine erhöhte Produktivität und mehr Beschäftigung sowie höhere Löhne und geringere Preise. Der Wohlfahrtsgewinn resultiert aus einem verschärften Wettbewerb und sinkenden Kosten, ausgelöst
durch den Abbau nationaler Handelsschranken. Die politischen Bestrebungen zielen
jedoch – insbesondere nach den negativen Verfassungsreferenden in Frankreich und den
Niederlanden – zusammen mit den Lobbyisten darauf ab, das Herkunftsland- zugunsten
des Ziellandprinzips aufzugeben. So haben sich die wesentlichen Fraktionen des Europäischen Parlaments Anfang Februar 2006 auf eine solche Änderung geeinigt. Die nationalen Gesetze und Vorschriften sollen dann (weiterhin) Vorrang haben, wenn dies
aus Gründen der öffentlichen Sicherheit und Ordnung sowie des Umwelt- und Gesund-
heitsschutzes „gerechtfertigt" ist. Darunter läßt sich aber wohl jede gewünschte Ausnahme fassen. Sollte man sich am Ende gegen das Herkunftslandprinzip entscheiden,
würden Wohlfahrtssteigerungen der EU insgesamt einzelstaatlichen Interessen geopfert,
und zwar deshalb, weil man die Risiken des Herkunftslandprinzips höher gewichtet als
die damit verbundenen Chancen – auch der deutschen Anbieter.

3.2. Faktorwanderungen

Die zunehmende Integration der Faktormärkte läßt erwarten, daß sich die intra-
europäische Faktorallokation verbessert und daher positive Wohlfahrtseffekte hervor-
bringt (*Smeets* 1990 und 1996). Der freie Kapitalverkehr ist dabei in den Mitgliedsländern der Währungsunion am weitesten verwirklicht. Darüber hinaus bestehen aber immer noch (begrenzte) Möglichkeiten zur Einführung oder Beibehaltung von Kapitalverkehrsbeschränkungen. Insbesondere im Zusammenhang mit der Osterweiterung und der
oben bereits diskutierten Dienstleistungsrichtlinie der Kommission ist die freie Mobilität des Faktors Arbeit in die Diskussion geraten.

Zu Faktorwanderungen innerhalb des erweiterten Binnenmarktes wird es insbesondere aufgrund von Faktorpreisdifferenzen kommen. Dabei kann man grundsätzlich davon
ausgehen, daß der Faktor (wenig qualifizierte) Arbeit in den MOEL im Verhältnis zu
den westeuropäischen Ländern reichlich vorhanden ist und damit einen vergleichsweise
niedrigen Preis (Lohn) aufweist. Durch den Abbau (staatlicher) Mobilitätsbarrieren im
Zuge des Integrationsprozesses sind nun Wanderungsbewegungen aus den Niedriglohnländern Mittel- und Osteuropas in die Hochlohnländer der EU zu erwarten. Im Extremfall führt dies zu einem unionseinheitlichen Lohn. Mit dieser (tendenziellen) Entwicklung gehen wiederum folgende Wohlfahrtseffekte einher: Die bisherigen Beschäftigten

in den Hochlohnländern erleiden einen Wohlfahrtsverlust, weil sich ihr Lohn vermindert. Hierin ist der Grund zu sehen, daß Gewerkschaften in Hochlohnländern häufig Gegner freier Arbeitskräftewanderungen sind – man denke nur an die Diskussion um die Entsenderichtlinie. Die Unternehmen in den entsprechenden Ländern gewinnen hingegen durch die gesunkenen (Lohn-)Kosten. In den Niedriglohnländern liegt der Vorteil hingegen bei den Arbeitnehmern, die einen höheren Lohn als zuvor erhalten. Dem gegenüber müssen die Arbeitgeber dort einen höheren Lohn zahlen. Insgesamt würde durch diese Entwicklung auf jeden Fall die Wohlfahrt der gesamten erweiterten EU steigen.

Die ökonomischen Erklärungsansätze für die Mobilität des Produktionsfaktors Arbeit gehen in der Regel von rational handelnden Wirtschaftssubjekten aus, die ihre Wanderungsentscheidung nach dem Prinzip der Nutzenmaximierung treffen. Als die zentralen ökonomischen Determinanten von Wanderungsbewegungen werden Dauerarbeitslosigkeit und Einkommensdifferenzen angesehen. Dabei können Einkommensdifferenzen wiederum auf Reallohnunterschiede sowie auf Unterschiede in der Steuer- und Sozialpolitik zurückgehen. Diesen Anreizen stehen aber auch in nicht unerheblichem Maße „natürliche" Mobilitätshemmnisse gegenüber. Hierzu gehören etwa Einflüsse des persönlichen Lebenszyklusses wie Alter, Gesundheit, Familienstand, Kinderzahl, Investitionen in das eigene Humankapital, Sprachprobleme sowie Probleme, die aus anderen Moralvorstellungen erwachsen. Aber auch Immobilienbesitz kann sich mobilitätshemmend auswirken.

Wie groß das Ausmaß der Migration – insbesondere von Ost nach West – und der dadurch ausgelöste Druck auf die Löhne in der ursprünglichen EU (*Brücker* 2001) tatsächlich sein werden, ist Gegenstand kontroverser Diskussionen. Einige Autoren (*Straubhaar* 1998; *Belke* 1999) gehen davon aus, daß sich die Wanderungsbewegungen in Grenzen halten werden. Hierfür sprechen insbesondere die Erfahrungen mit der Süderweiterung der EU. Berücksichtigt man allerdings, daß zum Beispiel der durchschnittliche Monatsverdienst im produzierenden Gewerbe in den 5 MOEL der „Luxemburg-Gruppe" 1999 nur etwa ein Zehntel des westdeutschen Niveaus betrug und die deutsche Sozialhilfe für eine fünfköpfige Familie knapp das Sechsfache des Verdienstes eines polnischen Arbeitnehmers ausmacht (*Schäfer* 2001, S. 256), können darin schon gravierende Anreize zur Migration liegen. Durch diese Arbeitskräftewanderungen ließen sich aber zugleich auch die verkrusteten Arbeitsmärkte in der EU aufbrechen. Die bisherigen Erfahrungen – etwa mit dem Entsendegesetz im Bausektor – sprechen jedoch eher für gegenteilige politische Bestrebungen. Statt des angestrebten erhöhten (Lohn-)Wettbewerbs im Binnenmarkt greift man wieder zu protektionistischen Maßnahmen (Mindestlöhne), um notwendigen Anpassungsprozessen zu entgehen. Das im Binnenmarkt verwirklichte Ursprungslandprinzip könnte ferner dazu beitragen, sozialsystembedingte Anreize zur Migration auszuschließen. Dies wäre sinnvoll, da Sozialleistungen die Zuwanderungsströme „künstlich" verfälschen. Hätte jeder Migrant stets (nur) Anspruch auf die Sozialhilfe seines Ursprungslandes und nicht auf diejenige seines Wohnsitzlandes, würde dies zur Optimierung der Migrationsströme zwischen Ost und West beitragen (*Sinn* 1999).

In der (politischen) Praxis hat man sich auf einen Aufschub der notwendigen Anpassungen auf den Arbeitsmärkten der EU durch mehr oder weniger lange Übergangsfristen geeinigt. So kann den abhängig Beschäftigten aus den neuen Mitgliedsländern für die Dauer von maximal 7 Jahren der Zugang zu den westeuropäischen Arbeitsmärkten verwehrt werden. Dabei soll im Rahmen eines Stufenplans (2 – 3 – 2) nach 2 und dann noch einmal nach 5 Jahren von jedem westeuropäischen Mitgliedsland individuell geprüft werden, ob die Beschränkungen der freien Arbeitskräftewanderung noch aufrecht erhalten bleiben sollen. Nach 7 Jahren sind endgültig keine Beschränkungen mehr zulässig. Es zeigt sich ferner, daß die westeuropäischen Länder in sehr unterschiedlichem Maße von diesen Ausnahmeregelungen Gebrauch machen. Deutsche Politiker haben allerdings schon frühzeitig angekündigt, den maximalen (zeitlichen) Rahmen für diese Ausnahmen nutzen zu wollen. Neben den zuvor erläuterten negativen Allokationseffekten verhindern solche Maßnahmen aber ferner, daß die künftig noch zunehmende Knappheit an qualifizierten Arbeitskräften in Deutschland sowie die Probleme bei der Alterssicherung durch Migration gemildert werden.

Im Gegensatz zu den vorangegangenen Überlegungen kann man davon ausgehen, daß die westeuropäischen Länder vergleichsweise reichlich mit dem Faktor Kapital ausgestattet sind und daher vor der Marktöffnung ein entsprechend höherer Zins in den MOEL herrscht(e). Durch die integrationsbedingte Marktöffnung wird Kapital von West nach Ost fließen, was auch in diesem Fall im Extrem zum Ausgleich der Ertragsraten (Zinssätze) führt. Die Kapitalbewegungen können dabei in Form von Portfolio- oder Direktinvestitionen auftreten. Der Abbau von Kapitalverkehrsbeschränkungen führt auch hier zu einem Nettowohlfahrtsgewinn für die gesamte Union.

Die Vorteile freier Arbeitskräftewanderungen dürfen jedoch nicht darüber hinwegtäuschen, daß hiermit – falls die Wanderungen überhaupt zustande kommen – in der Regel erhebliche Transaktionskosten ökonomischer und sozialer Art einhergehen. Daher erscheint es insgesamt vorteilhafter, die kostengünstigste Faktorkombination anzustreben, indem man den Faktor Kapital zum Faktor Arbeit bringt und nicht den umgekehrten Weg wählt. Dabei wird häufig übersehen, daß ein freier Kapitalverkehr genau in diese Richtung wirkt, da von den Kapitalbewegungen wiederum Rückwirkungen auf die Löhne in den beteiligten Ländern ausgehen – und zwar in Richtung einer ex post-Harmonisierung. Durch diese Tendenz zur Lohnangleichung bzw. zur Schaffung von Arbeitsplätzen in den kapitalempfangenden Ländern werden die Wanderungen des Faktors Arbeit gedämpft.

Diese regionalpolitische Wirkung eines freien Kapitalverkehrs entfällt allerdings dann, wenn der Beitritt dazu führt, daß Löhne, Sozialleistungen und Steuern im gesamten Integrationsgebiet (ex ante) harmonisiert werden. Unter diesen Voraussetzungen vermindert sich der Anreiz zum Kapitalexport in die MOEL, da mit steigenden Löhnen und Lohnnebenkosten unter sonst gleichen Bedingungen der Kapitalertrag entsprechend fällt. In dem Maße, wie Kapitalbewegungen ausbleiben oder bewußt unterbunden werden, steigt aber zugleich wieder der Anreiz zur Migration in die Länder mit höheren Löhnen und Beschäftigungsmöglichkeiten. Ökonomisch gesehen ist es aber wenig sinnvoll, die (Mobilitäts-)Beschränkungen auf einem Faktormarkt durch zusätzliche (Mobilitäts-)Hemmnisse auf dem jeweils anderen Faktormarkt zu beantworten. Ziel sollte es vielmehr sein, eine dem Geist des Binnenmarktes entsprechende Liberalisierung aller Güter- und Faktormärkte möglichst umgehend anzustreben.

3.3. Agrar- und Strukturpolitik

Im Rahmen der EU-Agrarpolitik wird in zahlreichen Sektoren immer noch mit Hilfe staatlich garantierter Mindestpreise versucht, die Einkommen der Landwirte zu sichern. Die (weit) über dem Weltmarktniveau liegenden Interventionspreise führen jedoch zu einem Angebotsüberschuß an Agrargütern, der – mit finanziell großem Aufwand – von der EU aufgekauft und dann gelagert, vernichtet oder mit Hilfe von Subventionen in Drittländer exportiert wird. Zugleich müssen die hohen Inlandspreise durch variable Zölle (Abschöpfungen) gegenüber Billigeinfuhren aus Drittländern geschützt werden. Durch die Integration der MOEL – deren Agrarpreise durchweg unter dem Niveau der EU liegen – in das System der EU-Agrarpolitik wird auf der einen Seite der Anreiz zur Produktion von Agrarüberschüssen noch verstärkt, da in den neuen Beitrittsländern die Agrarpreise steigen würden. Auf der anderen Seite werden aber auch die Konsumenten in diesen Ländern mit höheren Nahrungsmittelpreisen belastet. Da der Agrarsektor in einigen der Beitrittsländer noch ein erhebliches Gewicht besitzt, kommen mit der Integration der MOEL in dieses (unveränderte) Agrarmarktsystem zusätzliche Kosten auf die EU zu.

Im Juni 2003 haben die EU-Agrarminister daher eine grundlegende Reform der Stützungsmechanismen beschlossen. In deren Mittelpunkt steht auf der einen Seite eine Senkung – aber bei weitem nicht die Abschaffung – der Interventionspreise. Auf der anderen Seite sollen (stattdessen) produktionsunabhängige Transferzahlungen geleistet werden, die mit der Einhaltung von Standards in den Bereichen Umwelt, Lebensmittelsicherheit und Tierschutz verknüpft werden sollen. Diese direkten Transferzahlungen will man aber den MOEL (weitgehend) vorenthalten, da sie im landwirtschaftlichen Bereich nicht von Preissenkungen betroffen sein werden, sondern eher von Preissteigerungen. Eine dauerhafte Lösung dieses Problems ist – insbesondere vor dem Hintergrund der Osterweiterung – nur dann möglich, wenn man die EU-Agrarpreise auf das Weltmarktniveau senkt und zudem (weitgehend) auf direkte Einkommensbeihilfen für die Landwirtschaft verzichtet. Hierdurch käme es zu marktwirtschaftlich determinierten Produktionsbedingungen in der EU, was insbesondere den europäischen Konsumenten zugute käme. Darüber hinaus würde auf diese Weise die in der WTO diskutierte internationale Fehlallokation der landwirtschaftlichen Ressourcen (weitgehend) verhindert.

Neben der Agrarpolitik gehen von der Strukturpolitik die größten finanziellen Herausforderungen aus. Vor dem Hintergrund der Lissabon-Agenda, mit deren Hilfe sich die EU bis zum Jahr 2010 zum wettbewerbsfähigsten und dynamischsten Wirtschaftsraum der Welt entwickeln soll(te), verfolgt die Kommission das Ziel, den ins Stocken geratenen Reformprozeß durch eine deutlichere Schwerpunktsetzung bei der Strukturpolitik neu zu beleben. In der finanziellen Vorausschau 2007-2013 wurden die Ausgaben zu neuen Gruppen zusammengefaßt. Dabei zielt die Ausgabenkategorie 1a ab auf die „Wettbewerbsfähigkeit für Wachstum und Beschäftigung", 1b auf „Kohäsion für Wachstum und Beschäftigung", 2 auf die „nachhaltige Bewirtschaftung und Schutz der nationalen Ressourcen", 3 auf die „EU für den Bürger" und 4 auf die „EU als globaler Partner".

Auf die Agrar- und Strukturpolitik entfallen davon große Teile der Ausgabenkategorien 1a, 1b und 2. Die Ausgabenkategorie 1a ist dabei in erster Linie auf die Lissabon-Agenda gerichtet. Mit Hilfe der Ausgabenkategorie 1b soll hingegen erreicht werden, daß bis etwa 2011 ungefähr soviel Gelder in die neuen wie in die alten Mitgliedsländer fließen. Die Ausgabenkategorie 2, die insbesondere die Zahlungen an und Belastungen durch die Landwirtschaft beinhaltet, soll hingegen in der absoluten Höhe etwa konstant bleiben. Diese Entwicklungen werden im Zusammenhang mit dem Haushalt der EU (Abschnitt 3.4) nochmals aufgegriffen.

Neben dem Niveau der künftigen Strukturpolitik werden aber auch die dadurch ausgelösten Umverteilungseffekte diskutiert (vgl. hierzu auch *Berg* und *Gehrmann* 2004). Dies läßt sich am Beispiel der Ziel-1-Förderung (alter Prägung) veranschaulichen, die Zahlungen vom Pro-Kopf-Einkommen abhängig macht. Alle neuen Beitrittsländer liegen (gegenwärtig) unter dem Grenzwert von 75 Prozent des durchschnittlichen Pro-Kopf-BIP der EU und haben damit Anspruch auf entsprechende Zahlungen. Daran ändert sich auch wenig, wenn man berücksichtigt, daß durch den Beitritt der MOEL der Durchschnittswert des Pro-Kopf-BIP gesunken ist. Wichtiger ist hingegen, daß die jetzigen Zahlungsempfänger und die geförderten Regionen künftig über dem Grenzwert liegen werden und damit aus dem Kreis der Begünstigten ausscheiden. Es ist allerdings kaum damit zu rechnen, daß die jetzigen Empfängerländer diese Entwicklung klaglos hinnehmen werden. Man wird vielmehr versuchen, über andere Fördermaßnahmen den erworbenen „Besitzstand" weitgehend zu erhalten. Zusammen mit den neuen Ansprüchen der MOEL wäre eine solche Strukturpolitik allerdings nicht mehr finanzierbar. Kommt es hingegen zu einer Reduktion der Transferzahlungen an die westlichen Mitgliedsländer, so wird an dieser Stelle besonders deutlich, daß die handelsbedingten „Gewinner" unter den westlichen Mitgliedsländern nicht übereinstimmen mit den transferbedingten „Verlierern". Dabei ist jedoch zu bedenken, daß die Osterweiterung kein Null-Summen-Spiel darstellt, sondern letztlich zu einer Wohlfahrtssteigerung der gesamten erweiterten Union beitragen wird (*Kohler* 2000).

Obgleich der Europäische Rat von Berlin die Förderziele zahlenmäßig reduziert hat, ist keine grundsätzliche Reform der europäischen Strukturpolitik in Sicht. Dies ist um so bedauerlicher, als erhebliche Zweifel daran bestehen, ob die Strukturpolitik in der Vergangenheit überhaupt einen signifikanten Beitrag zur Konvergenz der EU-Mitgliedsländer und -Regionen geleistet hat. Vor diesem Hintergrund sollte man darüber nachdenken, ob die Strukturfonds nicht durch Kredite zu Marktkonditionen ersetzt werden sollten, die z. B. von der Europäischen Investitionsbank vergeben werden könnten (*Schäfer* 2001, S. 254). In Ausnahmefällen wären auch Zinssubventionen denkbar.

3.4. Haushalt

Der Haushalt der EU[6] belief sich im Jahre 2004 auf ca. 100 Mrd. Euro und entsprach damit etwa 1 Prozent des Bruttonationaleinkommens (BNE) der EU-25. Die Ausgaben müssen dabei stets den Einnahmen (Eigenmittel) entsprechen, da – im Gegensatz zu den nationalen Haushalten – keine Kreditaufnahme möglich ist. Wie **Übersicht 5** zeigt, setzen sich die Einnahmen in der Hauptsache aus den Zöllen auf Agrar- und Industrieprodukte und den an der Mehrwertsteuer sowie an den Bruttonationaleinkommen orientierten Eigenmitteln zusammen. Eine eigene Einnahmequelle in Form einer EU-Steuer ließ sich bisher nicht durchsetzen. Auf der Ausgabenseite verschlingt die gemeinsame Agrarpolitik hingegen fast die Hälfte der gesamten Einnahmen. Es folgen die Strukturpolitik sowie die gemeinsamen Politiken.

Übersicht 5: Haushalt der EU

	2004 in Mrd. €	Anteil in %	gepl. Anteil 2013 in %
Einnahmen			
Zölle/Agrarabgaben	11,4		
Mehrwertsteuerbeiträge	14,3		
BNE-Beiträge	73,2		
Sonstige	0,8		
Gesamt	**99,7**	**100,0**	
Ausgaben			
Gemeinsame Agrarpolitik	45,7	45,8	30.0
Strukturpolitik	30,8	30,9	35.0
Politiken der EU (insb. Forschung, Umwelt, Bildung, Verbraucherschutz)	7,5	7,5	18,0
Kooperation mit Drittländern	5,0	5,0	
Verwaltungsausgaben	6,0	6,1	
Sonstige			
Gesamt	**99,7**	**100,0**	

Ausgehend von einem EU Haushaltsvolumen von 100 Mrd. Euro im Jahre 2004, werden bis 2006 jährlich ca. 15 Prozent speziell für die zehn neuen Mitgliedsländer aufgewandt. Nach Abzug der eigenen Beiträge (Zahlungen) dieser Länder bleiben jährlich etwa 10 Mrd. Euro (ca. 10 Prozent des EU-Haushalts) als „Kosten" der EU-Erweiterung. „Stein des Anstoßes" und Gegenstand heftiger politischer Kontroversen ist hingegen die von der Kommission zunächst geplante Ausweitung des Haushalts auf nominal 150 Mrd. Euro bis zum Jahr 2013. In diesem Zusammenhang sollte auch eine

---

[6] Vgl. zum Haushalt allgemein und zu den Zahlenangaben *Bundesministerium der Finanzen* (2005).

Umstrukturierung der Ausgaben erfolgen, die ebenfalls aus **Übersicht 5** abzulesen ist. Während der Anteil der Agrarausgaben an den Gesamtausgaben demnach deutlich sinken soll, gewinnen die Forschungs- und Technologiepolitik an Bedeutung. Diese Umstrukturierung ist wohl vor dem Hintergrund der Lissabon-Agenda zu sehen, die Defizite der EU in den Bereichen Wettbewerbsfähigkeit und Wachstumsdynamik überwinden soll. Die Nettozahler haben sich hingegen für eine Beschränkung der Ausgaben auf etwa 1 Prozent des BNE der erweiterten Union ausgesprochen. Hierin kommt unzweideutig das Spannungsverhältnis zwischen Haushaltserfordernissen auf europäischer Ebene, der Lissabon-Agenda sowie der nationalen Haushaltskonsolidierung zum Ausdruck.

Mit dem Haushalt der EU sind aber zugleich auch erhebliche Umverteilungswirkungen verbunden. So zahlte Deutschland in den letzten Jahren etwa 22 Prozent der Haushaltseinnahmen. Unter Berücksichtigung der empfangenen Leistungen, also netto, wurden im Jahre 2002 ca. 5 Mrd. Euro gezahlt, 2004 ca. 7,1 Mrd. Euro. Absolut gesehen, war Deutschland damit der größte Nettozahler. Der größte Nettoempfänger hingegen war zu diesem Zeitpunkt Spanien mit ca. 8,5. Mrd. Euro. Relativ zum BNE zahlte die Bundesrepublik Deutschland aber „nur" 0,33 Prozent, während die Niederlande mit 0,44 Prozent um ein Drittel höher lag. Spanien erhielt 1,08 Prozent des BNE, Griechenland – absolut gesehen auf Platz 2 der Empfänger – jedoch 2,52 Prozent. Die Nettoposition der einzelnen Mitgliedsländer im Jahre 2004 zeigt **Übersicht 6**.

Vor dem Hintergrund der Diskussion über die Nettosalden haben Deutschland, Schweden und die Niederlande gefordert, den sogenannten „Briten-Rabatt" abzuschaffen. 1984 erstritt die damalige Premierministerin *M. Thatcher* diesen Rabatt, weil das Wohlstandsniveau Großbritanniens zu diesem Zeitpunkt relativ niedrig lag und zudem aufgrund der strukturellen Situation nur wenige Rückflüsse aus den Agrarfonds für die britische Landwirtschaft zu erwarten waren. Seither erhält Großbritannien einen jährlichen Abschlag von 4,6 Mrd. Euro auf seine Zahlungen, der von den anderen Mitgliedsländern – insbesondere Deutschland – (zusätzlich) aufgebracht werden muß. Auch die EU-Kommission hält diese Sonderstellung für nicht mehr zeitgemäß, da zum einen eine deutliche Wohlstandsverschiebung zugunsten Großbritanniens stattgefunden hat und zum anderen Großbritannien nicht vollständig an den Kosten der Erweiterung beteiligt wird, die neuen Mitgliedsländer aber den Briten-Rabatt mittragen müssen. Die von der Kommission vorgeschlagene Alternative eines allgemeinen Korrekturmechanismus hat aber bislang keine allgemeine Zustimmung gefunden. Auf dem Europa-Gipfel im Dezember 2005 hat Großbritannien zwar eine (begrenzte) Reduktion seines Rabatts für die Zukunft zugestanden. Nachdem das Europäische Parlament den dort erarbeiteten Kompromißvorschlag jedoch zurückgewiesen hat, ist die weitere Entwicklung des Haushalts wieder offen.

Übersicht 6: Nettozahler und -empfänger (in Mio. Euro) 2004

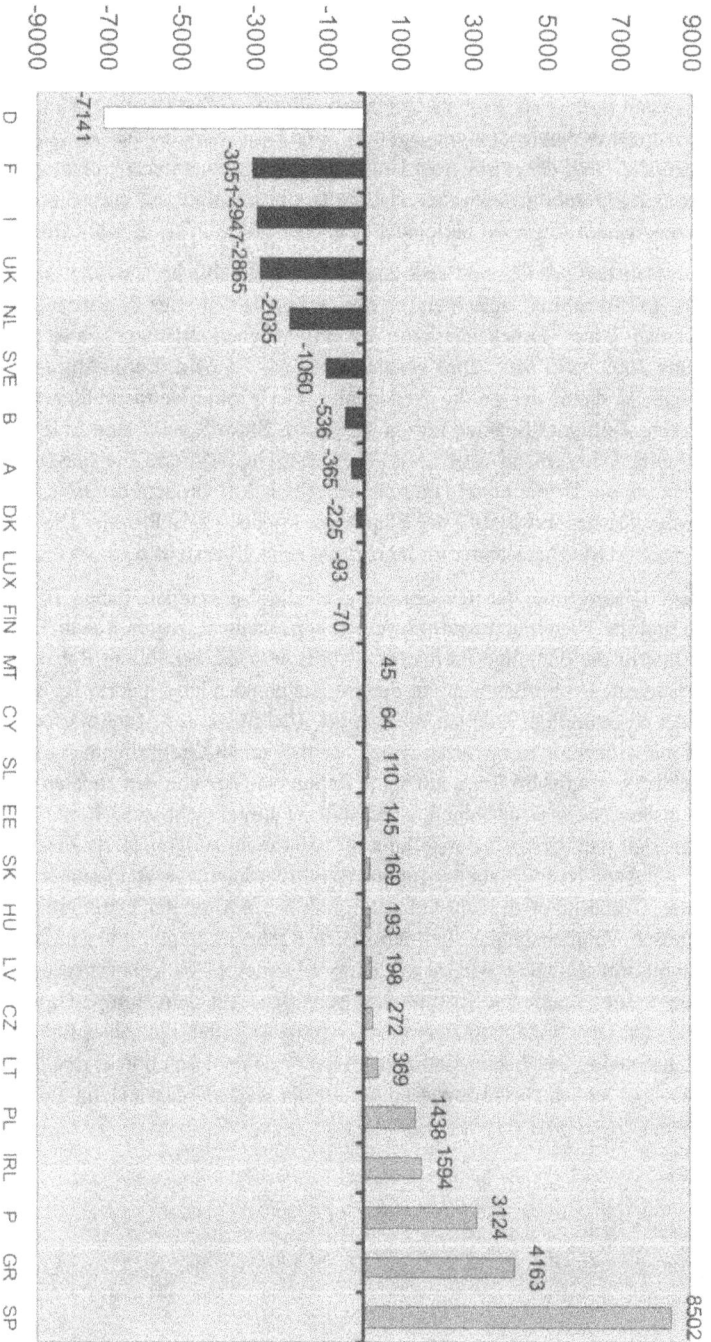

D	F	I	UK	NL	SVE	B	A	DK	LUX	FIN	MT	CY	SL	EE	SK	HU	LV	CZ	LT	PL	IRL	P	GR	SP		

-7141, -3051, -2947, -2865, -2035, -1060, -536, -365, -225, -93, -70, 45, 64, 110, 145, 169, 193, 198, 272, 369, 1438, 1594, 3124, 4163, 8502

Quelle der Zahlenangaben: *Europäische Kommission* (2005, S. 142).

Neben der bisherigen Umverteilung innerhalb der EU-15 erlangt nun aber zunehmend auch die Umverteilung zwischen Ost- und West-Europa an Bedeutung. Auch vor diesem Hintergrund ist der gegenwärtige Haushaltsstreit zu sehen. Dabei geht es insbesondere darum, ob bei einer weitgehenden Konstanz der Vergabekriterien die dann notwendige Ausweitung der Mittel von den Mitgliedsländern akzeptiert wird oder ob man durch einen Abbau der Unterstützungs-Zahlungen – speziell im Agrarbereich – den Anstieg der Ausgaben deutlich begrenzen kann. Hinzu kommt, daß die Agrarpolitik der EU nicht nur zu internen Haushaltsproblemen führt, sondern darüber hinaus auch den Gegenstand von Diskussionen in den aktuellen WTO-Beratungen bildet.

4. Währungsunion

4.1. Makroökonomische Rahmenbedingungen

Mit dem Eintritt in die dritte Stufe der Währungsunion 1999 hat sich der makroökonomische Rahmen für die Mitgliedsländer gravierend verändert (hierzu ausführlich *Smeets* und *Thieme* 2002). Der Wegfall der (innergemeinschaftlichen) Wechselkurse bedeutet, daß ein – in der Vergangenheit vielfach genutztes – wirtschaftliches Instrument nicht länger zur Verfügung steht. Wechselkursanpassungen ergeben sich „nur" noch zwischen dem Euro und Drittlandwährungen wie etwa dem US-Dollar, dem japanischen Yen oder dem britischen Pfund. Die Entscheidungskompetenz in der Währungspolitik liegt somit ausschließlich auf der „europäischen Ebene".

Dies gilt auch für die Geldpolitik, die nun allein von der Europäischen Zentralbank betrieben wird. Durch ihr geldpolitisches Instrumentarium versucht sie, Preisniveaustabilität in der Währungsunion als Gesamtheit zu realisieren. Eine an den Interessen einzelner Mitgliedsstaaten orientierte Politik ist daher nicht länger möglich. Es gilt folglich eine Politik zu finden, ‚that fits all'.

Die Fiskalpolitik nimmt in diesem Zusammenhang eine Zwitterstellung ein. Während nämlich der Rahmen in Form von Neuverschuldungs- und Schuldenstandsquoten durch den Stabilitäts- und Wachstumspakt von der „europäischen Ebene" – mehr oder weniger fest – vorgegeben wird, ist die konkrete Ausgestaltung der Fiskalpolitik in nationaler Zuständigkeit verblieben (vgl. *Wentzel* 2005).

Mit der Währungs-, Geld- und Fiskalpolitik haben die Mitgliedsländer mehrere wirtschaftspolitische Instrumente ganz oder zumindest teilweise an die „europäische Ebene" abgetreten, die nun nicht mehr (vollständig) bereitstehen, um nationale Ziele zu verfolgen. Unter ausschließlich nationaler Kontrolle stehen hingegen „nur" noch die Arbeitsmarkt- und Sozialpolitik, wobei der Lohnfindungsprozeß in der Bundesrepublik Deutschland weitgehend unabhängig vom Staat durch die Tarifparteien (Arbeitgeber und Arbeitnehmer) erfolgt.

Übersicht 7: Makroökonomischer Rahmen

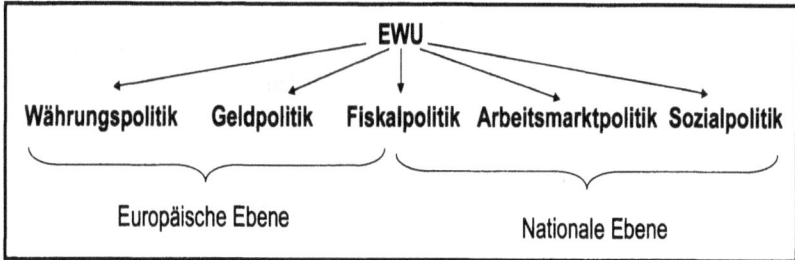

```
                          EWU
        ┌──────────┬────────┼──────────────┬──────────┐
        ↓          ↓        ↓              ↓          ↓
  Währungspolitik  Geldpolitik  Fiskalpolitik  Arbeitsmarktpolitik  Sozialpolitik
  ╰──────────────────────╯      ╰──────────────────────────────────────╯
         Europäische Ebene                    Nationale Ebene
```

Diese Zentralisierung wirtschaftspolitischer Kompetenzen erlangt insbesondere dann Bedeutung, wenn sich länderspezifische Anpassungsnotwendigkeiten – etwa vor dem Hintergrund konjunktureller oder struktureller Divergenzen – ergeben. **Übersicht 7** zeigt, daß die Anpassungslast unter den neuen Rahmenbedingungen in zunehmendem Maße von den Arbeitsmärkten getragen werden muß, die daher eine um so höhere Flexibilität aufweisen müssen. Sie kann zum Ausdruck kommen in einer hinreichenden Mobilität des Faktors Arbeit oder einer entsprechend hohen Lohnflexibilität. Ist diese Flexibilität allerdings nicht vorhanden, bleibt in aller Regel nur die „Finanzierung" von Arbeitslosigkeit über die Sozialpolitik, wodurch wiederum (weiter) steigende Defizite in den nationalen Staatshaushalten entstehen können.

4.2. Europäisches System der Zentralbanken

Im Mittelpunkt des Europäischen Systems der Zentralbanken (ESZB) – das **Übersicht 8** veranschaulicht – steht die Europäische Zentralbank (EZB), die ihre Tätigkeit am 1.1.1999 aufgenommen hat.[7] Zugleich haben die nationalen Zentralbanken der Mitgliedsländer der EWU ihre geldpolitische Eigenständigkeit verloren. Das Ziel der Geldpolitik ist in Artikel 2 des Statuts des ESZB definiert und lautet:

> „Das vorrangige Ziel ist es, die Preisstabilität zu gewährleisten. Soweit dies ohne Beeinträchtigung des Ziels der Preisstabilität möglich ist, unterstützt das ESZB die allgemeine Wirtschaftspolitik in der Gemeinschaft, um zur Verwirklichung der in Artikel 2 festgelegten Ziele der Gemeinschaft beizutragen."

Diese Formulierung orientiert sich weitgehend an den entsprechenden Bestimmungen im Gesetz über die Deutsche Bundesbank – sie ist zum Teil sogar präziser und enger gefaßt. Gleichwohl schließt auch diese Formulierung nicht aus, daß gerade in Unterbeschäftigungssituationen mit mäßigen aktuellen Preisniveausteigerungen auf eine übermäßig expansive Geldpolitik gedrungen wird, deren (Inflations-)Folgen erst mit erheblichen zeitlichen Verzögerungen (time-lags) deutlich werden.

---

[7] Vgl. zur Geldpolitik der EZB ausführlich etwa *Görgens*, *Ruckriegel* und *Seitz* (2003).

Übersicht 8: Das Europäische System der Zentralbanken (ESZB)

| | | EZB – Rat * | Erweiterter EZB - Rat |

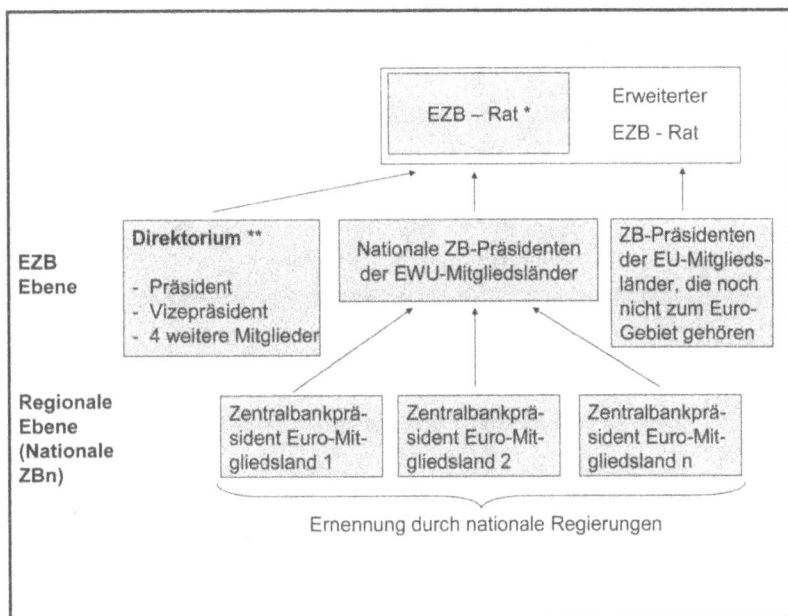

* Entscheidungen werden mit einfacher Mehrheit getroffen. Ausnahme: Gewinnverteilung (2/3 Mehrheit der gewichteten Stimmen)

** Ernennung durch den Europäischen Rat. Die Amtszeit beträgt 8 Jahre, Wiederernennung ist nicht zulässig.

Realisieren läßt sich das Ziel einer dauerhaften und damit glaubwürdigen Sicherung der Geldwertstabilität durch eine entsprechende Gestaltung der Geldverfassung. Empirische Studien haben ergeben, daß eine positive Beziehung zwischen der Unabhängigkeit der Notenbank und der Geldwertstabilität besteht. Autonome Notenbanken weisen demnach im Durchschnitt niedrigere Inflationsraten auf als abhängige, ohne gleichzeitig mit geringeren Wachstumsraten zu „bezahlen" (vgl. hierzu *Eijffinger* und *de Haan* 2000, S. 38 ff.). Auf der anderen Seite stellt die Unabhängigkeit der Notenbank lediglich eine notwendige Bedingung für Preisniveaustabilität dar. Man darf sie aber nicht als hinreichende Bedingung im Sinne einer Erfolgsgarantie interpretieren. Unabhängigkeit der Notenbank kann ferner nur Autonomie in der Verfolgung der vom Gesetzgeber vorgegebenen Aufgabe und damit in der Wahl der Mittel bedeuten, nicht hingegen in der Wahl der Ziele. In diesem Sinne ist es wichtig, daß das Ziel der Preisniveaustabilität unmißverständlich im EGV festgelegt wurde. Die EZB ist lediglich befugt, diese Zielformulierung zu präzisieren.

Im Mittelpunkt der funktionalen Unabhängigkeit steht die Frage nach der geldpolitischen Strategie. Hierunter versteht man das Verfahren, mit dessen Hilfe eine Zentralbank über den Instrumenteneinsatz zur Verfolgung der Ziele entscheidet. Diese Verfahren sind vor dem Hintergrund eines komplexen Transmissionsprozesses zwischen geldpolitischen Maßnahmen und dem (End-)Ziel zu sehen, der durch erhebliche zeitliche Wirkungsverzögerungen (time-lags) gekennzeichnet ist (**Übersicht 9**). Daher müssen alle geldpolitischen Entscheidungen vorausschauend getroffen werden. Daneben muß die Glaubwürdigkeit und Schlüssigkeit der geldpolitischen Entscheidungen dauerhaft gewährleistet sein.

Übersicht 9: Geldwirkungsprozeß

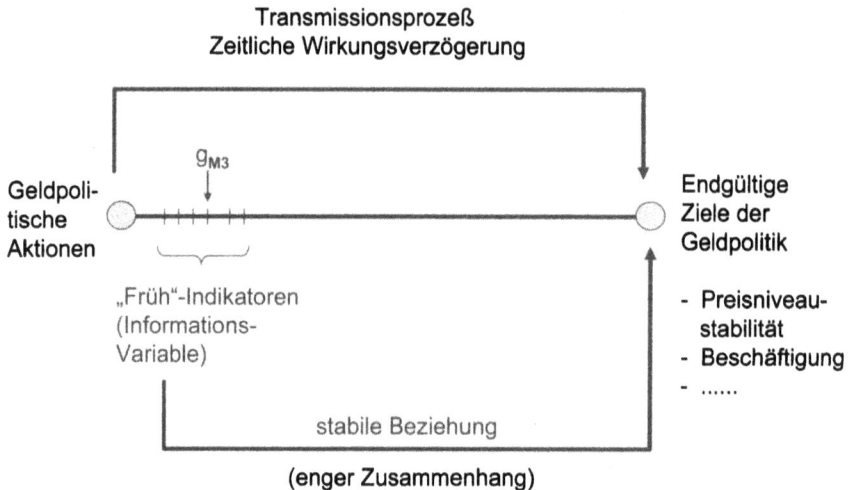

Transmissionsprozeß
Zeitliche Wirkungsverzögerung

Geldpoli-
tische
Aktionen

g_{M3}

„Früh"-Indikatoren
(Informations-
Variable)

stabile Beziehung

Endgültige
Ziele der
Geldpolitik

- Preisniveau-
  stabilität
- Beschäftigung
- ......

(enger Zusammenhang)

Am 13. Oktober 1998 gab die EZB ihre geldpolitische Konzeption bekannt, die zunächst aus folgenden Hauptelementen bestand (*Europäische Zentralbank* 1999 und 2000):

> „Einer quantitativen Festlegung des vorrangigen Ziels der einheitlichen Geldpolitik, nämlich Preisstabilität, und
> den 'beiden Säulen' der Strategie, die zur Erreichung dieses Ziels dient:
> eine herausragende Rolle der Geldmenge, die in der Verkündung eines Referenzwerts für das Wachstum eines breiten monetären Aggregats [M3] zum Ausdruck kommt und
> eine breit fundierte Beurteilung der Aussichten für die künftige Preisentwicklung und die Risiken für die Preisstabilität im Euro-Währungsgebiet insgesamt."

Preisstabilität wird von der EZB als Anstieg des Harmonisierten Verbraucherpreisindex (HVPI) für das Euro-Währungsgebiet von unter, aber nahe bei 2 Prozent gegenüber dem Vorjahr definiert. Sie soll mittelfristig beibehalten werden. Mit der Betrachtung des HVPI „für das Euro-Währungsgebiet" soll dokumentiert werden, daß die einheitliche Geldpolitik auf das gesamte Währungsgebiet gerichtet ist und nicht auf bestimmte nationale oder regionale Entwicklungen reagieren wird. Die Aussage „Preisstabilität muß mittelfristig beibehalten werden" trägt nach Angaben der EZB der Existenz kurzfristiger Preisschwankungen Rechnung, die von der Geldpolitik nicht beeinflußt werden können.

Im Rahmen ihrer sogenannten Zwei-Säulen-Strategie hatte die EZB die Geldmengen-Säule zunächst als erste Säule in den Mittelpunkt ihrer Überlegungen gestellt und ihr eine herausragende Bedeutung gegenüber den sonstigen Indikatoren zugestanden. Diese kam auch in einer quantitativen Vorgabe für das Geldmengenwachstum zum Ausdruck, die als Referenzwert bezeichnet wurde. Vor dem Hintergrund der Quantitätsgleichung gingen bei der Festlegung des ersten Referenzwertes für das Jahr 1999 durch die EZB folgende Überlegungen ein:

$$g_{M3} \quad = \quad g_{yr^*} \quad + \quad g_{pZiel} \quad - \quad g_{v^*}$$

$$4,5\% \quad \leftarrow \quad 2\% \text{ bis } 2,5\% \quad < 2\% \quad - 0,5\% \text{ bis } -1,0\%$$

Die Zielsetzung „Preisstabilität" kommt in einem angestrebten Anstieg des HVPI für Euro-Land von weniger als zwei Prozent zum Ausdruck ($g_p < 2\%$). Ferner ging man für 1999 von einem erwarteten Wirtschaftswachstum (g_{yr^*}) – gemessen am realen Bruttoinlandsprodukt in Euro-Land – von 2 bis 2,5 Prozent aus. Bei der Umlaufgeschwindigkeit schätzte man die jährliche Änderungsrate (g_{v^*}) als eine Abnahme von 0,5 bis 1 Prozent. Bei dieser Größe ist die Unsicherheit wahrscheinlich am größten, da die EZB auf nur wenige verläßliche historische Daten zurückgreifen kann. Nur wenn eine – gemessen am Referenzwert – übermäßige Geldmengenexpansion Inflationsgefahren signalisierte, sollte eine weitere Überprüfung durch die Indikatoren der – zu diesem Zeitpunkt – zweiten Säule stattfinden. Im Laufe der Zeit zeigte sich jedoch immer deutlicher, daß die erste Säule zugunsten der zweiten Säule zunehmend in den Hintergrund trat. Dies fand dann folgerichtig auch seinen Niederschlag im Rahmen einer „Neuinterpretation" des Zwei-Säulen-Konzepts durch die EZB im Jahre 2003. Faktisch läuft diese Neuinterpretation auf einen Wechsel der beiden Säulen und damit auch in der Bedeutung der einzelnen Indikatoren hinaus. Während die sonstigen Indikatoren und ihre Entwicklung (zunächst 2. Säule) deutlich in den Vordergrund getreten sind, hat die Entwicklung der Geldmenge (zunächst 1. Säule) immer mehr an Gewicht verloren.[8]

Das aktuelle Interpretationsmuster der Zwei-Säulen-Strategie gibt **Übersicht 10** wieder. In der ersten Säule (ökonomische Analyse) sind nun eine Reihe von Wirtschafts- und Finanzindikatoren zusammengefaßt, die die EZB bisher allerdings nicht abschließend aufgelistet hat. Gleichwohl ist klar, daß es sich bei diesen Indikatoren um Elemente von keynesianischen Angebotsdruck- und Nachfragesog-Theorien – also nicht monetären Inflationserklärungen – handelt. Die EZB analysiert nach eigenen Angaben regelmäßig die Entwicklung der Produktions-, Nachfrage- und Arbeitsmarktbedingungen sowie die Entwicklung einer breiten Palette von Preis- und Kostenindikatoren, des Wechselkurses und der Zahlungsbilanz, weil sie davon ausgeht, hierdurch die primären kurz- und mittelfristigen Inflationsgründe zu erfassen.

---

[8] Zur (praktischen) Geldpolitik der EZB siehe etwa *Hayo* (2003).

Übersicht 10: Aktuelle geldpolitische Strategie der EZB

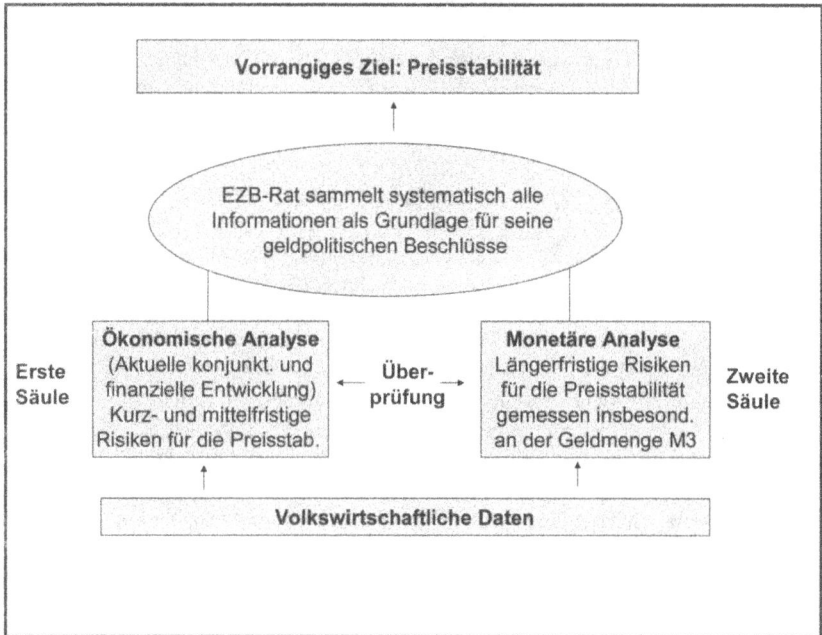

Quelle: In Anlehnung an *Europäische Zentralbank* (2006).

In der zweiten Säule (monetäre Analyse) werden mit Hilfe der Geldmengen- und Kreditentwicklung die längerfristigen Risiken für die Preisstabilität aufgezeigt. Sie dient insbesondere als Mittel zur Überprüfung, ob die vor dem Hintergrund der ersten Säule kurz- und mittelfristig signalisierte Entwicklung der Preisstabilität mit den längerfristigen Signalen der zweiten Säule vereinbar ist.

Die EZB selbst interpretiert ihre Zwei-Säulen-Strategie als einen Ansatz „umfassender Information", der die Unsicherheit in bezug auf die Wirtschaft und das unvollkommene Verständnis ihrer Funktionsweise widerspiegelt. Durch dieses Vorgehen versucht die EZB, ihre mangelnde Erfahrung mit den ökonomischen Wirkungszusammenhängen in dem neuen Währungsgebiet Euro-Land zu kompensieren. Den Blick auf eine Vielzahl von „Früh"-Indikatoren interpretiert sie als „Portfolio"-Diversifikation, mit deren Hilfe das Risiko monetärer Fehlsteuerung reduziert werden kann. Obgleich diese Argumentation auf der einen Seite – insbesondere vor dem Hintergrund des neuen Währungsgebiets Euro-Land – nachvollzogen werden kann, bringt das Zwei-Säulen-Konzept auf der anderen Seite auch erhebliche Probleme mit sich. So bieten die möglicherweise gegenläufigen Signale der verschiedenen „Früh"-Indikatoren einen breiten Interpretationsspielraum, der sich ohne ein eindeutiges Gewichtungsschema nicht eingrenzen läßt. Im Extremfall läßt sich mit diesem Konzept jegliche Geldpolitik begründen. Es sollte nicht schwer fallen, Indikatoren zu finden, die den gerade sinnvoll erscheinenden geldpolitischen Kurs stützen. Es erscheint allerdings höchst fraglich, ob mit einer solch intransparenten Strategie das notwendige Vertrauen in die EZB begründet werden kann (vgl. auch *Michler* und *Thieme* 2004).

Wenn man davon ausgeht, daß Inflation – zumindest längerfristig – stets ein monetäres Phänomen ist, dann setzt Preisniveaustabilität ferner voraus, daß die Geldpolitik der EZB nicht von dritter (staatlicher) Seite unterlaufen werden kann. Von besonderer Bedeutung sind in diesem Zusammenhang die Wechselkurspolitik (internationale Komponente der Geldbasis) und die Fiskalpolitik (fiskalische Komponente der Geldbasis). Während die Geldpolitik auf die EZB übertragen wurde, bleibt die Wechselkurspolitik gemäß Artikel 3a EGV weiterhin in der Hand des Ministerrats. Das Vorrecht, das Wechselkurssystem gegenüber Drittländern zu bestimmen sowie mit qualifizierter Mehrheit allgemeine Orientierungen für die Wechselkurspolitik (z. B. Zielzonen) vorzugeben, denen die EZB dann mit ihrer Interventionspolitik nachkommen muß, schließt daher nicht aus, daß die EZB ihre Herrschaft über die internationale Komponente der Geldversorgung verliert. Eine zweite grundsätzliche Gefahrenquelle bildet die Möglichkeit nationaler Regierungen und EU-Instanzen, Budgetdefizite unmittelbar durch Kredite bei der EZB decken zu können. Da eine solche direkte Alimentierung fiskalischer Defizite in den Artikeln 104 und 104a EGV jedoch ausdrücklich ausgeschlossen wurde, kommt der fiskalischen Komponente der Geldbasis im europäischen Kontext grundsätzlich keine Bedeutung zu.

Personelle Unabhängigkeit soll hingegen durch lange (achtjährige), aber nicht verlängerbare Amtszeiten gewährleistet werden. Sie stellt aber nur dann eine notwendige und hinreichende Bedingung für die Sicherung der Geldwertstabilität dar, wenn unabhängige Zentralbanker ausschließlich im Interesse des Gemeinwohls handeln. Hieran hatte aber schon *Walter Eucken* (1990, S. 257) Zweifel:

> „.... die Erfahrung zeigt, daß eine Währungsverfassung, die den Leitern der Geldpolitik freie Hand läßt, diesen mehr zutraut als ihnen im allgemeinen zugetraut werden kann. Unkenntnis, Schwäche gegenüber Interessengruppen und der öffentlichen Meinung, falsche Theorien, alles das beeinflußt diese Leiter sehr zum Schaden der ihnen anvertrauten Aufgabe."

Es bedarf in diesem Fall zusätzlicher Anreize oder Regeln, um das vorgegebene Ziel zu verfolgen und so die Glaubwürdigkeit der Wirtschaftspolitik zu gewährleisten.

4.3. Stabilitäts- und Wachstumspakt (SWP)

Zu den 1992 beschlossenen Konvergenzkriterien gehört auch das Ziel „gesunde Staatsfinanzen". Konkretisiert wird es durch die Vorschriften, daß die Nettokreditaufnahme eines Mitgliedslandes 3 Prozent des Bruttoinlandsprodukts (BIP) und die Gesamtverschuldung 60 Prozent des BIP nicht überschreiten darf. Die Kriterien zum Eintritt in die Währungsunion boten nach Überzeugung des damaligen Bundesfinanzministers *Theo Waigel* aber keine ausreichende Sicherheit, die Gemeinschaftswährung in der Währungsunion stabil zu halten. Da die Fiskalpolitik – im Gegensatz zur Geld- und Währungspolitik – nach dem Beitritt zur EWU grundsätzlich weiter in nationaler Verantwortung liegt, hätte man die fortlaufende Einhaltung der Eintrittskriterien in den einzelnen Mitgliedsländern nicht durchsetzen können. Aus diesem Grunde drängte die Bundesregierung – erfolgreich – darauf, die Haushaltsdisziplin auch über den Eintritt in die EWU hinaus verpflichtend festzuschreiben. Nach Abwägen der Pro- und Contra-Argumente[9] im Rahmen einer heftigen Diskussion in Wissenschaft und Politik geschah dies 1997 in Amsterdam durch die Unterzeichnung des Stabilitäts- und Wachstumspaktes (SWP).

Vor dem Eintritt in die dritte Stufe der EWU 1999 wurde dann – wenn auch zum Teil mit Hilfe „kreativer Buchführung" – eine eindrückliche Konsolidierung erzielt. Doch bereits der erste Konjunktureinbruch nach 1999 hat die Hälfte der EU-Mitglieder nahe an oder über die 3 Prozent-Grenze getrieben. Kaum setzten die ersten Defizitverfahren ein, wurden die kurz zuvor noch eng gefaßten Regeln von vielen Politikern nun als allzu starres Korsett kritisiert. Deutschland traf es – unter dem Hohn der übrigen Mitglieder der EWU – als erstes Land. Und Deutschland gehört erneut – sehr zum Unverständnis der „Verbündeten" beim Abschluß des SWP – zu den treibenden Kräften, nun aber zusammen mit Frankreich und Italien im Lager derjenigen, die den SWP aufweichen wollen.

4.3.1. Das Defizitverfahren

Neben den grundlegenden Bestimmungen im EG-Vertrag (Art. 104 EGV) besteht der 1997 unterzeichnete SWP formal aus drei Elementen:

–   Mit der Entschließung des Europäischen Rates von 1997 in Amsterdam verpflichten sich die EU-Mitgliedsstaaten zum Haushaltsziel eines mittelfristig ausgeglichenen oder einen Überschuß aufweisenden Staatsbudgets.

–   Eine Verordnung mit präventivem Charakter [(EG) 1466/97] beschreibt den Prozeß der Haushaltsüberwachung durch die Kommission. Die Mitglieder des Euro-Währungsgebietes legen jährlich Stabilitätsprogramme (Nicht-Mitglieder: Konvergenzprogramme) vor, die aufzeigen, wie das Land das vereinbarte Haushaltsziel verwirklicht hat.

–   Eine Verordnung mit abschreckendem Charakter [(EG) 1467/97] beschreibt das Defizitverfahren. Dieses Verfahren kommt zur Anwendung, wenn ein Land vom vereinbarten Haushaltsziel abweicht und ein übermäßiges Defizit (höher als 3 Prozent des BIP) aufweist. Die Verordnung macht keine Aussage darüber, ob und wie gegen einen Staat vorgegangen wird, dessen Schuldenstand den Referenzwert von 60 Prozent des BIP übersteigt.

Übersicht 11 beschreibt das Defizitverfahren des SWP in vereinfachter Form (ausführlich *Europäische Zentralbank* 1999). Ein Defizit von mehr als 3 Prozent des BIP gilt dann nicht als „übermäßig", wenn ein schwerer konjktureller Abschwung (Rückgang des BIP innerhalb eines Jahres von mehr als 2 Prozent) oder ein außergewöhnliches Ereignis vorliegt. Entscheidet die Kommission, daß das Defizit übermäßig ist, legt sie dem Rat der Finanzminister (ECOFIN-Rat) eine Stellungnahme und eine Empfehlung zur Entscheidung vor. Dieser entscheidet nun mit einer qualifizierten Mehrheit von 71 Prozent der gewichteten Stimmen aller EU-Staaten (gegenwärtig 25). Stellt der

---

[9]   Vgl. hierzu ausführlich etwa *de Grauwe* (2000, S. 195 ff.) und *Eijffinger* und *de Haan* (2000, S. 80 ff.).

ECOFIN-Rat das Vorliegen eines übermäßigen Defizits fest, werden mit einer qualifizierten Mehrheit von zwei Dritteln der gewichteten Stimmen aller EU-Staaten ohne den
betroffenen Staat wirksame Maßnahmen empfohlen. Werden diese tatsächlich umgesetzt und deshalb eine Reduktion des Defizits erwartet, ruht das Verfahren. Anderenfalls
kann festgestellt werden, daß keine (wirksamen) Maßnahmen ergriffen wurden. Bis zu
diesem Punkt gilt das Verfahren für alle EU-Mitglieder der Euro-Währungszone. Daher
werden die weiteren Entscheidungen auch mit qualifizierter Mehrheit von zwei Dritteln
der nicht betroffenen Euro-Staaten getroffen. Sofern das betroffene Land anschließend
in Verzug gesetzt wurde, kann dann – bei weiterer Untätigkeit – über Sanktionen entschieden werden. In der Regel verlangt der ECOFIN-Rat zunächst eine unverzinsliche
Einlage. Falls das übermäßige Defizit aus der Sicht des Rates nach Zahlung der Einlage
nach wie vor besteht, wird sie in der Regel in eine Geldbuße umgewandelt. Zinsen auf
die Geldeinlage sowie Geldbußen werden unter den Mitgliedern des Euro-
Währungsgebietes, die kein übermäßiges Defizit aufweisen, im Verhältnis ihres Anteils
am gesamten BIP dieser Gruppe aufgeteilt.

Das Hauptproblem dieses Entscheidungsverfahrens liegt eindeutig darin, daß die
Feststellung eines übermäßigen Defizits letztlich durch den ECOFIN-Rat unter politischen Gesichtspunkten erfolgt und nicht – wie im ursprünglichen *Waigel*-Vorschlag – in
Form eines automatischen Prozesses. Letztlich sind es die „Sünder" selbst, die darüber
entscheiden, ob sie bestraft werden oder nicht! Die Höhe der Strafe ergibt sich aus einem festen und einem flexiblen Anteil. Sie darf einen Betrag von 0,5 Prozent des BIP
nicht übersteigen.

Übersicht 11: Das Defizitverfahren des Stabilitätspaktes (vereinfachte Darstellung)

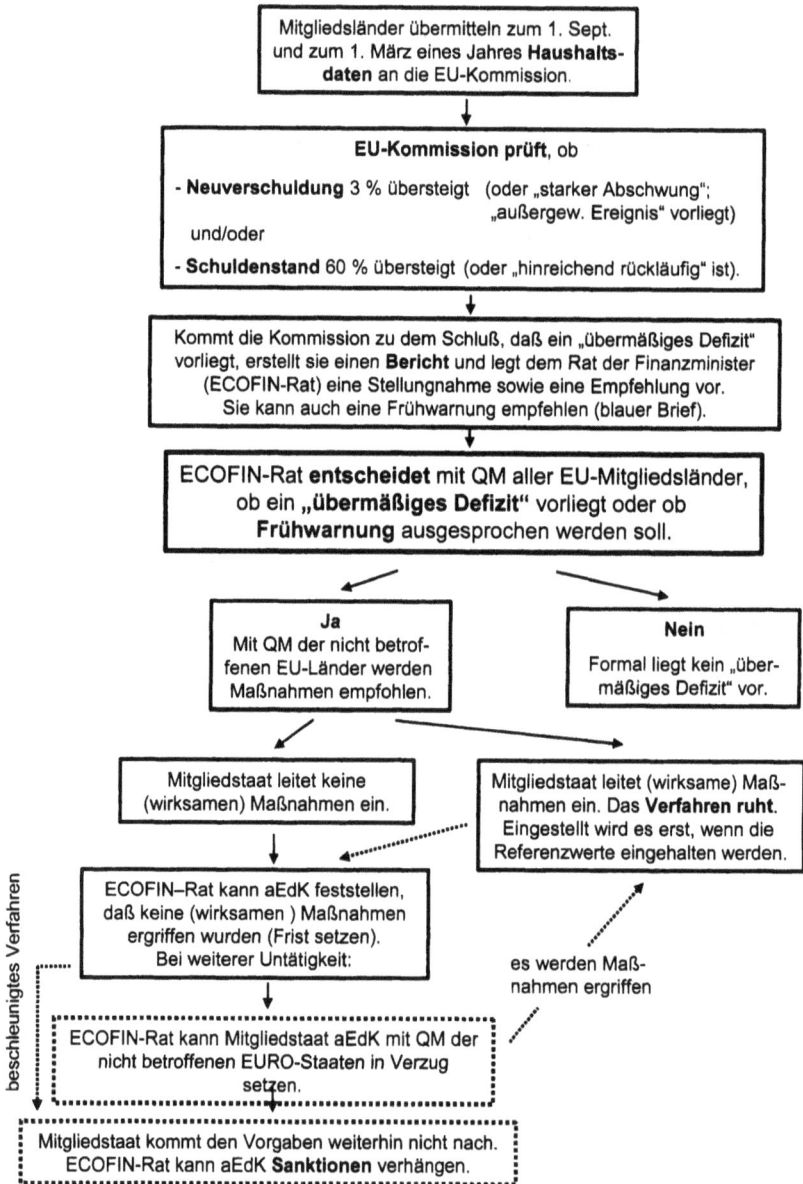

Mitgliedsländer übermitteln zum 1. Sept. und zum 1. März eines Jahres **Haushaltsdaten** an die EU-Kommission.

↓

EU-Kommission prüft, ob

- **Neuverschuldung** 3 % übersteigt   (oder „starker Abschwung"; „außergew. Ereignis" vorliegt) und/oder

- **Schuldenstand** 60 % übersteigt (oder „hinreichend rückläufig" ist).

↓

Kommt die Kommission zu dem Schluß, daß ein „übermäßiges Defizit" vorliegt, erstellt sie einen **Bericht** und legt dem Rat der Finanzminister (ECOFIN-Rat) eine Stellungnahme sowie eine Empfehlung vor. Sie kann auch eine Frühwarnung empfehlen (blauer Brief).

↓

ECOFIN-Rat **entscheidet** mit QM aller EU-Mitgliedsländer, ob ein **„übermäßiges Defizit"** vorliegt oder ob **Frühwarnung** ausgesprochen werden soll.

Ja
Mit QM der nicht betroffenen EU-Länder werden Maßnahmen empfohlen.

Nein
Formal liegt kein „übermäßiges Defizit" vor.

Mitgliedstaat leitet keine (wirksamen) Maßnahmen ein.

Mitgliedstaat leitet (wirksame) Maßnahmen ein. Das **Verfahren ruht**. Eingestellt wird es erst, wenn die Referenzwerte eingehalten werden.

ECOFIN–Rat kann aEdK feststellen, daß keine (wirksamen) Maßnahmen ergriffen wurden (Frist setzen). Bei weiterer Untätigkeit:

es werden Maßnahmen ergriffen

ECOFIN-Rat kann Mitgliedstaat aEdK mit QM der nicht betroffenen EURO-Staaten in Verzug setzen.

Mitgliedstaat kommt den Vorgaben weiterhin nicht nach. ECOFIN-Rat kann aEdK **Sanktionen** verhängen.

(seitlich:) beschleunigtes Verfahren

QM = Qualifizierte Mehrheit
aEdK = Auf Empfehlung der EU-Kommission
· · · · · = Gilt nur für Mitgliedstaaten des EURO-Währungsgebiets

Quelle: *Smeets* und *Thieme* (2005, S. 330)

4.3.2. Die Reformdiskussion

Ob und inwieweit man den SWP für reformbedürftig hält, hängt ab von der jeweiligen Gewichtung der Pro- und Contra-Argumente. Die Durchsetzung des SWP (in der ursprünglichen Form) wird dabei zunehmend schwieriger, wenn

- die Zahl der „Sünder" ansteigt,
- (daher) ein gemeinsames Interesse gegen den SWP besteht, weil viele Mitglieder der EU die Vorgaben nicht einhalten können oder wollen und
- die Sanktionen nicht greifen, weil sie nie zum Einsatz kommen oder die (endgültige) Strafe nicht hinreichend abschreckt.

Vor diesem Hintergrund entbrannte in den letzten Jahren (erneut) eine heftige Kontroverse um den SWP, die ihren vorläufigen Abschluß in der Vorlage des ECOFIN-Rats zur „Verbesserung der Umsetzung des Stabilitäts- und Wachstumspakts" fand und die der Europäische Rat auf seiner Frühjahrstagung in Brüssel am 22. und 23. März 2005 billigte (*Deutsche Bundesbank* 2005a). Zusammenfassen kann man die Neuerungen wie folgt:[10]

- Das allgemeingültige mittelfristige Ziel eines nahezu ausgeglichenen Haushalts oder eines Überschusses wird durch individuelle (länderspezifische) mittelfristige Haushaltsziele ersetzt, die ein Defizit von bis zu 1 Prozent des BIP ermöglichen. Zielvorgaben erfolgen nur für die Mitglieder des Euro-Währungsgebiets sowie für diejenigen Länder, die über den Wechselkursmechanismus (EWS II) an den Euro gebunden sind (Dänemark, Estland, Lettland, Litauen, Malta, Slowenien und Zypern).
- Länder, die die Anforderungen des SWP nicht erfüllen, sollen das Defizit jährlich um mindestens 0,5 Prozent des BIP reduzieren. In wirtschaftlich schlechten Phasen kann die Konsolidierung geringer ausfallen. Die Mitgliedsländer verpflichten sich aber auch, ihre Haushalte in wirtschaftlich „guten Zeiten" verstärkt zu konsolidieren. Gute Zeiten werden dabei als Zeiträume interpretiert, in denen die aktuelle Produktion das Potential übersteigt. Damit soll vermieden werden, daß die Staaten eine prozyklische Haushaltspolitik betreiben.
- Das Defizitverfahren soll dazu beitragen, daß die Mitgliedsstaaten den öffentlichen Schuldenstand in einem „zufriedenstellenden Tempo" reduzieren.
- Die Anforderungen an wirtschaftliche Ausnahmen wurden reduziert. So reicht nun bereits eine negative Wachstumsrate des BIP – unabhängig von der Höhe – als Begründung aus.
- Bei der Erfüllung der Kriterien sollen länderspezifische Faktoren berücksichtigt werden.
- Langfristige Solidität soll insbesondere mit Blick auf die demographische Alterung betrachtet werden.

---

[10] Eine Gegenüberstellung der alten und der neuen Regelungen findet sich in: *Deutsche Bundesbank* (2005b).

– Der Qualität der öffentlichen Finanzen soll mehr Aufmerksamkeit geschenkt werden (Investitionen versus Konsumausgaben des Staates).

Insgesamt stellen die neuen Vorschriften eine deutliche Lockerung und damit eine Schwächung des SWP dar. In Zukunft soll mehr Wert gelegt werden auf die Rückführung des Schuldenstandes auf den Grenzwert von 60 Prozent, während eine größere Flexibilität bei der Neuverschuldung eingeräumt werden soll. Insbesondere die großen Mitgliedsländer Deutschland, Frankreich und Italien haben somit ihre Forderungen (weitgehend) durchsetzen können.

Mit der jüngsten Reform wurden somit das Verfahren, die Identifikation eines übermäßigen Defizits, der zeitliche Rahmen für dessen Korrektur und die Konsolidierung der Haushalte in konjunkturellen Aufschwungphasen (Prävention) neu geregelt. Im Rahmen der Zuständigkeiten ist dabei entscheidend, daß der Ministerrat und damit die Nationalstaaten weiterhin „Herren des Verfahrens" bleiben, während die Kommission nur Vorschläge unterbreiten kann. Vollkommen unberücksichtigt bleiben die Anreiz- und Sanktionsmechanismen. Ohne ernsthafte Gefahr, mit signifikanten Strafen belegt zu werden, bleibt aber der Anreiz, ein übermäßiges Defizit (in angemessener Zeit) zu korrigieren, gering. Ferner geht von einer drohenden Strafe bei einem übermäßigen Defizit zugleich ein positiver Anreiz aus, bereits im Vorfeld, also in Phasen positiver konjunktureller Entwicklung, Konsolidierungsanstrengungen zu unternehmen, um den „Ernstfall" erst gar nicht eintreten zu lassen.[11] Dieses notwendige „Drohpotential" wurde jedoch durch die Neu-Interpretation deutlich reduziert. Insgesamt bleibt somit nur das Prinzip „Hoffnung".

> „Es liegt nun an den nationalen Regierungen, durch eine umsichtige Finanzpolitik die Befürchtung zu zerstreuen, mit der Änderung des Paktes sei das Ziel nachhaltig solider Staatsfinanzen de facto aufgegeben worden" (Deutsche Bundesbank 2005a, S. 15).

4.4. Der Erweiterungsprozeß

Mit dem Beitritt zur EU ist für die MOEL zugleich auch der Beitritt zur Währungsunion (zumindest längerfristig) vorgezeichnet. Eine opting out-Klausel, wie sie etwa Großbritannien und Dänemark in Anspruch genommen haben, steht diesen Ländern nämlich nicht zur Verfügung. Früher oder später werden sie daher zu den Teilnehmern der Europäischen Währungsunion zählen und den Euro als nationale Währung einführen.

Ende Juni 2004 haben Estland, Litauen und Slowenien mit dem Beitritt zum EWS II den ersten Schritt in diese Richtung getan. Im Mai 2005 folgten Lettland, Malta und Zypern. Da die litauische und die estländische Währung bereits vorher einseitig fest an den Euro gebunden waren, will man auch weiterhin auf die maximale Bandbreite von 30 Prozentpunkten (+/- 15 Prozent um die Parität) verzichten. Der Beitritt zum EWS II läßt aber nicht zugleich auch verbindliche Aussagen zum Eintritt in die Währungsunion zu. Neben der zweijährigen Zugehörigkeit zum EWS II ohne Spannungen sind auch die weiteren Konvergenzkriterien zu erfüllen. Offen ist hingegen, ob zum Beispiel die fiskalischen Kriterien erneut großzügig ausgelegt, oder nun einer strengen Prüfung unter-

---

[11] Vgl. zur Reform des SWP etwa *Eijffinger* (2005).

zogen werden. Die Konvergenzsituation für das Jahr 2004 läßt sich dabei aus **Übersicht 12** entnehmen. Sie zeigt aber auch, daß gegenwärtig alle MOEL das beim erstmaligen Eintritt in die dritte Stufe der Währungsunion äußerst großzügig ausgelegte Schuldenstandskriterium problemlos erfüllen würden. Bei einem Vergleich zwischen den Inflationsraten und den langfristigen Zinsen (10 Jahre Laufzeit) wird ferner deutlich, daß die Finanzmärkte den Beitritt zur Währungsunion und die dafür notwendigen sinkenden Inflationsraten bereits antizipieren, denn in fast allen Fällen, in denen das Inflationskriterium noch nicht erfüllt wird, liegt der langfristige Zins bereits heute unter dem Referenzwert. Da Estland, Litauen und Slowenien bereits im Juni 2004 dem Wechselkursmechanismus des EWS II beigetreten sind, besteht für diese Gruppe im Sommer 2006 erstmals die Möglichkeit, alle Konvergenzkriterien einzuhalten. Die aktuelle Situation zeigt allerdings, daß wohl nur Slowenien alle fünf Bedingungen zu diesem Zeitpunkt erfüllen wird und damit wahrscheinlich Anfang 2007 der Währungsunion beitreten kann. Estland und Litauen scheitern hingegen im Moment noch an einer zu hohen Inflationsrate.

Übersicht 12: Konvergenzkriterien (Zahlenangaben in Prozent)

	Inflationsrate[1]	Zins[1]	Defizitquote[2]	Verschuldungs-quote[2]	Mitglied im EWS II seit
Referenzwert	2,5	5,40	- 3,0	60,0	Juni 2004
Estland	4,1	**4,39**[2]	**+ 1,7**	**5,5**	-
Lettland	6,9	**3,88**	**- 1,0**	**14,7**	Mai 2005
Litauen	2,7	**3,70**	**- 1,4**	**19,6**	Juni 2004
Malta	**2,5**	**4,56**	-5,1	75,9	Mai 2005
Polen	**2,2**	**5,22**	-3,9	**43,6**	-
Slowakei	2,8	**3,52**	- 3,1	**42,5**	-
Slowenien	**2,5**	**3,81**	**- 2,1**	**29,8**	Juni 2004
Tschechien	**1,6**	**3,51**	**- 3,0**	**36,8**	-
Ungarn	3,5	6,60	- 5,4	**57,4**	-
Zypern	**2,0**	5,16	- 4,1	72,0	Mai 2005

1) 2005; 2) 2004   Zahlenangabe **fett** = Konvergenzkriterium erfüllt

Quelle der Zahlenangaben: *Statistik Austria* (2006)

Von einem möglichst schnellen Beitritt zur Währungsunion erhoffen sich die MOEL für den Handelsbereich sinkende Transaktionskosten in Form von Umtauschgebühren und Kurssicherungskosten sowie (höhere) Planungssicherheit für Exporteure und ausländische Investoren. Darüber hinaus rechnet man mit dauerhafter Preisniveaustabilität, sinkenden Zinssätzen durch den Abbau von Risikoprämien und – soweit erforderlich – mit einer Disziplinierung der Fiskalpolitik. Hierdurch soll der Wachstumsprozeß dieser Länder (weiter) unterstützt werden. Für die Preisniveaustabilität der gesamten Währungsunion hingegen würde selbst ein gemeinsamer Beitritt aller MOEL kein ernsthaftes Problem darstellen, da ihr Gewicht am BIP des bisherigen Eurowährungsgebietes nur etwa 5 Prozent ausmacht und zudem die nationale geldpolitische Kompetenz auch dieser Länder auf die unabhängige EZB überginge.

Vor diesem Hintergrund sind auch mögliche regionale Inflationsdifferenzen zu beurteilen. Führen die oben genannten Vorteile des Beitritts zur EWU sowie die Aufholprozesse in den MOEL zu längerfristig höheren Wachstumsraten des BIP im Vergleich zu den jetzigen Mitgliedsländern, so kann es aufgrund des *Balassa-Samuelson*-Effekts gleichzeitig zu – in der Relation – höheren Inflationsraten in den MOEL kommen. Doch selbst wenn dieser Effekt vier Prozentpunkte ausmachen sollte, wäre der dadurch – vor dem Hintergrund einer einheitlichen Geldpolitik mit dem Ziel einer Inflationsrate von unter 2 Prozent – ausgelöste (Deflations-)Druck auf die jetzigen Mitgliedsländer nur schwach (*Buiter* und *Grafe* 2002). Er wird noch weiter reduziert, wenn – was aus gegenwärtiger Sicht zu erwarten ist – nicht alle MOEL gemeinsam, sondern nach und nach im Laufe eines längerfristigen Prozesses der EWU beitreten werden. Die EZB hat gleichwohl diesem Effekt Rechnung getragen, indem sie ihr Inflationsziel mit dem Hinweis „unter, aber nahe bei 2 Prozent" im Jahre 2003 neu interpretiert hat.

Auf der anderen Seite könnten Divergenzen in der realwirtschaftlichen Entwicklung (Wachstum, Konjunktur, Struktur, Auslandskonkurrenz) zwischen neuen Mitgliedern und der gegenwärtig bestehenden Währungsunion erhebliche Anpassungserfordernisse bei den MOEL auslösen. Mit zunehmendem Anpassungsdruck und gleichzeitiger Preisrigidität sowie fehlender Mobilität der Arbeitskräfte besteht somit die Gefahr, daß eine frühzeitige Fixierung der Wechselkurse und der Übergang zum Euro mit erheblichen Kosten einhergehen. Bereits im Zusammenhang mit **Übersicht 7** wurde erläutert, daß der Umfang des nationalen wirtschaftspolitischen Instrumentariums in der Währungsunion deutlich sinkt und es somit zunehmend schwerer fällt, nationale Probleme in eigener Regie zu lösen. Vor diesem Hintergrund lassen sich auch die unterschiedlichen zeitlichen Strategien der neuen Mitgliedsländer bezüglich eines Beitritts zur Währungsunion erklären.

Mit dem aktuellen Erweiterungsprozeß der EU sind jedoch insbesondere auch organisatorische Herausforderungen verbunden, die sich etwa auf die Entscheidungsfindung in der EZB beziehen. In einigen Jahren könnte der gegenwärtig 18 Mitglieder umfassende EZB-Rat auf über 30 Mitglieder angewachsen sein und die Entscheidungsfindung damit zunehmend ineffizienter werden. Vor diesem Hintergrund wurde 2003 das sogenannte Rotationsmodell von der EZB vorgeschlagen, um auch in Zukunft eine zieladäquate europäische Geldpolitik zu gewährleisten. Dieser Vorschlag beinhaltet, die Mitgliederzahl des EZB-Rats auf maximal 21 Personen zu begrenzen. Seine einstimmige Annahme durch den Europäischen Rat erfolgte am 21.3.2003 in Brüssel.[12]

5.   Ausblick

Am 29.10.2004 haben die Staats- und Regierungschefs sowie die Außenminister der EU in Rom den „Vertrag über eine Verfassung für Europa" unterzeichnet. Dieses vom

---

[12]   Zu diesem Vorschlag und dessen Diskussion siehe etwa *Europäische Zentralbank* (2003) sowie *Vollmer* (2004).

Europäischen Konvent in der Zeit vom 28.2.2002 bis zum 10.7.2003 ausgearbeitete Vertragswerk, das am 12.1.2005 vom Europaparlament mit überwältigender Mehrheit gebilligt wurde, wird als bedeutendster Integrationsschritt Europas seit der Unterzeichnung der Römischen Verträge angesehen und soll die EU zukunftsfähig machen.

Die Verfassung selbst ist allerdings kein vollkommen neues Vertragswerk, sondern besteht in weiten Teilen aus den bisher bereits existierenden Verträgen. Änderungen oder Erweiterungen gibt es etwa im Bereich des institutionellen Gleichgewichts und der Handlungsfähigkeit in einer erweiterten Union. In insgesamt 109 Politikfeldern kann die Union künftig gesetzgeberisch tätig werden, in 90 von ihnen mit qualifizierter Mehrheit, statt bisher in 36. Zu den verbleibenden 19 Einstimmigkeits-Feldern gehören unter anderem die Steuerharmonisierung, der Zugang von Drittstaatlern zu den nationalen Arbeitsmärkten, die Antidiskriminierungsgesetze sowie auch die Agrarpolitik. Für letztere ist nach wie vor eine „gemeinsame Organisation der Agrarmärkte" vorgesehen, es sollen jedoch keine produktgebundenen Garantiepreise oder Quoten mehr vorgeschrieben werden. Aber auch für Verfassungsänderungen selbst gilt grundsätzlich das Einstimmigkeitsprinzip und somit das Vetorecht für die Mitglieder des Europäischen Rates.

Zur Schaffung des politischen und rechtlichen Gleichgewichts zwischen den (ungleich großen) EU-Mitgliedstaaten wird die qualifizierte Mehrheit als doppelte Mehrheit definiert: eine Mehrheit von Staaten (mind. 55 Prozent, bei qualifizierter Mehrheit 72 Prozent der Staaten, sofern diese mindestens 15 Mitglieder des Rates umfassen), die zugleich eine Mehrheit der Bürger (65 Prozent der Bevölkerung) repräsentieren müssen. Das EU-Parlament wird in den gesetzgeberischen Prozeß einbezogen; die Alleinentscheidung des Rates ist im Verfassungsvertrag die Ausnahme und die Mitentscheidung des Parlaments die Regel.

Zu den Neuerungen des Verfassungsvertrages gehört ferner das Amt eines auf fünf Jahre bestellten Europäischen Außenministers sowie die Errichtung eines europäischen diplomatischen Dienstes, was die Einheit der Union in der Außenpolitik zum Ausdruck bringen soll. Neben dem EU-Außenminister und dem vom Parlament gewählten Präsidenten der EU-Kommission wird der auf zweieinhalb Jahre gewählte Präsident des Europäischen Rates (im Sprachgebrauch einfach EU-Präsident) eine durchaus politische Rolle spielen. Dies soll außerdem zur „Personalisierung" der ob ihrer „Gesichtslosigkeit" bemängelten Union beitragen. Der Verfassungsvertrag bindet die europäische Außen-, Sicherheits- und Verteidigungspolitik fest an das Völkerrecht und die Charta der Vereinten Nationen; ansonsten gibt es in diesen Kernfragen wenig Gemeinsamkeiten.

Ferner wird die degressive Proportionalität bei der Mandatsverteilung im Parlament gestärkt. Die Verkleinerung der Kommission ist auf das Jahr 2014 angesetzt (aufgeschoben). Neu sind die Bezeichnungen „Europäische Gesetze" für die Verordnungen und „Europäische Rahmengesetze" für die Richtlinien.

Aus ökonomischer Sicht betrifft die Verfassung in erster Linie das Ziel der Preisstabilität im Rahmen der Europäischen Währungsunion, das durch die Unabhängigkeit der EZB gewährleistet werden soll. Das Ziel der Preisniveaustabilität ist jedoch in der Verfassung – im Vergleich zum EG-Vertrag – nicht weiter hervorgehoben worden; es wird explizit bei den Zielen der Union sowie im Zusammenhang mit den Zielen der Wirt-

schafts- und Währungspolitik genannt.[13] Die Regelungen hinsichtlich ESZB fallen jedoch im Vergleich zu den entsprechenden Bestimmungen des EGV unklarer aus. Zum
einen ist die EZB gemäß dem Verfassungsvertrag keine Institution sui generis mehr,
sondern ein Organ der Europäischen Gemeinschaft, das Rechtspersönlichkeit besitzt
(Art. I-30 Abs. 3). Als solches ist sie zu einer „loyalen Zusammenarbeit" mit den anderen Organen verpflichtet (Art. 1-19 Abs. 2), was eine ex ante-Koordination der Geldpolitik mit anderen Politikbereichen erzwingen und die Unabhängigkeit des ESZB einschränken könnte. Ferner bestehen Unterschiede bei der Formulierung der Unabhängigkeit der EZB und der anderen EU-Organe: Die EZB wird (lediglich) in der Ausübung
ihrer Befugnisse und ihrer Finanzen als unabhängig herausgestellt, wohingegen dem
Rechnungshof (Art. I-31 Abs. 3) oder dem Wirtschafts- und Sozialausschuß (Art. I-32
Abs. 4) eine „volle Unabhängigkeit" gewährt wird. Zur Wahrung der Reputation des
ESZB wäre es allerdings wünschenswert gewesen, den (vollen) Grad der Unabhängigkeit des ESZB eindeutig zu definieren.

Des weiteren weicht die Verankerung der Unabhängigkeit des ESZB vom EG-
Vertrag ab. Sie erfolgt nicht wie im EG-Vertrag in einem Zuge (Art. 108 EGV), sondern
gesondert für die EZB im Teil I des Verfassungsvertrages (Art. I-30 Abs. 3) und für das
gesamte ESZB im Teil III (Art. III-188). Es ist dabei zu fragen, ob der Verfassungsvertrag die Unabhängigkeit der nationalen Zentralbanken als zweitrangig gegenüber der
Unabhängigkeit der EZB betrachtet, zumal die Änderungen der Bestimmungen des Tei-
les III zwar gemäß dem Einstimmigkeitsprinzip, jedoch in einem vereinfachten Verfahren beschlossen werden können. Darüber hinaus werden Änderungen der Satzung des
ESZB, die von der Kommission vorgeschlagen werden, gegenüber dem EG-Vertrag
erleichtert (Art. III-187 Abs.3 in Verbindung mit Art. 1-25 des Verfassungsvertrages).

Ein weiterer Kritikpunkt an der Verfassung ist, daß sie keine geopolitische Begrenzung der EU enthält. In der Ökonomie werden seit langem die Konzepte „Erweiterung"
(um neue Beitrittsländer) und „Vertiefung" [schnellerer Integrationsfortschritt durch
(Teil-) Gruppen] diskutiert. In dem Maße, wie man sich für die Erweiterung entschieden
hat, ist die EU in den vergangenen Jahren immer heterogener geworden, und die (ökonomischen) Probleme haben deutlich zugenommen.

Für den Beitritt weiterer Staaten zur Union gibt der Verfassungsvertrag in Art. 49
Abs. 1 zwei Bedingungen vor: Es müssen europäische Staaten sein, und sie müssen die
Werte der Union achten und sich verpflichten, ihnen Geltung zu verschaffen. Ein
Rechtsanspruch auf den Beitritt wird damit aber nicht gewährt – die Aufnahme selbst
liegt letztendlich im politischen Ermessen der für die Aufnahme zuständigen Organe
(Rat, Europäisches Parlament, EU-Mitgliedsstaaten). Während die Prüfung der rechts-
staatlichen Grundsätze des Art. 6 Abs. 1 des Verfassungsvertrages sowie der anderen
Voraussetzungen (marktwirtschaftlich orientierte Wirtschaftsverfassung, Übernahme
des Acquis Communautaire sowie die Einhaltung der Kopenhagener Kriterien) wenig
Probleme bereitet, besteht über die Auslegung des Terminus „europäischer Staat" kein
Konsens. Die Diskussion ist hier durch die Dichotomie geographisches bzw. kultur-

---

[13] Art. I-3 Abs. 3 sowie Art. III-177 des Vertrages über eine Verfassung für Europa (im Weiteren als Verfassungsvertrag bezeichnet).

geistesgeschichtliches versus politisches Kriterium gekennzeichnet. Der fehlende Gottesbezug in der Präambel präferiert insbesondere das politische Kriterium, das (wie im Falle der Türkei) über die Zugehörigkeit zum Europarat operationalisiert werden kann. Damit jedoch nicht alle 46 Mitgliedsstaaten des Europarates als potentielle Beitrittskandidaten angesehen werden müssen, soll die geplante Nachbarschaftspolitik (ENP) – „Wider Europe" – eine attraktive Alternative zum Beitritt schaffen (Art. I-57 Abs. 1 des Verfassungsvertrages). Fraglich ist, ob die ENP den Erweiterungsdruck von der Union zu nehmen vermag, ob also die Nachbarstaaten, denen keine Beitrittsoption eröffnet wird, sich mit einer Partnerschaft „abfinden" werden (vgl. *Hummer* 2005, S. 245).

Ziel des Verfassungsprozesses war es somit, die Europäische Union effizienter, transparenter und demokratischer zu gestalten. Eine Vereinfachung, Klarstellung und auch Anpassung der Entscheidungsstrukturen wurden angestrebt. Auch wenn in dem „Arbeitsauftrag" an den Konvent im Rahmen der Deklaration von Laeken explizit die Möglichkeit einer Renationalisierung von Entscheidungsbefugnissen aufgeführt wird, so kann doch im Verfassungsentwurf kein Politikbereich gefunden werden, für den dies wirklich gelten soll. Im Gegenteil: Durch die geplante Abschaffung des Einstimmigkeitsprinzips zugunsten einer qualifizierten Mehrheit in mehr als vierzig Politikbereichen kann davon ausgegangen werden, daß mehr Entscheidungen durch den Rat getroffen werden und somit in diesen Politikbereichen die EU künftig eine stärkere Bedeutung erlangen wird. Ob dies aus ökonomischer Sicht sinnvoll erscheint, ist offen.

Als Beurteilungskriterium lassen sich jedoch die konstitutionenökonomischen Betrachtungen *von Buchanan* und *Tullock* (1962) heranziehen. Sie gehen davon aus, daß zwischen der Einführung einer Einstimmigkeitsregel und einer – wie auch immer definierten – qualifizierten Mehrheit abzuwägen ist. Gegenüber stehen sich dabei auf der einen Seite die externen Kosten („external costs"). Hierbei handelt es sich um diejenigen Kosten, die ein Individuum aufgrund einer Entscheidung in Kauf zu nehmen hat, welche bei Mehrheitsentscheidungen nicht direkt von ihm beeinflußt werden konnte. Im Falle einer Einstimmigkeitsregelung sind die externen Kosten am geringsten oder bestenfalls null. Dem stehen auf der anderen Seite aber Entscheidungskosten gegenüber, die für jedes Mitglied durch eine aktive Teilnahme am Entscheidungsprozeß entstehen. Diese sind um so höher, je höher das Mehrheitsquorum gesetzt ist. Die Aggregation dieser beiden Kostenarten ergibt die Interdependenzkostenkurve. Ihr Minimum bestimmt das optimale Mehrheitsquorum M^* in **Abbildung 13**. Das im europäischen Verfassungsentwurf vorgesehene zunehmende Abrücken von Mehrheitsentscheidungen ließe sich folglich vor diesem Hintergrund rechtfertigen

Das Mehrheitsquorum M^* ist aber nur dann die optimale Lösung, wenn es einen Bereich (hier zwischen M_1 und M_2) der Interdependenzkostenkurve gibt, der geringere Werte annimmt als die horizontal verlaufende Kurve K_{MS}, welche die Kosten für die Bereitstellung öffentlicher Güter auf nationalstaatlicher Ebene angibt. Nur in diesem Fall ist die Delegationsentscheidung rational begründbar.

Übersicht 13: Mehrheitsfindung in der EU

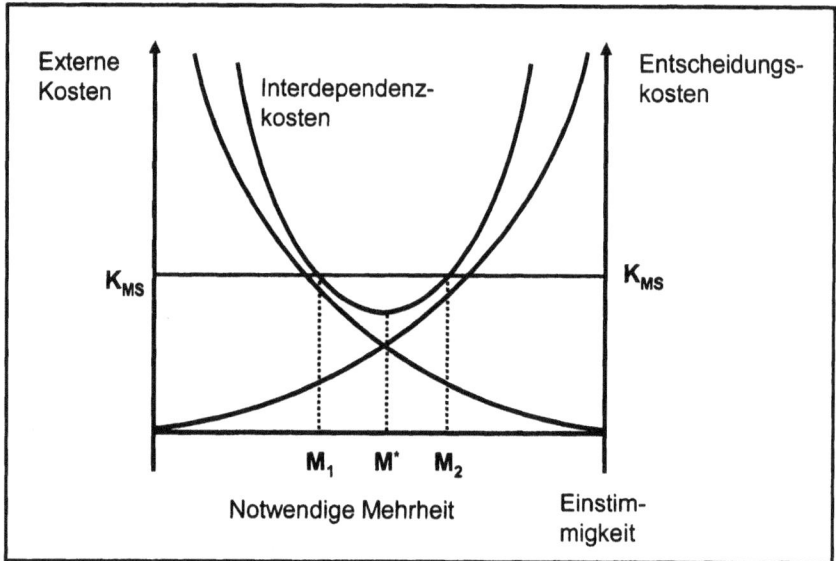

Quelle: In Anlehnung an *Voigt* (2003).

Nun hat sich die EU zuletzt im Jahre 2004 um 10 Mitglieder vergrößert. Weitere Staaten werden folgen. Bezogen auf die zuvor angestellten Überlegungen, läßt sich daraus folgern, daß die Erweiterung der Union zu einer größeren Heterogenität der Mitglieder führte, was wiederum sowohl die externen Kosten der Entscheidungsfindung als auch die Entscheidungskosten selbst erhöht hat. Dies würde die entsprechenden Kurven in **Abbildung 13** nach oben verschieben. Damit ist aber auch der Fall denkbar, daß eine Interdependenzkurve entsteht, die für jedes beliebige Mehrheitsquorum oberhalb von K_{MS} liegt. Dem Modell zufolge wäre damit eine Rückverlagerung der Kompetenzen auf die nationalstaatliche Ebene infolge der Erweiterung geboten. Dies würde dem Prinzip der Subsidiarität entsprechen. Vorstellbar ist aber auch, daß nur ein Teil der Mitgliedsländer mit möglichst homogenen Präferenzen (weitere) Integrationsschritte (vorab) vollzieht, während andere Mitglieder das entsprechende Angebot weiterhin auf nationaler Ebene bereitstellen. Vor diesem Hintergrund ließe sich eine EU mit mehreren Integrationsgeschwindigkeiten ökonomisch begründen. Vorbildcharakter könnte hier die EWU besitzen.

Der Inhalt des Verfassungsentwurfes wird aus konstitutionenökonomischer Sicht durchaus kritisch beurteilt und ein mögliches Scheitern daher nicht unbedingt bedauert (so z. B. *Voigt* 2005). Auch wenn die Europäische Union einen einzigartigen Prozeß widerspiegelt, so ist die Verfassungsgebung nicht mit derjenigen auf nationalstaatlicher Ebene vergleichbar. Die Ablehnung des Verfassungsentwurfs durch die französische und niederländische Bevölkerung hat gezeigt, daß ein Ende technokratischer Politikgestaltung ohne Diskurs und Partizipation notwendig ist. Der weitere Integrationsprozeß wird maßgeblich vom Erfolg des Verfassungsprozesses abhängig sein. Weniger entscheidend ist dabei jedoch, ob der nun vorliegende Entwurf des Konvents eine zweite

Chance erhält. Vielmehr geht es um die Schaffung von Legitimation und Akzeptanz. Die Schaffung einer – wie auch immer im einzelnen ausgestalteten – Rechenschaftspflicht („Accountability") der Verfassungsgebenden gegenüber denjenigen, die sie letztlich zu tragen haben (den Bürgern), ist entscheidend dafür, eine langfristige Bindungswirkung zu erzielen.

Die Regierungen der 13 Mitgliedsstaaten, die den Verfassungsvertrag noch nicht ratifiziert haben, können entscheiden, wann und wie sie die Ratifizierung durchführen. Die Verlängerung des Ratifizierungsprozesses muß als eine Diskussions- und Reflexionsphase genutzt werden, etwa um das Vertrauen der Bürger in die Handlungs- und Lösungsfähigkeit der EU zu stärken oder bestimmte Änderungen an dem Verfassungsvertrag (eine stärkere Einbeziehung der nationalen Parlamente, eine klare Erweiterungspolitik etc.) vorzunehmen. In der Zwischenzeit kann eine „weiche" Konstitutionalisierung einzelner Aspekte des Verfassungsvertrages erfolgen, soweit dies mit dem Nizza-Vertrag konform ist.

Übersicht 14: Etappen der europäischen Integration

EGKS-Gründung	**25.07.52**	
EWG-Gründung Euratom-Gründung (Verträge von Rom) [B, D, F, IT, LUX, NL]	**01.01.58**	
EFTA-Gründung [GB, DK, NOR, SW, AUT, CH, PRT]	**03.05.60**	
Realisierung der Zollunion	**01.07.68**	
	08.10.70	Werner-Plan wird vorgelegt
Norderweiterung (DK,GB, IRL → EWG-9)	**01.01.73**	
	11.03.73	Europäische Währungsschlange
	13.03.79	EWS
1. Süderweiterung (GR → EWG-10)	**01.01.81**	
Weißbuch zur Vollendung des Binnenmarktes	**14.06.85**	
2. Süderweiterung (P, E → EWG-12)	**01.01.86**	
Einheitl. Europäische Akte (1. Erweiterung der Verträge von Rom)	**01.01.87**	

	01.07.90	1. Stufe der EWU
"Verwirklichung" des Binnenmarktes	**01.01.93**	
Inkrafttreten des Vertrags über die EU (Maastrichter Vertrag → 2. Erweiterung der Verträge von Rom)	**01.11.93**	
Inkrafttreten des EWR	**01.01.94**	2. Stufe der EWU
Erweiterung um FI, SW, AUT (EU-15)	**01.01.95**	
Schengener Abkommen tritt in Kraft	**26.03.95**	
	13./14.12. 96	Stabilitäts- und Wachstumspakt sowie EWS II werden beschlossen
Abschluss des Vertrags von Amsterdam (3. Erweiterung der Verträge von Rom)	**17.06.97**	
Agenda 2000	**16.07.97**	
	01.01.99	3. Stufe (Endstufe) der EWU [B, D, FI, F, IRL, IT, LUX, NL, AUT, P, E]
	01.01.01	Beitritt GR
	01.01.02	Einführung des EURO als gesetzliches Zahlungsmittel
Vertrag von Nizza tritt in Kraft (4. Erweiterung der Verträge von Rom)	**01.02.03**	
EU-Osterweiterung (EU-25)	**01.05.04**	

Literatur:

Belke, Ansgar (1999), Beschäftigungswirkungen institutioneller Arbeitsmarktunterschiede und währungspolitische Arrangements bei stufenweiser EU-Osterweiterung, Bochum.

Belke, Ansgar und *Martin Hebler,* (2002), EU-Osterweiterung, Euro und Arbeitsmärkte, München und Wien.

Berg, Hartmut (1990), Strategien wirtschaftlicher Integration: Zu Rationalität und Realisierungschance des Programms „EG-Binnenmarkt '92", in: *Erhard Kantzenbach* (Hg.), Probleme der Vollendung des Binnenmarkts in Europa nach 1992, Berlin, S. 9-31.

Berg, Hartmut und *Björn Gehrmann* (2004), EU-Regionalpolitik und Osterweiterung: Hoher Reformbedarf – geringe Reformchancen, in: List Forum, Bd. 30, S. 318-338.

Berthold, Norbert (1990), Wirtschaftliche Integration in Europa – sind wir auf dem richtigen Weg?, in: *Hartmut Berg* (Hg.), Probleme der Vollendung des Binnenmarkts in Europa nach 1992, Berlin, S. 33-65.

Borrmann, Axel, Bernhard Fischer, Rolf Jungnickel, Georg Koopmann und *Hans-Eckart Scharrer* (1995), Regionalismustendenzen im Welthandel, Baden-Baden.

Brücker, Herbert (2001), Werden unsere Löhne künftig in Warschau festgelegt?, in: List Forum, Bd. 27, S. 71-92.

Buchanan, James M. und *Gordon Tullock* (1962), The Calculus of Consent: Logical Foundations of Constitutional Democracy, Ann Arbor.

Buiter, Willem and *Clemens Grafe* (2002), Anchor, Float or Abandon Ship – Exchange Rate Regimes for Accession Countries, CEPR Discussion Paper No. 3184, London.

Bundesministerium der Finanzen (2005), Der Haushalt der EU, Bonn.

de Grauwe, Paul (2000), Economics of European Union, Oxford.

Deutsche Bundesbank (1976), Monatsbericht, Januar, Frankfurt.

Deutsche Bundesbank (2005a), Zur Reform des Stabilitäts- und Wachstumspakts, in: Monatsbericht Januar, S. 43-49.

Deutsche Bundesbank (2005b), Die Änderung des Stabilitäts- und Wachstumspakts, in: Monatsbericht April, S. 15-21.

Eijffinger, Sylvester (2005), On a Reformed Stability and Growth Pact, in: Intereconomics, Vol. 40, pp. 141-147.

Eijffinger, Sylvester C.W. and *Jacob de Haan* (2000), European Monetary and Fiscal Policy, Oxford.

Eucken, Walter (1990), Grundsätze der Wirtschaftspolitik, 6. Aufl., Tübingen.

Europäische Kommission (2005), Aufteilung der EU-Ausgaben nach Mitgliedsstaaten, Luxemburg.

Europäische Zentralbank (1999), Die Umsetzung des Stabilitäts- und Wachstumspakts, in: Monatsbericht Mai, S. 49-80.

Europäische Zentralbank (2000), Die zwei Säulen der geldpolitischen Strategie der EZB, in: Monatsbericht November, S. 41-53.

Europäische Zentralbank (2003), Änderungen der Abstimmungsregeln im EZB-Rat, in: Monatsbericht Mai, S. 89-90.

Europäische Zentralbank (2006), Monetary Policy – Strategy, abgerufen am 1.3.06 unter http://www.ecb.int/mopo/strategy/html/index.en.html.

Fritzler, Marc und *Günther Unser* (1998), Die Europäische Union, Bonn.

Giersch, Herbert (1987), Eurosclerosis – What are the Cures? in: International Management Institute (ed.), The Renewal of Europe in a World Perspective: 1946-86, Genf, pp. 20-22.

Görgens, Egon, Karlheinz Ruckriegel und *Franz Seitz* (2003), Europäische Geldpolitik, 3. Aufl., Stuttgart.

Hayo, Bernd (2003), European Monetary Policy – Institutional Design and Policy Experience, in: Intereconomics, Vol. 38, pp. 209-218.

Hitiris, Theo (2003), Europäische Union Economics, Harlow u .a.

Klemmer, Paul (Hg.) (1998), Handbuch Europäische Wirtschaftspolitik, München.

Kohler, Wilhelm (2000), Die Osterweiterung der EU aus der Sicht bestehender Mitgliedsländer, in: Perspektiven der Wirtschaftspolitik, Bd. 1, S. 115-141.

Kohler, Wilhelm (2001), Die Osterweiterung der EU: Die Mitgliedschaft wird teurer – wird sie auch wertvoller?, in: List Forum, Bd. 27, S. 93-118.

Langhammer, Rolf (1987), Hat der europäische Integrationsprozeß die Integration der nationalen Märkte gefördert? Kiel.

Messerlin, Patrick (2005), The Directive on Services – Rent Seekers Strike Back, in: Intereconomics, Vol. 40, pp 120-124.

Michler, Albrecht und *H. Jörg Thieme* (2004), Zur Konzeption der EZB-Politik – Anpassungserfordernisse unter veränderten Rahmenbedingungen?, in: *Thomas Apolte, Rolf Caspers* und *Paul Welfens* (Hg.), Ordnungsökonomische Grundlagen nationaler und internationaler Wirtschaftspolitik, Stuttgart, S. 81-96.

Möschel, Wernhard (2005), Wage Dumping and Germany's „Entsendegesetz", in: Intereconomics, Vol. 40, pp. 129-135.

Müller-Armack, Alfred (1966), Die Wirtschaftsordnung des Gemeinsamen Marktes, in: *Alfred Müller-Armack*, Wirtschaftsordnung und Wirtschaftspolitik: Studien und Konzepte zur Sozialen Marktwirtschaft und zur Europäischen Integration, Freiburg i.Br., S. 401-415.

Nienhaus, Volker (2003), Europäische Integration, in: *Dieter Bender* u .a., Vahlens Kompendium der Wirtschaftstheorie und Wirtschaftspolitik. 8. Aufl., Bd. 2, München, S. 545-632.

Ohr, Renate und *Theresia Theurl* (Hg.) (2001), Kompendium Europäische Wirtschaftspolitik, München.

Pelkmans, Jaques (2001), European Integration, Harlow u .a.

Schäfer, Wolf (2001), Wirtschaftspolitische Herausforderung der EU-Osterweiterung, in: *Renate Ohr* und *Theresia Theurl* (Hg.), Kompendium Europäische Wirtschaftspolitik, München, S. 241-270.

Sinn, Hans-Werner (1999), EU-Enlargement, Migration, and Lessons from Germany Unification, CESinfo Working Paper, No. 182, München.

Smeets, Heinz-Dieter (1979), Das Europäische Währungssystem, in: Wirtschaftspolitische Chronik (jetzt: Zeitschrift für Wirtschaftspolitik), 28. Jg., S. 165-202.

Smeets, Heinz-Dieter (1990), Voreile des EG-Binnenmarktes, in: *Erhard Kantzenbach* (Hg.), Probleme der Vollendung des Binnenmarkts in Europa nach 1992, Berlin, S. 67-89.

Smeets, Heinz-Dieter (1993), Monetäre Integration: Vom EWS zur Währungsunion, in:*Helmut Gröner* und *Alfred Schüller* (Hg.), Die europäische Integration als ordnungspolitische Aufgabe, Stuttgart, Jena und New York, S. 97-145.

Smeets, Heinz-Dieter (1996), Grundlagen der regionalen Integration: Von der Zollunion zum Binnenmarkt, in: *Renate Ohr* (Hg.), Europäische Integration, Stuttgart, Berlin und Köln, S. 47-75.

Smeets, Heinz-Dieter und *Michael Möller* (1994), Zur Krise des Europäischen Währungssystems, in: List Forum, Bd. 10, S. 226-243.

Smeets, Heinz-Dieter und *H. Jörg Thieme* (2002), Währungsunion und institutioneller Anpassungsdruck auf europäischen Arbeitsmärkten, in: *Thomas Apolte* und *Uwe Vollmer* (Hg.), Arbeitsmärkte und soziale Sicherungssysteme unter Reformdruck, Stuttgart, S. 377-400.

Smeets, Heinz-Dieter und *H. Jörg Thieme* (2005), Der Stabilitätspakt und Wachstumspakt: Lästiges Übel oder notwendige Schranke?, in: *Alfons Labisch* (Hg.), Jahrbuch der Heinrich-Heine-Universität Düsseldorf 2004, S. 325-339.

Statistik Austria (2006), Konvergenzindikatoren für die neuen Beitrittsländer in ständig aktualisierter Form, abgerufen am 14.02.2006 unter
http://www.statistik.at/statistische_uebersichten/deutsch/pdf/k16t_4a.pdf

Straubhaar, Thomas (1998), Osterweiterung der Europäischen Union und Migration aus Ost- und Westeuropa, in: *Werner Zohlnhöfer* (Hg.) Perspektiven der Osterweiterung und Reformbedarf der Europäischen Union, Berlin, S. 146-161.

Thiel, Elke (1998), Die Europäische Union, Opladen.

Tömmel, Ingeborg (2006), Das politische System der EU, 2. Aufl., München und Wien.

Voigt, Stefan (2003), Is Leviathan a European Beast? A Critical Assessment of the Convention's Proposal for a European Constitution, Vortrag anläßlich einer Tagung der Gesellschaft für Recht und Ökonomie, Hamburg, November 2003.

Voigt, Stefan (2005), Ein neuer Anlauf für die Europäische Union, in: Frankfurter Allgemeiner Zeitung, 29. Oktober 2005, S. 15.

Vollmer, Uwe (2004), Institutionelle Struktur des Eurosystems in einer erweiterten EU, in: *Thomas Apolte, Rolf Caspers* und *Paul Welfens* (Hg.), Ordnungsökonomische Grundlagen nationaler und internationaler Wirtschaftspolitik, Stuttgart, S. 81-96.

Weindl, Josef (1996), Europäische Gemeinschaft, München und Wien.

Wentzel, Dirk (2005), Der Stabilitäts- und Wachstumspakt: Prüfstein für ein stabilitätsorientiertes Europa, in: *Helmut Leipold* und *Dirk Wentzel* (Hg.), Ordnungsökonomik als aktuelle Herausforderung, Stuttgart, S. 309-331.

Wentzel, Dirk (2006), Der Ausschuß der Regionen in Europa: Institutioneller Aufbau und Subsidiaritätsauftrag, in: *Klaus Heine* und *Wolfgang Kerber* (Hg.), Zentralität und Dezentralität von Regulierung in Europa, Stuttgart (im Druck).

Dirk Wentzel (Hg.), Europäische Integration – Ordnungspolitische Chancen und Defizite
Schriften zu Ordnungsfragen der Wirtschaft · Band 82 · Stuttgart · 2006

Die EU im Spannungsverhältnis zwischen dem Konsens- und dem Mehrheitsprinzip

Helmut Leipold

Inhalt

1. Zur Rolle der EU-Entscheidungsregeln

Die Ablehnung des Europäischen Verfassungsvertrags durch die Referenden in Frankreich und in den Niederlanden im Jahre 2005 bedeutete einen herben Rückschlag für den europäischen Einigungsprozeß. Über die Motive für das „Non" bzw. „Nee" kann nur spekuliert werden, zumal die große Mehrheit der Bürger in den beiden Gründungsstaaten der Gemeinschaft über die Details des mehr als 300seitigen Verfassungskonvoluts nur oberflächlich informiert gewesen sein dürfte. Ausschlaggebend waren sowohl die Ängste vor der Billiglohnkonkurrenz durch die Osterweiterung der EU und die gleichlaufende intensivierte Globalisierung als auch das Unbehagen gegenüber der als verselbständigt empfundenen Gemeinschaftspolitik, die nicht hinreichend demokratisch legitimiert werde und deren Folgen nur unzureichend den verantwortlichen Persönlichkeiten und Institutionen zurechenbar seien. Diese verständlichen Ängste und Proteste der Bürger gingen mit dem Verlangen einher, ihre kulturellen, nationalen und regionalen Eigenarten und Identitäten gegenüber der von Brüssel verordneten Vereinheitlichung der institutionellen Bedingungen zu wahren.

Dabei sollte der Verfassungsvertrag gemäß der Deklaration von Laeken, die ja am Anfang seiner Ausarbeitung stand, die europäischen Institutionen den Bürgern näher bringen und mehr Demokratie, Transparenz und Effizienz schaffen. Dieser hehre Auftrag wurde offensichtlich verfehlt. Paradoxerweise hat die Ablehnung des Verfassungsvertrages die zuletzt durch den Vertrag von Nizza in 2001 festgeschriebenen Regelwerke bestätigt, die ja gerade verbessert und transparenter gestaltet werden sollten.

Die Schwierigkeiten für die Überwindung dieses Paradoxons wurzeln in der historisch einzigartigen Verfaßtheit der europäischen Einigungsidee. Die Europäische Gemeinschaft (zuerst EWG, dann EG und jetzt EU, wie die Gemeinschaft im folgenden benannt wird) gilt nach der Entscheidung des Bundesverfassungsgerichts (BVerfGE 89, 155 vom 12.10.1993) als ein Staatenverbund „von besonderer Art und Qualität", der sich gemäß einer frühen Bewertung von *Everling* (1977, S. 614) in kein herkömmliches Schema einordnen läßt. Die Gemeinschaft verkörpert vielmehr eine neuartige Mischung zwischen einem Staatenbund und einem Bundesstaat. Die markante Besonderheit ist darin zu sehen, daß sich die souveränen Mitgliedsstaaten nicht nur eine funktional begrenzte Wirtschafts- und Staatengemeinschaft, sondern zugleich auch ein supranationales Regime mit eigenständigen Kompetenzen geschaffen haben, das den souveränen Vertragsparteien und deren Bürgern Restriktionen auferlegen kann. In dieser zwischen- und supranationalen bzw. suprastaatlichen Doppelstruktur ist zwangsläufig ein Spannungsverhältnis zwischen National- und Gemeinschaftsinteresse angelegt, dessen Ausmaß maßgeblich von zwei Bedingungen bestimmt wird: *erstens* vom Umfang der Gemeinschaftspolitik und damit des nationalstaatlichen Souveränitätsverzichts und *zweitens* von den Regeln und Prozeduren zum Ausgleich der Interessen und damit der Art und Weise, nach welchen Regeln oder Prinzipien über die Gemeinschaftspolitik entschieden wird.

Als klassisches Prinzip für den Interessenausgleich zwischen souveränen und gleichberechtigten Staaten im Rahmen eines Staatenbundes gilt das Konsens- oder Einstimmigkeitsprinzip, während innerhalb der modernen National- oder Bundesstaaten gemeinschaftliche Angelegenheiten gemäß dem demokratischen Mehrheitsprinzip entschieden werden. Die Vor- und Nachteile beider Entscheidungsprinzipien sind in der ökonomischen Theorie der Verfassung hinlänglich analysiert worden (vgl. klassisch dazu *Buchanan* und *Tullock* 1962; ferner zum folgenden auch *Leipold* 1993). Das einstimmige Konsensprinzip sichert aufgrund der Veto-Option die Wahrung der jeweiligen, hier also der nationalstaatlichen Interessen. Sein Nachteil besteht in den dadurch bedingten hohen Einigungskosten und potentiellen Entscheidungsblockaden, die wiederum die Nutzung potentieller Kooperationsvorteile gefährden. Als realistische Alternative bietet sich deshalb das Mehrheitsprinzip in Form der qualifizierten oder der einfachen Mehrheit an. Sein Nachteil besteht jedoch in der Fremdbestimmung der überstimmten Minderheiteninteressen. Gerade in einem immer heterogenen und zudem mächtigeren Staatenverbund waren und sind deshalb auch die aktuellen und möglichen zukünftigen Konflikte der Vergemeinschaftung vorprogrammiert.

In der Europäischen Gemeinschaft hat man sich bereits in den Gründungsverträgen auf einen Kompromiß zwischen beiden Entscheidungsprinzipien geeinigt, wobei die Politische Union in Gestalt eines Europäischen Bundesstaates das visionäre Fernziel sein sollte. Von diesem Kompromiß erwartete man einen erträglichen Interessenausgleich und zugleich eine zügige Erreichung der Gemeinschaftsziele.

In diesem Beitrag ist zu gezeigt werden, daß sowohl das Konsens- als auch das Mehrheitsprinzip im Rahmen eines Staatenverbundes anspruchsvolle Entscheidungsprinzipien mit je eigenen Folgen für das Tempo, die Ausgestaltung und nicht zuletzt die Akzeptanz der europäischen Einigung waren und bis heute sind. Je nach dem Gewicht dieser beiden Entscheidungsprinzipien soll die bisherige institutionelle Entwicklung der Europäischen Gemeinschaft in vier charakteristische Phasen eingeteilt werden: erstens in die mit den Gründungsverträgen vorgegebene und vom Gemeinschaftsgeist geprägte Aufbauphase von 1957 bis 1965 (Kapitel 2.), zweitens in die mit dem Luxemburger Kompromiß von 1966 verbundene und von einstimmigen Ratsbeschlüssen beherrschte Stagnationsphase (Kapitel 3.), drittens in die mit der Einheitlichen Europäischen Akte (EEA) im Jahre 1987 eingeleitete und von mehrheitlichen Ratsbeschlüssen und der verstärkten Mitentscheidung des Europäischen Parlaments inspirierte Erneuerungsphase, die durch die nachfolgenden Verträge von Maastricht, Amsterdam und Nizza ausgebaut wurde und schließlich im Europäischen Verfassungsvertrag vollendet werden sollte (Kapitel 4.). Aufgrund der Ablehnung dieses Vertrags befindet sich die EU gegenwärtig in einer Reflexions- oder Neuorientierungsphase, für die abschließend einige denkmöglichen Reformoptionen thematisiert werden sollen (Kapitel 5.).

2. Die Aufbauphase und der Einfluß des Gemeinschaftsgeistes

2.1. Organe und Entscheidungsregeln nach den Gründungsverträgen

Am Anfang der EU stand bekanntlich die 1951 gegründete Europäische Gemeinschaft für Kohle und Stahl (EGKS). Ihr folgten die 1957 gegründete Europäische Wirtschaftsgemeinschaft (EWG) und die Europäische Atomgemeinschaft (EURATOM). Diese drei Gemeinschaften führten ein rechtlich unabhängiges, praktisch jedoch verbundenes Leben. Dabei war die EWG die dominierende Gemeinschaft, weshalb der Gründungsvertrag von Rom bis heute den Verfassungskern repräsentiert. Mit dem Fusionsvertrag von 1967 wurden die wichtigsten Organe der drei Gemeinschaften zusammengefügt. Seitdem sind die Kommission, der Rat, das Europäische Parlament und der Europäische Gerichtshof die Hauptorgane der EG. Deren Kompetenzen sind in der Folgezeit vertraglich verändert und ausgebaut worden. Zum besseren Verständnis der nachfolgenden Ausführungen sei kurz die derzeitige konstitutionelle Grundstruktur der EU skizziert.

Mit dem 1993 in Kraft getretenen Vertrag über die Europäische Union (EU-Vertrag) gleicht deren Grundstruktur einer Tempelkonstruktion, die auf drei Säulen ruht. Die erste Säule bildet die wirtschaftliche Integration, also der Binnenmarkt, die Wirtschafts- und Währungsunion und die dazugehörigen jeweiligen Politikbereiche (siehe auch *Smeets* i.d.Bd.). Die vertragliche Grundlage besteht aus dem Vertrag zur Gründung der Europäischen Gemeinschaft (EG-Vertrag), der aus dem frühen EWG-Vertrag hervorgegangen ist. Die zweite Säule bildet die Gemeinsame Außen- und Sicherheitspolitik, die dritte die Zusammenarbeit in den Bereichen der Justiz und Innenpolitik, deren Kompetenzen im EU-Vertrag geregelt sind, der den EG-Vertrag einschließt. Die folgenden Ausführungen beziehen sich auf die erste Säule und deren institutionelles Gefüge, wobei nur die Aufgaben von Kommission, dem Rat (heute: Rat der EU) und dem Europäischen Parlament (ursprünglich: Versammlung) und das intendierte Zusammenwirken zwischen diesen Zentralorganen in der gebotenen Kürze dargestellt werden sollen.

Die Kommission soll gemäß den Regeln der Gründungsverträge das Gemeinschaftsinteresse vertreten. In ihrer Rolle als „Motor der Gemeinschaft" und „Hüterin der Verträge" hat sie im wesentlichen Initiativ-, Kontroll- und Exekutivaufgaben zu erfüllen. Zu den Initiativbefugnissen gehört die Ausarbeitung von Vorschlägen für die Ratsbeschlüsse. Abgesehen von wenigen Ausnahmen, kann der Rat ohne einen Vorschlag der Kommission keine Rechtsakte beschließen. In ihrer Kontrollfunktion hat die Kommission die Einhaltung der Vertragsregelungen (primäres Recht) und der von den Gemeinschaftsorganen geschaffenen Rechtsregelungen (sekundäres Recht) seitens der Mitgliedsstaaten zu kontrollieren. Die Exekutivaufgaben umfassen vielfältige Kompetenzen, beispielsweise die Verwaltung der EU-Haushalts- sowie der verschiedenen Fondsmittel, die Durchführung von Verordnungen oder Richtlinien und nicht zuletzt der verschiedenen sektoralen Politikaufgaben (vgl. *Dietz* und *Glatthaar* 1991; *Nienhaus* 2003).

Der Rat der EU war und ist das zentrale Entscheidungs- und Rechtssetzungsorgan der Gemeinschaft. Gegenstand der Rechtssetzung sind hauptsächlich Verordnungen und Richtlinien. Die Verordnung ist ein allgemein verbindlicher Rechtsakt, der in allen Mitgliedsstaaten unmittelbar gilt und anzuwenden ist. Demgegenüber ist die Richtlinie ein Gemeinschaftsgesetz, das die Mitgliedsstaaten zur Verwirklichung eines Ziels verpflichtet, diesen die Art und Weise der Umsetzung in nationales Recht jedoch überläßt. Der Rat tagt in sektoral gegliederten Formen, in denen jedes Land durch ein Regierungsmitglied, in der Regel den Fachminister, vertreten ist. Über diesen Ministerräten steht der Europäische Rat als Versammlung der Staats- und Regierungschefs, der als Leitliniengeber die grundsätzliche Entwicklung der EU vorgibt. Als Unterbau des Rates fungieren der Ausschuß der Ständigen Vertreter (AStV), der die Ratssitzungen vorbereitet und deshalb auch als „kleiner Ministerrat" bezeichnet wird.

In den Gründungsverträgen waren die Entscheidungsregeln im Rat nicht generell, sondern fallweise geregelt. Gemäß Art. 148 EWGV sollten Beschlüsse des Rates mit der Mehrheit seiner Mitglieder getroffen werden, sofern in dem Vertrag nichts anderes bestimmt ist. Damit wurden bereits die Ausnahmen von der einfachen Stimmenmehrheit angedeutet. Die Mehrzahl der vertraglichen Einzelfälle verlangte die qualifizierte Mehrheit, wobei die Bedingungen dafür ebenfalls in Art. 148 EWGV (bzw. Art. 28 EGKSV und Art. 118 EAGV) präzisiert waren.

Der EWG-Vertrag sah jedoch für die ersten beiden Stufen der Übergangszeit (bis 1965) die Einstimmigkeitsregel im Rat vor. Nach Art. 100 EWGV waren die Richtlinien des Rates für die Angleichung der Rechts- und Verwaltungsvorschriften der Mitgliedsstaaten mit unmittelbarer Auswirkung auf die Errichtung oder das Funktionieren des Gemeinsamen Marktes einstimmig zu beschließen. Die Modifikation dieses Artikels durch Art. 100a EEA zugunsten der qualifizierten Mehrheitsregel markiert eine einschneidende Reform, worauf noch einzugehen sein wird. Nach Art. 149 EWGV war Einstimmigkeit der Ratsbeschlüsse auch bei Abänderung der Kommissionsvorschläge gefordert, womit der Einfluß der Kommission im Zusammenspiel mit dem Rat gestärkt werden sollte.

Der Vollständigkeit halber sei als drittes Organ die Versammlung genannt, deren Abgeordnete sich im Jahre 1962 selbst die Bezeichnung als Europäisches Parlament gaben. Die Abgeordneten wurden bis 1979 durch die nationalen Parlamente ernannt, besaßen lediglich Anhörungsrechte und sollten jährlich eine Sitzungsperiode abhalten (Art. 137 ff. EWGV). Mit der EEA wurde das Europäische Parlament als eigenständiges Organ bestätigt und durch das Verfahren der Zusammenarbeit und später der Mitentscheidung in seinen Rechten erheblich aufgewertet. Darauf wird an späterer Stelle noch eingegangen.

2.2. Einige Gründe für die Anfangserfolge

Tatsächlich dominierten in der Anfangszeit der EWG einstimmige Beschlüsse des Rates selbst dort, wo die Mehrheitsregel ausgereicht hätte. Der breite Konsens hat die Effizienz der Gemeinschaftspolitik nicht beeinträchtigt. Die Anfangsjahre der EWG waren durch Dynamik und Erfolge der Integrationsprozesse geprägt. Die Zollunion wurde vor dem vorgesehenen Termin vollendet, wodurch der Warenverkehr der Mitgliedsländer begünstigt wurde, der schneller als der Welthandel wuchs. Auch die im EWG-Vertrag anvisierte gemeinsame Agrarpolitik wurde unter der Initiative der Kommission zügig im Rat durchgesetzt. Der vertraglich zugestandene Rückgriff auf die zahlreichen Ausnahmeklauseln und Schutzbestimmungen des EGWV seitens einzelner Länder blieb die Ausnahme. Indirekt kommt der anfängliche Integrationserfolg der EWG in dem bereits 1961 geäußerten Beitrittsgesuch Großbritanniens zum Ausdruck, dessen Beitritt jedoch vorerst am Veto Frankreichs scheiterte.

Zweifellos ist die für die Aufbauphase belegbare Dynamik der Gemeinschaftspolitik trotz oder wegen der ausgeprägten Konsensbereitschaft maßgeblich vom anfänglich vorhandenen „community spirit" innerhalb der sechs Gründerländer beflügelt worden. Dieser Geist motivierte die beteiligten Regierungen, den Versuchungen zu unkooperativen Verhaltensweisen weitgehend zu widerstehen. Zwischen- oder suprastaatliche Kooperation verkörpert die Fortsetzung des klassischen Ordnungsproblems mit anderen Mitteln und auf anderen Ebenen bei analogen Interessenstrukturen (vgl. *Kösters* 1998). Die Kooperation (z. B. die gegenseitige Respektierung der Regeln des Freihandels) eröffnet für die Partner gegenüber der Nichtkooperation (z. B. Protektion) einen höheren wirtschaftlichen Wohlstand. Verflixterweise winken jedoch demjenigen, der sich isoliert unkooperativ verhält, indem er nationale Schutz- oder Ausnahmeregelungen beansprucht, die größten Vorteile, vorausgesetzt die anderen Partner verhalten sich kooperativ. Diese Versuchung beeinträchtigt die Ausnutzung der potentiellen Kooperationsvorteile und führt unter bestimmten Annahmen regelmäßig zum wechselseitig schlechtesten Ergebnis (vgl. *Leipold* 1989).

Aus den zahlreichen Arbeiten über das Gefangenendilemma sind die Bedingungen für das Zustandekommen kooperativer Lösungen bekannt. Ein Ausweg besteht in der Einrichtung einer unparteiischen Instanz, welche die Kooperation notfalls zwangsweise herstellt. Wie *Frey* (1984, S. 128) zutreffend bemerkt, wird mit der Annahme einer per Zwang durchgesetzten Kooperation das spezifische Ordnungsproblem der internationalen Zusammenarbeit wegdefiniert. Internationale oder zwischenstaatliche Kooperation beruht in aller Regel auf Freiwilligkeit. Die Chancen für die freiwillige Kooperation zwischen Egoisten sind bei permanenten (iterierten) Beziehungen am ehesten innerhalb kleiner Gruppen mit intensiven Kontakten gegeben. Hinzu kommt, daß sich der kooperative Geist innerhalb einer Kerngruppe verfestigen muß.

In der Aufbauphase der EWG herrschten annäherungsweise diese günstigen Bedingungen für eine kooperative Gemeinschaftspolitik. Frankreich und vor allen Dingen Deutschland praktizierten eine hohe Konsensbereitschaft, der Italien und die Beneluxländer folgten. Dem deutsch-französischen Konsens lag dabei die einvernehmliche Annahme zugrunde, daß sowohl die mit ihrer jüngsten Vergangenheit belastete Bundesrepublik von der Gemeinschaft insgesamt als auch die starke westdeutsche Industrie von der Zollunion im besonderen profitierten. Im Gegenzug sah man es als legitime Entschädigung an, daß die Bundesrepublik als Nettozahler die interventionistische gemeinsame Agrar- und Strukturpolitik großzügig zu unterstützen habe, von der wiederum die französische Landwirtschaft und Industrie profitieren sollten. Analoge Kompensationskalküle galten im Verhältnis zu und zwischen den Beneluxländern und Italien. Unter den Bedingungen eines ausgeprägten Gemeinschaftsbewußtseins innerhalb des kleinen Mitgliederkreises sollte daher der anfängliche Integrationserfolg nicht verwundern. Die relativ kleine Zahl der Gründerländer und die weitgehende Homogenität der Interessen waren dafür verantwortlich, daß die Einigungskosten der Gemeinschaftspolitik in der Aufbauphase trotz Einstimmigkeitsregel gering ausfielen.

Wie die spieltheoretische Analyse zeigt, bleibt jedoch die freiwillige Kooperation unter eigen- bzw. nationalinteressierten Akteuren labil, nicht zuletzt, weil vereinzelte unkooperative Alleingänge meist mit einer „Wie Du mir, so ich Dir-Strategie" beantwortet werden (vgl. *Axelrod* 1987; *Keohane* 1986).

3. Die Stagnationsphase und die Herrschaft einstimmiger Ratsbeschlüsse

3.1. Der Luxemburger Kompromiß und die Folgen

Die anfängliche Konsens- und Kompromißbereitschaft innerhalb der EWG erlahmte Mitte der 1960er Jahre. Die nach dem EWG-Vertrag für die dritte Stufe vorgesehene erweiterte Anwendung qualifizierter Mehrheitsbeschlüsse im Rat scheiterte am Widerstand Frankreichs, das seine Vertreter aus den Sitzungen des Rates zurückzog („Politik des leeren Stuhls") und dieses Organ 9 Monate lang zur Entscheidungsunfähigkeit verdammte. Auslöser dafür war die Befürchtung, in der gemeinsamen Agrarpolitik überstimmt zu werden. Die französische Regierung berief sich auf die Formel von der Wahrung „vitaler nationaler Interessen" und war zur weiteren Mitarbeit erst nach der Zusicherung bereit, daß der Rat keinen Beschluß fassen könne, der wesentliche Interessen auch nur eines Mitgliedstaates beeinträchtige.

Durch diesen „Luxemburger Kompromiß" vom Januar 1966 wurde die weitere Entwicklung der Gemeinschaftspolitik nachhaltig beeinflußt. Praktisch hatte er zur Folge, daß sich im Rat das Einstimmigkeitsprinzip bis Mitte der 1980er Jahre einbürgerte. Mißliebige Gemeinschaftsentscheidungen konnten jederzeit durch ein Veto verhindert werden. Mehrheitsbeschlüsse gab es gelegentlich noch bei der Verabschiedung des gemeinsamen Haushalts. Unter der stillschweigenden Praxis einstimmiger Entscheidungen im Rat wurde es üblich, entweder einvernehmlichen Konsens festzustellen oder anstehende nichtkompromißfähige Entscheidungen zu verschieben.

Die maßgeblich in der Einstimmigkeitsregel begründete Stagnation der Gemeinschaftspolitik ist in der Literatur ausführlich behandelt und dokumentiert worden, so daß hier eine knappe Zusammenfassung genügen soll (vgl. *Berg* 1990; *Scharpf* 1985). Das Augenmerk richtet sich in diesen Arbeiten auf die sich nach dem Luxemburger Kompromiß eingebürgerte Praxis der „Gemeinschaftsmethode" in der Zusammenarbeit zwischen Kommission und Rat, die entgegen den Intentionen des EWG-Vertrages eine Eigendynamik entwickelte. Die sich daraus ergebenden Konsequenzen können mit Anleihen bei der „Public Choice"-Theorie erklärt werden.

3.2. Eine politikökonomische Analyse des Konsensprinzips

Aus der politikökonomischen Perspektive läßt sich die Gemeinschaftspolitik als ein erweiterter politischer Marktprozeß zwischen den im Rat vertretenen nationalen Regierungen, der Kommission, den Interessenverbänden und den Wahlbürgern modellieren (vgl. *Vaubel* 1986 und 1992; *Josling* und *Meyer* 1991).

Realistischerweise ist anzunehmen, daß die nationalen Politiker am Erwerb und der Sicherung von Macht interessiert sind, die es ihnen erlaubt, persönliche oder politische Ziele durchzusetzen. Im Rahmen der geltenden Verfassungsbedingungen sind Machterwerb und -sicherung von nationalen Erfolgen abhängig. Die Macht der Ratsmitglieder basiert also auf nationalen Wahlergebnissen, damit auch auf der Unterstützung durch nationale Interessengruppen und öffentliche Medien. Europäische Probleme spielen für den nationalen Erfolg oder Mißerfolg nur eine zweitrangige stimmenwirksame Rolle, wie auch umgekehrt Europawahlen häufig dazu benutzt werden, der Unzufriedenheit über nationale Regierungen und deren Politik Ausdruck zu verleihen (vgl. *Manow* 2005). Die Ratsmitglieder unterliegen auch seitens des Europäischen Parlaments und anderer EU-Organe keinen ernstzunehmenden Sanktionen. Dennoch ist die Gemeinschaftspolitik nicht belanglos. Unabhängig von nicht zu leugnenden europäischen Idealen werden nationale Politiker danach trachten, mit Hilfe der Gemeinschaftspolitik möglichst viele Wählerstimmen zu gewinnen. Das schließt die Option ein, die Gemeinschaftspolitik zu benutzen, um einflußreiche nationale Interessengruppen zu bedienen und die Belastungen für die Steuerzahler und Konsumenten zu kaschieren, um so Stimmenverluste bei der Masse der Wähler zu vermeiden. Dabei kommt den Politikern zugute, daß Wähler zur „rationalen Ignoranz" neigen. Sie beachten am ehesten spektakuläre politische Vorgänge wie etwa Gipfeltreffen der Regierungschefs mit verständlich und allgemein gehaltenen Botschaften, die zudem einen allseits akzeptierten Eigenwert verkörpern. Damit verbundene Konzessionen an spezielle Interessengruppen können entweder verdeckt oder aber als unpopuläre Konzessionen für die Gemeinschaftspolitik verkauft werden, wobei die unter Ausschluß der Öffentlichkeit stattfindenden Ratssitzungen oder der Verweis auf die Brüsseler Eurokratie als Sündenbock die Zurechnung der Verantwortlichkeit seitens der Wähler und der Medien erschweren. Festzuhalten bleibt, daß die Gemeinschaftspolitik für die Politiker auch Anreize und Gelegenheiten eröffnet, nationalen Interessen und hierbei spezifischen, für die Masse der Wähler jedoch unpopulären Gruppeninteressen Priorität gegenüber dem Gemeinschaftsinteresse einzuräumen. Von daher stellt sich die Frage, ob die Kompetenzen der Kommission ausreichen, um die originären nationalen Politikerinteressen zugunsten des Gemeinschaftsinteresses korrigieren zu können.

Die Kommission repräsentiert einen seit der Gründung der EU ständig gewachsenen Verwaltungsapparat von derzeit ca. 16 000 Beamten in 25 Generaldirektionen und anderen Ämtern. Gemäß der Ökonomischen Theorie der Bürokratie ist realistischerweise anzunehmen, daß die EG-Bürokraten persönliche Ziele, konkretisiert in Macht, Einfluß und hohen Einkommen, präferieren (vgl. *Roppel* 1979). Damit verbindet sich das Interesse an möglichst umfangreichen Budgets und Kompetenzen. Im Rahmen der Verträge hängt die Zuweisung dieser Mittel von der Akzeptanz und Unterstützung seitens der nationalen Regierungen ab. Der Erfolg der Kommission und des ihr unterstellten Verwaltungsapparates ist daher untrennbar mit dem Erfolg der vom Rat entschiedenen Gemeinschaftspolitik verknüpft.

Die Abhängigkeit der Kommission vom Rat wird deutlich, wenn man sich die möglichen Schicksale von Kommissionsvorschlägen vor dem Hintergrund des Erfordernisses einstimmiger Ratsbeschlüsse vor Augen hält:

—   Entspricht der Kommissionsvorschlag nicht den primär national vorbestimmten Präferenzen der Ratsmitglieder, so können diese den Vorschlag verändern, sich also gegen die Kommission entscheiden. Geschieht dies häufiger, wird die Autorität der Kommission als „Motor der Gemeinschaft" beeinträchtigt.

—   Eine vergleichbare Einbuße an Autorität ist zu befürchten, wenn die Kommission auf ihren im Gemeinschaftsinteresse als richtig erkannten Vorschlägen insistieren würde. Hier würde die Autorität als „ehrlicher Makler" zwischen legitimen nationalen Interessen leiden.

- Die verbleibende potentielle Strategie, Vorschläge nur als vorläufige und jederzeit änderbare Diskussionsgrundlage einzubringen, würde die Autorität als „Hüterin der Verträge" untergraben.

Angesichts dieses Szenarios ist folgerichtig, daß die Kommission bei der Ausarbeitung ihrer Vorschläge die spätere Konsensfähigkeit zum „richtigen", weil erfolgsträchtigen Kriterium erkürt und unter den Bedingungen einstimmiger Ratsbeschlüsse tatsächlich auch befolgt hat. Schließlich kann die Kommission die für die Ratsmitglieder geltenden politischen Erfolgsbedingungen nicht ignorieren. Sie muß das Interesse der nationalen Politiker einkalkulieren, die Gemeinschaftspolitik stimmenwirksam und dabei auch zugunsten spezifischer, jedoch unpopulärer Privilegien für einflußreiche Interessengruppen einzusetzen. Diese Bereitschaft fällt den EU-Bürokraten deshalb leicht, weil sie nahtlos mit den systembedingten bürokratischen Eigeninteressen einhergeht.

Der Entscheidungsprozeß der EU bietet den organisierten Interessengruppen vielfältige Möglichkeiten der Einflußnahme. Die Gründungsdynamik und Präsenz der Verbände auf europäischer Ebene bestätigen diese Annahme. Der Aufbau der europäischen Verbände vollzog sich parallel zum Aufbau der EU-Organe. Bereits 1964 existierten ca. 50 v.H. der heute offiziell vertretenen Fachverbände, deren Zahl sich auf mehr als 500 Vertretungen beläuft. Schätzungen gehen von ca. 4000 Interessenvertretungen allein in Brüssel aus, wenn zu den Fachverbänden die Verbindungsbüros der Großunternehmen, der Anwaltskanzleien und der professionellen Lobbybüros gerechnet werden, hinter denen eine spezialisierte Servicebranche für Lobbydienste steht (vgl. *Dietz* und *Glatthaar* 1991, S. 164 ff.; *Schwaiger* und *Kirchner* 1981; *Philip* 1983).

Die europäischen Verbände repräsentieren meist Dachverbände der nationalen Organisationen. Sie sind Koordinationsinstanzen, die von nationalen Verbänden gesteuert und kontrolliert werden. Die nationale Dominanz kommt interessanterweise in der Geltung der Einstimmigkeitsregel innerhalb der meisten Dachverbände zum Ausdruck. Wie nicht anders zu erwarten ist, dominieren die Produzenteninteressen und hierbei die Verbände der Industrie, des Handels und der freien Berufe (vgl. *Vaubel* 1992, S. 40). Die Produzentenverbände sind hauptsächlich darauf aus, durch Einflußnahme auf die Gemeinschaftspolitik Privilegien wie Subventionen, Sonderregelungen, Mindestpreise, Protektionen, kurz gefaßt also Wettbewerbsbeschränkungen mit korrespondierenden Monopolrenten zu erzielen. Die Kommission sucht den Kontakt zu Verbänden, die ihrerseits Kontakte zu Kommission und Rat zur Wahrung und Durchsetzung der Gruppeninteressen nutzen. Es ist daher zu vermuten, daß die Anstöße zu Kommissionsvorschlägen auch maßgeblich von Vertretern organisierter Interessenverbände ausgehen. Die EU-Beamten können die Spezifika der zu regelnden Bereiche in den Mitgliedsstaaten nur vage kennen und beurteilen. Sie sind also auf Informationen und Sachverstand der Branchenvertreter angewiesen. Sie kennen jedoch die Eigenarten des politischen Geschäfts und wissen, daß das Schicksal ihrer Vorschläge sich letztlich im Rat entscheidet, in dem nationale Interessen aufeinandertreffen.

Damit sind in groben Zügen die Interessen der Hauptakteure skizziert, die im Rahmen der gesetzlich vorgegebenen Verfahren und insbesondere gemäß dem Erfordernis einstimmiger Ratsbeschlüsse den Verlauf und die Ergebnisse der Gemeinschaftspolitik bestimmt haben.

3.3. Verlauf und Ergebnisse der Gemeinschaftsmethode

Nach dem bis Mitte der 1980er Jahre vorherrschenden Konsultationsverfahren (vgl. Übersicht 1) wurde der Entscheidungsprozeß mit der Ausarbeitung des Kommissionsvorschlags eingeleitet, der dann dem Rat und dem Europäischen Parlament zugeleitet wurde (vgl. *Theurl* und *Meyer* 2001). Faktisch gelangte er zuerst in den Ausschuß der Ständigen Vertreter, der im Auftrag des Rats die erste Konsensbefindung vornahm. Dieser Ausschuß, der ursprünglich als Zusammentreffen diplomatischer Regierungsvertreter konzipiert war, hat sich zu einem Treffpunkt nationaler und politisch sensibler Spitzenbeamten entwickelt. Diese wie auch die Minister waren (und sind) daher attraktive Ansprechpartner, vor allem für nationale Verbände. Wie oben dargelegt, bestehen für die Minister und deren Vertreter Anreize, die Forderungen nationaler Interessenverbände zu berücksichtigen. Dabei kann Einigkeit unterstellt werden, die jeweiligen nationalen Belange der Verbände gegenseitig großzügig zu tolerieren.

Übersicht 1: Das Konsultationsverfahren (Anhörungsverfahren)

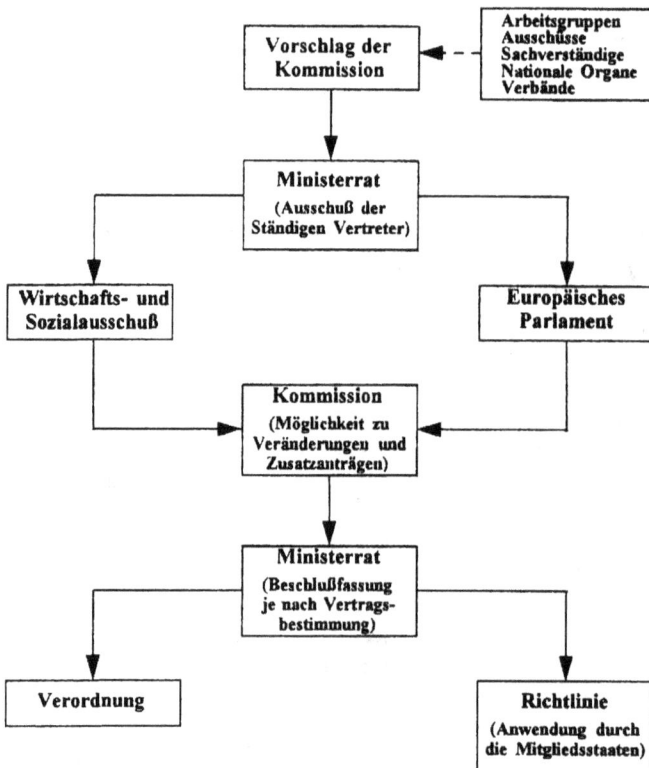

Der Ausschuß der Ständigen Vertreter leitete den Kommissionsvorschlag dann dem Europäischen Parlament und meistens auch dem Wirtschafts- und Sozialausschuß mit der Aufforderung zur Stellungnahme zu. Der Einfluß beider Gremien für den weiteren Fortgang der Vorschläge war beim Konsultationsverfahren eher gering. Insofern waren die Parlamentsmitglieder auch keine interessanten Gesprächspartner für die Interessenvertreter. Diese Vermutung trifft auch für die Rolle des Wirtschafts- und Sozialausschusses zu, der sich aufgrund seiner umfassenden Zusammensetzung nicht als Organ für die Durchsetzung spezifischer Gruppeninteressen anbietet. Die vergleichsweise wirksamere Einflußnahme boten die der Kommission und dem Rat zugeordneten Ausschüsse und Arbeitsgruppen, die unmittelbare Kontakte zu den einflußreichen Personen eröffneten.

Die Stellungnahme des Parlaments und des Wirtschafts- und Sozialausschusses landeten dann wieder bei der Kommission, mit der (unverbindlichen) Möglichkeit, den ursprünglichen Vorschlag zu ergänzen. Danach ging der Vorschlag wieder an den Rat und damit an den Ausschuß der Ständigen Vertreter. Der Konsens innerhalb dieses Zirkels der Diplomaten und Beamten war die Grundlage für den formalen und einstimmigen Ratsbeschluß. Konnten sich die Ständigen Vertreter nicht einigen, oblag es dem Rat, Einstimmigkeit zu erreichen oder aber die Entscheidung zu verschieben.

Unter den Bedingungen der Einstimmigkeitsregel im Rat war ein Konsens nur dann wahrscheinlich, wenn die Gemeinschaftslösung nicht das Nutzenniveau eines Mitglieds verschlechterte oder die Verschlechterung durch Kompensationszahlungen oder Kompromisse (auch in anderen Gemeinschaftsbereichen) kompensiert werden konnte. Da die Macht zwischen den Ratsmitgliedern bei der Einstimmigkeitsregel völlig gleich verteilt war, konnte jedes Land erwartete externe Kosten durch die Veto-Option abwenden oder aber auf Kompensation bestehen.

Angesichts dieser Gelegenheiten war es folgerichtig, daß sich die Paketlösung („Package deal") als bevorzugte Gemeinschaftslösung einbürgerte. Danach war es üblich, Lösungsvorschläge, die verschiedene oder nur lose verbundene Bereiche betrafen, zu einem Paket zu schnüren, das die Interessen aller Beteiligten notfalls über Entschädigungen oder Zusagen für spätere Konzessionen hinreichend bediente und dem daher jedes Mitglied zustimmen konnte. Wie die Praxis der „Marathon Sitzungen" insbesondere in der Gemeinsamen Agrarpolitik zeigte, war die Suche nach ausgewogenen Kompromissen dennoch schwierig. Eine Einigung war nur dann in Aussicht, wenn die Kommission bereits bei der Ausarbeitung der Vorschläge als leitendes Kriterium die spätere Konsensfähigkeit berücksichtigt hatte. Dennoch wurden Lösungsvorschläge ad hoc nachgebessert oder einzelne Teile herausgebrochen, während die Problemfälle verschoben wurden. Diese Praxis mußte die Autorität der Kommission beeinträchtigen und den Einfluß nationaler Interessen im Rat und im Ausschuß der Ständigen Vertreter stärken. Die Langwierigkeit der Einigungsprozesse begünstigte auch den Einfluß der organisierten Interessengruppen.

Dem einzigen und fragwürdigen Vorteil, daß überhaupt Einigungen erzielt werden konnten, standen offensichtliche Mängel der Paketlösung entgegen. Unbestritten ist, daß der europäische Integrationsprozeß in den 1970er Jahren zunehmend stagnierte. Anstelle des anvisierten Ausbaus des Binnenmarktes kam es zur verstärkten Zentralisierung jener Politikbereiche, in denen Sonderregeln und Umverteilungsmittel möglich waren. Begünstigt wurde dieses Bestreben durch die in Art.235 EWGV festgeschriebene Generalklausel, wonach der Rat auf Vorschlag der Kommission auch Entscheidungen in Bereichen treffen konnte, in denen keine Befugnisse vertraglich festgeschrieben waren. Die bevorzugten Ziele waren jedoch zumeist redistributiver und nicht marktbezogener Natur.

Dieses Streben wurde durch die verschiedenen Erweiterungen der Gemeinschaft in den 1970er und 80er Jahren zusätzlich begünstigt. Die wirtschaftlich weniger entwickelten Mitgliedsstaaten nutzten ihre Zustimmung zum Beitritt wohlhabenderer Länder dazu aus, Kompensationszahlungen in Form gemeinschaftlicher Strukturfondsmittel auszuhandeln, welche die vermeintlichen Wettbewerbsnachteile ausgleichen sollten. Tatsächlich war die Erzielung nationalstaatlicher Renten das Objekt der Begierde (vgl. *Schäfer* 2003).

Solange institutionelle Reformen unterblieben, mußten Fortschritte in Richtung Binnenmarkt ausbleiben. Jeder Versuch, einen Beschluß, der einmal Bestandteil eines Paketes war, zu reformieren, beschwor die Gefahr der Neuverhandlung auch bewährter Entscheidungen. Zudem wohnte den impliziten Zusagen eine fatale Eigendynamik inne, weil deren Bedienung ständig neue Paketlösungen mit wiederum offenen, neu zustandezubringenden Kompromissen auf der Grundlage des kleinsten gemeinsamen Nenners provozierte.

Insgesamt erwies sich die im Gefolge des Luxemburger Kompromisses eingebürgerte Gemeinschafts- oder Konsensmethode als ein teures und ineffizientes Entscheidungsverfahren. Die Kehrtwendung leitete die im Februar 1986 unterzeichnete und ab Juni 1987 geltende Einheitliche Europäische Akte (EEA) ein. Die Gründe für die damit verbundenen Institutionenreformen hat der damalige Kommissionspräsident *Delors* (1987, S. 9) auf den Punkt gebracht:

> „Europa trifft seine Entscheidungen schlecht und zu spät, bei der Durchführung der Entscheidungen zeichnet es sich nur selten durch hohe Effizienz aus. So kommt es zu lähmender und allzu interventionistischer Bürokratisierung."

Den Ausweg aus der verhängnisvollen Verstrickung und Lähmung der Gemeinschaftsorgane erhoffte er sich von der umfassenden Anwendung der qualifizierten Mehrheit bei den Ratsbeschlüssen und von der „vollen" Mitverantwortung des Europäischen Parlaments in der Gesetzgebung im Rahmen des Verfahrens der Zusammenarbeit, womit die beiden zentralen Reformelemente der EEA genannt sind.

4.   Die Erneuerungsphase und der Beitrag des Mehrheitsprinzips

4.1. Die Reformen der Einheitlichen Europäischen Akte

Die mit der EEA eingeleiteten institutionellen Reformen waren darauf gerichtet, die im „Luxemburger Kompromiß" begründete Ineffizienz der Gemeinschaftspolitik zu überwinden und die ursprünglich vereinbarte und formal nie aufgehobene Mehrheitsregel für Ratsbeschlüsse endlich zu verwirklichen. Freilich war die EEA ebenfalls das Resultat eines politischen Kompromisses.

Das Bekenntnis zur Mehrheitsregel kommt in Art. 100a EEA zum Ausdruck. Danach erläßt der Rat auf Vorschlag der Kommission in Zusammenarbeit mit dem Europäischen Parlament und nach Anhörung des Wirtschafts- und Sozialausschusses die Maßnahmen zur Angleichung der Rechtsvorschriften für die Schaffung und das Funktionieren des Binnenmarktes mit qualifizierter Mehrheit.

Die zweite wichtige Neuerung bildete das in der Neufassung des Art. 149 EWGV festgelegte Verfahren der Zusammenarbeit zwischen Rat und Europäischem Parlament, das sowohl die qualifizierte Mehrheit der Ratsbeschlüsse als auch die Mitwirkung des Parlaments an solchen Beschlüssen sichern sollte. Neuartig waren und sind bis heute gegenüber dem dargestellten Konsultationsverfahren die zusätzlichen Verfahrensschritte bei den Ratsbeschlüssen zum Binnenmarkt, die nunmehr zwei Lesungen der Vorschläge im Parlament und Rat verlangen (vgl. Übersicht 2).

Wie bisher leitet die Kommission mit ihrem Vorschlag das Verfahren ein, woraufhin das Parlament in erster Lesung Stellung nimmt und diese dem Rat zuleitet. Der Rat prüft den Vorschlag und die Stellungnahme in erster Lesung und erarbeitet mit qualifizierter Mehrheit einen „Gemeinsamen Standpunkt", der wiederum dem Parlament zugeleitet wird. Dem Parlament bleiben drei Monate Zeit, über den „Gemeinsamen Standpunkt" zu befinden. Es kann ihn erstens akzeptieren, zweitens ändern oder drittens ablehnen, wobei die zweite und dritte Option die absolute Parlamentsmehrheit verlangen. Im ersten Fall der Akzeptanz seitens des Parlaments kann der Rat mit qualifizierter Mehrheit entscheiden. Im zweiten Fall von Änderungsvorschlägen kann der Rat mit qualifizierter Mehrheit entscheiden, vorausgesetzt die Kommission hat die Änderungen innerhalb eines Monats ebenfalls akzeptiert. Ist dies nicht gegeben, muß der Rat einstimmig entscheiden. Im dritten Fall der Ablehnung des Ratsstandpunktes durch das Parlament kann der Rat ebenfalls nur einstimmig beschließen.

Dieses auf den ersten Blick komplizierte Verfahren der Zusammenarbeit soll den Einfluß des Parlaments stärken und die Initiativkompetenz der Kommission sichern. Dem Rat bleibt dabei die letzte Entscheidungsbefugnis, in der Regel gemäß der qualifizierten Mehrheit. Eine Entscheidung gegen das Parlament wird jedoch dadurch erschwert, daß sie nur einstimmig legitim ist. Das Parlament erhält die Rolle eines beachtenswerten Mitspielers, nicht jedoch eines selbstverantwortlichen legislativen Organs. Indirekt wird durch dieses Verfahren die Kommission in ihrer Rolle als Vermittler zwischen Rat und europäischem Parlament gestärkt. Denn sie ist nun bestrebt, zwischen der Position des Rates als letzter Entscheidungsinstanz und den Mehrheitsvorstellungen des Parlaments einen Kompromiß zu finden. Dazu kann sie die Änderungsvorschläge des Parlaments übernehmen oder auch außer acht lassen und den jeweilig nach eigenem Ermessen überarbeiteten Vorschlag dem Rat vorlegen, der diese Veränderungen entweder mit qualifizierter Mehrheit annehmen oder nur durch einstimmiges Votum gemäß den eigenen Präferenzen durchsetzen kann.

Übersicht 2: Das Verfahren der Zusammenarbeit (Kooperationsverfahren)

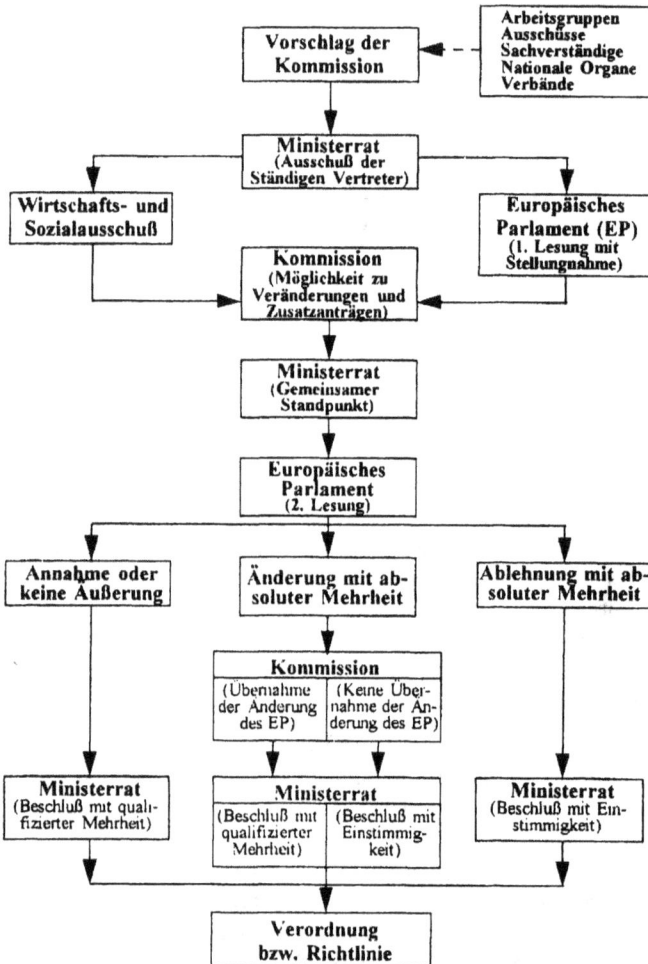

```
                    ┌─────────────────┐      ┌──────────────────────┐
                    │  Vorschlag der  │ ← ─ ─│ Arbeitsgruppen       │
                    │   Kommission    │      │ Ausschüsse           │
                    └─────────────────┘      │ Sachverständige      │
                             │               │ Nationale Organe     │
                             ▼               │ Verbände             │
                    ┌─────────────────┐      └──────────────────────┘
                    │   Ministerrat   │
                    │ (Ausschuß der   │
                    │Ständigen Vertreter)│
                    └─────────────────┘
```

| Wirtschafts- und Sozialausschuß | Ministerrat (Ausschuß der Ständigen Vertreter) | Europäisches Parlament (EP) (1. Lesung mit Stellungnahme) |

Kommission
(Möglichkeit zu Veränderungen und Zusatzanträgen)

Ministerrat
(Gemeinsamer Standpunkt)

Europäisches Parlament
(2. Lesung)

| Annahme oder keine Äußerung | Änderung mit absoluter Mehrheit | Ablehnung mit absoluter Mehrheit |

Kommission

| (Übernahme der Änderung des EP) | (Keine Übernahme der Änderung des EP) |

| Ministerrat (Beschluß mit qualifizierter Mehrheit) | Ministerrat (Beschluß mit qualifizierter Mehrheit) | (Beschluß mit Einstimmigkeit) | Ministerrat (Beschluß mit Einstimmigkeit) |

Verordnung bzw. Richtlinie

4.2. Reformergänzungen durch den Vertrag über die Europäische Union und die nachfolgenden Verträge

Im Vertrag von Maastricht über die Europäische Union wurden die Entscheidungs-verfahren durch das Verfahren der Mitentscheidung erweitert, das dann in den Verträ-gen von Amsterdam und Nizza weiter zugunsten des Europäischen Parlaments ausge-baut wurde (Art. 251 EGV). Gemäß diesem Verfahren kann das Parlament erstmals einen Vorschlag der Kommission und dessen Verabschiedung als Rechtsakt durch den Rat mit absoluter Mehrheit scheitern lassen (vgl. Übersicht 3).

Übersicht 3: Das Verfahren der Mitentscheidung

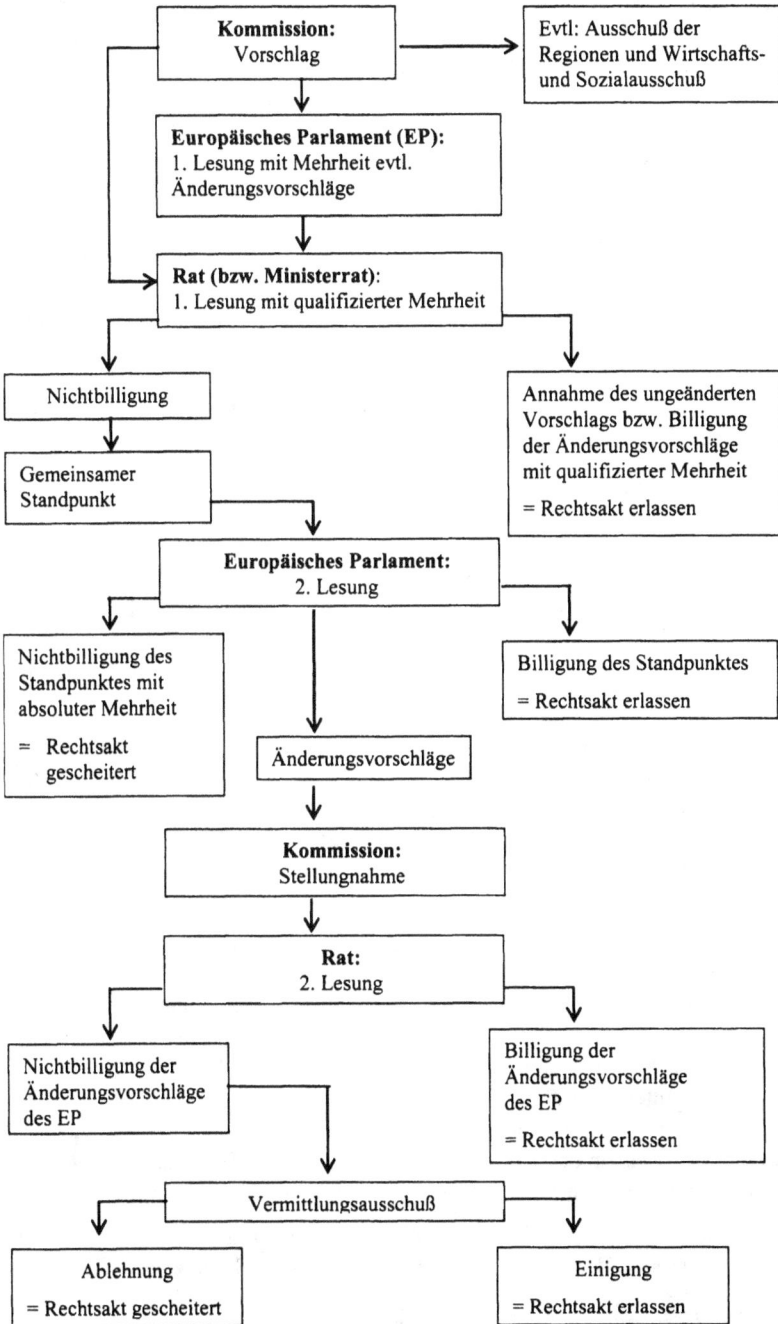

```
┌─────────────────────┐          ┌─────────────────────────┐
│ Kommission:         │ ───────► │ Evtl: Ausschuß der      │
│ Vorschlag           │          │ Regionen und Wirtschafts-│
└─────────────────────┘          │ und Sozialausschuß      │
         │                       └─────────────────────────┘
         ▼
┌─────────────────────────────┐
│ Europäisches Parlament (EP):│
│ 1. Lesung mit Mehrheit evtl.│
│ Änderungsvorschläge         │
└─────────────────────────────┘
         │
         ▼
┌─────────────────────────────────────┐
│ Rat (bzw. Ministerrat):             │
│ 1. Lesung mit qualifizierter Mehrheit│
└─────────────────────────────────────┘
```

Nichtbilligung

Gemeinsamer Standpunkt

Annahme des ungeänderten Vorschlags bzw. Billigung der Änderungsvorschläge mit qualifizierter Mehrheit

= Rechtsakt erlassen

Europäisches Parlament: 2. Lesung

Nichtbilligung des Standpunktes mit absoluter Mehrheit

= Rechtsakt gescheitert

Billigung des Standpunktes

= Rechtsakt erlassen

Änderungsvorschläge

Kommission: Stellungnahme

Rat: 2. Lesung

Nichtbilligung der Änderungsvorschläge des EP

Billigung der Änderungsvorschläge des EP

= Rechtsakt erlassen

Vermittlungsausschuß

Ablehnung

= Rechtsakt gescheitert

Einigung

= Rechtsakt erlassen

Auch bei dem Verfahren der Mitentscheidung besitzt die Kommmission das Initia-
tivmonopol. Sie übermittelt ihren Vorschlag gleichzeitig an den Rat und das Parlament.
Das Parlament richtet seine Änderungsvorschläge an die Kommission, die die Vorschläge übernehmen oder ihrerseits neu bestimmen kann und sie dann dem Rat zuleitet.
Im Fall der Übernahme der Änderungsvorschläge durch Kommission und Rat kann der
Rechtsakt durch den Rat mit qualifizierter Mehrheit verabschiedet werden. Andernfalls
hat der Rat einen Gemeinsamen Standpunkt zu begründen und dem Parlament zu übermitteln. Das Parlament kann innerhalb von drei Monaten den Standpunkt in zweiter
Lesung billigen, womit der Rechtsakt erlassen ist. Lehnt das Parlament ab und besteht
auf weiteren Änderungsanträgen, hat der Rat innerhalb von drei Monaten darüber zu
befinden. Im Falle der Billigung ist der Rechtsakt unter dem Vorbehalt der Zustimmung
durch die Kommission mit qualifizierter Mehrheit, andernfalls aber nur einstimmig zu
beschließen. Im Falle der Nichtbilligung durch den Rat kommt es zur Einschaltung eines Vermittlungsausschusses zwischen Rat und Europäischem Parlament, worin die
eigentliche Neuerung des Verfahrens der Mitentscheidung zu sehen ist (vgl. *Wessels*
1992; *Theurl* und *Meyer* 2001, S. 172 ff.). Der Ausschuß setzt sich je zur Hälfte aus
Ratsmitgliedern und Vertretern des Parlaments zusammen. Kommt im Ausschuß keine
Einigung zustande, kann das Parlament im Falle eines etwaigen Ratsbeschlusses den
Rechtsakt mit absoluter Mehrheit ablehnen.

Damit wird dem Parlament erstmals ein Vetorecht in der Rechtssetzung konzediert.
Einigt sich dagegen der Vermittlungsausschuß auf einen gemeinsamen Entwurf, kann
der Rat den Rechtsakt beschließen. Dazu bedarf es im Rat der qualifizierten Mehrheit,
vorausgesetzt die Kommission hat den Entwurf ebenfalls gebilligt. Lehnt die Kommission ab, so hat der Rat einstimmig zu beschließen.

Neben den verstärkten legislativen Mitentscheidungsrechten des Parlaments sind im
EGV und in den nachfolgenden Verträgen die Bedingungen und Möglichkeiten für qualifizierte Mehrheitsentscheidungen im Rat gestärkt worden, wodurch sich die Macht-
und Einflußverhältnisse sowohl im Rat als auch zwischen Rat, Kommission und Parlament verändert haben. Hier sollen nur einige Details und Probleme der derzeit geltenden
und durch den Vertrag von Nizza festgeschriebenen Regeln thematisiert werden.

In diesem 2001 unterzeichneten Vertrag sollte die EU institutionell auf die damals
anstehende Erweiterung auf 25 Mitgliedsstaaten vorbereitet werden. Da es sich bei den
zehn Beitrittsländern zumeist um kleinere Staaten handelte, befürchteten vor allem die
bevölkerungsmäßig großen Staaten eine Einbuße ihrer Entscheidungsmacht im Rat.
Deshalb stand die Neugewichtung der Stimmenanteile für qualifizierte Mehrheitsentscheidungen im Mittelpunkt. Die nach einem viertägigen Gefeilsche erzielten Kompromisse spiegeln geradezu klassisch das Spannungsverhältnis zwischen dem Konsens-
und dem Mehrheitsprinzip und damit zwischen National- und Gemeinschaftsinteressen
wider. Man einigte sich auf ein dreistufiges Abstimmungsverfahren im Rat.

Im ersten Schritt muß die Mehrheit der Mitgliedsstaaten, also 13 bei 25 bzw. 14 bei
27 Staaten zustimmen. Dann wird im zweiten Schritt nach Stimmengewichten abgestimmt. Die großen Länder wie Deutschland, Frankreich, Italien oder Großbritannien
verfügen über je 29 Stimmen, Spanien und Polen über je 27 bis hin zu Malta mit 3
Stimmen. Für die Annahme und Verabschiedung eines Vorschlages ist insgesamt eine

Mindeststimmenzahl von 232 der insgesamt 321 Stimmen in der EU-25, also 72,3 v.H. aller Stimmen erforderlich. Da Deutschland mit über 80 Mio. Einwohnern über 29 Stimmen wie auch Italien mit nur 57 Mio. Einwohnern und Polen mit weniger als der Hälfte der Bevölkerung Deutschlands immerhin über 27 Stimmen verfügen, einigte man sich auf ein drittes Kriterium, wonach die Mehrheit der Mitgliedsstaaten mindestens 62 v.H. der EU-Gesamtbevölkerung repräsentieren muß.

Der Vollständigkeit halber seien hier nur die im vorerst gescheiterten Verfassungs-entwurf vorgesehenen Regelungen angeführt. Danach sollte eine qualifizierte Mehrheit im Rat der einfachen Mehrheit der Mitgliedsstaaten und mindestens 60 v.H. der EU-Gesamtbevölkerung entsprechen. Dieser Vorschlag scheiterte am Widerstand Spaniens und Polens mit je eigenen 27 Stimmen. Die Regierungskonferenz in Brüssel im Juni 2004 einigte sich schließlich auf den neuen Kompromiß, daß für eine Mehrheit im Rat 55 v.H. der Mitgliedsstaaten, also in der EU-25 mindestens 15 Länder zuzustimmen haben, die wiederum 65 v.H. der EU-Bevölkerung repräsentieren müssen. Mit dieser doppelten Mehrheit aus Länder- und Bevölkerungsquorum, die im Jahre 2009 in Kraft treten soll, will man sowohl die Entscheidungsfähigkeit des Rates in einer erweiterten EU als auch die angemessene Berücksichtigung des Mehrheitswillens der EU-Bevölkerung sichern.

4.3. Eine knappe Analyse der qualifizierten Mehrheitsregel

Wie die mühsam ausgehandelten Kompromißregelungen zeigen, lassen sich die den Bürgern vertrauten nationalstaatlichen Regeln der demokratischen Entscheidungsfin-dung und der legitimen politischen Machtausübung nicht deckungsgleich auf die euro-päische Ebene des Staatenverbundes übertragen, weshalb die geltenden Regeln als in-transparent und die hier getroffenen einheitlichen Rechtsvorgaben als fremdbestimmte Entscheidungen empfunden werden. Die Gründe dafür lassen sich exemplarisch anhand einer formalen Analyse alternativer kollektiver Entscheidungsregeln mithilfe des Kon-zepts des Machtindexes (*Penrose*-Index) verdeutlichen (vgl. *Kirsch* 2004; zu empiri-schen Ergebnissen vgl. *Engel* und *Borrmann* 1991; *Leipold* 1993).

Danach bemißt sich die Macht eines Mitgliedes in einem Kollektiv wie dem Rat nach seiner Fähigkeit, das Ergebnis der Entscheidung durch eigenes Stimmenverhalten und -gewicht zu beeinflussen. Wichtig ist also, ob die Ja- oder Neinstimme zur Akzeptanz oder zur Ablehnung des Beschlusses führt, woraus sich statistisch ein Machtindex be-rechnen läßt. Verfügt ein Mitgliedsland über einen Machtindex von acht v.H., ein ande-res von vier v.H., dann kann das relativ mächtigere Land doppelt so oft das Abstim-mungsverhalten in seinem Interesse bestimmen.

Angewendet auf die derzeit geltenden Regeln des Vertrags von Nizza, läßt sich be-rechnen, daß für Deutschland weder das erste Kriterium der einfachen Mehrheit der Mitgliedsstaaten noch das dritte Kriterium von 62 v.H. der EU-Bevölkerung einen meß-baren Einfluß auf den Machtindex von Deutschland und der anderen großen Staaten hat. Deren Indizes liegen bei 8,5 v.H. und unterscheiden sich nur minimal von denen Spani-ens und Polens mit 8,1 v.H. Würden die Regeln des vorerst gescheiterten Verfassungs-vertrages zur Geltung kommen, so würde der Machtindex von Deutschland auf 13,3 v.H. steigen und der von Polen auf 6,8 v.H. sinken, während die kleinen Staaten wie

Litauen oder Malta an Macht gewinnen würden. Paradoxerweise führt der im Jahre 2004 in Brüssel ausgehandelte Kompromiß einer Mehrheit von 55 v.H der Mitgliedsstaaten, die zugleich 65 v.H der EU-Bevölkerung repräsentieren müssen, sowohl für Deutschland als auch für Polen zu einer Einbuße ihrer Abstimmungsmacht im Rat der EU. Die Regeln des Verfassungsvertrages genügen vergleichsweise zu den jetzt bzw. ab 2009 geltenden Regeln am ehesten dem Kriterium der demokratisch angemessenen Repräsentation der Entscheidungsmacht des Rates als dem dominanten Organ der Exekutive.

Die gleiche Schlußfolgerung gilt auch für die im Verfassungsvertrag vorgesehene Ausweitung der Mitentscheidungsrechte des Europäischen Parlaments. Zwar wurde ihm auch zukünftig kein Initiativrecht in der Gesetzgebung zugestanden. Seine Stellung sollte jedoch gestärkt werden. Exemplarisch angeführt seien die erstmalige Einbeziehung großer Teile der Innen- und Rechtspolitik in das Verfahren der Mitentscheidung, ferner die Mitentscheidung über die sogenannten obligatorischen Ausgaben, vor allem des Agrarhaushaltes, die bisher der parlamentarischen Mitwirkung entzogen sind, sowie mehr Rechte bei der Benennung und Bestätigung der Kommissionsmitglieder einschließlich des Kommissionspräsidenten. Erhält der von den Staats- und Regierungschefs vorgeschlagene Kandidat nicht die Unterstützung von mindestens der Hälfte der Abgeordneten, dann muß der Europäische Rat einen neuen Vorschlag unterbreiten. Auch die Verteilung der Mandatszahlen für einzelne Länder sollte vor allem zugunsten der kleinen Länder mit mindestens je sechs Abgeordneten verändert werden.

Die im Verfassungsvertrag intendierte Vereinfachung der Entscheidungsverfahren im Rat und die Stärkung der demokratischen Rechte des Parlaments sind jedoch zumindest in Frankreich und den Niederlanden von der Mehrheit der Bürger nicht akzeptiert worden. Offensichtlich haben die Reformvorschläge nicht dazu gereicht, die Undurchschaubarkeit der Entscheidungsprozeduren und das beklagte Demokratiedefizit spürbar zu beheben. Möglicherweise gesellt sich zu diesen beiden Mängeln der EU noch das in tieferen Schichten verwurzelte und empfundene Orientierungsdefizit des europäischen Einigungsprozesses. Von daher ist ein Nachdenken über die weiteren Ziele und Wege der EU angesagt. Im abschließenden Kapitel sollen dazu einige Überlegungen vorgestellt werden.

5.   Die aktuelle Reflexionsphase: Quo vadis Europa?

5.1.   Hat Europa ein Demokratiedefizit?

Auf die Frage nach der zukünftigen Gestaltung der EU und damit nach einem Ausweg aus der offensichtlichen Krise des europäischen Einigungsprozesses kann es keine einfachen und allseits konsensfähigen Antworten geben, zumal dieser Prozeß in der Vergangenheit vor vergleichbaren Krisen und dann immer wieder neuen Kompromissen und Auswegen stand. In diesem Beitrag wurden die Schwierigkeiten, aber auch die Erfolge der EU auf die einzigartige Verbindung der Prinzipien des Staatenbundes und des Bundesstaates als den beiden klassischen konstitutionellen Grundformen der Vergemeinschaftung ehemals souveräner staatlicher Körperschaften in Gestalt eines Staatenverbundes benannt und am Beispiel der Verbindung des Konsens- mit dem des Mehrheitsprinzips thematisiert. Diese Verbindung prägt von Anfang an sowohl die Entscheidungskompetenzen und -regeln der EU-Organe als auch deren Zusammenwirken. Im Rat der EU kommt sie im Nebeneinander des Konsensprinzips als klassische Entscheidungsregel eines Staatenbundes mit dem (wenn auch meist qualifizierten) Mehrheitsprinzip als klassische Entscheidungsregel innerhalb eines Bundesstaates zum Ausdruck. Im Europäischen Parlament spiegelt sich das Nebeneinander der beiden Prinzipien in der fehlenden legislativen Initiativkompetenz als Konzession an die nationalstaatlichen Souveränitätsrechte und dem demokratisch legitimierten Mitentscheidungsrecht an den von der Kommission vorgeschlagenen und vom Rat letztlich entschiedenen europäischen Gesetzen und Richtlinien wider, wobei die Kommission als einflußreiches Gemeinschaftsorgan allenfalls nur eine indirekte, jedenfalls schwache demokratische Legitimation besitzt (vgl. *Blankart* 2004).

Berücksichtigt man die einzigartige Verfaßtheit der EU als Staatenverbund, so relativiert sich der häufig geäußerte Vorwurf vom Demokratiedefizit. Diesen Vorwurf hat *Lepsius* (1991, S. 22) bereits vor mehr als einem Jahrzehnt mit der Metapher auf den Punkt gebracht, daß die Bürger der EU einerseits der „Souverän" der Nationalstaaten, andererseits aber der „Untertan" der EU geblieben seien. Der Einwand ist nur insoweit stimmig, als man die Entscheidungsprinzipien der EU-Institutionen an den Kriterien der demokratisch verfaßten Bundesstaaten mißt. Die EU verkörpert jedoch keinen Bundesstaat, sondern einen Verbund von souveränen Bundes- oder Nationalstaaten, wenngleich ihr im Laufe der Jahrzehnte mehr und mehr quasistaatliche Funktionen übertragen worden sind. Dennoch verbleiben die souveränen Mitgliedsstaaten die Herren der Verträge. Gemessen an den Kriterien historischer oder ideell ausgedachter Staatenverbindungen, erweist sich der Vorwurf des Demokratiedefizits als haltlos, weil die demokratische Legitimation der EU-Institutionen und deren Beschlußfassung und Kontrollrechte schon erstaunliche Ausmaße angenommen hat.

Im Rahmen eines Staatenverbundes kann diese Ausweitung des demokratischen Mehrheitsprinzips sogar unintendierte Folgen zeitigen, zumal wenn und insoweit die zukünftige Richtung und Ausgestaltung des Verbundes ungeklärt bleiben. Hier soll deshalb abschließend die These vertreten werden, daß die EU weniger ein Demokratiedefizit, sondern vor allem ein Orientierungs- bzw. Finalitätsdefizit aufweist, dessen eigentliche Wurzel im europäischen Identitätsdefizit zu vermuten ist. Die Folgen einer Ausweitung des Demokratieprinzips im Rahmen eines Staatenverbundes seien beispielhaft an den veränderten internen Einflußverhältnissen zwischen den EU-Institutionen verdeutlicht.

Das Europäische Parlament ist zwar in den Änderungsverträgen aufgewertet worden, die klassischen Befugnisse der demokratischen nationalen Parlamente blieben ihm jedoch versagt. Gemäß den Verfahren der Zusammenarbeit und der Mitentscheidung kann es an der Rechtssetzung dahingehend mitwirken, daß es Vorschläge verändern oder verhindern, nicht jedoch selbstverantwortlich beschließen kann. Ein wirkliches Mitentscheidungsrecht hat es lediglich bei Assoziierungs- und Beitrittsabkommen.

Das unbestrittene Entscheidungs- und Gesetzgebungszentrum der EG bleibt der Rat, der seine Entscheidungen im Stile der „klassischen Kabinettspolitik" hinter verschlossenen Türen trifft. Die Vollmacht der Vertreter ist zwar in nationalen demokratischen

Wahlen erworben. Die Gemeinschaftspolitik spielt dabei jedoch eher eine zweitrangige Rolle. Zudem bleibt dem Wähler unklar, wem Ratsbeschlüsse zurechenbar sind.

Die Kommission schließlich führt ein Zwitterdasein zwischen dem von den nationalen Regierungen zugewiesenen Auftrag als Hüterin der Verträge einerseits und bürokratischer Eigenmacht andererseits. Die Kommissare und der Präsident werden „im gegenseitigen Einvernehmen" von den Regierungen der Mitgliedsländer ernannt. Da die Arbeit der Kommission keiner wirksamen demokratischen Kontrolle unterliegt, entwickelt sie ein Eigenleben, das weitgehend vom nationalen und bürokratischen Proporzdenken beherrscht wird.

Paradoxerweise hat die schrittweise erfolgte Stärkung der Mitentscheidungsrechte des Europäischen Parlaments und damit der demokratischen Repräsentationsidee ungewollt die relative Machtposition der Kommission im Beziehungsgeflecht der EU-Institutionen gestärkt. Denn dadurch verfügt das Parlament über mehr Rechte, sowohl die Kommissionsvorschläge als auch die Entscheidungen des Rates zu modifizieren oder gar zu blockieren. Im Falle solcher Dissonanzen zwischen Rat und Parlament ist die Kommission die berufene Schlichtungsinstanz, zumal ihre Kompetenz nicht von der demokratischen Legitimation abhängt. Sie kann gemäß dem vertraglich vorgegebenen Auftrag entscheiden, welche Verordnungen und Richtlinien zur Entscheidung anstehen und welche Änderungsvorschläge des Parlaments sie akzeptiert, neu ausgestaltet oder gar zurückzieht.

Zusätzlich hat sich mit der Ausweitung des qualifizierten Mehrheitsprinzips der Ratsentscheidungen der Druck für die Kommission verringert, bei der Formulierung ihrer Initiativen die spätere einstimmige Akzeptanz im Rat zu berücksichtigen und durch wohlkalkulierte konsensfähige Kompromisse aufzubereiten. Dadurch haben sich die Möglichkeiten für eine vertragskonforme Gemeinschaftspolitik verbessert, die auch von der Kommission genutzt worden sind. Dazu gehört die bereits erwähnte zügige Beseitigung der Schranken des Binnenmarktes Ende der 1980er und dessen Vollendung im Jahre 1992. Erwähnt sei ferner die zügige Deregulierung monopolistischer Marktstrukturen in den Bereichen des Transportwesens, der Elektrizitäts-, Wasser- und Gasversorgung, der Versicherungswirtschaft sowie der Telekommunikation und der Post (*Kerber* 2003; *Nienhaus* 2003). Dadurch kam es zur Reduzierung wettbewerblicher Ausnahmebereiche in den Mitgliedsstaaten und zum Durchbruch der Freiheit auf dem Markt.

Der Deregulierung folgte seit Anfang der 1990er Jahre eine Welle der Regulierungen in fast allen Politikbereichen. Erwähnt seien hier nur die verstärkte Regulierung in der Sozialpolitik in Form von mehr als 40 sozialpolitischen Richtlinien, deren Kerngehalt in der Beschränkung der individuellen Vertragsfreiheit besteht. Verantwortlich dafür waren die mit der EEA und vor allem durch das Sozialpolitische Abkommen von Maastricht (1993) erweiterten sozialpolitischen Kompetenzen der EU, deren Umsetzung von der Kommission vorgeschlagen und vom Rat mit der qualifizierten Mehrheit entschieden werden kann. Auch diesen Kompetenzzuwachs hat die Kommission eigeninteressiert genutzt, wohlwissend, daß ihrer Deregulierungspolitik ein gleichlaufender Bedarf an sozialpolitischer und sonstiger Regulierung seitens der nationalen Regierungen entspricht (siehe *Müller* und *Sundmacher* i.d.Bd.). Denn der Ausbau des europäischen Binnenmarktes und die damit einhergehende zunehmende Faktormobilität mußte für die nationalen Regierungen den Wettbewerb der Standorte und damit der nationalen Regelwerke intensivieren. Deren Interesse war und ist darauf gerichtet, diesen Wettbewerb im Wege einheitlicher und wirtschafts- und sozialpolitischer Regeln gemäß den Standards der sozialpolitisch höchstentwickelten Länder zu beschränken (vgl. *Vaubel* 2003; *Leipold* und *Ludwig* 2004).

Sowohl aufgrund der von der Kommission forciert vorangetriebenen Politik der Deregulierung als auch der nachfolgenden Regulierung weiterer Bereiche erklärt sich das verbreitete Unbehagen der Bürger an der demokratisch nur unvollkommen legitimierten Fremdbestimmung seitens der EU-Institutionen. Denn diese Politik gefährdet angestammte Besitzstände von meist gut organisierten Interessen auf nationaler Ebene, zumal sie hier aufgrund der Intransparenz der Entscheidungsprozeduren und der mangelnden demokratischen Legitimität als Fremdbestimmung der Brüsseler Bürokratie empfunden werden. Gerade die Kommission wurde und wird mit ihrer Strategie der Vereinheitlichung als weitgehend verselbständigte Exekutivmacht, ja sogar als eine anonyme Agentur der Globalisierung eingeschätzt. In der Tat haben die EU und speziell die Kommission die europäische und damit auch die globale Liberalisierung der Märkte maßgeblich vorangetrieben (vgl. *Wentzel* i.d.Bd.). Davon haben die Bürger vor allem als Konsumenten profitiert. Die Liberalisierung erfreut sich jedoch wegen der damit einhergehenden Ängste gegenüber einer verstärkten Billiglohnkonkurrenz, dem Verlust an Arbeitsplätzen und nicht zuletzt dem Verlust an tradierten nationalen und regionalen Werten und Sitten nur einer geringen Wertschätzung. In dem verstärkten Wettbewerbs- und Anpassungsdruck durch die parallel abgelaufene europäische und globale Liberalisierung der Märkte wurzeln also die tieferliegenden Motive für die aktuelle Europaskepsis.

Hauptverantwortlich dafür waren und sind jedoch vor allem die Regierungen der Mitgliedsstaaten und nicht das erwähnte Demokratiedefizit der EU-Institutionen und hierbei insbesondere der Kommmission. Die Regierungschefs haben es sich bei den Gipfeltreffen des Europäischen Rats angewöhnt, ihre historisch bedeutsamen Entscheidungen über Europa ohne eine vorhergehende öffentliche Debatte zu treffen. Exemplarisch für dieses Defizit sei die im Dezember 1999 getroffene Entscheidung genannt, der Türkei den Kandidatenstatus zu verleihen und mit konkreten Beitrittsverhandlungen im Oktober 2005 zu beginnen. Diese wie auch andere Erweiterungsentscheidungen waren offensichtlich von der Überzeugung bestimmt, daß sich die Vertiefung und Erweiterung der EU problemlos vereinbaren ließen. Ähnlich elitär und deswegen defizitär verliefen die Entscheidungen über die Ausarbeitung und später dann die Ratifizierung des EU-Verfassungsvertrages.

Ein erstes Versäumnis bildete der mangelnde Konsens über die zukünftige Gestalt der europäischen Integration. Einigkeit bestand nur insoweit, als die EU-Institutionen an die anstehende erweiterte EU-25 bzw. EU-27 anzupassen seien. Darüber hinaus bewegten sich die national verschiedenen Grundsatzpositionen zwischen den Polen der Festschreibung der gewachsenen Besitzstände bis hin zum entschiedenen Ausbau des Demokratieprinzips in Richtung eines föderalen Bundesstaates. Diese Vision hat der damalige deutsche Außenminister *Fischer* in seiner Europarede an der Humboldt-Universität

Berlin im Jahre 2000 in aller Klarheit vorgestellt. Als anstrebenswertes Ziel der EU po-
stulierte er den Übergang vom Staatenverbund zur vollen Parlamentarisierung der EU in
Gestalt eines föderalen Bundesstaates, der sich auf einen neuen europäischen Verfassungsvertrag gründen sollte. Wenngleich diese Vision damals und heute europaweit
eine Außenseiterposition verkörperte, wollte der Verfassungskonvent allen Grundsatzpositionen gerecht werden. Damit war das Scheitern dieses anspruchsvollen Vorhabens
vorprogrammiert (vgl. *Winkler* 2005). Jedenfalls hat die Mehrheit der Bürger in den
zwei Ländern, denen das Abstimmungsrecht über den Verfassungsvertrag zugestanden
und zugetraut wurde, ihre Zustimmung verweigert.

5.2. Hat Europa ein Orientierungsdefizit?

So lange keine konsensfähigen Antworten bezüglich der zukünftigen Verfassung der
EU erkennbar sind und einer europaweiten öffentlichen Debatte anheimgestellt werden,
wird auch die europäische Integration stagnieren, wenn nicht gar zurückfallen. Europa
hat also weniger ein Demokratiedefizit, sondern ein Orientierungs- bzw. Finalitätsdefizit. Es braucht nicht illusorische oder elitäre Utopien, sondern realistische und konsensfähige Visionen und Ideen. Deshalb gilt es sich von der Idee eines europäischen föderalen Bundesstaates zumindest in absehbarer Zeit zu verabschieden. Bescheidenheit in
Gestalt eines funktional begrenzten und konstitutionell verläßlich abgesicherten Staatenverbundes ist angesagt. Denn der bisher erreichte Staatenverbund ist schon per se ein
historisch einmaliges und auch zukünftig anspruchsvolles Projekt. Die ihm und seinen
Institutionen übertragenen Souveränitäten sind für die Nationalstaaten und deren Bürger
nur insoweit akzeptabel, als sie verfassungsmäßig klar benannt und begrenzt werden.
Gerade bezüglich dieser elementaren Anforderung hat der EU-Verfassungsvertrag versagt. Aufgrund der mangelnden Klärung der Finalitätsfrage hat er weder ein klares und
konsensfähiges Konzept für das einem Staatenverbund angemessene Nebeneinander
zwischen dem Konsens- und dem Mehrheitsprinzip noch eine verläßliche Begrenzung
der einem Staatenverbund angemessenen Kompetenzen formuliert.

Die Ausweitung der Mitentscheidungsrechte des Europäischen Parlaments und der
qualifizierten Mehrheitsentscheidungen im Rat weist den Weg in Richtung eines föderalen Bundesstaates, wenngleich dem Parlament noch elementare legislative Rechte vorenthalten und im Rat auch das Konsensprinzip für wichtige Gemeinschaftsbeschlüsse
beibehalten wurden. Zugleich weist der Verfassungsvertrag auch Schritte zurück in die
Richtung eines funktional zu begrenzenden Staatenverbundes auf. Exemplarisch dafür
steht die Stärkung des Subsidiaritätsprinzips, indem die nationalstaatlichen Parlamente
einschließlich der Vertretungen der Länder und Regionen zusätzliche Kontrollrechte in
Gestalt von Stellungnahmen über die von der Kommission beanspruchten EU-
Zuständigkeiten erhalten sollen (Art. I-9 und Protokolle; vgl. *Leschke* und *Möstl* 2006).
Insbesondere wächst dem Ausschuß der Regionen zunehmend die Aufgabe zu, die Einhaltung des Subsidiaritätsprinzips zu überwachen (vgl. *Wentzel* 2006), etwa durch eine
unabhängige Klagebefugnis.

Dieser potentiellen, bisher allerdings unwirksamen Begrenzung der immanenten Po-
litikzentralisierung zugunsten der EU steht die gleichzeitige Festschreibung der oft zu-
fällig gewachsenen Kompetenzen und noch mehr deren Ausweitung entgegen. Es ist

kein Zufall, daß der „Acquis communautaire" in der deutschen Übersetzung des Vertragswerkes als gemeinsamer Besitzstand bezeichnet wird, was die gedankliche Assoziation mit Besitzstandswahrung nahelegt, die im Verfassungsvertrag ungeachtet der veränderten europäischen und globalen Bedingungen unhinterfragt festgeschrieben wurde. Darüber hinaus sieht der Vertragsentwurf eine erneute Ausweitung der EU-Kompetenzen vor. Exemplarisch genannt seien die neuen Kompetenzen in der Energiepolitik (Art. III-157), in der Kulturpolitik (Art.III-181), im Katastrophenschutz (Art. III-184), in der Raumfahrtpolitik (Art. III-144), der Tourismuspolitik (Art. III-116) und nicht zuletzt die in Teil II eingefügte Charta der Grundrechte, wodurch der europaweiten Vereinheitlichung der Grund- und damit auch der Sozialrechte in der Wirtschafts-, Sozial-, Bildungs- oder Kulturpolitik Tür und Tor geöffnet werden (vgl. *Voigt* 2005).

Berücksichtigt man neben den angeführten Inkonsistenzen, die im Orientierungsdefizit und dem komplizierten Nebeneinander der Regeln eines Staatenverbundes mit denen eines Bundesstaates wurzeln, noch den ungewöhnlichen Umfang des Verfassungsvertrages mit mehr als 300 Seiten und 68 635 Wörtern, sollte es nicht verwundern, daß er seine ursprüngliche Intention verfehlen mußte, die europäische Identität der Bürger zu stärken und die europäische Union den Bürgern durch mehr Demokratie und Transparenz näher zu bringen. Die angestrebte „immer engere Union der Völker Europas" verlangt mehr als einen Verfassungsvertrag. Sie bedarf eines europäischen Gemeinschaftsbewußtseins, das von der großen Mehrheit der Bürger geteilt und getragen wird. Ein solches Bewußtsein existiert, wenn auch nur in schwacher Ausprägung. Es speist sich aus den gemeinsam geteilten christlichen Werten und der davon geprägten gemeinsamen Rechtstradition. Am Anfang der europäischen Zivilisation stehen die produktiven Trennungen des Mittelalters zwischen kirchlicher und weltlicher Herrschaft, die später durch die Reformation und die Aufklärung zur Trennung zwischen Glauben und Vernunft, zwischen Religion und autonomen Wissenschaften und zur Teilung der politischen Gewalten führten (vgl. dazu *Szücs* 1994, S. 26; *Leipold* 2006, S. 121 ff.).

Ungeachtet dieser Gemeinsamkeiten zeichnet sich die europäische Zivilisation jedoch gerade durch ihre Vielfalt und den Wettbewerb der nationalen und regionalen Ordnungen aus. Europa war und ist deshalb bis heute weder eine Erfahrungs- noch eine Kommunikationsgemeinschaft. Die geschichtlichen Erfahrungen über die Gemeinschaft oder Gegnerschaft wurden und werden in Europa über die Institution der Nation vermittelt und verinnerlicht. Es gibt so gut wie keine gesamteuropäischen Erfahrungen. Europa war stets durch eine Vielzahl von Völkern und Nationen gekennzeichnet, die sich nur dann und das selten genug einig waren oder sind, wenn es gegen etwas, aber sich kaum einigen konnten, wenn es für etwas ging.

Europa war und ist auch keine wirkliche Kommunikationsgemeinschaft. Es kennt mehr als 20 Sprachen, ohne die Dialekte. Diese Vielsprachigkeit ist wahrscheinlich das wichtigste Hindernis für das Aufkommen einer europäischen Indentität. Die Kommunikationsschwierigkeiten behindern die Herausbildung einer öffentlichen Meinung und eines akzeptierten Systems von intermediären Vermittlungsinstanzen zwischen Gesamt- und Individualinteressen. Ohne öffentliche Meinung und intermediäre Vermittlungsinstanzen kann es jedoch auch keinen verträglichen Interessenausgleich und damit auch keine oder nur eine geringe Akzeptanz kollektiv getroffener Mehrheitsentscheidungen seitens der betroffenen Minderheiten geben (vgl. *Loth* 2005; *Wagner* 2005). Da es bei politischen Entscheidungen häufig Gewinner und Verlierer gibt, werden überstimmte Minderheiten die Mehrheitsentscheidungen im Rahmen der Gemeinschaftspolitik mit großer Wahrscheinlichkeit als illegitime und nichtakzeptable Fremdentscheidungen empfinden. Mit *Kielmansegg* (1992, S. 35) ist darin das zentrale Problem für die verstärkte Anwendung des demokratischen Mehrheitsprinzips innerhalb der EU zu sehen. Die breite Akzeptanz mehrheitlich getroffener Entscheidungen bedarf eines geteilten Vorrats an gemeinsamen kulturellen Werten. Dieser geschichtlich gewachsene Vorrat an europäischer Identität ist jedoch nur begrenzt vorhanden. Er bedarf jedenfalls der behutsamen Bewirtschaftung. Von daher ist zu befürchten, daß bei einer Erweiterung der EU um Länder mit anderen kulturellen Werten und Traditionen der knappe Vorrat endgültig aufgezehrt würde.

Die seit dem Maastrichter Vertrag eingeleitete und durch den EU-Verfassungsvertrag implizit geförderte Strategie, den europäischen Staatenverbund als Durchgangsstation hin zum europäischen Bundesstaat zu erachten, kann deshalb nur als Holzweg für die zukünftige Entwicklung Europas bewertet werden. Die Bürger wollen ein einiges, aber kein einheitliches Europa. In dem Unterfangen, die geringere nationalstaatliche Souveränität mittels eines europäischen Bundesstaates kompensieren oder gar aufheben zu wollen, kann im Zeitalter der Globalisierung und des intensivierten Wettbewerbs der kulturellen und staatlichen Ordnungen nur ein global überholtes Auslaufmodell gesehen werden (vgl. *Leipold* 2006). Die einzig tragfähige Reformstrategie der EU kann nur in der Sicherung eines konstitutionell und funktional verläßlich begrenzten Staatenverbundes liegen. Dazu wäre es erforderlich, zusätzliche Kompetenzen der EU zeitlich zu befristen und Teile der gewachsenen Kompetenzen in die Mitgliedsstaaten und deren Regionen zurückzuverlagern und dem institutionellen Wettbewerb zwischen den jeweiligen Jurisdiktionen zu überlassen, weil hier die öffentlichen Angelegenheiten bürgernah entschieden und von überstimmten Minderheiten am ehesten akzeptiert werden können (vgl. *Leipold* 2000, S. 66 ff.).

Natürlich verlangt dieser Wettbewerb für die betroffenen Regierungen und Bürger ebenfalls einen Verzicht auf Souveränität. Dessen Akzeptanz dürfte jedoch im Vergleich zur institutionellen und politischen Integration leichter fallen, weil der EU weniger Kompetenzen abzutreten wären und weil der Ausgleich von Interessen und die Angleichung von Regeln und Gewohnheiten in größerem Umfang den unmittelbar betroffenen Bürgern übertragen würden. Der EU blieben bei einer Intensivierung des politischen und institutionellen Wettbewerbs noch genügend Aufgaben, die einer einheitlichen europäischen Regelung bedürfen. Die Hauptaufgabe bliebe die des Wächters über die Regeln des gemeinsamen Marktes. Weitere Aufgaben, etwa im Bereich der gemeinsamen europäischen Außen- und Sicherheitspolitik, sind denkbar.

Europas Stärke und Einmaligkeit war und ist die Vielfalt. Die EU repräsentiert nur einen Teil der zu Europa gehörenden Länder und Völker. Die Erweiterung hin zur umfassenden Europäischen Gemeinschaft dürfte nur dann eine realistische Chance haben, wenn diese Vielfalt an nationalen politischen, kulturellen und wirtschaftlichen Besonderheiten akzeptiert wird und erhalten bleibt.

Literatur

Axelrod, Robert (1987), Die Evolution der Kooperation, München.

Berg, Hartmut (1990), Strategien wirtschaftlicher Integration: Zu Rationalität und Realisierungschance des Programms „EG-Binnenmarkt 92", in: *Erhard Kantzenbach* (Hg.), Probleme der Vollendung des Binnenmarktes in Europa nach 1992, Berlin, S. 9-31.

Bieber, Roland (1991), Verfassungsentwicklung und Verfassungsgebung in der Europäischen Gemeinschaft, in: *Rudolf Wildenmann* (Hg.), Staatswerdung Europas? Optionen für eine Europäische Union, Baden-Baden, S. 393-414.

Blankart, Charles B. (2004), Die EU-Verfassung – weder Fisch noch Vogel, in: Neue Zürcher Zeitung, Nr.158 vom 10.7.2004, S. 19.

Buchanan, James M. und *Gordon Tullock* (1962), The Calculus of Consent: Logical Foundations of Constitutional Democracy, Ann Arbor.

Delors, Jacques (1987), Die Einheitliche Akte muß ein Erfolg werden: Eine neue Perspektive für Europa, in: Bulletin der Europäischen Gemeinschaften, Beilage 1, Luxemburg, S. 5-28.

Dietz, Wolfgang A. und *Christiane Glatthaar* (1991), Das Räderwerk der EG-Kommission: Strukturen, Zuständigkeiten, Entscheidungswege, Adressen, Bonn.

Engel, Christian und *Christine Borrmann* (1991), Vom Konsens zur Mehrheitsentscheidung: EG-Entscheidungsverfahren und nationale Interessenpolitik nach der Einheitlichen Europäischen Akte, Bonn.

Everling, Ulrich (1977), Vom Zweckverband zur Struktur der Europäischen Union: Überlegungen zur Struktur der Europäischen Gemeinschaft, in: *Rolf Städter* und *Werner Thieme* (Hg.), Hamburg-Deutschland-Europa, Festschrift für *Hans P. Ipsen*, Tübingen, S. 595-615.

Frey, Bruno S. (1984), International Political Economics, Oxford.

Josling, Tim und *Heinz W. Meyer* (1991), The Common Agricultural Policy of the European Community: A Public Choice Interpretation, in: *Roland Vaubel* und *Thomas D. Willett* (Hg.), The Political Economy of International Organizations: A Public Choice Approach, Boulder u. a., S. 286-305.

Keohane, Robert O. (1986), Reciprocity in International Relations, in: International Organization, Vol. 40, pp. 1-27.

Kerber, Wolfgang (2003), Wettbewerbspolitik, in: Vahlens Kompendium der Wirtschaftstheorie und Wirtschaftspolitik, Bd. 2, 8. überarb. Aufl., München, S. 297-361.

Kielmansegg, Peter Graf (1992), Ein Maß für die Größe des Staates, in: Frankfurter Allgemeine Zeitung, 2.12.1992, S. 35

Kirsch, Werner (2004), Europa, nachgerechnet, in. Die Zeit, Nr.25 vom 9.6.2004, S.13.

Kösters, Wim (1998), Europäische Integration. Wirtschaftspolitischer Autonomieverlust durch Supranationalisierung politischer Entscheidungen, in: *Dieter Cassel* (Hg.), 50 Jahre Soziale Marktwirtschaft, Stuttgart, S. 422-455.

Leipold, Helmut (1989), Das Ordnungsproblem in der ökonomischen Institutionentheorie, in: ORDO, Bd. 40, S. 129-146.

Leipold, Helmut (1993), Die EG im Spannungsverhältnis zwischen Konsens und Effizienz, in: *Helmut Gröner* und *Alfred Schüller* (Hg.), Die europäische Integration als ordnungspolitische Aufgabe, Stuttgart, S. 41-71.

Leipold, Helmut (2000), Die Osterweiterung als Prüfstein für die Reformfähigkeit der EU, in: *Hans G. Nutzinger* (Hg.), Osterweiterung und Transformationskrisen, Berlin, S. 51-83.

Leipold, Helmut (2006), Kulturvergleichende Institutionenökonomik, Stuttgart 2006.

Leipold, Helmut und *Sandra Ludwig* (2004), Soziale Marktwirtschaft und europäische Wirtschaftsordnung, in: *Uwe Andersen u. a.* (Hg.), Soziale Marktwirtschaft: Stagnation, Umbau oder Neubeginn?, Politische Bildung, Jg. 37, H. 1, S. 43-59.

Lepsius, Rainer M. (1991), Nationalstaat oder Nationalitätenstaat als Modelle für die Weiterentwicklung der Europäischen Gemeinschaft, in: *Rudolf Wildenmann* (Hg.), Staatswerdung Europas? Optionen für eine Europäische Union, Baden-Baden, S. 19-40.

Leschke, Martin und *Markus Möstl* (2006), Die Grundsätze der Subsidiarität und Verhältnismäßigkeit: Wirksame Kompetenzschranken der europäischen Union?, in: *Wolfgang Kerber* und *Klaus Heine* (Hg.), Zentralität und Dezentralität von Regulierung in Europa, Stuttgart (i.V.).

Loth, Wilfried (Hg.) (2005), Europäische Gesellschaft: Grundlagen und Perspektiven, Wiesbaden.

Manow, Philip (2005), National Vote Intention and European Voting Behavior 1979-2004, Max-Planck-Institut für Gesellschaftsforschung, Köln, Discussion Paper, November .

Nienhaus, Volker (2003), Europäische Integration, in: Vahlens Kompendium der Wirtschaftstheorie und Wirtschaftspolitik, Bd. 2, 8. überarb. Aufl., München, S. 545-632.

Philip, Allan Butt (1983), Pressure Groups and Policy-Making in the European Community, in: *Juliet Lodge* (Hg.), Institutions and Policies of the European Community, London, S. 21-26.

Roppel, Ulrich (1979), Ökonomische Theorie der Bürokratie, Freiburg i.Br.

Schäfer, Wolf (2003), Institutionenreform in der EU im Spannungsfeld von Integrationsvertiefung und -erweiterung, in: *Dieter Cassel* und *Paul J. J. Welfens* (Hg.), Regionale Integration und Osterweiterung der Europäischen Union, Stuttgart, S. 503-517.

Scharpf, Fritz W. (1985), Die Politikverflechtungs-Falle: Europäische Integration und deutscher Föderalismus im Vergleich, in: Politische Vierteljahresschrift, 26. Jg., H. 4, S. 323-356.

Schwaiger, Konrad und *Emil J. Kirchner* (1981), Die Rolle der europäischen Interessenverbände, Baden-Baden.

Szücs, Jenö (1994), Die drei historischen Regionen Europas. Mit einem Vorwort von Ferdinand Braudel, Frankfurt a. M.

Theurl, Theresia und *Eric Meyer* (2001), Institutionelle Grundlagen der Europäischen Union, in: *Renate Ohr* und *Theresia Theurl* (Hg.), Kompendium Europäischer Wirtschaftspolitik, München, S. 41-203.

Vaubel, Roland (1986), A Public-Choice Approach to International Organizations, in: Public Choice, Vol. 51, pp. 39-58.

Vaubel, Roland (1992), Die politische Ökonomie der wirtschaftspolitischen Zentralisierung in der Europäischen Gemeinschaft, in: Jahrbuch für Neue Politische Ökonomie, 11. Bd., S. 30-65.

Vaubel, Roland (2003), Europa droht eine Regulierungsspirale, in: Frankfurter Allgemeine Zeitung, 10.7.2003, S. 12.

Voigt, Stefan (2005), Ein neuer Anlauf für die Europäische Union, in: Frankfurter Allgemeine Zeitung, 29. 10. 2005, S. 15.

Wagner, Peter (2005), Hat Europa eine kulturelle Identität?, in: *Hans Joas* und *Klaus Wiegandt* (Hg.), Die kulturellen Werte Europas, Frankfurt a. M., S. 494-511.

Wentzel, Dirk (2006), Der Ausschuß der Regionen: Institutioneller Aufbau und Subsidiaritätsauftrag, in: *Wolfgang Kerber* und *Klaus Heine* (Hg.), Zentralität und Dezentralität von Regulierung in Europa, Stuttgart (i.V.).

Wessels, Wolfgang (1992), Maastricht: Ergebnisse, Bewertungen und Langzeittrends, in: Integration, 15. Jg., H. 2, S. 2-16.

Winkler, Heinrich August (2005), Europas Bonapartismus, in: Frankfurter Allgemeine Sonntagszeitung, 17.4.2004, S. 15.

Dirk Wentzel (Hg.), Europäische Integration – Ordnungspolitische Chancen und Defizite
Schriften zu Ordnungsfragen der Wirtschaft · Band 82 · Stuttgart · 2006

Die Europäische Verfassung:
Gründungsmythos oder Vertragskonsolidierung?

Ansgar Kortenjann und *Thomas Apolte*

Inhalt

"Viele sind hartnäckig in bezug auf den einmal eingeschlagenen Weg, wenige in bezug auf das Ziel."
(*Friedrich Nietzsche*)

1. Einleitung

Ein Gespenst geht seit einiger Zeit wieder um in Europa! Dieses Mal jedoch nicht als
Idealvorstellung einer klassenlosen Gesellschaft, sondern in Form eines knapp 500 Seiten umfassenden Dokumentes: die Europäische Verfassung. Ob es sich bei den 448 Artikeln samt Präambel, 36 Protokollen, zwei Anhängen und einer Schlußakte mit 50 Erklärungen um einen guten oder bösen Geist handelt, sei an dieser Stelle zunächst einmal
dahingestellt. Genau genommen handelt es sich eigentlich um keine Verfassung im ursprünglichen Sinn, sondern um einen Verfassungsvertrag.[1] Gleichwohl schwingt beim
bloßen Begriff Verfassung Pathos mit, und dieses durch das Scheitern von Nizza aus
der Not geborene Projekt weckt Hoffnungen und Ängste zugleich. Die Suche nach einer
neuen Grundordnung für die Europäische Union wird im Zeichen eines solch traditions-
reichen Begriffs von einigen gar als Staatswerdung Europas begriffen. Doch ist dieser
*Verfassungs*vertrag nach mehreren Anläufen, dem europäischen Integrationsprozeß einen konstitutionellen Rahmen zu geben, tatsächlich die Basis für die Gründung der Vereinigten Staaten von Europa und der große Schritt hin zu einer europäischen Identität?
Bildet er gar die Grundlage für die Auflösung der europäischen Nationalstaaten und das
Entstehen einer europäischen Super-Bürokratie? Oder aber stellt der Verfassungs*vertrag*
lediglich eine Fortführung und Weiterentwicklung des Bestehenden im neuen Gewand
dar? Fast symptomatisch für diese – zugegebenermaßen übertriebenen – Erwartungen
und Befürchtungen europhiler Befürworter und europhober Gegner ist der derzeitige
Stand des Verfassungsprojektes: Zwar ist es zunächst gelungen –, wenn auch mit einigen Schwierigkeiten – einen Verfassungsvertrag auszuarbeiten, welcher durch den Europäischen Rat am 18. Juni 2004 in Brüssel verabschiedet und am 29. Oktober 2004 in
Rom unterzeichnet wurde. Zunächst mit großem Enthusiasmus gestartet, erweist sich
der Ratifikationsprozeß in den Mitgliedsländern jedoch weitaus schwieriger als erwartet. So haben das *„non"* der Franzosen, das *„nee"* der Niederländer und das *„not yet"*
der Engländer zu einer selbst verordneten „Denkpause" geführt, derzufolge der ursprünglich für den 1. November 2006 geplante Abschluß der Ratifikationsphase auf
zunächst noch unbestimmte Zeit verschoben wurde.

Aufgrund dieses ergebnisoffenen Zustandes scheint eine umfassende Analyse des
Verfassungsprozesses in der EU zu diesem Zeitpunkt kaum möglich. Dennoch kann
eine erste Bewertung erfolgen. Dabei soll es explizit nicht darum gehen, den Europäischen Verfassungsvertrag mit Traditionskonzepten aus dem Theoriefundus modernen
Staatsdenkens dahingehend zu untersuchen, ob er rechtstheoretisch zweifelhaft oder gar
verfassungsrechtlich unzulässig ist. Dieser Bereich soll den Rechtswissenschaften überlassen bleiben. Hier geht es vielmehr darum, mit Hilfe polit-ökonomischer Erkenntnisse
einen kritischen Beitrag zum momentan diskutierten europäischen Verfassungsprozeß

---

[1] Solange nicht explizit darauf hingewiesen wird, werden im Verlauf dieses Beitrags Verfassungsvertrag und Verfassung synonym verwendet.

zu leisten. Vor dem Hintergrund der Ausgangsfrage nach Gründungsmythos oder Vertragskonsolidierung soll geklärt werden, ob die EU vor einem Wendepunkt, einem „constitutional moment" (*Buchanan* and *Lee* 1994, S. 219) steht, oder ob der Verfassungsvertrag nur ein weiterer Versuch ist, das Vakuum zwischen intergouvernementaler und supranationaler Veranstaltung mit einem neuen völkerrechtlichen Vertrag zu füllen. Mit dieser Problemstellung wird sich der folgende Beitrag auseinandersetzen und dabei wie folgt vorgehen: Zunächst widmet sich der zweite Abschnitt dem konstitutionellen Status quo der EU samt den sich daraus ergebenden Problemen. Vor diesem Hintergrund kann nachfolgend im dritten Abschnitt eine Auseinandersetzung mit der Frage stattfinden, ob die EU überhaupt einer Verfassung bedarf. Dabei werden auch die nach liberal-individualistischen Prinzipien wünschbaren Funktionen einer Verfassung im allgemeinen Erwähnung finden. Auf Basis dessen analysiert schließlich der vierte Abschnitt den vorliegenden Verfassungsvertrag in seinen wesentlichen Grundelementen, um sodann im fünften und letzten Abschnitt einen Ausblick zu wagen.

2.   Verfaßt ohne Verfassung? Der konstitutionelle Status quo der EU

Die Idee der europäischen Integration war ursprünglich keineswegs mit einem Verfassungsgedanken verbunden. Das europäische Gemeinschaftsprojekt wurde unter den Auswirkungen des Zweiten Weltkrieges und dem sich abzeichnenden Ost-West-Konflikt von zunächst sechs Staaten mit dem vornehmlichen Ziel des Aufbaus einer (west-)europäischen Friedensordnung durch politische, militärische und – vor allem – wirtschaftliche Kooperation ins Leben gerufen. Diese europäische Integration hat sich allerdings im Laufe der Zeit zu einem erfolgreichen Modell für Sicherheit und wirtschaftliche Prosperität entwickelt, so daß mehrfache Erweiterungsrunden die Gemeinschaft mittlerweile zu einer Union von 25 Mitgliedstaaten mit einer Gesamtbevölkerung von rund 450 Mio. Menschen haben anwachsen lassen.

Der europäische Integrationsprozeß hat jedoch nicht nur eine quantitative Dimension, sondern auch eine qualitative. Die zunächst vorwiegend intergouvernemental konzipierte Wirtschaftsgemeinschaft hat sich seit den 1950er Jahren funktionell und institutionell weiterentwickelt – jedoch ohne einen von vornherein vereinbarten Plan, in dem die Themen, Strukturen, Ziele und vor allem die Finalität der europäischen Integration festgelegt sind (vgl. *Brasche* 2003, S. 11). So hat sich die Gemeinschaft von einer mehr oder weniger funktionellen Bindung an das Binnenmarktziel sukzessive gelöst und weitergehende Kompetenzen in der Rechtsetzung, Umverteilung und Bereitstellung (öffentlicher) Güter übernommen (vgl. *Witte* 1995, S. 96). Wenngleich dieses pragmatische Vorgehen dem Integrationsprozeß Dynamik verliehen hat, gehen damit zugleich institutionelle Ordnungs- und Bestimmungsprobleme einher. Die EU ist nicht nur eine Wirtschaftsgemeinschaft, sondern auch eine politische Gemeinschaft. Doch obwohl die EU mit eigenen weisungs- und handlungsbefugten Organen institutionell ausgestattet ist, wird sie dennoch nicht in letzter Konsequenz als eine höhere (Staats-)Ebene von den Mitgliedstaaten wahrgenommen und akzeptiert. Es ist folglich äußerst schwierig, der EU auf einer Skala unterschiedlicher politischer Integrationsstufen eine eindeutige Lage zuzuordnen. Beim Abschluß der *Römischen Verträge* 1957 war die damals begründete EWG zunächst im wesentlichen unter der Leitvorstellung eines „immer engeren Zu-

sammenschlusses der Völker Europas" (Präambel des EWG-Vertrages) als eine internationale Organisation konzipiert, welche in erster Linie die Mitgliedstaaten binden sollte
(Staatenbund). Wenngleich bis zum heutigen Zeitpunkt diese institutionellen Grundlagen bis hin zum *Vertrag von Nizza* aus dem Jahr 2000 weiterentwickelt wurden und
somit die EU nach internationalem Recht immer noch als „bloße" internationale Organisation gelten könnte, geht die heutige EU in ihren (Rechtsetzungs-)Kompetenzen doch
weit über diese Stufe politischer Integration hinaus. Das europäische Recht bindet nämlich nicht nur die Regierungen der Mitgliedstaaten, sondern in einigen Fällen auch direkt die Bürger innerhalb der EU. Im Gegensatz zu einer klassischen internationalen
Organisation des Völkerrechtes, wie beispielsweise der UN, nimmt das Europarecht
damit eine Vorrangstellung vor dem nationalen Recht ein. Daran anknüpfend läßt sich
der EU einerseits auf der Skala unterschiedlicher Integrationsstufen die Position eines
föderal organisierten Bundesstaates zuweisen, andererseits nach wie vor jene eines Staatenbundes. Die EU ist so gesehen weit mehr als ein Staatenbund, doch trotzdem (noch)
kein Bundesstaat. Deshalb wird sie häufig als ein, nicht unter bekannte (Staats-
)Vorstellungen subsummierbares, quasi-föderales Gebilde *sui generis* definiert. In einem solchen Gebilde sui generis vermischen sich intergouvernementale und supranationale Elemente, was sich sowohl an den europäischen Institutionen zeigt[2] als auch an den
spezifischen Entscheidungsverfahren.

Dieser Zustand ist jedoch nicht als ein rein juristisches Definitionsproblem zu sehen,
denn diesem europäischen System sui generis haftet ein immanentes Spannungsverhältnis an, welches sich in einem Problemkomplex von Handlungseffizienz, Konsens und
demokratischer Legitimation manifestiert:

– *Handlungsfähigkeit*: Wie bleibt eine wachsende Europäische Union zukünftig re-
  gierbar und damit nach außen und innen entscheidungs- und handlungsfähig?

– Konsens: Wie lassen sich Entscheidungen einerseits effizient bewerkstelligen und
  andererseits – bei einer möglicherweise unabdingbaren Hinwendung zur allgemeinen Mehrheitsregel – möglichst nahe an den Präferenzen der Bürger in der EU aus-
  richten?

– Legitimation: Wie können politische Entscheidungen auf EU-Ebene besser demokratisch legitimiert und wie kann den Bürgern innerhalb der Union das europäische
  Modell mitsamt den geschaffenen Institutionen besser und transparenter vermittelt
  werden?

Der bisherige Ansatz, dieses Spannungsverhältnis zu lösen, bestand in der Fortschreibung, Änderung, Ergänzung und Weiterentwicklung der bis dahin *bestehenden
europäischen Verträge*[3]. Mit der Einheitlichen Europäischen Akte (1986), dem Vertrag
von Maastricht (1992) und dem Vertrag von Amsterdam (1997) wurde nicht nur die

---

[2] Kommission, EuGH und Europäisches Parlament entsprechen vornehmlich dem supranatio-
     nalen Prinzip, während der (Minister-)Rat der EU eher dem intergouvernementalen Prinzip
     genügt.

[3] *Vertrag über die Europäische Gemeinschaft für Kohle und Stahl* (EGKS) von 1951, *Vertrag
     über die Europäische Atomgemeinschaft* (EAG) von 1957 und *Vertrag über die Europäische
     Wirtschaftsgemeinschaft* (EWG) von 1957.

wirtschaftliche, sondern auch die politische Integration Europas intensiviert. Bis zum heutigen Tage besteht die EU damit aus einer Reihe zwischenstaatlicher Verträge, welche die europäischen Völker, vertreten durch ihre Regierungen, geschlossen haben (vgl. *Blankart* und *Mueller* 2003, S. 9). Diese Verträge können – bezogen auf die Europäische Union – durchaus als ein Normenkomplex identifiziert werden, „der die Einrichtung und Ausübung der Staatsgewalt sowie die Beziehungen zwischen Staat und Gesellschaft grundlegend regelt" (*Grimm* 1991, S. 11). Das Vertragswerk enthält damit teilweise wesentliche Funktionen und Elemente einer Verfassung.[4] So sind darin beispielsweise ebenso das Verhältnis zwischen Bürger und europäischer Ebene geregelt wie kollektive Entscheidungsfindungsmechanismen oder Regeln für die Bereitstellung öffentlicher Güter. Zudem binden die geltenden europäischen Verträge, wie bereits erwähnt, nicht nur die Mitgliedsstaaten, sondern berechtigen beziehungsweise verpflichten auch unmittelbar die Unionsbürger. Damit liegt es nahe, Europas konstitutionellen Zustand als „verfasst ohne Verfassung" (*Brunkhorst* 2004) zu beschreiben. Europa hat – spätestens beginnend mit den Römischen Verträgen von 1957 – eine Art Verfassung. Deren Entwicklungsrichtung und -dynamik ist dabei durch Integrationsbekundungen wie jene von „einer immer engeren Union der Völker Europas", deren Entscheidungen „möglichst offen und möglichst bürgernah getroffen werden" (Art. 1, EUV), geprägt (vgl. *Voigt* 2005, S. 1999).

Andererseits wird aber – häufig mit Hinweis auf eine fehlende europäische Öffentlichkeit und Identität – vielfach davon abgesehen, die geltenden Europäischen Verträge mit einer Europäischen Verfassung gleichzusetzen (vgl. u. a. *Abromeit* 1998; *di Fabio* 2001; *Grimm* 2003). Das Bundesverfassungsgericht hat in seiner Entscheidung zum Vertrag von Maastricht ebenfalls diese Position bezogen (vgl. BVerfGE 89, 155, 1993). Eine solche Diskussion jedoch, ob die EU rechtstheoretisch überhaupt verfassungsmöglich bzw. -fähig ist, wird an dieser Stelle nicht weitergeführt. Festzuhalten ist für den vorliegenden Zusammenhang vielmehr, daß die EU trotz ihres institutionellen Schwebezustandes zwischen Intergouvernementalismus und Supranationalismus kein Staat ist – zumindest dann nicht, wenn man die drei Elemente *Staatsvolk, Staatsgebiet, Staatsgewalt* der klassischen Staatsrechtslehre *Jellineks* zu Grunde legt (vgl. *Jellinek* 1959). Wenngleich die Mitgliedstaaten auf Souveränität verzichtet und der EU teilweise weitreichende Zuständigkeiten übertragen haben, fehlt der EU im Hinblick auf ihre Mitglieder die für Staaten typische Allzuständigkeit.

3. Ideelle Symbolik oder institutionelle Notwendigkeit: Braucht die EU eine Verfassung?

Gewöhnlich geben sich frisch gegründete Staaten eine Verfassung. Vor diesem Hintergrund ist der Begriff Verfassung für den vorliegenden Zusammenhang zunächst einmal verwirrend, suggeriert er doch, die EU stehe kurz vor der Staatswerdung. Die EU ist jedoch kein Staat im klassischen Sinne, und an diesem Zustand kann und will der Verfassungsvertrag auch gar nichts ändern. Somit stellt sich die Frage, ob die EU über-

---

[4] Eine gute und kompakte Darstellung der verschiedenen Verfassungsfunktionen im juristischen Sinne bieten *Grimm* (1991, S. 11 ff.) sowie *Walter* (2000, S. 5).

haupt einer Verfassung bedarf oder ob es sich bei dem ganzen Unterfangen vielmehr um bloße Symbolik handelt. Um diese Frage zu beantworten, ist es sinnvoll, sich zunächst damit auseinander zu setzen, wie es zu der Entscheidung über eine Europäische Verfassung kam, um sodann zu analysieren, was eine Verfassung in dem hier ausgebreiteten, spezifischen europäischen Kontext überhaupt zu leisten vermag.

Der Ursprung der *aktuellen* Verfassungsdebatte ist – wenngleich die Idee einer europäischen Verfassung durchaus auf eine noch längere Tradition zurückblicken kann – letztlich darin zu sehen, daß die oben skizzierte Reformmethode der Änderung, Ergänzung und Fortschreibung der bestehenden Verträge an ihre Grenzen gestoßen ist. Auf der Regierungskonferenz von Nizza (2000) kam diese Tatsache besonders deutlich zum Vorschein. Dort sollte nämlich, vor allem im Hinblick auf die zu diesem Zeitpunkt bereits beschlossene Osterweiterung, abermals ein großer Schritt unternommen werden,[5] die EU zu reformieren und Europa für die Zeit nach der Aufnahme der neuen Mitglieder handlungs- und entscheidungsfähig zu machen. Doch schon während dieser Konferenz zeichnete sich ab, daß über den unmittelbaren Reformbedarf hinausgehende und für die Weiterentwicklung der Union notwendige Schritte unterbleiben würden. Ganz in diesem Sinne kann der Vertrag von Nizza allenfalls als eine vorübergehende Kompromißlösung bezeichnet werden. Als politisch-organisatorischer Rahmen für eine EU der 25 oder noch mehr Mitglieder ist diese letzte Vertragsrevision damit nur bedingt geeignet. Vor diesem Hintergrund wurde „als glückliche[r] Zufall oder als Unfall einer Konferenz der europäischen Regierungschefs" (*Müller* 2004, S. 75) in Laeken 2001 eine Erklärung zur Zukunft der Europäischen Union verabschiedet, in welcher formell nicht nur der Weg für eine komplette Hinterfragung der Organe, Verfahren und Kompetenzen der EU geebnet wurde, sondern zudem explizit eine europäische Verfassung erwähnt wurde:

> „Fünfzig Jahre nach ihrer Gründung befindet sich die Union allerdings an einem Scheideweg, einem entscheidenden Moment ihrer Geschichte. [...] In der Union müssen die europäischen Organe dem Bürger näher gebracht werden. Die Bürger stehen zweifellos hinter den großen Zielen der Union, sie sehen jedoch nicht immer einen Zusammenhang zwischen diesen Zielen und dem täglichen Erscheinungsbild der Union. Sie verlangen von den europäischen Organen weniger Trägheit und Starrheit und fordern vor allem mehr Effizienz und Transparenz. [...] Die Bürger finden, daß alles viel zu sehr über ihren Kopf hinweg geregelt wird, und wünschen eine bessere demokratische Kontrolle. [...] Die Union muss demokratischer, transparenter und effizienter werden. Und sie muss eine Antwort auf drei grundlegende Herausforderungen finden: Wie können dem Bürger [...] das europäische Projekt und die europäischen Organe näher gebracht werden? Wie sind das politische Leben und der europäische politische Raum in einer erweiterten Union zu strukturieren? Wie kann die Union zu einem Stabilitätsfaktor und zu einem Vorbild in der neuen multipolaren Welt werden? [...] Für die Europäische Union gelten zurzeit vier Verträge. Die Ziele, Zuständigkeiten und Politikinstrumente der Union sind in diesen Verträgen verstreut. Im Interesse einer größeren Transparenz ist eine Vereinfachung unerlässlich. [...] Schließlich stellt sich die Frage, ob diese Vereinfachung und Neuordnung

---

[5]   Auch die Einheitliche Europäische Akte (1986), der Vertrag von Maastricht (1992) sowie der Vertrag von Amsterdam (1997) standen unter dem ehrgeizigen Vorzeichen, die EG/EU aus einem sich abzeichnenden institutionellen Reformstau befreien zu können.

im Laufe der Zeit nicht dazu führen könnte, daß in der Union ein Verfassungstext angenommen wird. [...]"[6]

Damit sind im wesentlichen die im vorangegangenen Abschnitt erwähnten Problembereiche der EU genannt, deren Lösung sich gemäß dieses *Auftrags von Laeken* ein nach bestimmten Kriterien zusammengesetzter Konvent annehmen soll. Es galt, die EU für die Zeit nach der Erweiterung handlungs- und entscheidungsfähig zu machen und dafür zu sorgen, daß die Union nicht in allzu viele Lebensbereiche der Bürger eingreift. Handlungseffizienz, Transparenz und Demokratie sollten verbessert werden sowie – dieser Aspekt wurde in dem vorherigen Auszug nicht erwähnt – das Kompetenzverhältnis und der Zuständigkeitsbereich zwischen EU und Mitgliedstaaten neu geregelt und vereinfacht werden. Mit dieser Zielvereinbarung wurde auf diese Weise das jüngste und – zumindest von der symbolischen Bedeutung her – bislang ambitionierteste Projekt zur Reform der europäischen Institutionen und Verfahren geboren: die Ausarbeitung eines Europäischen Verfassungstextes.

Durch die Erklärung von Laeken wurde jedoch nicht der Auftrag zur Zerschlagung der heutigen EU zugunsten eines völligen Neubeginns erteilt, sondern die Reformierung der bestehenden konstitutionellen Grundbasis angestrebt (vgl. *Müller* 2004, S. 74). Vor diesem Hintergrund kann auch die zu Beginn dieses Abschnittes erwähnte Furcht vor der Staatswerdung Europas zurückgewiesen werden. Es stellt sich vielmehr die Frage, was mit einer Europäischen Verfassung denn überhaupt zusätzlich zum Status quo gewonnen werden kann? Das kann beantwortet werden, indem man zunächst die Definition des Begriffes Verfassung vom Nationalstaat klassischer Prägung zu trennen versucht und nicht eine Liste von Kriterien, die der allgemeinen Meinung nach in einer Verfassung stehen sollten, systematisch abhakt (vgl. *Jachtenfuchs* 2002, S. 46). Vielmehr ist der Begriff Verfassung allgemein zu bestimmen. Eine Verfassung kann demnach im wesentlichen als ein zwischen Individuen geschlossener (Gesellschafts-)Vertrag betrachtet werden. Diese vertragstheoretische Sichtweise geht auf *Hobbes, Locke, Rousseau* und *Kant* zurück und fand in den 70er Jahren des 20. Jahrhunderts durch Vertreter wie *Rawls, Nozick* und *Buchanan* eine Renaissance.[7] Insbesondere der letztgenannte Vertreter, *James M. Buchanan*, hat mit „Die Grenzen der Freiheit" (*Buchanan* 1984) eine ökonomische Analyse der Begründung eines Systems individueller Rechte und des Staates als Garant dieser Rechte (Rechtsschutzstaat) sowie als Produzent öffentlicher Güter (Leistungsstaat) vorgelegt, indem er das Tauschparadigma des Marktes auf der Ebene kollektiven Handelns anwendet. Folglich herrscht in einer Gesellschaft ohne Regeln – mit Bezug auf *Hobbes* (1970, S. 116) – „ein einsames, kümmerliches, rohes und kurz andauerndes Leben". Gerade um diesen vom „Kriege aller gegen alle" (ebd., S. 117) geprägten Zustand der Anarchie zu vermeiden, braucht es Regeln, die das Verhalten der Individuen kanalisieren, es damit für andere kalkulierbar machen und dadurch

---

[6]   Quelle: Schlußfolgerungen des Europäischen Rates in Laeken v. 14./15.12.2001, Dok. SN 300/01 (DE), Anl. I.

[7]   Es muß jedoch betont werden, daß die Vorstellungen, welche die hier aufgezählten Vertragstheoretiker mit der Konzeption eines Gesellschaftsvertrages verbinden, keinesfalls identisch sind. Einen diesbezüglich guten Überblick über die Geschichte und Entwicklung der Vertragstheorie bietet *Schubert* (1998).

dem Einzelnen einen geschützten Bereich geben, innerhalb dessen er freie Entscheidungen treffen kann. Der Nutzen von Regeln liegt demnach in der Möglichkeit der Institutionalisierung einer wechselseitig vorteilhaften Kooperation, welche den Individuen eines Kollektivs erlaubt, unabhängig von anderen ihre Ziele zu verfolgen. Die Individuen haben also einen Anreiz, sich freiwillig dem Recht sowie dem Staat, der dieses Recht durchsetzt, zu unterwerfen, weil sie damit gegenseitig Vorteile im Vergleich zum anarchischen Urzustand generieren können. Konflikte zwischen Individuen werden durch eine unbeteiligte dritte Partei in Form des Staates gelöst (Rechtsschutzstaat), und darüber hinaus ermöglicht dieser Staat die notwenige Kooperation von Individuen zur Bereitstellung öffentlicher Güter (Leistungsstaat). Eine Verfassung kann in diesem Kontext als ein Basisdokument klassifiziert werden, welches:

- fundamentale Grundrechte enthält, die dazu dienen, einen individuellen Freiheitsbereich vor dem Eingriff Dritter – im übrigen auch des Staates selbst – zu schützen (Rechtsstaat),

- dafür Sorge trägt, daß die Macht des Staates beschränkt bleibt, damit eine Verfassung selbst nicht dazu mißbraucht werden kann, Macht zu Ungunsten der Bürger anzuhäufen, nachträglich zu legitimieren und auszubauen (Gewaltenteilung; Föderalismus),

- Regeln für die Delegation und Kontrolle von Entscheidungsgewalt an Repräsentanten des Staates[8] (Parlamente, Regierungen) durch die Bürger beinhaltet sowie eine Rückkopplung von Entscheidungen an die Präferenzen der Bürger ermöglicht (demokratische Legitimation),

- ein Regelset beinhaltet, das die optimale Bereitstellung und Finanzierung öffentlicher Güter organisiert sowie die entsprechenden (wirtschafts-)politischen Kompetenzen zwischen den beteiligten Institutionen zuordnet und abgrenzt,

- Bestimmungen für die Veränderung der Verfassung bereithält, die gewährleisten, daß eine Verfassung samt der darin enthaltenen Basisregeln auf Dauer angelegt und in ihrem fundamentalen Grundgehalt geschützt und erhalten bleibt sowie gegebenenfalls Änderungen offensteht (*Verfassungsstabilität*; *Verfassungsänderung*).

Die EU befindet sich selbstverständlich nicht mehr im *Hobbes*'schen Urzustand, doch kann mit Blick auf den vorliegenden Untersuchungsgegenstand zweierlei festgehalten werden. Zum einen können die bestehenden Europäischen Verträge nicht als ein *Basisdokument* bezeichnet werden.

> „Die Problematik des heutigen europäischen Verfassungszustandes [...] liegt darin, dass die Gesamtheit des geltenden primären Gemeinschaftsrechts im Laufe der Zeit eine ganz fürchterliche Grundordnung der EG/EU geworden ist" (*Oppermann* 2004, S. 192 f.).

Zum anderen – und dieser Aspekt mag noch schwerer wiegen – korrespondieren die bestehenden Europäischen Verträge nicht in vollem Umfang mit den hier angeführten Anforderungen an eine Verfassung. Dies gilt insbesondere dann, wenn die Verträge vom individualistischen Ausgangspunkt der Vertragstheoretiker anhand der Kriterien

---

[8] Eine organische Staatsauffassung streng zurückweisend, besteht der Staat selbst aus Individuen und kann damit keinen eigenen „Willen" haben.

Rechtsstaat, Gewaltenteilung und Demokratie analysiert werden (vgl. *Feld* 2003, S. 293 ff.). Ganz in diesem Sinne fordert die Erklärung von Laeken eine Neuordnung der Kompetenzen und Handlungsinstrumente der EU, eben weil die Zuständigkeiten in der EU unzureichend aufgeteilt und festgelegt sind, die Entscheidungsmechanismen zu schwerfällig und intransparent sind, nur eine unzureichende Rückkopplung an die Präferenzen der Bürger stattfindet und die Gewaltenteilung in der EU weder horizontal (zwischen den EU-Organen) noch vertikal (zwischen EU, Mitgliedstaaten und Bürgern innerhalb der Union) in ausreichendem Maße gewährleistet ist.

Vor dem Hintergrund dieser beiden Aspekte – so scheint es zumindest auf den ersten Blick – hätte eine Europäische Verfassung nicht nur den Charme, die bisherigen Verträge in einem Basisdokument zusammenfassen zu können, sondern überdies böte sie eine „golden opportunity" (*Mueller* 2005, S. 249), in einem konstitutionellen Akt die hier aufgezeigten Probleme mit einem Mal zu lösen.

Doch wenngleich dieses europäische Verfassungsprojekt nahezu „zum Erfolg verurteilt zu sein scheint" (*Beckmann* 2004, S. 136), soll an dieser Stelle behauptet werden, daß diese Verfassung – wenn sie denn überhaupt angenommen wird – die institutionellen Probleme der EU nicht lösen wird. Vielmehr muß man davon ausgehen, daß die vorliegende Verfassung nicht zwei Jahrhunderte[9], ja wahrscheinlich noch nicht einmal zwei Jahrzehnte in ihrer jetzigen Form bestehen wird. Die Verfassung wird weder dafür sorgen, daß Europa für den Bürger demokratischer und transparenter wird, noch gewährleistet sie eine dauerhafte Handlungsfähigkeit der Union vor dem Hintergrund der letzten Erweiterungsrunde. Es darf sogar vermutet werden, daß dieser neue Vertragstext gerade wegen des Verfassungsbegriffs eine unangemessene Symbolik erzeugt, welche zur Folge hat, daß das *wesentliche Problem* Europas zunächst einmal unberührt bleibt: das bislang ungelöste Verhältnis zwischen der EU, den Mitgliedstaaten und den Bürgern, welches sich in der *Gretchenfrage* Europas manifestiert: *Nun sag, wie hast du's mit der Legitimation?* Dahinter steht die entscheidende Frage, wer denn eigentlich der Souverän in Europa ist. Sind es die Staaten (Staatenbund) oder die Bürger (Bundesstaat)? Die gleichsam schlichte wie unbefriedigende Beantwortung dieser Frage zum aktuellen Zeitpunkt lautet: beide zusammen, aber keiner so richtig! Die EU soll eine Union der Staaten *und* der Bürger sein. Dieser Sachverhalt wird mit Blick auf den Text des Verfassungsvertrages besonders deutlich. Dort ist in Art. I-1 zu lesen:

> „Geleitet von dem Willen der Bürgerinnen und Bürger *und* der Staaten Europas [...] begründet diese Verfassung die Europäische Union, der die Mitgliedstaaten Zuständigkeiten zur Verwirklichung ihrer gemeinsamen Ziele übertragen. [...]"(Heraushebungen durch die Verfasser).

Hiernach ist es weitgehend ungewiß, wer denn eigentlich den zur Ratifikation stehenden Verfassungsvertrag abschließt. Sind es die Bürger in einem Bundesstaat der Bürger Europas oder die souveränen Mitgliedstaaten in einem europäischen Staatenbund (vgl. *Blankart* und *Mueller* 2003, S. 9 f.)? Auch vor dem Hintergrund, daß Staaten eigentlich keinen Willen haben können, wird in diesem Zusammenhang häufig überse-

---

[9] So sehen manche Befürworter in der Europäischen Verfassung eine Analogie zur Verfassung der Vereinigten Staaten.

hen, daß hinter dieser Tatsache zwei vollkommen unterschiedliche Föderalismuskonzepte stehen. Eine Union der Staaten basiert auf dem *intergouvernementalen Pyramidenkonzept*, eine Union der Bürger auf dem *supranationalen Basiskonzept* (vgl. *Apolte* 1999, S. 187 ff.). Im ersten Fall, dem Staatenbund, legitimiert sich die europäische Ebene nicht direkt über das Volk, sondern indirekt über die nationalen politischen Organe der Mitgliedstaaten. Die Entscheidungsfindung findet hier in zwei Stufen statt. Zunächst einigen sich die Bürger in den Einzelstaaten über die Zuständigkeiten ihres Staates und delegieren sodann einen Teil davon an den Bund. Die Entscheidungen im Bund werden im Gegenzug einstimmig zwischen den Staaten getroffen. Da hier die Mehrheiten der einzelstaatlichen Wählerstimmen im Bund nicht addiert und saldiert werden, spricht *Blankart* (2005, S. 46) in diesem Kontext von einem „Bruttoprinzip". Im zweiten Fall, dem Bundesstaat, findet dieser Umweg über die nationalen politischen Organe nicht statt. Die europäische Ebene wird hier unmittelbar durch die europäischen Bürger legitimiert. Selbst für den Fall, daß der Bund für bestimmte Kompetenzbereiche die Zuständigkeit erhalten hat, verbleibt die Souveränität damit bei den Bürgern. Folglich werden hier – im Gegensatz zum Staatenbund – die Mehrheiten der einzelstaatlichen Wählerstimmen nicht gesondert berechnet, sondern im Bund saldiert, so daß *Blankart* (2005, S. 46) von einem „Nettoprinzip" spricht.

Je nachdem, welches dieser beiden Föderalismuskonzepte man nun zugrunde legt, ergeben sich unterschiedliche Konsequenzen hinsichtlich der Regelung und Zuordnung von Kompetenzen auf die (dezentrale) nationalstaatliche oder (zentrale) europäische Ebene, der Entscheidungsfindungsmechanismen sowie der spezifischen Ausgestaltung von Institutionen. Für welche der hier vorgestellten Föderalismusformen man sich entscheidet, hängt letztlich von den Präferenzen der Bürger ab (vgl. *Alesina, Angeloni* und *Etro* 2001a,b; *Blankart* und *Mueller* 2004, S. 239 ff.). Ein Staatenbund ist das optimale Design für kollektive Entscheidungsfindung in der EU, wenn die Präferenzen der Bürger in Europa für europaweite Politiken innerhalb der Mitgliedstaaten relativ homogen und zwischen ihnen relativ heterogen sind. In diesem Fall können die Staats- und Regierungschefs der Mitgliedstaaten repräsentativ für alle „ihre" Bürger mit einer Stimme entscheiden. In der Institution des (Minister-)Rates findet sich dieses Prinzip in der EU verwirklicht. Ein bundesstaatliches Design bietet sich hingegen an, wenn die Präferenzen für europaweite öffentliche Güter und politische Maßnahmen innerhalb der Mitgliedstaaten relativ heterogen sind, aber auf die EU insgesamt bezogen gleichermaßen verteilt sind. Für diesen Fall ist ein Europäisches Parlament die optimale Institution. Wird hingegen versucht, beide Konzepte zu vereinen – und genau diese Strategie wurde mit der *Einheitlichen Europäischen Akte* sowie den *Verträgen von Maastricht, Amsterdam und Nizza* verfolgt –, bleibt Europa ein ewiger, ständig nachzubessernder Kompromiß. Allerdings haben in einer solchen Kompromißkonstellation Politiker der Mitgliedstaaten auf der EU-Ebene im wesentlichen das Sagen. Ein solcher Einfluß dezentraler politischer Instanzen auf die Entscheidungsinstanzen der zentralen Ebene führt dabei zu einer Vermischung von Kompetenzen und Verantwortlichkeiten zwischen den beiden Ebenen. Auf diese Weise werden politische Vorgänge nicht nur undurchdringlich, sondern Entscheidungen der europäischen Institutionen nur unzureichend mit den europäischen Bürgern rückgekoppelt: Die Bürger wählen nationale Parlamente, nationale Parlamente wählen nationale Regierungen, nationale Regierungen entscheiden im Rat über europäische Aufgaben und Politiken, welche wiederum von der Kommission implementiert werden. Es kommt zu einer Kette von Prinzipal-Agent-Problemen (vgl. *Voigt* 2005, S. 198). Ganz in diesem Sinne stimmt nicht unbedingt das, was die Regierungen in einer europäischen Union souveräner Staaten stellvertretend für ihre Bürger beschließen, mit dem überein, was der Bund aller Bürger in einer europäischen Union der Bürger mehrheitlich will.

Soll an diesem Dilemma etwas geändert werden, so müßte man sich entscheiden, was man will: einen europäischen Staatenbund mit dem Rat als zentralem Organ oder einen europäischen Bundesstaat mit dem Parlament als institutionellem Mittelpunkt. Entscheidet man sich für die erste Alternative, so braucht die EU – um die Ausgangsfrage dieses Abschnittes aufzugreifen – keine Verfassung, da in diesem Fall die europäischen Verträge als Legitimationsgrundlage genügen würden. Eine umfassende Revision dieser Verträge wäre damit selbstverständlich nicht hinfällig. Entscheidet man sich indessen für die zweite Alternative, einen europäischen Bundesstaat, so müßte man sich mit einer staatlichen europäischen Ordnung, also einer Verfassung, auseinandersetzen (vgl. *Feld* 2003, S. 291). Im vorliegenden Fall des Europäischen Verfassungsvertrages hat man sich dessen ungeachtet entschlossen, den Mittelweg aus Staatenbund und Bundesstaat weiter zu beschreiten. Wie sich dies in der konkreten Umsetzung gestaltet und welche Auswirkungen das auf die hier skizzierten Problembereiche hat, zeigt der folgende Abschnitt.

4. Der Verfassungsvertrag: Historisches Schlüsseldokument oder alter Wein in neuen Schläuchen?

Aller Kritik zum Trotz muß positiv festgehalten werden, daß es dem 2001 einberufenen *Konvent zur Zukunft Europas* gelungen ist, das Mandat von Laeken *formal* zu erfüllen. 2003 wurde der Entwurf für einen Verfassungstext vorgelegt. Dieser ist in wesentlichen Teilen die Grundlage für jenes Dokument, welches auf einer Regierungskonferenz im Oktober 2004 in Rom als „Vertrag über eine Verfassung für Europa" von den Staats- und Regierungschefs verabschiedet wurde. Ob das Mandat von Laeken hingegen auch inhaltlich erfüllt werden konnte, untersucht die folgende Analyse der vertraglichen Neuerungen, welche die Verfassung beinhaltet.

Zunächst fällt auf, daß die Europäische Verfassung überhaupt keine Verfassung im eigentlichen Sinne ist, sondern ein sogenannter Verfassungsvertrag. Vor dem Hintergrund, daß die EU auch als ein Staaten*verbund* bezeichnet wird, ist dies eine durchaus nachvollziehbare Lösung. Für den rechtlichen Status der Verfassung bedeutet diese Tatsache hingegen, daß es sich bei dem vorliegenden Verfassungsvertrag vornehmlich um einen völkerrechtlichen Vertrag handelt, demnach die souveränen Mitgliedstaaten weiterhin die Herren der Verträge und damit auch in erster Linie verfassungsgebende Gewalt der EU bleiben. Dadurch muß der Verfassungsvertrag von allen 25 Mitgliedstaaten der EU ratifiziert werden, bevor er in Kraft treten kann. Ein EU-weites Referendum der Unionsbürger ist hingegen nicht vorgesehen, womit eine direkte Legitimation der europäischen Institutionen durch das Volk der europäischen Union ausgeschlossen wird. Daß dieser Ratifizierungsprozeß in seinem geplanten Verlauf auf Grund der negativen

Referenden in Frankreich und den Niederlanden in eine von Politikern deklamierte „Phase des Dialogs und der Debatten" getreten und damit de facto so gut wie gescheitert ist (vgl. *Best* 2005), wurde bereits erwähnt. Im Zuge dieser Krise wird in der Öffentlichkeit zwar viel von der Verfassung geredet, hingegen aber wenig über die genauen Inhalte der Verfassung debattiert. Das mag auch – und in diesem Punkte seien alle Kritiker bestätigt – an der Tatsache liegen, daß die Verfassung ein über 400 Seiten langes Dokument ist. Der Anspruch des Präsidenten des Verfassungskonvents *Valéry Giscard d'Estaing*, einen für jeden Gymnasiasten absolut lesbaren Text vorzulegen, konnte – bei allem Respekt vor den Gymnasiasten Europas – ganz sicher nicht eingelöst werden: Der Verfassungsvertrag ist ein insgesamt sehr komplexes Dokument, welches viele Detailregelungen beinhaltet und damit von einem einfachen Basisdokument weit entfernt ist.

In 448 Artikeln, die sich auf vier Teile erstrecken, stehen diejenigen grundlegenden Rechte für die Bürger der Union sowie die wesentlichen Regeln für das Funktionieren der Union, welche den Charakter dieser Europäischen Verfassung ausmachen und die EU insgesamt demokratischer, transparenter und effizienter machen sollen. Teil I beschreibt in 60 Artikeln die Grundlagen der Union, Teil II enthält mit 54 Artikeln jene Charta der Grundrechte, die bereits im Jahr 2000 auf einer Regierungskonferenz verabschiedet wurde. Der mit 321 Artikeln insgesamt umfangreichste Teil III befaßt sich mit den Politikbereichen und der Arbeitsweise der Union, während Teil IV allgemeine Schlußbestimmungen enthält. Bis dahin erstreckt sich die Verfassung auf gut 200 Seiten. Allerdings folgen dann noch unzählige Protokolle und Erklärungen, die sich unter anderem mit „Blasen und Mägen von anderen Tieren", „Geflügelfett, ausgepresst oder ausgeschmolzen", „Kakaobohnen", „Traubenmost, teilweise vergoren, auch ohne Alkohol stummgemacht" (*Anhang I Liste zu Artikel III-226*) befassen und damit den gesamten Verfassungstext zu einem Dokument von über 400 Seiten anwachsen lassen.

Die wichtigsten Neuerungen befinden sich im *Teil I der Verfassung*. Die seit dem Vertrag von Maastricht geltende Säulenstruktur der EU wird explizit aufgehoben und die EU mit einer eigenen Rechtspersönlichkeit ausgestattet (Art. I-7). Es werden die grundlegenden Werte der EU (Art. I-2: Achtung der Menschenwürde, Freiheit, Demokratie, Gleichheit, Rechtsstaatlichkeit, Wahrung der Menschenrechte) aufgeführt sowie Ziele der Union (Art. I-3) benannt. Die Union will ein „Raum der Freiheit, der Sicherheit und des Rechts ohne Binnengrenzen" sein und den Bürgern „einen Binnenmarkt mit freiem und unverfälschtem Wettbewerb" bieten. Kritisch zu bemerken ist, daß die Ziele der Union damit nicht erschöpft sind, sondern in Art. I-3,3 weiter ausgeführt werden (vgl. *Mueller* 2005, S. 245 f.). So sind beispielsweise „Vollbeschäftigung", „sozialer Fortschritt" oder „Solidarität zwischen den Generationen" durchaus ehrenwerte Ziele, die jeder unterschreiben würde, doch ist zu befürchten, daß hier Erwartungen und Begehrlichkeiten geweckt werden, die die EU gar nicht erfüllen kann. Es gibt beispielsweise keine europäische Institution, welche in der Lage wäre, Maßnahmen zur Bekämpfung der Arbeitslosigkeit in den Mitgliedstaaten erfolgreich einzuleiten. In Art. I-6 wird der Vorrang des Unionsrechts vor dem Recht der Mitgliedstaaten erstmalig explizit genannt.

Die Artikel I-12 bis I-17 stellen einen Kompetenzkatalog über die Zuständigkeiten der Union zusammen, welcher durch die in Art. I-11 festgelegten Grundsätze der „begrenzten Einzelermächtigung", „der Subsidiarität und der Verhältnismäßigkeit" geprägt ist. Hier werden ausschließliche Zuständigkeiten, geteilte Zuständigkeiten und Unterstützungs-, Koordinierungs- und Ergänzungsmaßnahmen unterschieden sowie die Koordinierung der Wirtschafts- und Beschäftigungspolitik und eine Gemeinsame Außen- und Sicherheitspolitik angeführt. Aus ökonomischer Perspektive ist insbesondere dieser Teil der Verfassung problematisch einzuschätzen. Der Auftrag von Laeken sah explizit vor, Möglichkeiten der (Rück-)Verlagerung von Aufgaben und Kompetenzen auf die Ebene der Nationalstaaten zu prüfen. Eine Überprüfung und gegebenenfalls Neuordnung der Zuständigkeiten zwischen europäischer und mitgliedstaatlicher Ebene ist indessen nicht zu verzeichnen. Dabei gibt es beispielsweise durch die Ökonomische Theorie des Föderalismus (*Oates* 1999; für einen Überblick vgl. *Breuss* und *Eller* 2004) durchaus fundierte Kriterien, anhand derer ein dementsprechender Kompetenzkatalog erstellt werden könnte. Statt dessen wurde jedoch im Teil III des Verfassungsvertrags der Bereich geteilter Zuständigkeiten erheblich ausgeweitet[10] – oftmals sogar begleitet durch eine fehlgeleitete wissenschaftliche Diskussion[11] um Zentralisierung und Dezentralisierung (vgl. *Apolte* 2004). Verbunden mit diesem Aspekt, ist die Entscheidung, Beschlüsse im Rat zukünftig zunehmend durch Mehrheitsentscheidungen zu treffen, ebenfalls zu kritisieren. Wenngleich durch die Einstimmigkeitsregel die Entscheidungsfindung im Rat bei zunehmender Größe der EU erschwert wird, gewährleistet sie, daß jeder Mitgliedstaat die Implementierung bestimmter Politiken verhindern kann. Zwar bleibt die Einstimmigkeit in einigen Bereichen, wie der Steuerpolitik, erhalten, doch wurde das einstimmige Erfordernis bei Entscheidungen im Rat von 84 auf 37 Bereiche reduziert (vgl. *Voigt* 2005, S. 197). Erwähnt werden muß allerdings auch, daß die dann zu treffenden Mehrheitsbeschlüsse durch die Einführung einer sogenannten *doppelten Mehrheit* spezifiziert wurden (Art. I-25). Diese liegt vor, wenn 55 Prozent der Staaten einer Vorlage zustimmen, die 65 Prozent der Bevölkerung repräsentieren. Für eine Veto-Blockade sind damit mindestens vier Staaten erforderlich. Politisch sensible Themen verlangen eine Zustimmung von 72 Prozent der Staaten bei ebenfalls 65 Prozent Bevölkerungsrepräsentanz (vgl. *Baldwin* und *Widgren* 2003; *Wessels* 2004)

Ferner werden in den Artikeln I-19 bis I-44 neben den spezifischen Verfahren zur Ausübung der Zuständigkeiten die Institutionen der EU festgesetzt. Neuerungen sind, daß der Europäische Rat einen hauptamtlichen Präsidenten erhält (Art. I-21), der die Arbeit der Staats- und Regierungschefs koordiniert und leitet, sowie die Einrichtung des Amtes eines EU-Außenministers (Art. I-28). Ferner stellt bis zum Jahr 2014 jeder Mitgliedstaat einen Kommissar für die EU-Kommission, danach nur noch – durch ein Rotationsverfahren geregelt – zwei Drittel der Staaten (Art. I-26). Im EU-Parlament steigt die Zahl der Abgeordneten 2009 auf 750, wohingegen die Höchstzahl der Parlamentarier pro Mitgliedstaat auf 96 limitiert wird (Art. I-20). Durch die Ausweitung von Mehrheitsbeschlüssen erhält das Parlament insgesamt ein größeres Mitentscheidungsrecht. Nach Art. I-33 werden die Gesetzgebungsverfahren der Union – zumindest for-

---

[10] Viele Politikfelder wie beispielsweise Kultur (Art. III-280) oder Tourismus (Art. III-281) fallen nunmehr mit in den Kompetenzbereich der Union.

[11] So sind in diesem Zusammenhang einige Vorschläge der *European Constitutional Group* (1993) kritisch zu bewerten.

mal – vereinfacht. Hinzu kommt, daß nationale Parlamente einen Gesetzentwurf der Kommission stoppen können, wenn sie ihre Kompetenzen verletzt sehen, womit formal-rechtlich die Einklagbarkeit des Subsidiaritätsprinzips verwirklicht wird. In den Arti-keln I-53 bis I-56 wird mit Bezug auf die Finanzen der Union das System eines mehr-jährigen Finanzrahmens festgeschrieben, welcher eine geordnete Entwicklung der Aus-gaben gewährleisten soll. Eine weitere erwähnenswerte Neuerung ist die Möglichkeit eines Mitgliedstaates, freiwillig aus der Union auszutreten. Die genauen Bestimmungen dazu sind in Art. I-60 festgehalten.

Teil II der Verfassung enthält die „Charta der Grundrechte der Union". Wenngleich hier einige fundamentale Postulate wie Menschenrechte, Frieden und Freiheit, welche im übrigen bereits in Teil I der Verfassung genannt werden, aufgeführt sind, muß dieser Teil insgesamt ebenfalls kritisch betrachtet werden. Zum einen wird nicht ausreichend berücksichtigt, daß die EU nicht eine reine Bürgerunion, sondern gleichermaßen eine Staatenunion ist und bleiben wird. Damit wird der Tatsache nicht genügend Rechnung getragen, daß die hier aufgelisteten Grundrechte für alle Bürger in der Union zwar *abso-lut* gelten sollen, in der Realität von den Betroffenen jedoch in Abhängigkeit von den Mitgliedstaaten *relativ* wahrgenommen werden. *Blankart* und *Mueller* (2003, S. 12) führen im Hinblick auf dieses Problem das Beispiel an, daß „Menschen, die von dau-ernden terroristischen Bedrohungen umgeben sind, [...] den Behörden ein umfassende-res Verhaftungsrecht und eine längere Verhaftungsdauer einräumen als solche, die in einer friedlichen Umgebung leben". Zum anderen werden die in 54 Artikeln aufgeliste-ten Grundrechte teilweise inflationär gebraucht. So darf man sich fragen, ob beispiels-weise das „Recht auf Zugang zu einem Arbeitsvermittlungsdienst" (Art. II-89) als Grundrecht postuliert werden muß. Was ein Recht auf „soziale Sicherheit und soziale Unterstützung" (Art. II-94) bedeutet, was „Dienstleistungen von allgemeinem wirt-schaftlichen Interesse" (Art. II-96) oder „eine gute Verwaltung" (Art. II-101) sind, bleibt vage. Gemäß Art. II-81,1 werden zwar Diskriminierungen wegen des Geschlechts verboten und in Art. II-83 durch die „Gleichheit von Mann und Frau in allen Bereichen" untermauert, doch steht – im gleichen Artikel übrigens – der „Einführung spezifischer Vergünstigungen für das unterrepräsentierte Geschlecht" nichts entgegen.

In *Teil III* der Verfassung werden sehr umfangreich „die Politikbereiche und die Ar-beitsbereiche der Union" beschrieben. Die hier in 321 Artikeln aufgeführten Regelun-gen sind im wesentlichen den bestehenden Europäischen Verträgen entnommen. Ob all jene dort aufgeführten Detailregelungen wie beispielsweise zu „Beförderungen im Ei-senbahn-, Straßen- und Binnenschiffsverkehr" (Art. III-245) oder zur „europäischen Raumfahrtpolitik" (Art. III-254) tatsächlich in ein Dokument gehören, welches den An-spruch einer Verfassung erfüllen möchte, sei dahingestellt. *Teil IV* der Verfassung ent-hält mit den „Schlußbestimmungen" unter anderem Regelungen für Verfassungsände-rungsverfahren sowie zur Ratifikation und zum In-Kraft-Treten der Verfassung.

Die Beantwortung der Ausgangsfrage dieses Abschnittes, ob die Verfassung ein his-torisches Schlüsseldokument oder nur alter Wein in neuen Schläuchen sei, fällt vor diesem Hintergrund relativ klar aus. So sind zwar einerseits – insbesondere in Teil I – institutionelle Neuerungen enthalten, die die Handlungsfähigkeit der Union verbessern. Die Verkleinerung der Kommission, die Vereinfachung der Entscheidungsverfahren oder die Institutionalisierung eines hauptamtlichen Präsidenten des Europäischen Rates sind nur einige ausgewählte positive Beispiele, die die Union voranbringen mögen. Von einer tiefgreifenden Reform kann indessen keine Rede sein. Die wesentlichen institutionellen Probleme der EU werden mit diesem Dokument nicht nachhaltig gelöst. Europa bleibt kompliziert und wird sich im Vergleich zum bisherigen Status kaum ändern. Das liegt insbesondere daran, daß Teil III der Verfassung im wesentlichen den bisherigen Verträgen entspricht. Durch schlichte Übertragung wurden zahlreiche Inhalte der bestehenden Verträge der Verfassung beigefügt. Dadurch wurde der Verfassungstext insgesamt zu umfangreich, und die EU bleibt in der Wahrnehmung der Bürger bürgerfern und intransparent. Hier liegt daher sicherlich kein historisches Schlüsseldokument, vergleichbar mit der Verfassung der Vereinigten Staaten von Amerika, vor. Alter Wein in neuen Schläuchen würde den Ergebnissen hingegen auch nicht vollends gerecht werden, so daß man korrekter Weise von *neuem* Wein in – und das ist aber das eigentliche Problem – *alten* Schläuchen sprechen kann. Statt sich dieser alten Schläuche anzunehmen, hofft man, daß der neue Wein wirkt, muß aber befürchten, daß man sich am nächsten Tag trotzdem nicht *in guter Verfassung* befindet.

5.   Nach dem Konvent ist vor der Verfassung?

Aufgrund der Ergebnisse der Referenden in Frankreich und den Niederlanden kann behauptet werden, daß der Verfassungsprozeß in seinem – vornehmlich von den europäischen Staats- und Regierungschefs geplanten Verlauf – zunächst gescheitert ist, denn es muß bezweifelt werden, daß der Verfassungsvertrag in seiner jetzigen Form noch Aussichten hat, von allen Mitgliedstaaten verabschiedet zu werden. Zumindest hat man die bloße Möglichkeit eines Scheiterns der Ratifikation in einer dem Verfassungsvertrag beigefügten Erklärung berücksichtigt:

> „Die Konferenz stellt fest, daß der Europäische Rat befasst wird, wenn nach Ablauf von zwei Jahren nach der Unterzeichnung des Vertrags über eine Verfassung für Europa vier Fünftel der Mitgliedstaaten den genannten Vertrag ratifiziert haben und in einem Mitgliedstaat oder mehreren Mitgliedstaaten Schwierigkeiten bei der Ratifikation aufgetreten sind (30. Erklärung zur Ratifikation des Vertrages über eine Verfassung für Europa).“

Formal bedeutet dies, daß man einen Notausgang in Form einer Regierungskonferenz eingerichtet hat. Wohin dieser Notausgang führt, ist hingegen noch unbekannt. Wenngleich zum jetzigen Zeitpunkt noch nicht beurteilt werden kann, ob sich die EU in einer bloßen Verfassungskrise oder aber in einem fundamentalen Konflikt befindet (vgl. *Best* 2005, S. 180), darf vermutet werden, daß die EU daran nicht zerbrechen und wie in früheren Krisen des Integrationsprozesses eine pragmatische (Kompromiß-)Lösung gefunden wird. Die Symbolkraft des Scheiterns der Verfassung an sich ist schlimmer als das de facto-Nicht-eintreten. Der Verfassungsvertrag mag zwar das eine oder andere Teilproblem lösen, doch an den institutionellen Basisproblemen der EU wird sich kaum etwas ändern. Denn nach wie vor sind nationalstaatliche Politiker auf europäischer Ebe-

ne die wesentlichen Handlungs- und Entscheidungsakteure[12] und die Aufgaben und
Kompetenzen zwischen nationalstaatlicher und europäischer Ebene nur unzureichend
geregelt. Damit wird Europa von den Bürgern weiterhin als eine Domäne sich verselb-
ständigender, zentralistischer Exekutivgewalt wahrgenommen. So lange sich an diesem
Zustand nichts ändert, wird auch die Verfassungsdebatte weitergehen. Und das ist gut,
denn eines sollte momentan ganz sicher nicht gemacht werden: die EU in ihrem jetzigen
institutionellen Zustand festigen und das Nein zur Verfassung als Ja zu Nizza interpretieren.[13] Eine Revision der Verträge ist nach wie vor dringend geboten, weil die derzeitigen Entscheidungsstrukturen mit Rat und Parlament als zwei grundsätzlich unterschiedliche Föderalismuskonzeptionen repräsentierende Institutionen undurchschaubar
und widersprüchlich sind (vgl. *Blankart* und *Mueller* 2003, S. 12). Da die eigentlich
naheliegende und konsequente Lösung dieses Problems durch eine klare Entscheidung
hinsichtlich Bundesstaat *oder* Staatenbund nicht umsetzbar ist, hat man statt dessen eine
breite Debatte um Ziele und Grundrechte der EU unter dem Deckmantel einer Verfassung geführt. Der Übergang vom Vertrag zur Verfassung hat im vorliegenden Fall vor
allem einen hohen symbolischen Charakter. Doch gerade wegen des Verfassungsbegriffs wurde eine unangemessene Symbolik erzeugt, welche dazu führt, daß man den
wahren Problemen – zunächst einmal – aus dem Weg geht:

> „In Ermangelung bedeutender politischer Projekte ist die Europäische Union offenbar in
> sich gegangen und hat ein Dokument hervorgebracht, das weit mehr sein will, als es tat-
> sächlich ist" (*Dahrendorf* 2004).

Einleitend wurde die Frage gestellt, ob es sich bei dem in Europa umhergehenden
Gespenst Verfassung um einen *guten* oder *bösen Geist* handelt. Auch wenn, wie in Abschnitt 4 verdeutlicht, einige Inhalte der Verfassung aus ökonomischer Sicht problematisch sind und ein Scheitern in diesen Bereichen durchaus willkommen scheint, kann
nicht von einem bösen Geist gesprochen werden. Dieses lange, sperrige und detaillierte
Dokument ist hingegen auch kein guter Geist, der dafür sorgt, daß europäische Politik
zukünftig besser mit den Interessen der Bürger rückgekoppelt wird. Insgesamt ließe sich
am treffendsten von einem *gutgemeinten Geist* sprechen; gutgemeint allerdings von
Politikern, deren Verhalten – das zeigen die Erkenntnisse der *Public-choice-Theorie* –
nicht immer dem Wohl „ihrer" Bürger dient. Gerade am Beispiel der EU läßt sich sehr
gut zeigen, daß sich hier nationalstaatliche Politiker unter dem Vorwand nationaler Verantwortung und historischen Tatendrangs einen erheblich erweiterten diskretionären
Handlungsspielraum geschaffen haben (vgl. *Witte* 1995, S. 49 ff.). Vor diesem Hintergrund ist es auch einigermaßen abwegig, wenn Politiker in ihren jeweiligen Heimatlän-
dern die Regelungswut der Brüsseler Bürokraten beklagen. Die bemängelten Vorschriften haben nämlich jene Politiker meist zuvor auf EU-Ebene selbst veranlaßt oder beschlossen (vgl. *Vaubel* 1992, S. 48). Vor diesem Hintergrund müssen bereits die Zusammensetzung und Arbeitsmethode des Konvents, der die Europäische Verfassung

---

[12] Demnach ist auch die im Zusammenhang mit der Verfassungsdiskussion aufgekommene
Befürchtung vor einer Aushöhlung nationalstaatlicher Souveränität durch die EU eindeutig
zurückzuweisen.

[13] So lange der Verfassungsvertrag nicht angenommen wird, gelten gemäß Art. 48 EUV und
Art. 313 EGV die bisherigen Verträge.

ausgearbeitet hat, kritisiert werden (vgl. *Mueller* 2005; *Vaubel* 2002; *Voigt* 2005). Im Rahmen von Verfassungsprozessen sollen eigentlich diejenigen Spieler niemals die Regeln aufstellen, denen sie nachher selbst unterworfen sind. Auch wenn beispielsweise Vertreter der nationalstaatlichen Parlamente dem Konvent angehörten, wurde diese Regel eindeutig verletzt.

Der Verfassungsprozeß ist auch deswegen mit noch ungewissem Ausgang ins Stokken geraten, weil es nicht gelungen ist, den *Auftrag von Laeken* zu erfüllen: Europa wird mit dem Verfassungsvertrag weder effizienter noch transparenter noch demokratischer. Um auf die Ausgangsfrage zurückzukommen, liegt hier weder Gründungmythos noch eine ausreichende Vertragskonsolidierung vor. Sollen indessen die Ziele *Handlungseffizienz*, *Transparenz* und *demokratische Legitimation* in einem großen Reformschritt erreicht werden, müßte zunächst eine weitgehende Dezentralisierung (wirtschafts-)politischer Kompetenzen stattfinden. Gerade zur optimalen Allokation solcher Kompetenzen können Ökonomen wichtige Hinweise geben. Über diejenigen Kompetenzen, welche auf zentraler europäischer Ebene verbleiben, sollen dann Organe dieser Ebene entscheiden können – und zwar in weitgehender Unabhängigkeit vom dezentralen Einfluß nationalstaatlicher Politiker. Erst ein solcher Schritt könnte dazu beitragen, die nötige Legitimität und Akzeptanz für die EU zu schaffen. Daß ein solcher konstitutioneller Durchbruch möglich ist, haben die *founding fathers* 1787 in den USA gezeigt. Durch eine intensiv geführte Verfassungsdiskussion in verschiedenen New Yorker Tageszeitungen (vgl. *Hamilton, Madison* und *Jay* 1994) ist es ihnen gelungen, überzeugend für die Entmachtung der einzelstaatlichen Regierungen auf der föderal-zentralen Ebene der USA zu werben. In der momentanen europäischen Verfassungsdiskussion ist man davon in vielerlei Hinsicht noch weit entfernt.

Literatur

Abromeit, Heidrun (1998), Democracy in Europe: Legitimising Politics in a Non-State Polity, New York.

Alesina, Alberto, Ignazio Angeloni and *Federico Etro* (2001a), The political economy of international unions, CEPR Working Paper, No. 3117.

Alesina, Alberto, Ignazio Angeloni and *Federico Etro* (2001b), Institutional rules for federations, NBER Working Paper, No. 8646.

Apolte, Thomas (1999), Die ökonomische Konstitution eines föderalen Systems: Dezentrale Wirtschaftspolitik zwischen Kooperation und institutionellem Wettbewerb, Tübingen.

Apolte, Thomas (2004), Die eigentümliche Diskussion um Zentralisierung und Dezentralisierung in der Europapolitik, in: Perspektiven der Wirtschaftspolitik, Jg. 5, H. 3, S. 271–291.

Baldwin, Richard and *Mika Widgren* (2003), Decision-Making and the Constitutional Treaty: Will the IGC discard Giscard? CEPS Policy Brief, No. 37.

Beckmann, Klaus (2004), Legitimation einer europäischen Verfassung: Anmerkungen aus einer verfassungsökonomischen Sicht, in: *Klaus Beckmann, Jürgen Dieringer* und *Ulrich Hufeld* (Hg.), Eine Verfassung für Europa, Tübingen, S. 117–136.

Best, Edward (2005), The European Union's Constitutional Crisis – Causes and Consequences, in: Intereconomics, Vol. 40, No. 4, pp. 180–185.

Blankart, Charles B. (2005), Warum ist die Europäische Verfassung so bürgerfern?, in: List Forum für Wirtschafts- und Finanzpolitik, Band 31, H. 1, S. 45–54.

Blankart, Charles B. und *Dennis C. Mueller* (2003), Welche Aspekte sollten in einer Verfassung der EU berücksichtigt werden und welche nicht?, in: ifo Schnelldienst, 56. Jg., H. 6, S. 9–12.

Blankart, Charles B. and *Dennis C. Mueller* (2004), Bringing the European Union to its Citizens. Conclusions from the Conference, in: *Blankart, Charles B.* and *Dennis C. Mueller* (eds.), A Constitution for the European Union, Cambridge, pp. 237–255.

Brasche, Ulrich (2003), Europäische Integration: Wirtschaft, Erweiterung und regionale Effekte, München und Wien.

Breuss, Fritz and *Markus Eller* (2004), The Optimal Decentralisation of Government Activity: Normative Recommendations for the European Constitution, in: Constitutional Political Economy, Vol. 15, No. 1, pp. 27–76.

Brunkhorst, Hauke (2004), Verfasst ohne Verfassung: Europäische Union zwischen Evolution und revolutionärer Umgründung, in: Blätter für deutsche und internationale Politik, 49. Jg. H. 2, S. 211–222.

Buchanan, James M. (1984), Die Grenzen der Freiheit: Zwischen Anarchie und Leviathan, Tübingen.

Buchanan, James M. and *Dwight R. Lee* (1994), On a fiscal constitution for the European Union, in: Journal des économistes et des etudes humaines, Jg. 5, H. 2/3, S. 219–232.

Dahrendorf, Ralf (2004), Ein merkwürdiges Dokument, in: Die Welt v. 12.07.2004, abgerufen am 14.10.2005 unter http://www.welt.de/data/2004/07/12/304074.html.

European Constitutional Group (1993), A Proposal For a European Constitution, Report of The European Constitutional Group, London.

Di Fabio, Udo (2001), Der Verfassungsstaat in der Weltgesellschaft, Tübingen.

Feld, Lars P. (2003), Eine Europäische Verfassung aus polit-ökonomischer Sicht, in: ORDO. Jahrbuch für die Ordnung von Wirtschaft und Gesellschaft, Bd. 54, Stuttgart, S. 289–317.

Grimm, Dieter (1991), Die Zukunft der Verfassung, Frankfurt a. M.

Grimm, Dieter (2003), Die größte Erfindung unserer Zeit. Als weltweit anerkanntes Vorbild braucht Europa keine eigene Verfassung, in: Frankfurter Allgemeine Zeitung, Nr. 137 v. 16.06.2003, S. 35.

Hamilton, Alexander, *James Madison* und *John Jay* (1994), Die Federalist-Artikel: Politische Theorie und Verfassungskommentar der amerikanischen Gründerväter, herausgegeben, übersetzt, eingeleitet und kommentiert v. *Angela Adams* und *Willi Paul Adams*, Paderborn 1994.

Hobbes, Thomas (1970), Leviathan, Stuttgart.

Jachtenfuchs, Markus (2002), Die Konstruktion Europas: Verfassungsideen und institutionelle Entwicklung, Baden-Baden.

Jellinek, Georg (1959), Allgemeine Staatslehre, 3. Aufl., 6. unveränderter Neudruck, Darmstadt.

Mueller, Dennis C. (2005), The constitution of the European Union, in: Wirtschaftspolitische Blätter, 52. Jg., H. 2, S. 245–251.

Müller, Markus M. (2004), Mut zur Staatlichkeit: Volk, Demokratie und Staatlichkeit in der Verfassungsdebatte, in: *Klaus Beckmann, Jürgen Dieringer* und *Ulrich Hufeld* (Hg.), Eine Verfassung für Europa, Tübingen, S. 73–89.

Oates, Wallace E. (1999), An Essay on Fiscal Federalism, in: Journal of Economic Literature, Vol. 37, pp. 1120–1149.

Oppermann, Thomas (2004), Vom Nizza-Vertrag zum Europäischen Verfassungskonvent, in: *Klaus Beckmann, Jürgen Dieringer* und *Ulrich Hufeld* (Hg.), Eine Verfassung für Europa, Tübingen, S. 191–208.

Schubert, Carina (1998), Theorien des Gesellschaftsvertrages und ihre ordnungspolitischen Implikationen, Köln.

Vaubel, Roland (1992), Die politische Ökonomie der wirtschaftspolitischen Zentralisierung in der Europäischen Gemeinschaft, in: Jahrbuch für Neue Politische Ökonomie, Jg. 11, S. 30–65.

Vaubel, Roland (2002), Die Politische Ökonomie des Europäischen Verfassungskonvents, in: Wirtschaftsdienst, Jg. 82, H. 10, S. 636–640.

Voigt, Stefan (2005), Crisis – What Crisis? After the Failure of the Draft Constitution, Europe Needs Thorough Discussions – and a New Focus on Integration, in: Intereconomics, Vol. 40, No. 4, pp. 196–200.

Walter, Christian (2000), Die Folgen der Globalisierung für die europäische Verfassungsdiskussion, in: Deutscher Verwaltungsblatt, 155. Jg., H. 1, S. 1–13.

Wessels, Wolfgang (2004), Die institutionelle Architektur der EU nach der Europäischen Verfassung: Höhere Entscheidungsdynamik – neue Koalitionen?, in: Integration, Jg. 27, H. 3, S. 161–175.

Witte, Kirsten (1995), Ordnungspolitische Perspektiven der Europäischen Union: Eine Analyse aus Sicht der Neuen Institutionenökonomik, Bergisch Gladbach/Köln.

Dirk Wentzel (Hg.), Europäische Integration – Ordnungspolitische Chancen und Defizite
Schriften zu Ordnungsfragen der Wirtschaft · Band 82 · Stuttgart · 2006

Die Europäische Zentralbank:
Struktur, Aufbau und ordnungspolitische Orientierung

Albrecht F. Michler

Inhalt

1.   Aufgaben und Ziele der EZB und des Eurosystems

1.1.   Organisation und Aufgaben des Eurosystems

Mit dem Beginn der dritten und letzten Stufe der Wirtschafts- und Währungsunion (WWU) am 1. Januar 1999 wurden die Wechselkurse der Währungen von elf EU-Mitgliedstaaten, die von Anfang an der Währungsunion angehörten, unwiderruflich festgelegt. Zugleich ist die Europäische Zentralbank (EZB) seit diesem Zeitpunkt für die Durchführung der einheitlichen Geldpolitik im Euro-Währungsgebiet (Euro-Raum; Eurozone) zuständig. Rechtliche Grundlage für diese Geldpolitik ist der Vertrag zur Gründung der Europäischen Gemeinschaft (EG-Vertrag; EGV), der durch das Protokoll über die Satzung des Europäische Sysem der Zentralbanken und der EZB (ESZB-Satzung; EZBSatzProt) ergänzt und präzisiert wird.

Durch den EG-Vertrag und die ESZB-Satzung wurden mit Wirkung vom 1. Juni 1998 sowohl die EZB als auch das Europäische System der Zentralbanken (ESZB) errichtet. Das ESZB besteht aus der EZB und den nationalen Zentralbanken (NZBen) aller EU-Mitgliedstaaten (Stand Frühjahr 2006: 25 Länder). Hingegen umfaßt der Begriff des „Eurosystems" die EZB und die NZBen der Mitgliedstaaten, die den Euro bereits eingeführt haben (zur Zeit 12 Länder nach dem Beitritt von Griechenland am 1. Januar 2001). Die anderen NZBen sind zwar ebenfalls Mitglieder des ESZB, können allerdings ihre jeweilige nationale Geldpolitik weiterhin durchführen. Umgekehrt sind sie aber auch nicht am Entscheidungsprozeß hinsichtlich der einheitlichen Geldpolitik für das Euro-Währungsgebiet und der Umsetzung der geldpolitischen Entscheidungen beteiligt. In Art. 105 Abs. 2 EGV werden die grundlegenden Aufgaben des ESZB zusammengefaßt. Sie bestehen darin

– die Geldpolitik der Gemeinschaft festzulegen und auszuführen,

– Devisengeschäfte im Einklang mit Art. 111 EG-Vertrag durchzuführen,

– die offiziellen Währungsreserven der Mitgliedstaaten zu halten und zu verwalten,

– das reibungslose Funktionieren der Zahlungssysteme zu fördern.

Für die Durchführung und Umsetzung der einheitlichen Geldpolitik sind zwei Beschlußorgane verantwortlich: der EZB-Rat (Art. 112 EGV; Art. 10 EZBSatzProt) und das EZB-Direktorium (Art. 112 EGV; Art. 11 EZBSatzProt). Der EZB-Rat („Governing Council") besteht aus den sechs Mitgliedern des Direktoriums und den 12 Präsidenten der NZBen des Euro-Währungsgebietes (siehe Übersicht 8 im Beitrag *Smeets*). Der Rat erläßt die Leitlinien und trifft Entscheidungen, die notwendig sind, um die Erfüllung der dem Eurosystem übertragenen Aufgaben sicherzustellen, und legt die einheitliche Geldpolitik des Euro-Währungsgebiets fest. Er vertritt das Eurosystem in internationalen Gremien und berät andere Organe der Europäischen Union und ihrer Mitgliedstaaten.

Dem Direktorium („Executive Board") gehören der Präsident der EZB, der Vizepräsident sowie vier weitere Mitglieder an. Sie werden einvernehmlich von den Staats- und Regierungschefs der Länder der Eurozone ernannt. Die Aufgaben des Direktoriums (Art. 12.1 und 12.2 EZBSatzProt) bestehen in:

- in der Vorbereitung von Sitzungen des EZB-Rates,
- der Ausführung der Geldpolitik gemäß den Leitlinien und Entscheidungen des EZB-Rates sowie der Erteilung von erforderlichen Weisungen an die nationalen Zentralbanken,
- der Durchführung der laufenden EZB-Geschäfte und
- der Ausübung von bestimmten Befugnissen, die ihm vom EZB-Rat übertragen wurden.

Das dritte Beschlußorgan der EZB ist der erweiterte Rat („General Council"), ihm gehören der Präsident und der Vizepräsident der EZB sowie alle nationalen Notenbankpräsidenten der EU-Staaten an (Art. 45 EZBSatzProt). Die vier übrigen Mitglieder des EZB-Direktoriums dürfen an den Sitzungen des erweiterten Rates teilnehmen, sind aber nicht stimmberechtigt. Der erweiterte Rat soll insbesondere die währungspolitische Kooperation zwischen den NZBen fördern. Die eigentliche Koordinierungstätigkeit findet allerdings in den ESZB-Ausschüssen statt, in denen die Nicht-Teilnehmerstaaten an der Währungsunion („Outs") kein Stimmrecht haben. Ferner berät der erweiterte Rat die Regierungen der Nicht-Euro-Länder bei der Erfüllung der Beitrittskriterien und überwacht die Konvergenzschritte der „Outs" (Art. 47 EZBSatzProt). Durch die Erweiterung der Europäischen Union um zehn neue Länder im Jahr 2004 kann sich die Bedeutung des erweiterten Rates in den kommenden Jahren erhöhen (vgl. *Junius, Kater, Meier* und *Müller* 2002, S. 45 f.).

Beschlüsse des EZB-Rates erfordern in der Regel die einfache Mehrheit der anwesenden (stimmberechtigten) Mitglieder. Bei Gleichheit der Stimmen entscheidet die Stimme des Präsidenten der EZB (Art. 10.2 EZBSatzProt). Ausnahmen bilden Entscheidungen über das Kapital der EZB, über die nationalen Beiträge zu den Währungsreserven sowie über die Gewinnverteilung im Eurosystem. Hierbei werden die Stimmen nach den vollständig eingezahlten Kapitalanteilen gewichtet, und die Direktoriumsmitglieder haben kein Stimmrecht. Als qualifizierte Mehrheit gilt die Zustimmung von Zweidritteln des gezeichneten Kapitals und gleichzeitig die Hälfte der Anteilseigner (Art. 10.3 EZBSatzProt).

Der EG-Vertrag wurde in den letzten Jahren modifiziert und ergänzt (Verträge von Amsterdam 1997 und Nizza 2000). Im Vertrag von Nizza wurden institutionelle Änderungen vereinbart, um neue Länder in die Europäische Union aufnehmen zu können. Dabei wurde auch berücksichtigt, daß die bisherige Konstruktion des EZB-Rates größenbedingt über kurz oder lang an seine Leistungsgrenzen stößt und effiziente Entscheidungsprozesse behindern könnte. Auf Vorschlag der EZB verabschiedete der EU-Rat in der Zusammensetzung der Staats- und Regierungschefs im März 2003 die institutionellen Veränderungen, die von den Mitgliedstaaten in der Folgezeit bis Anfang Mai 2004 ratifiziert wurden.

Auch künftig besteht der EZB-Rat aus den Mitgliedern des Direktoriums und den Präsidenten der nationalen Zentralbanken. Sobald die Zahl der beteiligten Länder am Eurosytem 15 übersteigt, üben die nationalen Vertreter ihr Stimmrecht aber nur noch auf Grundlage eines Rotationssystems aus (zur ausführlichen Beschreibung siehe *Görgens, Ruckriegel* und *Seitz* 2004, S. 69 f.). In Abhängigkeit von ihrer wirtschaftlichen

Bedeutung werden die Mitgliedsländer in unterschiedliche Gruppen eingeteilt. Die ökonomische Bedeutung wird anhand eines Indikators ermittelt, indem das Bruttoinlandsprodukt (Gewicht 5/6) und die Aktiva der aggregierten Bilanz der monetären Finanzin-
stitute eines Landes (Gewicht 1/6) den entsprechenden Größen des Eurosystems gegen-
übergestellt werden. Die ermittelten Gewichte werden dann in einem Rhythmus von
fünf Jahren überprüft.

Beträgt die Zahl der Teilnehmerländer über 15 und unter 22, gibt es eine Übergangs-
lösung, wobei die Länder in zwei Gruppen unterteilt werden. Die fünf Länder mit der
größten ökonomischen Bedeutung werden in der ersten Gruppe zusammengefaßt und
haben insgesamt vier Stimmen, d. h. ein Notenbankpräsident ist jeweils nicht stimmberechtigt. Die restlichen Länder bilden die zweite Gruppe mit insgesamt 11 Stimmen. Für
den Fall, daß lediglich 16 bis 18 Länder am Eurosystem teilnehmen, hätte dies allerdings zur Folge, daß die Präsidenten der ersten Gruppe weniger häufig stimmberechtigt
wären als die Notenbankchefs aus der zweiten Gruppe. Bei dieser Konstellation sind
deshalb alle Präsidenten der ersten Gruppe stimmberechtigt. Sobald die Zahl der beteiligten Länder über 22 liegt, erfolgt eine Aufteilung auf drei Gruppen. Für die erste
Gruppe ergeben sich keine Veränderungen. In der zweiten Gruppe befindet sich dann
die Hälfte aller NZB-Präsidenten. Diese Gruppierung der mittelgroßen Länder hat insgesamt acht Stimmen zur Verfügung. Die verbleibenden kleineren Länder bilden
schließlich eine weitere Gruppe, die lediglich drei Stimmen zur Verfügung hat (vgl.
dazu insbesondere *Europäische Zentralbank* 2003, S. 86). Die Dauer der Rotationsperi-
oden muß noch vom EZB-Rat festgelegt werden. An den Sitzungen des EZB-Rates nehmen aber auch weiterhin alle NZB-Präsidenten des Euro-Währungsgebietes teil. Im
Ergebnis kann festgehalten werden, daß auch nach der Reform des Abstimmungsverfahrens im EZB-Rat die Stimmenmehrheit bei den Vertretern der nationalen Zentralbanken
liegt.

Der förderale Charakter der Europäischen Union spiegelt sich auch in der Struktur
des Eurosystems wider. Der EG-Vertrag versucht, den Bestand und den Einfluß der
nationalen Zentralbanken zu gewährleisten. Die ESZB-Satzung (Art. 12.1 EZBSatzProt)
verpflichtet die EZB, „die nationalen Zentralbanken zur Durchführung von Geschäften,
die zu den Aufgaben des ESZB gehören, in Anspruch" zu nehmen. Dieses Dezentrali-
sierungsgebot für die praktische Umsetzung der Geldpolitik wird allerdings durch den
Nachsatz „soweit dies möglich und sachgerecht erscheint" eingeschränkt. In der geldpolitischen Praxis überläßt die EZB den nationalen Zentralbanken bislang nahezu vollständig die Durchführung der geldpolitischen Geschäfte.

1.2. Ziele der Europäischen Zentralbank

Das vorrangige Ziel des Eurosystems ist die Gewährleistung der Preisstabilität.
Gleich an mehreren Stellen des EU-Vertrages wird darauf Bezug genommen (Art. 4.2,
Art. 105 EGV sowie Art. 2 EZBSatzProt). Ferner stellt der EG-Vertrag im Art. 1 des
Protokolls über die Konvergenzkriterien klar, anhand welcher Größe die Preisstabilität
gemessen werden soll. Aus Sicht des Gesetzgebers lassen sich inflationäre Prozesse
anhand der Verbraucherpreisindizes ermitteln. Hingegen beinhalten weder der EG-
Vertrag noch die zahlreichen Protokolle zum Vertrag Aussagen über die Höhe der Infla-

tionsrate, die mit dem Ziel der Preis(niveau)stabilität vereinbar ist, womit dem Eurosystem die entsprechende Operationalisierung überlassen wird. Im Ergebnis ist die EZB damit die einzige Notenbank der Welt, die eindeutig auf das vorrangige Ziel der Preisstabilität verpflichtet wird.

Nur soweit es ohne Beeinträchtigung des Ziels der Preis(niveau)stabilität möglich ist, soll das Eurosystem die allgemeine Wirtschaftspolitik in der Europäischen Union unterstützen (Art. 105 EGV). Durch den Verweis auf Art. 2 des EG-Vertrags werden zugleich die potentiellen Ziele der Wirtschaftspolitik fixiert. Demzufolge besteht die Aufgabe der Gemeinschaft darin,

> „eine harmonische, ausgewogene und nachhaltige Entwicklung des Wirtschaftslebens, ein hohes Beschäftigungsniveau und ein hohes Maß an sozialem Schutz, die Gleichstellung von Männern und Frauen, ein beständiges, nichtinflationäres Wachstum, einen hohen Grad von Wettbewerbsfähigkeit und Konvergenz der Wirtschaftsleistungen, ein hohes Maß an Umweltschutz und Verbesserung der Umweltqualität, die Hebung der Lebenshaltung und der Lebensqualität, den wirtschaftlichen und sozialen Zusammenhalt und die Solidarität zwischen den Mitgliedern zu fördern."

Auch wenn nicht alle Zielsetzungen des Art. 2 mit Hilfe der Geldpolitik realisierbar erscheinen, verbleiben dennoch eine Reihe von Zielgrößen, die zumindest temporär mit Hilfe geldpolitischer Maßnahmen beeinflußbar sind.

2. Theoretische Grundlagen der Geldpolitik

Inwieweit das System der Europäischen Zentralbanken seine vorgegebenen Ziele erreichen kann, hängt wesentlich davon ab, ob das bestehende geldpolitische Instrumentarium im Sinne einer Ziel-Mittel-Relation generell zur Zielrealisierung geeignet ist oder alternative wirtschaftspolitische Eingriffe einen höheren Zielerreichungsgrad garantieren. Demzufolge müssen die Übertragungskanäle geldpolitischer Impulse – die monetären Transmissionsprozesse – auf den Finanz- und Gütermärkten sowohl zuverlässig identifiziert werden als auch im Sinne einer rationalen Wirtschaftspolitik hinreichend kontrollierbar sein.

2.1. Die Quantitätsgleichung und ihre Implikationen

Ausgangspunkt der monetären Transmissionsanalyse ist die Quantitäts- beziehungsweise Verkehrsgleichung von *Irving Fisher* in der Form

(1) $M \cdot V = Y^r \cdot P^Y = Y^n.$

Dabei bezeichnet M die nominale Geldmenge, V die Umlaufgeschwindigkeit des Geldes, Y^r den realen Output beziehungsweise das reale Bruttoinlandsprodukt, P^Y das Preisniveau beziehungsweise den Deflator des Bruttoinlandsprodukts und Y^n das nominale Bruttoinlandsprodukt. Gemäß der Quantitätsgleichung entspricht das Produkt aus Geldmenge und Umlaufgeschwindigkeit des Geldes dem Produkt aus dem realen Inlandsprodukt und dem allgemeinen Preisniveau.

Abgestellt auf Änderungsraten, wobei die Kleinbuchstaben jeweils die logarithmierten Werte der Ausgangsvariablen repräsentieren, ergibt sich

(2) $\Delta m_t + \Delta v_t = \Delta p_t + \Delta y_t^r.$

Veränderungen der Geldmenge Δm_t sind demzufolge immer mit Anpassungen der Umlaufgeschwindigkeit Δv_t oder mit Mengen- bzw. Preisreaktionen ($\Delta p_t + \Delta y_t^r$) auf den Güter- und Faktormärkten verbunden. Dabei wird eine eindeutige Kausalrichtung vom monetären in den realen Sektor der Volkswirtschaft vorgegeben. Die Übertragung monetärer Impulse (Δm_t) auf den realen Sektor der Volkswirtschaft erfordert eine Veränderung der monetären Gesamtnachfrage ($\Delta m_t + \Delta v_t$), andernfalls werden die Geldmengeneffekte ausschließlich durch einen Anstieg beziehungsweise eine Reduktion der (gewünschten) Kassenhaltung im Sinne der keynesianischen Liquiditätsfalle neutralisiert. Notwendige Bedingung für die Wirksamkeit monetärer Impulse auf den Güter- und Faktormärkten ist – insbesondere aus Sicht der geldpolitischen Entscheidungsträger – somit eine hinreichende Stabilität der Umlaufgeschwindigkeit beziehungsweise die Prognostizierbarkeit ihres Entwicklungspfades.

2.2. Der Transmissionsprozeß monetärer Impulse

Erst die funktionelle Stabilität der Umlaufgeschwindigkeit (Geldnachfrage) begründet eine Theorie zur Erklärung des Geldmengeneinflusses auf das nominale Inlandsprodukt einer Volkswirtschaft. Aussagen über die weitere Aufteilung der Wirkungen monetärer Impulse auf Realeinkommen und Preisniveau werden allerdings noch nicht gemacht und erfordern die Einführung weiterer Hypothesen. Unabhängig von der theoretischen Grundausrichtung wird heute allgemein akzeptiert, daß monetäre Impulse einen Einfluß auf die Güter- und Faktormärkte, d. h. auf die rechte Seite der Quantitätsgleichung ausüben.

Die Art und Weise, wie geldpolitische Maßnahmen den Wirtschaftskreislauf beeinflussen, bezeichnet man als *Transmissionsmechanismus* der Geldpolitik. Die vorhandenen Wirkungsmechanismen sind kompliziert und bislang nur unzureichend identifiziert, zudem besteht die Gefahr, daß sie sich im Zeitablauf verändern. In der geldtheoretischen Literatur (siehe dazu *Mishkin* 2001, S. 648 ff. und *Thieme* 2003, S. 21 ff.) werden inzwischen eine Vielzahl von unterschiedlichen Wirkungskanälen wie der Zinskanal, der Wechselkurskanal, der Kreditkanal oder der Kanal der relativen Preise beschrieben. Viele dieser Kanäle analysieren spezifische Wirkungsmechanismen monetärer Impulse auf die reale und nominale Wirtschaftsaktivität.

2.2.1. Die monetaristische Konzeption

Aus Sicht der monetaristischen Theorie halten die Akteure ihr Vermögen in gut diversifizierten Portefeuilles aus unterschiedlichen Anlageformen, bestehend aus Geld, Anleihen, Aktien bis hin zum Humanvermögen. Die Struktur der Portefeuilles wird durch die pekuniären und nicht-pekuniären Erträge der Anlageformen geprägt: Im Sinne eines mikroökonomischen Optimierungskalküls wird ein Ausgleich der gewogenen Grenzerträge aller Anlageformen angestrebt. Die nicht-pekuniären Erträge der Geldhaltung (Nominalwertsicherheit, hohe Liquidierbarkeit, geringer Informationsbedarf) werden dabei mit den Zins- oder Dividendenerträgen anderer Anlagen verglichen. Jeder unerwartete monetäre Impuls zerstört das bestehende Gleichgewicht der relativen Ertragssätze. Die Marktteilnehmer versuchen in der Folgezeit, die tatsächliche Kassenhaltung wieder an die gewünschte (optimale) Geldnachfrage anzupassen und lösen damit eine ganze Kette von Veränderungen relativer Preise aus. Die Anpassungsprozesse bleiben dabei nicht auf die Finanzmärkte beschränkt, sondern erreichen auch die Realkapitalmärkte. Sobald der Preis für bestehendes Realkapital vom Preis für neuzuschaffendes Realkapital abweicht (das Verhältnis von Marktwert eines Wirtschaftsgutes zu seinen Wiederbeschaffungskosten bezeichnet man als *Tobin*'s q), werden die Marktteilnehmer ihre bisherigen Investitionsentscheidungen korrigieren. Kommt es beispielsweise im Zuge geldpolitischer Maßnahmen zu einem Anstieg der Aktienkurse (Preis für bestehendes Realkapital steigt, seine Rendite sinkt), werden die Marktteilnehmer ihre Nachfrage nach dem vergleichsweise preiswerten neuen Realkapital erhöhen, also ihre Investitionsnachfrage ausweiten. Welchen Weg die Reaktionskette von Markt zu Markt einschlägt und mit welcher Geschwindigkeit die Ertragssätze reagieren, hängt von der relativen Höhe der Informations- und Transformationskosten bzw. der Risiken einzelner Aktiva ab.

Expansive monetäre Impulse senken beispielsweise die Refinanzierungskosten von Geschäftsbanken und zerstören bestehende Portfoliogleichgewichte bei den Kreditinstituten. Die Banken versuchen zunächst, ihre überschüssige Liquidität über ein verstärktes Angebot auf den Märkten für kurzfristige Kredite abzubauen, so daß auf den Interbankenmärkten mit einem Rückgang der Zinssätze zu rechnen ist und sich die Refinanzierungsbedingungen nachhaltig verbessern. Die Kreditinstitute werden in der Folgezeit sowohl die Portfoliostrukturen auf der Aktiv- als auch auf der Passivseite ihrer Bilanzen überprüfen und modifizieren. Sie erhöhen einerseits die direkte Kreditvergabe und andererseits ihre Eigenbestände an Wertpapieren. Die gestörten Portfoliogleichgewichte und induzierten Substitutionseffekte zwischen den Kreditmarktsegmenten führen letztlich zu einem gleichgerichteten Rückgang der Zinsen bzw. zu einem Anstieg der Vermögenspreise. Auftreten und Ausmaß der beschriebenen Liquiditätseffekte hängen allerdings entscheidend von den *Erwartungen* der Marktteilnehmer über die künftige Ausgestaltung der Geldpolitik und die damit verknüpften Inflationsprozesse ab. Aufgrund bestehender Transaktionskosten werden sich die Portfolioanpassungen nicht unmittelbar auf den Güter- und Arbeitsmärkten niederschlagen. Sofern der zinsbedingte Nachfrageanstieg auf den realen Sektor zeitverzögert einsetzt, kompensiert zunächst eine sinkende Umlaufgeschwindigkeit der Geldmenge die erforderlichen Anpassungsprozesse im realen Sektor der Volkswirtschaft. Verliert die Umlaufgeschwindigkeit aufgrund der zunehmenden Vermögens- und Substitutionsprozesse sukzessive ihre Absorptionsfunktion, führen die expansiven monetären Impulse zu einem Anstieg der zinsabhängigen Konsum- und Investitionsgüternachfrage.

Treffen die Akteure ihre Mengenentscheidungen ausschließlich anhand von relativen Preisen, begründen fehlerhafte Inflationsprognosen aufgrund unvollständiger Informationen das Auftreten realwirtschaftlicher Effekte und verhindern in der kurzen Frist eine vollständige realwirtschaftliche Neutralität monetärer Impulse. Unterschätzen die Güteranbieter im Fall eines expansiven Impulses kurzfristig das (nicht direkt beobachtbare) Inflationspotential und interpretieren den nachfragebedingten Anstieg ihrer Einzelpreise als Verbesserung ihres relativen Preises, werden sie ihr Güterangebot erhöhen (Realeinkommenseffekt). In ähnlicher Weise werden auch die Arbeitsanbieter bei steigenden Nominallohnsätzen reagieren, wenn sie diese als einen Reallohnanstieg fehlinterpretieren. Mit zunehmender Dauer erhalten die Marktteilnehmer weitere Informationen über die Entwicklung des gesamtwirtschaftlichen Preisniveaus. Sie werden ihre Inflationserwartungen nach oben revidieren (Inflationserwartungseffekt), und die mangelnde Fähigkeit zur Diskriminierung von relativen und absoluten Preisänderungen („Absolute/Relative"- bzw. „Local/Global"-Inferenzproblem) wird beseitigt (*Lucas* 1975). Die Akteure werden ihre ursprünglichen Mengenanpassungen korrigieren und das Güterangebot wieder zurückfahren, wobei kurzfristige Overshooting-Effekte auftreten können (*Cassel* 1995). Die steigende gesamtwirtschaftliche Nachfrage wird ab diesem Zeitpunkt nur noch über die Preisniveaukomponente absorbiert, mithin also über einen weiteren Anstieg der Inflationsrate.

In der Literatur werden die Annahmen des Local/Global-Inferenzproblems in Frage gestellt, insbesondere das bestehende Informationsdefizit der Akteure im Hinblick auf das aktuell vorherrschende Preisniveau. Deshalb wird alternativ ein Temporary/Permanent-Inferenzproblem begründet (*Barro* 1981). Die Marktteilnehmer kennen zwar das aktuelle Preisniveau, wissen aber nicht, ob auftretende Inflationsprozesse permanenter oder transitorischer Natur sind. Im Fall temporärer Effekte würden die Akteure – trotz aktuell unveränderter relativer Preise – ihr Angebot auf Basis intertemporaler Entscheidungsprozesse anpassen. Im vorliegenden Beispiel eines expansiven Impulses könnte dies zu einem Produktionsanstieg führen, da steigende Erlöse aufgrund steigender Preise bei einem zukünftig wieder sinkenden Preisniveau eine zusätzliche Kaufkraft bewirken würde. Identifizieren die Marktteilnehmer die steigenden Inflationsraten aber sukzessive als ein permanentes Phänomen, werden sie ihre Produktions- und Angebotsentscheidungen revidieren. Der gesamtwirtschaftliche Nachfrageanstieg wird ausschließlich über die Preisniveaukomponente absorbiert. Die Attraktivität des Temporary/Permanent-Inferenzproblems begründet sich nicht zuletzt aus der Tatsache, daß das Modell eine Erklärung für auftretende Preisträgheiten liefern kann (*Michler* 1992).

Mit steigendem Informationsstand der Marktteilnehmer werden die realwirtschaftlichen Effekte monetärer Impulse aufgrund der sinkenden Inferenzprobleme immer weiter abnehmen. Die Modelle der Neuen Klassischen Makroökonomie postulieren deshalb die Superneutralität systematischer monetärer Impulse bei vollständiger Informationsauswertung (rationaler Erwartungsbildung) und vollständig flexiblen Preisen: Die Volkswirtschaft wird durch einen direkten Anstieg des Preisniveaus „kurzgeschlossen". Nur noch unsystematische monetäre Schocks sind in der Lage, sehr kurzfristige Angebotseffekte auf Güter- und Arbeitsmärkten auszulösen.

Angesichts bestehender Informationsbeschaffungs- und Informationsverarbeitungskosten erscheint die Annahme rationaler Erwartungsbildung wenig realistisch. Zuverlässige Aussagen über die kurz- und mittelfristige Aufteilung monetärer Impulse in Preis- und Mengeneffekte („Splitting-Problem") sind deshalb nicht möglich. Die Komplexität und die Variabilität des Transmissionsprozesses monetärer Impulse verhindern aus Sicht des Monetarismus eine systematische Nutzung der Geldpolitik im Sinne einer aktiven Konjunktursteuerung. Vielmehr ist eine Verstetigung der Geldpolitik anzustreben; sie erleichtert die Erwartungsbildung und erhöht die Planungssicherheit der Marktteilnehmer. Im Ergebnis bewirkt diese geldpolitische Strategie auch eine Verstetigung im Auslastungsgrad des Produktionspotentials.

2.2.2. Die Erklärungsansätze der Neuen Keynesianischen Ökonomik

Die Erklärungskraft der monetaristischen Theorie ist in den beiden letzten Dekaden immer mehr in Frage gestellt worden. Der enge Zusammenhang zwischen der Geldbasis, den Geldmengenaggregaten und den potentiellen Endzielen geldpolitischer Maßnahmen wie Konjunkturstabilisierung und Inflationsvermeidung ist in vielen Ländern scheinbar zusammengebrochen.

Die Modelle der Neuen Keynesianischen Ökonomik (NKÖ), die in den letzten zwei Dekaden entwickelt wurden, versuchen vorhandene Erklärungsdefizite zu beheben. Sie verbinden keynesianische Elemente wie Preisinflexibilität oder Koordinationsfehler auf den Märkten mit dem Modell rationaler Erwartungen und der Existenz eines natürlichen Beschäftigungs- bzw. Outputniveaus. Die zahlreichen NKÖ-Modelle lassen sich in drei Kategorien untergliedern: Modelle, die von Preisträgheiten auf den Waren- und Dienstleistungsmärkten ausgehen, Modelle, die Nominallohn- bzw. Reallohninflexibilitäten unterstellen, sowie Ansätze, die die Existenz unvollständiger Informationen bzw. Risikoaversion modellieren (*Knoop* 2004, S. 109 ff.).

Obwohl sich die Modelle deutlich unterscheiden, haben sie dennoch ein wichtiges gemeinsames Element. Sie gehen von der Annahme des unvollständigen Wettbewerbs aus, der sich in Koordinationsfehlern auf den Märkten widerspiegelt und Ursache für konjunkturelle Schwankungen der Volkswirtschaft ist. Realwirtschaftliche Effekte monetärer Impulse lassen sich demzufolge nicht nur mit der Inferenzproblematik bei fehlerhafter Erwartungsbildung, sondern auch mit Antizipationshemmnissen auf den Märkten begründen. Solange die Preise als Absorptionskanal ausfallen beziehungsweise nur bedingt zur Verfügung stehen, kommt es entweder zu Mengenanpassungen oder zu Rationierungseffekten.

Träge Preisanpassungen auf den Gütermärkten lassen sich in unterschiedlicher Weise erklären:

– Auf vielen Gütermärkten mit unvollständigem Wettbewerb können die Unternehmen im Sinne einer monopolistischen Konkurrenz Preise innerhalb einer bestimmten Spanne frei setzen, ohne daß sie einen vollständigen Rückgang der Nachfrage befürchten müssen. Beide Marktseiten sind häufig nicht daran interessiert, laufend neue Gleichgewichtspreise im Sinne eines Auktionsverfahrens zu ermitteln. Die Transaktionskosten übersteigen im Zweifelsfall die erwarteten Vorteile aus den Verhandlungen. Sofern die Preise über einen längeren Zeitraum festgelegt werden, verursacht jede potentielle Preisänderung Anpassungskosten. Änderungen der Preise müssen die Unternehmen den Nachfragern (Mitarbeitern) anzeigen (Neudruck von Katalogen; Übersendung neuer Preislisten etc.). Derartige Menükosten wirken in vielen Fällen prohibitiv, d. h. nur wenn die potentiellen Preisänderungen ausreichend groß sind bzw. die Preisänderungen als dauerhaft betrachtet werden, erfolgt eine rasche Anpassung.

– Die Unternehmen versuchen, dauerhafte Kundenbeziehungen (sogenannte Kundenmärkte) aufzubauen, und werden deshalb kurzfristig veränderte Marktkonstellationen (Verschiebungen der Nachfragekurve; veränderte Kostenstrukturen aufgrund von veränderten Preisen auf vorgelagerten Märkten) nicht über die Preise weiterge-

ben. Die Stabilität der Preise über einen längeren Zeitraum erhöht die Kalkulations-
sicherheit der Kunden und damit die Bindung an das Unternehmen.

–   Viele Preise basieren auf einer Aufschlagskalkulation (markup-pricing), d. h. die
    Unternehmen schlagen lediglich einen konstanten Prozentsatz auf ihre Produktions-
    kosten auf und erhalten somit eine konstante prozentuale Gewinnspanne. Diese
    Kalkulation läßt sich im Unternehmen leicht kommunizieren und gegenüber Kun-
    den rechtfertigen. Unternehmen, die einer solchen Strategie folgen, passen ihre
    Preise nur dann an, wenn sich auch ihre Kosten verändern. Nachfrageverschiebun-
    gen spielen für die Preisgestaltung keine Rolle.

–   Die Preisgestaltung eines Unternehmens hängt häufig von den Preisen konkurrie-
    render Unternehmen ab. Auf Märkten mit wenigen Anbietern (oligopolistische
    Marktstruktur) verbessern Preissteigerungen möglicherweise die Wettbewerbssitua-
    tion der Konkurrenten. Solange deren Verhalten nicht bekannt ist, verzichten An-
    bieter häufig auf Preisanpassungen (strategisches Preissetzungsverhalten; Orientie-
    rung an „relativen" Preisen).

Für eine unzureichende Lohnflexibilität lassen sich ebenfalls eine Reihe mikroöko-
nomisch fundierter Argumente liefern:

–   Im Rahmen von expliziten Lohnkontrakten sind Gewerkschaften in der Lage, kon-
    stante Nominallöhne für einen bestimmten Zeitraum auszuhandeln. In Branchen mit
    einem vergleichsweise homogenen Produktionsfaktor Arbeit reduzieren Flächenta-
    rifverträge die Kosten einer laufenden Neufestlegung von Löhnen sowie die Gefahr
    von Arbeitskämpfen. Sofern die Lohnkontrakte in einzelnen Branchen zeitversetzt
    ausgehandelt werden, lassen sich gesamtwirtschaftlich über einen längeren Zeit-
    raum träge Lohnanpassungen konstatieren.

–   Sofern eine laufende Überwachung der Arbeitsqualität von Mitarbeitern nicht mög-
    lich ist, erfolgt ihre Bewertung in regelmäßigen Zeitabständen. Diese Zeitabstände
    hängen wiederum von den entstehenden Kosten ab und erfolgen üblicherweise im
    halbjährlichen oder jährlichen Rhythmus. In der Zwischenzeit werden die Löhne in
    der Regel nicht angepaßt und weisen demzufolge gewisse Inflexibilitäten auf. Man
    spricht in diesem Fall von impliziten Lohnkontrakten.

–   In vielen Ländern existieren gesetzliche Mindestlöhne, die die Lohnflexibilität nach
    unten begrenzen. Diese Mindestlöhne sind insbesondere in jenen Branchen wirk-
    sam, die durch einen hohen Anteil an ungelernten oder unerfahrenen Arbeitskräften
    gekennzeichnet sind.

–   Insider/Outsider-Modelle erklären bestehende Lohninflexibilitäten aus der unter-
    schiedlichen Interessenslage von Arbeitsplatzbesitzern („Insidern"), die – durch
    Gewerkschaften vertreten – nicht bereit sind, Lohnzugeständnisse zu machen, um
    damit Arbeitslosen („Outsidern") eine Beschäftigungsmöglichkeit zu eröffnen.

–   Effizienzlohnmodelle erklären, warum Unternehmen bereit sind, ihren Mitarbeitern
    Löhne zu zahlen, die höher liegen als der jeweils herrschende Gleichgewichtslohn.
    Die Unternehmen gehen davon aus, daß mit steigenden Reallohnsätzen auch die
    nicht direkt kontrollierbare Arbeitsproduktivität steigt und vice versa.

In vielen Modellen der Neuen Keynesianischen Makroökonomik kommt dem Zinskanal eine zentrale Bedeutung im Transmissionsprozeß zu. Durch diesen Kanal führt eine expansive Geldpolitik zum Absinken der kurzfristigen Marktzinssätze. Infolgedessen sinken der Realzinssatz sowie die Kapitalkosten, und daher steigen die Investitionen. Darüber hinaus sparen Konsumenten weniger, und zukünftiger Konsum wird durch heutigen Konsum im Rahmen eines intertemporalen Optimierungskalküls ersetzt. Infolge dessen kommt es über den Anstieg der gesamtwirtschaftlichen Nachfrage zu einer konjunkturellen Belebung.

Faßt man die Aussagen der makroökonomischen Theorien zusammen, bleibt festzuhalten, daß Notenbanken in der langen Frist lediglich die Preisniveaustabilität mit Hilfe ihres geldpolitischen Instrumentariums sicherstellen können. Im Sinne der Quantitätstheorie ist und bleiben inflationäre Prozesse langfristig ein monetäres Phänomen. Diesbezüglich herrscht zwischen den Vertretern der wichtigsten makroökonomischen Theorien gegenwärtig kein wesentlicher Dissens. Kurz- und mittelfristig auftretende Realeffekte sind hingegen das Ergebnis von Erwartungsfehlern der Marktteilnehmer beziehungsweise vorhandener Antizipationshemmnisse auf den Güter- und Faktormärkten. Hinsichtlich des Wirkungsgrades monetärer Impulse besteht zwischen den neueren makroökonomischen Erklärungsansätzen somit auch kein Unterschied; geldpolitische Impulse verpuffen nicht einfach in Liquiditäts- oder Investitionsfallen im Sinne des traditionellen Keynesianismus, sondern haben ganz erhebliche Auswirkungen auf die konjunkturelle Entwicklung.

Ob und inwieweit eine aktive Geldpolitik zu einer Konjunkturstabilisierung beitragen oder vorhandene Schwankungen im Auslastungsgrad der Produktionsfaktoren sogar verstärken kann (Politikversagen), bleibt hingegen umstritten. Während Vertreter des Monetarismus die Möglichkeiten einer aktiven Geldpolitik aufgrund vorhandener Informationsdefizite in bezug auf die time-lag-Strukturen und die genauen Transmissionsprozesse auch weiterhin eher skeptisch beurteilen, sind die Vertreter der Neuen Keynesianischen Ökonomik deutlich optimistischer. Sie gehen davon aus, daß geldpolitische Eingriffe auftretende Konjunkturschwankungen dämpfen oder sogar vollständig beseitigen können.

Vor dem Hintergrund des damit teilweise weiter bestehenden Theorienstreits mußte die Europäische Zentralbank ihre Geldpolitik umsetzen. Während das vorrangige Ziel der Preisniveaustabilität aus theoretischer Sicht mit Hilfe des geldpolitischen Instrumentariums realisiert werden kann, läßt sich die Forderung des EG-Vertrages nach einer Unterstützung der allgemeinen Wirtschaftspolitik theoretisch nicht zweifelsfrei ableiten. Dies eröffnet der Europäischen Zentralbank trotz einer klaren Zielhierarchie gewisse Spielräume in der Ausgestaltung ihrer Geldpolitik. Inwieweit diese Möglichkeiten in der geldpolitischen Praxis ausgeschöpft werden, hängt dabei nicht zuletzt von der theoretischen Grundausrichtung der volkswirtschaftlichen Abteilung bzw. ihres ChefVolkswirtes ab, die die geldpolitischen Entscheidungen im Zentralbankrat vorbereiten.

3.   Keine Geldpolitik ohne geldpolitische Strategie

3.1.   Komponenten einer geldpolitischen Strategie

Notenbanken können ihre geldpolitischen Endziele („goals", „final targets") – wie Preisniveaustabilität oder Konjunkturstabilisierung – aufgrund von Wirkungsverzögerungen („time lags") und unvollständigen Kenntnissen über die genauen Übertragungskanäle geldpolitischer Maßnahmen nicht direkt steuern. Deshalb werden geldpolitische Strategien formuliert, die die konzeptionelle Vorgehensweise von Notenbanken zur Verfolgung ihrer angestrebten Endziele festlegen. Diese Strategien erfassen den gesamten Übertragungsprozeß geldpolitischer Impulse, vom Instrumenteneinsatz über operative Ziele („operational targets") und Zwischenziele („intermediate targets") bis hin zu den Endzielen (Abbildung 1). Durch die zeitliche Zerlegung der Transmissionskanäle erhält die Notenbank schnellere und zuverlässigere Informationen über potentielle Fehlentwicklungen und kann Korrekturen einleiten. Die geldpolitische Strategie soll dabei sowohl den Entscheidungsprozeß innerhalb der Notenbank erfassen als auch die Darstellung und Begründung geldpolitischer Entscheidungen gegenüber den Marktteilnehmern erleichtern (vgl. beispielsweise *Michler* 2006).

Abbildung 1:   Komponenten einer geldpolitischen Strategie

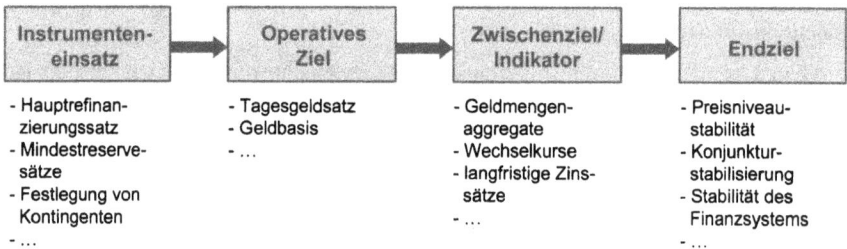

Instrumenten-einsatz	Operatives Ziel	Zwischenziel/ Indikator	Endziel
- Hauptrefinan-zierungssatz - Mindestreserve-sätze - Festlegung von Kontingenten - ...	- Tagesgeldsatz - Geldbasis - ...	- Geldmengen-aggregate - Wechselkurse - langfristige Zins-sätze - ...	- Preisniveau-stabilität - Konjunktur-stabilisierung - Stabilität des Finanzsystems - ...

Ausgangspunkt jeder Strategie sind geldpolitische Instrumente als die eigentlichen Werkzeuge der Notenbank zur Durchsetzung operativer Ziele. Die Europäische Zentralbank verwendet Offenmarktgeschäfte, ständige Fazilitäten und Mindestreserven als Instrumente. Bei den Offenmarktgeschäften handelt es sich um geldpolitische Operationen, die auf Initiative der EZB durchgeführt werden. Mit Hilfe dieser Transaktionen stellt die EZB die Grundversorgung mit Zentralbankgeld sicher und beeinflußt die Konditionen auf den Finanzmärkten. Im Rahmen dieser Geschäfte kann die EZB Preis- und Mengengrößen festsetzen. Bei den ständigen Fazilitäten geht die Initiative hingegen von den monetären Finanzinstituten aus. Im Rahmen der Spitzenrefinanzierungsfazilität können sich Geschäftsbanken bis zum nächsten Tag Liquidität bei der Notenbank beschaffen bzw. im Rahmen der Einlagefazilität über Nacht Liquidität parken. Die Konditionen sind dabei so gestaltet, daß sie die Offenmarktoperationen der EZB nicht beeinträchtigen. Im Rahmen der Mindestreserve sind die Kreditinstitute verpflichtet, für bestimmte Verbindlichkeiten in Höhe eines festgelegten Prozentsatzes Guthaben beim Eurosystem zu halten. Auf Basis der Mindestreserve kann die EZB die strukturelle Liquiditätsknappheit der Geschäftsbanken verändern (Anbindungsfunktion) und die Entwicklung der Zinssätze auf den Märkten für kurzfristige Kredite (Geldmarktsätze) stabilisieren (Stabilisierungsfunktion).

Operative Ziele der Geldpolitik sind ökonomische Variablen, die eine Notenbank mit Hilfe ihrer Instrumente kontrollieren kann und sollte. Heutzutage werden kurzfristige Geldmarktzinssätze – beispielsweise der Tagesgeldsatz – von fast allen Notenbanken, so auch von der EZB, als operative Zielgrößen angesehen. Alternativ könnte aber auch eine Mengengröße wie die Geldbasis herangezogen werden. Die Notenbank versucht in diesem Fall, den Bargeldumlauf zuzüglich der Reservehaltung von Geschäftsbanken zu steuern.

Geldpolitische Zwischenziele sind Variablen, die eine Notenbank mit einer gewissen zeitlichen Verzögerung und nur mit einer relativen Genauigkeit steuern kann und die in einem stabilen bzw. hinreichend prognostizierbaren Zusammenhang mit den Endzielen der Geldpolitik stehen sollten (*Issing* 1996, S. 167 f.). Derartige Variablen können mehr oder minder eng abgegrenzte Geldmengenaggregate sein, aber auch Wechselkurse, längerfristige Zinssätze oder das Nominaleinkommen (siehe beispielsweise *Siebke* 1995). Dabei wird unterstellt, daß die Notenbank über die Steuerung der operativen Ziele einen hinreichenden Einfluß auf die Zwischenziele ausübt. Die Bedeutung von Zwischenzielen hat in der geldpolitischen Praxis während der beiden letzten Dekaden spürbar nachgelassen. Insbesondere die Rolle der Geldmenge wird in Frage gestellt, da sich scheinbar die empirischen Zusammenhänge zwischen den Geldmengenaggregaten und möglichen Endzielen wie Preisniveaustabilität und Realeinkommensgrößen in vielen Ländern signifikant abgeschwächt haben. Sofern man auf die Zwischenzielvariablen nicht vollständig verzichtet, werden sie häufig nur noch als Indikatorvariablen interpretiert.

Die Finalziele – wie Preisniveaustabilität oder Konjunkturstabilisierung – stehen schließlich am Ende der Strategie und sollten mit Hilfe geldpolitischer Maßnahmen realisierbar sein. Sofern die Notenbank explizite Zwischenziele formuliert, läßt sich die bestehende Zielhierarchie in zwei Stufen zerlegen (zweistufige geldpolitische Strategie). Die erste Ebene beschreibt das Verhältnis von operativen Zielen und Zwischenzielen, die zweite Ebene die Relation von Zwischen- und Endzielen. Verzichtet man auf die Formulierung von Zwischenzielgrößen und steuert das Endziel direkt über die operativen Ziele an, ergibt sich eine einstufige geldpolitische Strategie (*Görgens, Ruckriegel* und *Seitz* 2004, S. 108 ff.).

Zweifel an den Interdependenzen zwischen Geldmengenaggregaten und den Endzielen wie Preisniveaustabilität oder Konjunkturstabilisierung begründeten in vielen Ländern eine Abkehr von geldpolitischen Strategien unter Berücksichtigung expliziter Zwischenziele. Im Fall der direkten Inflationssteuerung („Inflation Targeting") orientieren Notenbanken ihre Geldpolitik statt dessen direkt an der Inflationsentwicklung. Dabei laufen sie allerdings Gefahr, daß ihre geldpolitischen Maßnahmen aufgrund von time lags zu spät wirken und prozyklische Effekte auslösen. Vor diesem Hintergrund müssen geldpolitische Eingriffe auf das erwartete Inflationspotential ausgerichtet werden, d. h. die Strategie basiert auf einer Steuerung der prognostizierten Inflationsrate. Sobald das vermutete Inflationspotential vom formulierten Inflationsziel abweicht, bedarf es geldpolitischer Eingriffe. In dieser Interpretation läßt sich das prognostizierte Inflationspotential, d. h. Inflationserwartungen auf Basis aller relevanten Informationen, als eine Art Zwischenzielgröße auffassen.

3.2. Die Zwei-Säulen-Strategie der EZB

3.2.1. Argumente für eine zweidimensionale Strategie

Die konträren Standpunkte der volkswirtschaftlichen Experten über die optimale Ausgestaltung der Geldpolitik spiegeln sich auch im Konzept der EZB wider. Die Europäische Zentralbank verfolgt eine geldpolitische Strategie, die einzelne Elemente aus einer geldmengenorientierten Strategie und einer direkten Inflationssteuerung miteinander verbindet. Sie basiert auf zwei Säulen („Zwei-Säulen-Strategie"; „two-pillars-concept"; siehe dazu die Übersicht 10 im Beitrag *Smeets*), einer Geldmengenstrategie in der ersten Säule („monetäre Analyse") und der Auswertung einer Vielzahl von Konjunktur- und Finanzmarktindikatoren zur Einschätzung von Preisrisiken in der zweiten Säule („wirtschaftliche Analyse").

Der Rückgriff auf eine geldmengenorientierte Strategie konnte mit den stabilen Zusammenhängen zwischen dem Tagesgeldsatz (operatives Ziel), dem breit gefaßten Geldmengenaggregat M3 und der inflationären Entwicklung begründet werden (vgl. *Nicoletti-Altimari* 2001). Die Ergänzung der monetären Analyse durch eine zweite Säule läßt sich nicht nur politökonomisch begründen, sondern auch aus der besonderen Situation zu Beginn der Währungsunion im Jahr 1999 ableiten. So fand zu diesem Zeitpunkt ein Regimewechsel statt, dessen Auswirkungen nicht zuverlässig prognostiziert werden konnten.

Im Vorfeld der Währungsunion wurden mit EWU-weiten Geldmengenaggregaten Stabilitätsanalysen zur Geldnachfrage durchgeführt, die für die breiten Geldmengenaggregate fast durchgängig positive Ergebnisse lieferten (siehe dazu die Übersicht bei *Görgens, Ruckriegel* und *Seitz* 2004, Tabelle II. 2.5, S. 181). Dabei konnten allerdings die Auswirkungen einer einheitlichen Geldpolitik und die verstärkten Integrationsprozesse auf den Güter- und Finanzmärkten infolge der Währungsunion noch nicht berücksichtigt werden. Die festgestellte Stabilität der europäischen Geldnachfrage war möglicherweise die Folge der asymmetrischen Funktionsweise des Europäischen Währungssystems. In diesem System gab die Deutsche Bundesbank den geldpolitischen Kurs vor, und andere EWS-Länder versuchten, den Wechselkurs ihrer Währung gegenüber der DEM zu stabilisieren. Sie importierten demzufolge die geldpolitische Ausrichtung der Bundesbank und damit deren stabilitätspolitische Glaubwürdigkeit. Mit dem Übergang zur einheitlichen Geldpolitik im Januar 1999 entfielen diese asymmetrischen Effekte, wodurch potentielle Instabilitäten in der Geldnachfrage entstehen konnten. Ferner bestand die Gefahr, daß Geldnachfrageschocks, die früher auf einzelne Länder unterschiedlich einwirkten, künftig einen stärkeren Gleichlauf aufweisen würden, da sie auf gemeinsame Ursachen zurückgeführt werden.

Auch der Bedarf an Zentralbankgeld für Transaktionszwecke und das Portfolioverhalten der Marktteilnehmer waren nur bedingt abschätzbar. In dem Maße, wie der Euro als internationale Anlagewährung zur ernsthaften Konkurrenz gegenüber dem USD würde, würde die Gefahr steigen, daß Geldmengenaggregate aufgrund zunehmender

internationaler Kapitalbewegungen einen Teil ihrer Aussagekraft verlieren. Die zunehmende Integration der europäischen Finanzmärkte, die erhöhte Koordination der nationalen Wirtschaftspolitiken sowie der steigende Wettbewerb zwischen den europäischen
Finanzinstituten bargen weitere Unsicherheitsmomente. Darüber hinaus war überhaupt
nicht klar, wie sich der finanzielle Innovationsprozeß im Euro-Raum weiterentwickelt.
Die Stabilität der Geldnachfrage im Vorfeld der Währungsunion konnte nicht zuletzt
durch die geringe Bedeutung von Finanzinnovationen in einigen Euro-Ländern, speziell
Deutschland, erklärt werden. Gerade diese Finanzinnovationen waren aber ursächlich
für die Abkehr von einer geldmengenorientierten Strategie in den USA und Großbritannien.

Angesichts dieser Unwägbarkeiten stellte die Wahl einer Zwei-Säulen-Strategie eine
vernünftige Entscheidung dar. Der mangelnde Informationsgehalt von Geldmengenaggregaten im Übergangsprozeß gefährdete den Erfolg einer rein geldmengenorientierten
Strategie und hätte den Reputationsaufbau des ESZB und die Glaubwürdigkeit ihrer
Geldpolitik erschwert (*Leschke* 2001). Durch die Zusatzinformationen aus der zweiten
Säule konnte man flexibel auf die Bedürfnisse des neuen Währungsraumes reagieren,
ohne das Ziel der Preisniveaustabilität zu gefährden und ohne die mittelfristige Geldmengenorientierung aufgeben zu müssen. Nach Abschluß der Übergangsphase und steigender Aussagekraft der Geldmengenaggregate bestünde zudem die Möglichkeit, die
Bedeutung der zweiten Säule für die geldpolitischen Entscheidungen sukzessive zu senken.

Für eine längerfristig angelegte Rolle der zweiten Säule spricht zudem die Tatsache,
daß der Zusammenhang zwischen den monetären Aggregaten und den Inflationsprozes-
sen kurzfristig durch eine Vielzahl von (preisbestimmenden) Faktoren überlagert wird.
Da sich diese Einflüsse verfestigen können, sind sie in der kurzen Frist durchaus geldpolitisch relevant. Vor diesem Hintergrund können sie in der zweiten Säule sorgfältig
analysiert und in die geldpolitischen Entscheidungsprozesse einbezogen werden.

3.2.2. Ausgestaltung der 2-Säulen-Strategie

In der ersten Säule wird für die Wachstumsrate des Geldmengenaggregates M3 ein
sogenannter Referenzwert für die mittlere Frist festgelegt, der sich theoretisch aus der
Quantitätsgleichung (2) ableiten läßt. Er wurde in der Anfangsphase der Währungsunion jährlich überprüft, um ihn gegebenenfalls an veränderte Entwicklungen in seinen
einzelnen Komponenten anpassen zu können. Seit dem Start der Währungsunion im
Januar 1999 geht die EZB unverändert von einer jährlichen Wachstumsrate für M3 von
4,5 % aus (zur numerischen Ableitung des Referenzwertes siehe den Beitrag von
Smeets).

Starke Abweichungen der tatsächlichen Geldmengenentwicklung vom Referenzwert
werden als mögliches Warnsignal für mittelfristig steigende Inflations- oder Deflationsrisiken interpretiert, lösen aber *keine zwangsläufige Korrektur* der Geldpolitik aus. Der
Referenzwert besitzt demzufolge nicht die Eigenschaften einer strikt einzuhaltenden
Zwischenzielvariablen, sondern ist vielmehr als *Indikator* zu interpretieren. Sofern das
makroökonomische Umfeld für den Projektionszeitraum der Notenbank Preisniveaustabilität signalisiert, werden Abweichungen toleriert. Dennoch wies die Europäische Zen-

tralbank in der Anfangsphase auf die „herausragende Rolle" der Geldmenge für die Einschätzung der geldpolitischen Lage hin (*Europäische Zentralbank* 2000, S. 41). Die Abbildung 2 verdeutlicht die zumeist positiven Abweichungen der tatsächlichen Geldmengenentwicklung von M3 gegenüber dem Referenzwert seit dem Start der Währungsunion. [1]

Abbildung 2:   Entwicklung der Geldmenge M3 im Euro-Währungsgebiet

in v.H.

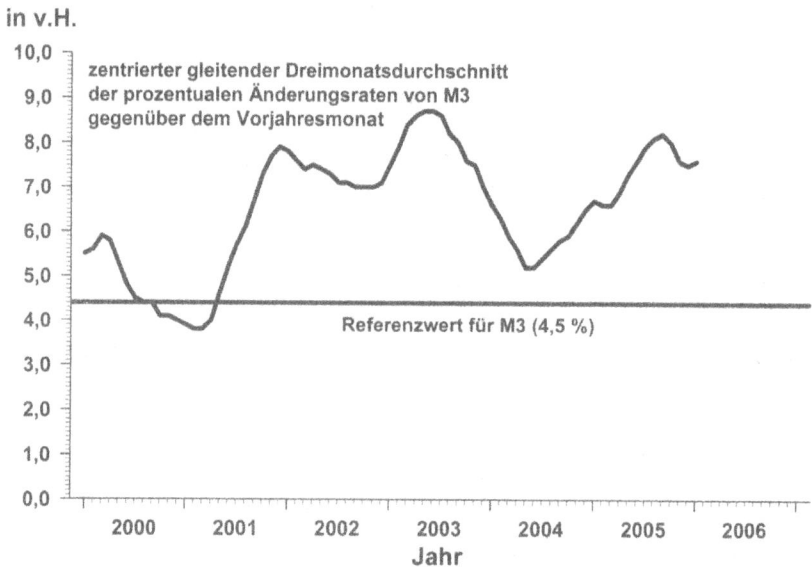

Im Rahmen der monetären Säule erfolgt darüber hinaus aber auch eine Analyse der engeren Geldmengenaggregate M1 und M2 sowie der einzelnen Komponenten von M3 (zur Abgrenzung der Geldmengenaggregate siehe Übersicht 1) und der Kreditaggregate. Besonderes Augenmerk wird hierbei auf M1 gelegt, da es die liquidesten Bestandteile enthält und ein großes Gewicht an M3 besitzt.

---

[1]   Die dargestellten Änderungsraten beziehen sich hierbei auf den zentrierten gleitenden Dreimonatsdurchschnitt der Vorjahresveränderungen, um den erratischen monatlichen Schwankungen ein geringeres Gewicht zu geben. Aufgrund der jährlichen Änderungsraten beginnt die Zeitreihe erst im Jahr 2000.

Übersicht 1: Die Geldmengenbegriffe im Euro-System

Saisonbereinigte Bestände am Ende des Berichtszeitraums
Stand: Februar 2006 (vorläufig)   in Mrd. EUR

	Bargeldumlauf	535,2
+	täglich fällige Einlagen	2.931,4
=	**M1**	**3.466,6**
+	Einlagen mit einer vereinbarten Laufzeit von bis zu 2 Jahren	1.136,0
+	Einlagen mit einer vereinbarten Kündigungsfrist von bis zu 3 Monaten	1.558,9
=	**M2**	**6.161,5**
+	Repogeschäfte	226,8
+	Schuldverschreibungen mit einer Laufzeit von bis zu 2 Jahren	156,5
+	Anteile an Geldmarktfonds und Geldmarktpapiere	611,8
=	**M3**	**7.156,6**

Europäische Zentralbank (2006a)

Die wirtschaftliche Analyse in der zweiten Säule dient der Beobachtung und Analyse der realwirtschaftlichen Entwicklungen und ihrer Auswirkungen auf das Preisniveau. Dazu wird eine breite Palette von gesamtwirtschaftlichen Indikatoren, die für die Preisniveauentwicklung relevant sind, z. B. fiskalpolitische Indikatoren, Kapitalmarkt- und Arbeitsmarktbedingungen, Preis- und Kostenfaktoren, Produktivität, Wechselkurse usw., beobachtet. Auf Basis dieser breit angelegten Analyse erfolgt dann die Beurteilung der Aussichten für die weitere Preisentwicklung im Euro-Raum. Zu diesem Zweck veröffentlicht die EZB seit Ende 2000 auch eigene Prognosen für die Veränderung des harmonisierten Verbraucherpreisindex (HVPI) und das Wachstum des realen Bruttoinlandsproduktes sowie seiner Nachfragekomponenten. Monetäre Indikatoren gehen hierbei nicht als Indikatoren in die zugrundeliegenden Prognosemodelle ein. Diese sogenannten Projektionen werden jeweils im Frühjahr und Herbst aktualisiert und jeweils für einen 2-Jahres-Zeitraum erstellt und publiziert (siehe dazu Tabelle 1).

Tabelle 1: Gesamtwirtschaftliche Projektionen für das Euro-Währungsgebiet
(Durchschnittliche Veränderung gegenüber Vorjahr in %).

	2005	2006	2007
HVPI	2,2	1,9 - 2,5	1,6 - 2,8
Reales Bruttoinlandsprodukt	1,4	1,7 - 2,5	1,5 - 2,5
- private Konsumausgaben	1,4	1,1 - 1,7	0,6 - 2,0
- Konsumausgaben des Staates	1,2	1,4 - 2,4	0,8 - 1,8
- Bruttoanlageinvestitionen	2,2	2,4 - 5,0	1,8 - 5,0
- Exporte (Waren und Dienstleistungen)	3,8	4,2 - 7,2	3,8 - 7,0
- Importe (Waren und Dienstleistungen)	4,6	4,2 - 7,6	3,4 - 6,8

Europäische Zentralbank (2006b).

Diese Projektionen auf Basis der zweiten Säule stellen keine echten Prognosen dar, denn die EZB beschreibt die voraussichtliche Entwicklung unter der Annahme, daß die kurzfristigen Zinssätze und Wechselkurse konstant bleiben, d.h. man unterstellt insbesondere einen unveränderten geldpolitischen Kurs (bedingte oder status-quo-Prognose). Durch diese Vorgehensweise möchte die EZB verhindern, daß von den Prognosen auf die künftigen Zinsentscheidungen geschlossen wird. Ferner besteht bei echten Prognosen die Gefahr, daß die Marktteilnehmer die Prognosewerte in ihren Kontrakten antizipieren und es zu einer sich selbst erfüllenden Prognose („self-fulfilling prophecy") kommt.

Nach der Überarbeitung ihrer Projektionen für das BIP-Wachstum und für die Inflation im Juni 2006 wird die EZB von veränderten technischen Annahmen ausgehen. Künftig wird in den Projektionen nicht mehr unterstellt, daß die kurzfristigen Zinssätze konstant sind. Vielmehr berücksichtigen die bedingten Prognosen die Markterwartungen über die künftige Entwicklung der kurzfristigen Zinssätze. Diese Modifikation darf nach Ansicht der EZB allerdings nicht dahingehend mißverstanden werden, daß die neuen Projektionen Rückschlüsse auf die künftige Geldpolitik zulassen.

3.2.3. Entwicklung und kritische Würdigung der 2-Säulen-Strategie

Im Frühjahr 2003 überprüfte die EZB ihre geldpolitische Strategie. Die quantitative Definition des Preisstabilitätsziels wurde bestätigt und präzisiert. Der Anstieg des HVPI für den Euro-Raum sollte „unter, jedoch nahe 2 %" gegenüber dem Vorjahr betragen. Hiermit stellte die EZB klar, daß sie für eine ausreichende Sicherheitsmarge gegen Deflationsrisiken sorgen möchte. Außerdem sollte damit eventuellen Meßfehlern beim HVPI sowie den Auswirkungen von Inflationsunterschieden innerhalb des Währungsgebietes stärker Rechnung getragen werden. Durch die zunehmende Integration der Güter- und Faktormärkte entstehen wirtschaftliche Aufholprozesse, die mit strukturell höheren Inflationsraten in einzelnen Ländern verbunden sein können („*Balassa-Samuelson*-Effekt").

Die Zwei-Säulen-Strategie wurde ebenfalls modifiziert und wird seither in dieser Form auch eingesetzt. Die Ausrichtung der Geldpolitik auf die mittlere Frist wird verstärkt betont. Die wirtschaftliche Analyse dient dagegen der Feststellung der kurz- und mittelfristigen Risiken für die Preisstabilität. Mit Hilfe einer wechselseitigen Überprüfung („cross checking") der aus beiden Säulen gewonnenen Informationen soll eine möglichst einheitliche Beurteilung der Risiken für die Preisstabilität erfolgen. Des weiteren soll der Referenzwert für die Wachstumsrate von M3 nicht mehr jährlich überprüft werden, um damit den längerfristigen Charakter des Wertes zur Überprüfung der monetären Entwicklung zu bekräftigen. Die der Ableitung des Referenzwertes zugrundeliegenden Bedingungen und Annahmen sollen jedoch im Hinblick auf eventuell notwendig werdende Anpassungen regelmäßig überprüft werden.[2] Damit wird aus Sicht vieler Marktbeobachter die früher herausragende Rolle der Geldmenge für die geldpolitischen Entscheidungen relativiert.

---

[2] Angesichts des präzisierten Preisstabilitätsziels könnte der Referenzwert gegenüber seinem bisherigen Wert von 4,5 % leicht angehoben werden.

Zur Verbesserung der externen Kommunikation werden die „einleitenden Bemerkungen" des EZB-Präsidenten bei der Pressekonferenz nach den EZB-Ratssitzungen, die sich mit der monetären Lage befassen, künftig mit der wirtschaftlichen Analyse zur Ermittlung der kurz- bis mittelfristigen Risiken für die Preisstabilität beginnen, gefolgt von der monetären Analyse, in der die mittel- und langfristigen Inflationstrends im Blickpunkt stehen.

Zusammenfassend kann festgehalten werden, daß die Bedeutung der zweiten Säule in den letzten Jahren deutlich in den Vordergrund getreten ist und die Entwicklung der Geldmengenaggregate an Gewicht verloren hat. Mit dem Ausscheiden von *Otmar Issing* als Mitglied im Zentralbankrat und Chef-Volkswirt der EZB im Frühjahr 2006 könnte durchaus eine weitere Gewichtsverlagerung in Richtung auf eine direkte Inflationssteuerung verbunden sein, da das Festhalten an der Geldmengenorientierung nicht zuletzt mit seinem Namen verknüpft wird.

4. Institutionelle Voraussetzungen für eine erfolgreiche Geldpolitik

4.1. Gefahren für eine stabilitätsorientierte Geldpolitik

Neben zuverlässigen Informationen über die kurz-, mittel- und langfristigen Wirkungen geldpolitischer Impulse und einer darauf aufbauenden geldpolitischen Strategie sind für eine erfolgreiche Stabilitätspolitik auch institutionelle Rahmenbedingungen erforderlich. Die Festlegung solcher Rahmenbedingungen erfordert zunächst eine genaue Betrachtung der potentiellen Quellen wirtschafts- respektive geldpolitischen Fehlverhaltens. Dabei lassen sich neben einem unzureichenden Wissen der Geldtheorie über makroökonomische Interdependenzen zwei weitere Quellen identifizieren: dynamische Inkonsistenz und beschränktes Wissen der Marktteilnehmer.

4.1.1. Dynamische Inkonsistenz

Versuchen die geldpolitischen Entscheidungsträger mehrere gesamtwirtschaftliche Ziele gleichzeitig zu realisieren, kann sowohl ein Problem der Zeitinkonsistenz als auch ein Glaubwürdigkeitsproblem entstehen (vgl. dazu *Kydland* and *Prescott* 1977 sowie *Barro* and *Gordon* 1983). Verfolgt beispielsweise eine Notenbank neben dem primären Ziel der Preisniveaustabilität ein Beschäftigungs- oder Outputziel, kann eine unzureichende Erwartungsbildung und -antizipation auf den Märkten für das Erreichen des Beschäftigungsziels temporär genutzt werden.

Diese Vorstellungen lassen sich anhand eines dreistufigen Spiels verdeutlichen (vgl. beispielsweise *Illing* 1997, S. 161 ff. sowie *Gischer, Herz* und *Menkhoff* 2004, S. 279 ff.):

- Die wirtschaftspolitischen Entscheidungsträger kündigen eine bestimmte Geldpolitik und damit auch eine bestimmte Inflationsrate an.
- Die Marktteilnehmer legen auf Kontraktmärkten – wie dem Arbeitsmarkt – ihre Preise auf Basis ihrer Inflationserwartungen fest. Dabei bilden sie rationale Erwartungen, sie berücksichtigen also auch mögliche Abweichungen zwischen der tatsächlichen und der angekündigten Geldpolitik.

– Die Träger der Geldpolitik führen eine spezifische Politik durch, die nicht unbedingt mit der in Stufe 1 angekündigten Geldpolitik übereinstimmen muß.

Im weiteren sei unterstellt, daß die Politikträger eine Minimierung der Wohlfahrtsverluste anstreben, die sich aus inflationären Prozessen und aus Abweichungen des aktuellen Output-Wachstums von einer gewünschten Wachstumsrate ergeben. Eine entsprechende gesamtwirtschaftliche Verlustfunktion könnte man dann beispielsweise aus der Summe der quadrierten Abweichungen von Inflation und Output gegenüber ihren korrespondierenden Zielwerten ableiten:

$$(3) \qquad L = (\Delta p - \Delta p^{ziel})^2 + \beta \cdot (\Delta y^r - \Delta y^{r\ ziel})^2.$$

Unterstellt man eine optimale Inflationsrate von Null ($\Delta p^{ziel} = 0$), läßt sich die Relation zu

$$(4) \qquad L = \Delta p^2 + \beta \cdot (\Delta y^r - \Delta y^{r\ ziel})^2$$

vereinfachen. Demzufolge führen sowohl Inflations- als auch Deflationsprozesse zu Wohlfahrtsverlusten. Für die weiteren Ergebnisse ist wesentlich, daß das gewünschte Output-Wachstum über der Änderungsrate Δy^r* bei Normalauslastung der Produktionskapazitäten (natürlicher Output; Vollbeschäftigungsniveau) liegt:

$$(5) \qquad \Delta y^{r\ ziel} = \Delta y^r* + \theta.$$

Diese Zielvorstellungen der Politikträger lassen sich politökonomisch mit den sozialen Kosten der Arbeitslosigkeit begründen, die bei y^r* die privaten Kosten übersteigen. Ein höheres Output-Niveau ist aus Sicht der Wirtschaftspolitik aber auch erstrebenswert, um vorhandene Verteilungskonflikte innerhalb der Volkswirtschaft zu mindern. Der Faktor β in (4) beschreibt die relative Gewichtung der beiden angestrebten Endziele der Geldpolitik.

Bei gegebenen Inflationserwartungen Δp^{erw} lassen sich alle realisierbaren Kombinationen zwischen der Inflationsrate und dem Output mit Hilfe einer kurzfristigen *Phillips*-Kurve

$$(6) \qquad \Delta y^r - \Delta y^{r\ ziel} = \alpha \cdot (\Delta p - \Delta p^{erw})$$

beschreiben. Der bestehende Zielkonflikt („trade off") zwischen dem Ziel der Preisniveaustabilität und dem Output-Ziel (Beschäftigungsziel) wird anhand der Abbildung 3 deutlich. Der Parameter α bestimmt die Steigung der *Phillips*-Kurve: Je kleiner α, desto steiler verläuft die *Phillips*-Kurve und desto geringer sind die Auswirkungen inflationärer Prozesse auf die realwirtschaftliche Entwicklung. Entspricht die tatsächliche Inflationsrate den Erwartungen ($\Delta p = \Delta p^{erw}$), etabliert sich ein Wachstum bei Vollbeschäftigung. Entspricht das gewünschte Wirtschaftswachstum der natürlichen Änderungsrate ($\Delta y^r = \Delta y^{r\ ziel}$), gibt es keinen Anreiz für eine inflationäre Geldpolitik: Jede Abweichung von der optimalen Kombination ($\Delta p^{ziel} = 0$; $\Delta y^r = \Delta y^{r\ ziel}$) würde zu Wohlfahrtsverlusten führen. Die eingezeichneten Indifferenzkurven charakterisieren dabei unterschiedliche Kombinationen von Inflation und Wirtschaftswachstum, die von den Marktteilnehmern als gleichwertig bewertet werden. Sofern die tatsächliche Inflationsrate jenseits ihrer Zielgröße liegt ($\Delta p > \Delta p^{ziel}$), besteht hingegen ein Anreiz, die Geldpolitik stabilitätsorientierter auszurichten. Geht man beispielsweise vom Punkt E aus, könnte die Inflation mit Hilfe geldpolitischer Maßnahmen auf F reduziert werden, wo die *Phillips*-Kurve gerade die Indifferenzkurve I_2 tangiert. Die Vorteile einer niedrigeren Inflationsrate würden den Nachteil des gesunkenen Wirtschaftswachstums überkompensieren, was sich anhand der Indifferenzkurven ablesen läßt ($I_2 > I_3$).

Abbildung 3: Stabilitätsanreize für $\Delta y^{r\,ziel} = \Delta y^{r*}$

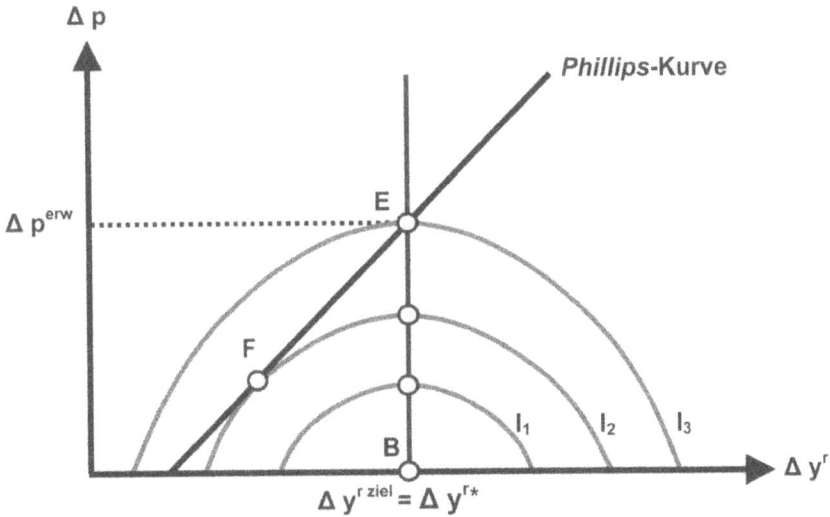

Streben die Politikträger statt dessen eine höhere Wachstumsrate des Outputs an, ist es möglicherweise attraktiv, mit Hilfe der Geldpolitik eine Überraschungsinflation zu erzeugen, so daß das Output-Wachstum über das natürliche Niveau ausgeweitet wird. Ausgehend von Punkt C in der Abbildung 4, läßt sich die gesamtwirtschaftliche Wohlfahrt durch eine Bewegung entlang der kurzfristigen *Phillips*-Kurve steigern. Die Bewegung entlang der *Phillips*-Kurve wird hierbei durch eine überraschend ausgelöste Inflation erreicht. Durch diese Strategie kommt es zwar zu Wohlfahrtsverlusten aufgrund der gestiegenen Inflation, andererseits entsteht aber auch ein Wohlfahrtsgewinn durch die Annäherung an das angestrebte Output-Wachstum im Sinne der Gleichung (5). Eine optimale Kombination von Inflation und Output etabliert sich schließlich im Punkt S, wo die kurzfristige Phillips-Kurve gerade zur Tangente an der Indifferenzkurve I_1 wird.

Abbildung 4: Dynamische Inkonsistenz der Commitment-Lösung
für $\Delta y^{r\ ziel} > \Delta y^{r}*$

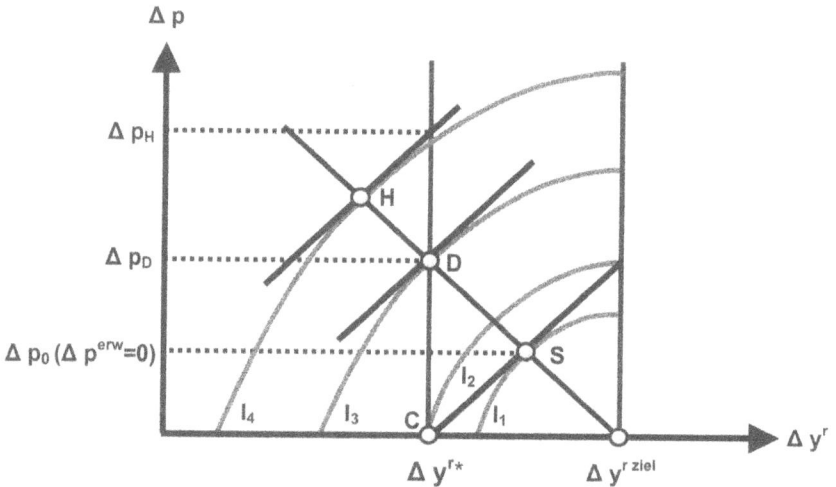

Bei rationaler Erwartungsbildung werden die Marktteilnehmer die aus Sicht der Politikträger optimale geldpolitische Vorgehensweise allerdings antizipieren, d. h. ihre Inflationserwartungen werden modellendogen bestimmt. Die Ergebnisse des Spiels hängen letztlich davon ab, ob und inwieweit die Politikträger die Inflationserwartungen beeinflussen können. Bei hinreichender Glaubwürdigkeit der Notenbank kann sie die Erwartungen der Marktteilnehmer in die gewünschte Richtung beeinflussen. Die Notenbank bindet sich an eine bestimmte Inflationspolitik („Commitment-Lösung"). Im Fall einer unglaubwürdigen Geldpolitik besteht diese Bindung hingegen nicht. Die Marktteilnehmer ignorieren die angekündigte Politik der Notenbank und berücksichtigen jene Politik, die sie als optimale Strategie der Politikträger identifizieren. Im Ergebnis stimmt die ex post realisierte optimale Politik mit der erwarteten Verhaltensweise der Notenbank überein. Das Ergebnis wird als diskretionäre Lösung charakterisiert (vgl. *Illing* 1997, S. 164).

Sofern sich die Notenbank an ihr angekündigtes Inflationsziel hält, wird sie das Wirtschaftswachstum niemals über das Gleichgewichtsniveau $\Delta y^{r}*$ hinaus ausdehnen, was sich unmittelbar aus der Relation (6) ablesen läßt. Bei Glaubwürdigkeit der Geldpolitik sind in der Abbildung 4 demzufolge nur Kombinationen zwischen Inflation und Wirtschaftswachstum möglich, die sich auf der Geraden CD befinden. Da Inflation lediglich zu Wohlfahrtsverlusten führt, stellt der Punkt C ($\Delta p = 0$) aus Sicht der Notenbank die beste Lösung dar.

Das Problem der Zeitinkonsistenz besteht nun darin, daß bei Vorliegen der Ausgangsbedingungen für eine solche Politik ($\Delta p = \Delta p^{erw} = 0$) die weitere Verfolgung dieser Strategie aus Sicht der wirtschaftspolitischen Entscheidungsträger nicht mehr optimal ist. Sobald sich die Inflationserwartungen der Marktteilnehmer auf dem niedrigen Niveau etabliert haben, läßt sich die bestehende kurzfristige *Phillips*-Kurve (Gerade CS) ausnutzen und der optimale Punkt C realisieren. Das dort realisierte Wohlfahrtsniveau liegt deutlich über dem Niveau der Commitment-Lösung in Punkt C. Damit besteht aus Sicht der Notenbank immer ein starker Anreiz zu einer Überraschungsinflation, und die Commitment-Lösung ist letztlich dynamisch nicht konsistent.

Um die Commitment-Lösung sicherzustellen, sind deshalb institutionelle Rahmenbedingungen erforderlich, die das Entscheidungskalkül der Notenbank verändern. Der Anreiz zu einer überraschenden inflationären Geldpolitik ist gegeben, wenn die Notenbank

– eine mehrdimensionale Zielvorgabe besitzt,

– in ihren Entscheidungen nicht beschränkt ist,

– eine Politik verfolgt, bei der die marginalen Kosten der Inflation (bei gegebenen Inflationserwartungen) und die marginalen Vorteile der Inflation gleich sind.

Folgerichtig muß entweder der Handlungsspielraum der geldpolitischen Entscheidungsträger durch Regelbindungen und gesetzliche Vorgaben eingeschränkt werden, oder aber die Kosten der Inflation müssen aus Sicht der Politikträger erhöht werden.

4.1.2. Beschränktes Wissen der Marktteilnehmer und Politikträger

Auch für den Fall, daß die ökonomische Theorie hinreichende Informationen über die Transmissionsprozesse monetärer Impulse liefern würde, wäre nicht sichergestellt, daß die Entscheidungsträger diese Interdependenzen kennen und entsprechend berücksichtigen. Die Beschaffung und Verarbeitung von Wissen verursachen Kosten und führen zu einem heterogenen Informationsstand in der Volkswirtschaft, sowohl bei den Marktteilnehmern als auch bei den Politikträgern. Daraus können eine Reihe von Problemen resultieren:

– Das unzureichende Wissen der Regierung führt dazu, daß sie politischen Druck auf die Notenbank ausübt, ohne die ökonomischen Folgen ihrer Forderungen hinreichend abzuschätzen. Häufig ist erkennbar, daß neugewählte Regierungen den politischen Druck auf Notenbanken in Richtung auf eine expansivere Geldpolitik erhöhen, um bestehende Konjunktur- oder Wachstumsprobleme zu beseitigen. Diese Vorgehensweise ist aber weder aus ökonomischen noch aus politischen Überlegungen rational, weil die nachfrageinduzierten Inflationsprozesse vernachlässigt werden, die in späteren Phasen möglicherweise mit einer restriktiven Geldpolitik bekämpft werden müssen und die Gefahr einer Stabilisierungskrise beinhalten.

– Die Unkenntnis des Publikums über die geldpolitischen Wirkungszusammenhänge beeinflußt auch das Verhalten einer gut informierten Regierung. Die Marktteilnehmer erkennen beispielsweise die kurzfristigen Vorteile einer expansiven Geldpolitik, sind aber über die langfristigen Konsequenzen nur unzureichend informiert. Meinungsführer wie Journalisten oder Gewerkschaftsvertreter glauben häufig, daß eine Reduktion von Zinssätzen grundsätzlich positiv zu bewerten ist und vice versa. Dies führt in der Regel zu einem erhöhten öffentlichen Druck in Richtung auf eine stärkere Expansionspolitik, der von der Regierung – unabhängig von der Parteizugehörigkeit – an die geldpolitischen Entscheidungsträger weitergegeben wird.

– Die mangelnden Kenntnisse der Marktteilnehmer über die Wirkungszusammenhänge können auch einen fiskalischen Druck auf die Geldpolitik auslösen, wenn die künftige Finanzierung öffentlicher Haushalte nicht mehr gewährleistet ist. Droht in diesem Fall eine restriktive Fiskalpolitik zur Konsolidierung der öffentlichen Haushalte, müssen die Marktteilnehmer mit höheren Steuern, einer Reduktion von Staatsaufträgen, einem Rückgang der Beschäftigungsmöglichkeiten im öffentlichen Dienst, einem Absinken von Transferzahlungen oder mit höheren Preisen für bislang subventionierte Güter rechnen. Diese Nachteile sind aus Sicht des Publikums unmittelbar einsichtig und politisch vermittelbar. Die Marktteilnehmer werden in diesem Fall eine monetäre Flankierung fiskalpolitischer Maßnahmen präferieren, da der unmittelbare Anpassungsdruck vermieden wird. Die Vorteile reduzierter Defizite, insbesondere die Vorteile einer reduzierten Inflation sind hingegen nicht deutlich erkennbar und werden systematisch unterschätzt. Aus Sicht der öffentlichen Hand besteht zudem ein Anreiz zur monetären Flankierung fiskalpolitischer Maßnahmen, bewirken doch die inflationären Prozesse in den Folgeperioden eine Absenkung der realen Verschuldung und weitere Verteilungseffekte zugunsten des Staates (*Cassel* 2004, S. 383 ff.).

4.2. Bedeutung einer regelgebundenen Geldpolitik

Die Vermeidung dynamischer Inkonsistenzen und somit eine nachhaltige Stärkung der Glaubwürdigkeit wirtschaftspolitischer Maßnahmen lassen sich durch die Etablierung von Politikregeln realisieren. Während im Fall einer diskretionären Wirtschaftspolitik die Politikträger Maßnahmen nach ihrem Ermessen ergreifen und das wirtschaftspolitische Instrumentarium situationsbezogen einsetzen, verpflichten sie sich bei einer Regelbindung zur Einhaltung bestimmter Verhaltensweisen bzw. bestimmter Ziele und stabilisieren somit die Erwartungen der Marktteilnehmer. Neben dem Ausschluß dynamischer Inkonsistenzen sinkt zugleich die Gefahr widersprüchlicher Reaktionen auf vergleichbare ökonomische Ereignisse und fehlerhafter Entscheidungen aufgrund unvollständiger Informationen über die Transmissionskanäle wirtschaftspolitischer Impulse. Es werden nicht nur prozyklische Effekte der Wirtschaftspolitik vermieden, sondern auch der politische Handlungsdruck von den Politikträgern genommen. Im Fall der Geldpolitik lassen sich solche Regeln insbesondere auf der Zwischenzielebene ansiedeln (*Issing* 1996, S. 248).

Allerdings bleibt anzumerken, daß der bewußte Verzicht auf eine situationsbezogene Geldpolitik auch gravierende Nachteile nach sich zieht. Zentraler Vorteil einer diskretionären Geldpolitik ist die Flexibilität, d.h. die Möglichkeit, auf veränderte Rahmenbedingungen sehr spezifisch und rasch reagieren zu können. So lassen sich auftretende Angebots- oder Nachfrageschocks mit Hilfe der Geldpolitik direkt absorbieren beziehungsweise die Absorptionseigenschaften der Märkte verstärken. Im Ergebnis besteht aus Sicht der Politikträger immer ein Zielkonflikt zwischen der Flexibilität und der Glaubwürdigkeit geldpolitischer Maßnahmen.

Sind Regelbindungen aufgrund des politischen Umfelds nicht unmittelbar durchsetzbar oder aufgrund eines unsicheren makroökonomischen Umfelds nicht erwünscht, können andere institutionelle Vorkehrungen getroffen werden:

– Die geldpolitischen Entscheidungen müssen vollständig auf einen autonomen Politikträger – d. h. auf eine völlig unabhängige Notenbank – übertragen werden. Im Fall des Euro-Währungsgebiets kann darüber hinaus eine weitgehende Denationalisierung der EZB-Beschlußorgane eingefordert werden, indem die Bedeutung der nationalen Zentralbanken bei der Ausgestaltung der einheitlichen Geldpolitik begrenzt und die Rolle der Direktoriumsmitglieder gestärkt wird.

– Die Notenbank muß eindeutig auf ein einziges geldpolitisches Ziel verpflichtet werden, bzw. wenn dies nicht durchsetzbar ist, sollte zumindestens eine eindeutige Zielhierarchie vorgegeben werden.

– Es müssen eine klare geldpolitische Strategie formuliert, entscheidungsrelevante Informationen publiziert und geldpolitische Entscheidungen schlüssig begründet werden.

– Für den Fall von Zielverfehlungen sollten wirksame Sanktionsmaßnahmen gegenüber den geldpolitischen Entscheidungsträgern innerhalb der Notenbank existieren.

– Der Planungshorizont der Notenbank muß über eine Legislaturperiode hinaus reichen, so daß die persönliche Reputation der Notenbanker nicht von der Wiederwahl einzelner Politiker oder Parteien abhängt, sondern vom Erreichungsgrad des vorgegebenen Stabilitätsziels.

Betrachtet man die Zwei-Säulen-Strategie der Europäischen Zentralbank, bietet sich die erste Säule für die Etablierung einer regelgebundenen Geldpolitik an. Anstatt lediglich einen Referenzwert für das Wachstum der Geldmenge M3 zu formulieren, wäre die Bekanntgabe eines verbindlichen Punktziels oder eines Zielkanals auf Basis der langfristig erwarteten beziehungsweise gewünschten Werte für Umlaufgeschwindigkeit, Wirtschaftswachstum und Inflationsrate denkbar. Voraussetzung hierfür ist allerdings eine hinreichende Stabilität sowohl des Geldmengenaggregates als auch der gesamtwirtschaftlichen Geldnachfrage.

Eine Regelbindung auf Basis der zweiten EZB-Säule läßt sich hingegen deutlich schwieriger formulieren, da eine Vielzahl von unterschiedlichen Variablen zur Bewertung der kurz- und mittelfristigen Preisrisiken herangezogen wird. Die Tatsache, daß eine breite Palette von Indikatoren verwendet wird, ist bereits ein deutliches Indiz dafür, daß keine dieser Größen überragende Prognoseeigenschaften aufweist. Vor diesem Hintergrund ist davon auszugehen, daß die Gewichtungen dieser Variablen für die Bewertung der Preisrisiken im Zeitablauf variieren. Da die Europäische Zentralbank zudem keine konkreten Angaben über die Bedeutung einzelner Variablen macht, besitzt die zweite Strategiesäule eher den Charakter einer „black box", die der Notenbank für die Zukunft breite Spielräume für die Ausgestaltung ihrer Geldpolitik garantiert.

4.3. Institutionelle Unabhängigkeit

Eine stabilitätsorientierte Geldpolitik setzt die Etablierung einer weisungsungebundenen Notenbank (institutionelle Unabhängigkeit) voraus. Die Forderung nach einer institutionellen Unabhängigkeit ist hierbei eine notwendige, aber noch keine hinreichende Bedingung für eine erfolgreiche Stabilitätspolitik (*Eucken* 1990). Dies wird auch durch einige empirische Studien bestätigt, die keinen signifikanten Zusammenhang zwischen dem Ziel der Preisniveaustabilität und dem Unabhängigkeitsgrad der Notenbank identifizieren können (*Barro* 1995, 1996).

Gemäß Art. 108 EG-Vertrag ist die institutionelle Unabhängigkeit des Systems der Europäischen Zentralbanken ähnlich wie im Bundesbankgesetz § 12 fixiert. Bei der Wahrnehmung ihrer Aufgaben dürfen weder die EZB noch eine nationale Zentralbank noch ein Mitglied ihrer Beschlußorgane Weisungen von Organen oder Einrichtungen der Europäischen Gemeinschaft, Regierungen der Mitgliedstaaten oder anderen Stellen einholen oder entgegennehmen. Die nationalen Rechtsvorschriften sind entsprechend an diese Anforderungen anzupassen (Art. 109 EGV).

Einschränkungen der Unabhängigkeit ergeben sich allerdings durch den Art. 111 EG-Vertrag. Der Europäische Rat kann unter bestimmten Voraussetzungen (nach Anhörung der EZB und des Europäischen Parlaments) förmliche Vereinbarungen über ein Wechselkurssystem für den Euro gegenüber Drittländern treffen und entsprechende EUR-Leitkurse festlegen. Diese Vereinbarungen sind für die EZB bindend, so daß sich mögliche Interventionsverpflichtungen zur Wechselkursstabilisierung ergeben. In der Praxis wurde die Unabhängigkeit der EZB durch diese Restriktionen bislang noch nicht beeinträchtigt. Zwar ist sie im Rahmen des Interventionsmechanismus des Europäischen Währungssystems II verpflichtet, die Leitkurse gegenüber den anderen Teilnehmerwährungen zu verteidigen, gravierende Interventionen waren bislang aber nicht erforderlich. Der Wechselkurs gegenüber der dänischen Krone, der sich in einer Bandbreite von +/- 2,25 % um den Leitkurs bewegen darf, ist seit Beginn des EWS II im Januar 1999 weitgehend stabil, da sich die Dänische Nationalbank bei ihren geldpolitischen Maßnahmen eng an den Entscheidungen der EZB orientiert. Gegenüber den sieben anderen Teilnehmerwährungen am EWS II (seit Juni 2004 slowenischer Tolar, estnische Krone und litauischer Litas; seit Mai 2005 lettischer Lats, maltesische Lira und Zypern-Pfund; seit November 2005 slowakische Krone) garantieren die Bandbreiten von +/- 15 % um den jeweiligen Leitkurs ein de facto flexibles Wechselkurssystem. Die Europäische Zentralbank hat zudem das Recht, Beratungen für eine Neufestlegung der Leitkurse (Realignments) zu initiieren, so daß beim Erreichen der Interventionsgrenzen mit einer raschen Anpassung der Leitkurse gerechnet werden kann und im Gegenzug bedeutsame Devisenmarktinterventionen verhindert werden können. Angesichts der Bedeutung der sieben Währungen auf den internationalen Devisenmärkten dürfte auch das Volumen intramarginaler Interventionen begrenzt sein, so daß der geldpolitische Kurs der EZB nicht nachhaltig gefährdet ist.

4.4. Funktionelle Unabhängigkeit

Neben der institutionellen Unabhängigkeit sollte die Notenbank eindeutig auf das Erreichen eines einzigen wirtschaftspolitischen Ziels – dem Ziel der Preisniveaustabilität – verpflichtet werden (Sicherung der funktionellen Unabhängigkeit). Durch eine eindeutige Zielvorgabe wird zwar einerseits der Handlungsspielraum der Notenbank eingeschränkt, andererseits erleichtert sie aber auch eine fortlaufende Überprüfung geldpolitischer Maßnahmen und damit eine effiziente Kontrolle der geldpolitischen Entscheidungsträger. Eine Unabhängigkeit der Notenbank in bezug auf die Zielauswahl („goal independence") – wie sie teilweise in der Literatur gefordert wird (*Romer* and *Romer* 1996) – sollte hingegen vermieden werden.

Die funktionelle Unabhängigkeit der EZB wird durch Art. 105 EG-Vertrag gesichert; das Ziel der Preisniveaustabilität ist explizit formuliert und vorrangig zu behandeln. Eine Unterstützung der allgemeinen Wirtschaftspolitik ist nur in dem Umfang gerechtfertigt, in dem das primäre Ziel der Preisniveaustabilität nicht beeinträchtigt wird. Damit sind eine eindeutige Zielvorgabe und Zielhierarchie implementiert, die beispielsweise einen sehr viel geringeren Ermessensspielraum gewähren als das Bundesbankgesetz (*Michler* und *Thieme* 1998, S. 249 f.). Zudem weist die EZB selbst darauf hin, daß durch die Sicherung der Preisniveaustabilität bereits die besten Voraussetzungen zur Realisierung anderer wirtschaftspolitischer Ziele geschaffen werden.

Der EG-Vertrag äußert sich ferner nicht explizit zur Regelung des Geldumlaufs und der Kreditversorgung der Wirtschaft, wie dies im § 3 des BBankG formuliert ist. Demzufolge läßt sich unmittelbar auch keine Aufgabe der Notenbank im Sinne eines „lender of last resort" ableiten.

Bei ihrem Instrumenteneinsatz wird der Europäischen Zentralbank ein weiter Gestaltungsspielraum eingeräumt. Neben den explizit verankerten Offenmarkt- und Kreditgeschäften (Art. 18 EZBSatzProt) sowie der Mindestreservepolitik (Art. 19 EZBSatzProt) kann der EZB-Rat mit der Mehrheit von zwei Dritteln der abgegebenen Stimmen über den Einsatz sonstiger geldpolitischer Instrumente entscheiden (Art. 20 EZBSatzProt). Er kann demzufolge jedes erdenkliche geldpolitische Instrument einsetzen („instrumental independence"), das mit dem Ziel der Preisniveaustabilität im Einklang steht. Beschränkungen sind lediglich dort zu erwarten, wo die „Marktkonformität" der Instrumente nicht mehr gewährleistet ist.

4.5. Finanzielle Unabhängigkeit

Neben der institutionellen und funktionellen Unabhängigkeit bedarf es ferner einer hinreichenden finanziellen Unabhängigkeit der Notenbank. Ihr Budget darf nicht abhängig sein vom Grad des geldpolitischen Wohlverhaltens gegenüber der allgemeinen Wirtschaftspolitik. Die Ankoppelung des Budgets an das Erreichen des Preisniveauziels böte zusätzliche Anreize für eine konsequente Zielorientierung der geldpolitischen Entscheidungsträger.

Die operative und finanzielle Unabhängigkeit der EZB wurde durch eine Eigenkapitalausstattung von 5 Mrd. EUR bei Aufnahme ihrer Tätigkeit gewährleistet (Art. 28 EZBSatzProt), die innerhalb bestimmter Grenzen erhöht werden kann. Darüber hinaus haben die nationalen Zentralbanken einen Teil ihrer Währungsreserven – bis zu einem Gegenwert von 50 Mrd. EUR – auf die EZB übertragen. Der EZB-Rat entscheidet dabei über die Höhe des Einzahlungsbetrags, der sich gemäß den Anteilen am gezeichneten Kapital (Art. 29 EZBSatzProt) auf die einzelnen Länder aufschlüsselt. Die Europäische Zentralbank kann über diese Mittel im Rahmen ihrer Satzung frei verfügen und entscheidet zugleich über die Denominierung und Verzinsung dieser Forderungen.

4.6. Personelle Unabhängigkeit

Die personelle Unabhängigkeit der Notenbank läßt sich am besten garantieren, wenn die Zentralbankgouverneure nicht direkt von den gewählten Volksvertretern bzw. von Regierungen ernannt oder abgesetzt werden können. Denkbar wäre ein zweistufiges System, indem die gewählten Volksvertreter zunächst einen „Aufsichtsrat" („board of trustees") bestimmen, der wiederum die endgültigen geldpolitischen Entscheidungsträger auswählt (vgl. beispielsweise *Romer* and *Romer* 1996). Sofern die Amtszeit der Aufsichtsräte hinreichend lang ist, kann keine Regierung eine ihr genehme Mehrheit im Aufsichtsrat durchsetzen und somit Einfluß auf die Benennung der Notenbankgouverneure nehmen. Sofern die Etablierung eines zweistufigen Systems politisch nicht durchsetzbar ist, sichert eine langfristige Amtszeit der Gouverneure ohne Wiederwahlmöglichkeit ebenfalls eine weitreichende Unabhängigkeit. In der Praxis treten ehemalige Notenbankgouverneure nach Ablauf ihrer Amtszeit nicht wieder in den Staatsdienst ein, sondern wechseln häufig in den Bankensektor. Ihre künftige Beschäftigungsmöglichkeit wird also weniger durch ein politisch opportunes Verhalten zum Ende ihrer Amtszeit geprägt als vielmehr durch ihre Reputation als durchsetzungsfähige Manager. Hohe Inflationsraten, d. h. gravierende Abweichungen vom fixierten Stabilitätsziel, dürften in diesem Fall ihrer Reputation abträglich sein. Zur Sicherstellung der personellen Unabhängigkeit können ferner politische Mandatsträger und Mitarbeiter der Ministerialbürokratie von der Besetzung der Gouverneursposten ausgeschlossen werden.

Artikel 112 EG-Vertrag regelt die Zusammensetzung des EZB-Rates, der aus den sechs Mitgliedern des Direktoriums und den Präsidenten der nationalen Zentralbanken besteht. Die personelle Unabhängigkeit des EZB-Direktoriums soll durch eine einmalige Amtszeit von acht Jahren sichergestellt werden. Der Europäische Ministerrat soll hierfür nur solche Persönlichkeiten auswählen, die eine ausreichende Erfahrung in Währungs- und Bankfragen aufweisen. Zugleich sind die Mitglieder des Direktoriums in der Regel nicht befugt, einer anderen entgeltlichen oder unentgeltlichen Beschäftigung nachzugehen (Art. 11 EZBSatzProt). Nach Art. 109 EG-Vertrag in Verbindung mit Art. 14 der ESZB-Satzung verpflichteten sich die Mitgliedstaaten dazu, ihre innerstaatlichen Rechtsvorschriften einschließlich der Notenbanksatzungen bis zum Zeitpunkt der Errichtung des ESZB an den EU-Vertrag anzupassen.

Mitglieder des Direktoriums und die Präsidenten der nationalen Zentralbanken können ihres Amtes enthoben werden, wenn die Voraussetzungen zur Ausübung ihres Mandates nicht mehr erfüllt sind oder schwerwiegende Verfehlungen vorliegen. Eine politisch motivierte Abberufung ist hingegen weitgehend ausgeschlossen. Die Amtsenthebung eines Direktoriumsmitglieds kann nur auf Antrag des Direktoriums bzw. des EZB-Rates durch den Europäischen Gerichtshof erfolgen. Im Fall einer Amtsenthebung von Präsidenten nationaler Zentralbanken kann der betroffene Amtsinhaber oder der EZB-Rat den Europäischen Gerichtshof anrufen, falls das Amtsenthebungsverfahren gegen den EU-Vertrag oder eine bei seiner Durchführung anzuwendenden Rechtsnorm verstößt.

Die personelle Unabhängigkeit der geldpolitischen Entscheidungen könnte durch eine verstärkte Denationalisierung der Geldpolitik weiter verbessert werden. Zu diesem Zweck müßte das Abstimmungsverfahren im EZB-Rat so umgestaltet werden, daß die sechs Direktoriumsmitglieder die nationalen Notenbankpräsidenten immer überstimmen könnten. Dabei wird implizit unterstellt, daß das EZB-Direktorium die geldpolitischen Anforderungen des gesamten Euro-Währungsgebietes bei seinen Entscheidungen stärker berücksichtigt als die nationalen Vertreter, die eher die geldpolitischen Bedürfnisse ihres eigenen Landes in den Vordergrund rücken. Auch nach der Reform des Abstimmungsverfahrens im EZB-Rat haben sich die Mehrheitsverhältnisse zwischen Direktorium und den nationalen Zentralbanken nicht verschoben; die nationalen Vertreter verfügen auch weiterhin über eine potentielle Mehrheit im EZB-Rat.

4.7. Transparenz der Geldpolitik

Da der Erfolg einer stabilitätsorientierten Geldpolitik entscheidend von der Glaubwürdigkeit der Notenbank abhängig ist, muß letztlich auch eine hinreichende Transparenz der Geldpolitik gewährleistet sein. Unter Transparenz kann man dabei alle institutionellen Merkmale verstehen, die die Erwartungsbildung des privaten Sektors über die künftige Ausgestaltung der Geldpolitik und damit über die künftige Wirtschaftsentwicklung erleichtern (*Jensen* 2001). Elementare Bestandteile einer transparenten Geldpolitik sind – neben einem eindeutig definierten Endziel – klare Aussagen über die geldpolitische Konzeption sowie die Veröffentlichung von entscheidungsrelevanten Informationen und eine nachvollziehbare Begründung für die geldpolitischen Entscheidungen.

Während das Finalziel der Preisstabilität im Euro-Währungsgebiet eindeutig vorgegeben ist, herrscht weniger Klarheit über die Strategie der EZB. Es existierte seit dem Beginn der Währungsunion kein klares Bekenntnis zur Geldmengenorientierung, sondern sie wurde immer durch die zweite Säule relativiert. *Intransparenz* ist insbesondere dann zu erwarten, wenn die monetäre und die wirtschaftliche Säule über einen längeren Zeitraum widersprüchliche Signale im Hinblick auf die Preisrisiken liefern, wie dies in der jüngeren Vergangenheit häufig der Fall war. Die Begründungen für geldpolitische Maßnahmen werden dann zwangsläufig variieren und erschweren die Kommunikation mit der Öffentlichkeit. Auch die Bedeutung der publizierten Inflationsprojektionen für die geldpolitischen Entscheidungen ist nur schwer einschätzbar. Diese Projektionen auf Basis einer Vielzahl unterschiedlicher Modelle werden von Experten der EZB erarbeitet und stellen nicht unbedingt die Inflationsprognosen des geldpolitisch verantwortlichen Zentralbankrates dar.

Die im Jahr 2003 vorgenommene Akzentverschiebung zwischen den beiden Strategiesäulen und die zunehmende Ausrichtung an einer direkten Inflationssteuerung dürften die mangelnde Transparenz der EZB-Politik weiter erhöhen. Gegen das Konzept des „Inflation Targeting" sprechen die Vielzahl der Variablen, die in die Inflationsprognosen einbezogen werden, und die unzureichenden Informationen über die unterstellten Interdependenzen und time-lag-Strukturen zwischen diesen Größen und dem Endziel der Preisstabilität (*Thieme* 2003, S. 28 f.).

Zu Recht weist die EZB allerdings auch darauf hin, daß sie ihre geldpolitischen Entscheidungen in einem Umfeld erheblicher Unsicherheit treffen muß (*Europäische Zentralbank* 2001a). Angesichts der vorhandenen Daten-, Parameter- und Modellunsicherheit steht die Europäische Zentralbank also selbst einem natürlichen Transparenzproblem gegenüber, das sie kurzfristig nicht lösen kann.

Ferner ist auch fraglich, ob eine vollständige Transparenz aus Sicht der Notenbank überhaupt erstrebenswert ist. Auch wenn im Regelfall davon ausgegangen werden kann, daß die Transparenz als Beitrag zur Glaubwürdigkeit die Wirksamkeit der Geldpolitik erhöht, kann eine zu hohe Transparenz kontraproduktiv sein. Im Fall makroökonomischer Schocks muß die Notenbank bei vollständiger Offenlegung des Datenkranzes möglicherweise heftiger reagieren, als sie es für angemessen erachtet. Eine begrenzte Transparenz könnte in diesem Fall helfen, die Anpassungsflexibilität zu erhöhen. Die Forderung nach hinreichender Transparenz sollte deshalb als Ergebnis eines Kommunikationsprozesses angesehen werden, bei dem Marktteilnehmer und Notenbank eine gemeinsame Sprache verwenden (*Europäische Zentralbank* 2001b).

Zu den angemahnten Defiziten im Kommunikationsprozeß der EZB gehört auch die Forderung nach einer Veröffentlichung der Protokolle von Zentralbankratssitzungen (*Görgens, Ruckriegel* und *Seitz* 2004, S. 336 f.). Hierbei besteht allerdings die Gefahr, daß sich das Abstimmungsverhalten einzelner Ratsmitglieder verändert, da die nationalen Regierungen versuchen könnten, Einfluß auf „ihre" Ratsmitglieder zu nehmen (Renationalisierung der Geldpolitik) und die Unabhängigkeit nicht mehr gewährleistet ist. Für eine Veröffentlichung der Protokolle spricht hingegen, daß die individuelle geldpolitische Kompetenz der Ratsmitglieder offengelegt wird. Dies könnte dazu führen, daß aus Reputationsgründen für die Ratsmitglieder ein zusätzlicher Anreiz besteht, ihre individuellen Kompetenzen zu erhöhen, was der Entscheidungsqualität des Gremiums insgesamt zugute käme (*Buiter* 1999). Neben der Frage der geldpolitischen Effizienz wird dabei auch die Bedeutung von Rechenschaftspflicht und Verantwortlichkeit der Notenbanker angesprochen.

Zusammenfassend läßt sich feststellen, daß der EG-Vertrag den Entscheidungsgremien der EZB einen sehr viel höheren Unabhängigkeitsgrad einräumt, als dies bislang die nationalen Bestimmungen in den EU-Ländern garantieren. Damit sind wesentliche Voraussetzungen für eine erfolgreiche Stabilitätspolitik erfüllt. Direkte wirtschaftspolitische Einschränkungen der Unabhängigkeit resultieren nur im Fall von Interventionsverpflichtungen im Rahmen fester Wechselkurssysteme. Die Effizienz der stabilitätsorientierten Geldpolitik wird vielmehr durch die mangelnde Transparenz im Zuge des Zwei-Säulen-Konzeptes der EZB gefährdet. Das Konzept läßt der EZB sehr viele Spielräume bei der Ausgestaltung der Geldpolitik. Dies war in der Anfangsphase der Währungsunion sicherlich gerechtfertigt, da die Reaktionen der Marktteilnehmer auf die einheitliche Geldpolitik nicht zuverlässig eingeschätzt werden konnten und eine flexible monetäre Versorgung unerläßlich war. Diese Flexibilität kann zukünftig aber die Kommunikation mit den Marktteilnehmern erschweren und damit die Glaubwürdigkeit der Notenbank begrenzen. Ob und inwieweit das Ziel der Preisniveaustabilität dauerhaft realisiert wird, hängt somit auch von der „glücklichen Hand" des Europäischen Rates bei der Auswahl der Zentralbankgouverneure ab.

Literatur

Barro, Robert J. (1981), Money, expectations and business cycles, New York.

Barro, Robert J. (1995), Inflation and economic growth, in: Bank of England Quarterly Bulletin, Vol. 35, pp. 166-176.

Barro, Robert J. (1996), Inflation and growth, in: Federal Reserve Bank of St. Louis Review, Vol. 78, pp. 153-169.

Barro, Robert J. and *David B. Gordon* (1983), Rules, discretion, and reputation in a model of monetary policy, in: Journal of Monetary Economics, Vol. 12, pp. 101-120.

Buiter, Willem H. (1999), Alice in Euroland, in: Journal of Common Market Studies, Vol. 37, pp. 181-209.

Cassel, Dieter (1995), Geldmengen-, Konjunktur- und Inflationszyklen in Deutschland, in: *Jürgen Siebke* und *H. Jörg Thieme* (Hg.), Zwanzig Jahre Geldmengensteuerung in Deutschland, Baden-Baden, S. 133-182.

Cassel, Dieter (2004), Inflation, in: *Dieter Bender* u. a., Vahlens Kompendium der Wirtschaftstheorie und Wirtschaftspolitik, Bd. 1, S. 331-395.

Eucken, Walter (1990), Grundsätze der Wirtschaftspolitik, 6. Aufl., Tübingen.

Europäische Zentralbank (2000), Die zwei Säulen der geldpolitischen Strategie der EZB, in: Monatsbericht der Europäischen Zentralbank, November 2000, S. 41-53.

Europäische Zentralbank (2001a), Geldpolitik bei Unsicherheit, in: Monatsbericht der Europäischen Zentralbank, Januar 2001, S. 47-61.

Europäische Zentralbank (2001b), Die externe Kommunikation der Europäischen Zentralbank, in: Monatsbericht der Europäischen Zentralbank, Februar 2001, S. 67-74.

Europäische Zentralbank (2003), Änderungen der Abstimmungsregeln im EZB-Rat, in: Monatsbericht der Europäischen Zentralbank, Mai 2003, S. 79-90.

Europäische Zentralbank (2006a), Monatsbericht der Europäischen Zentralbank, April 2006, Statistischer Anhang.

Europäische Zentralbank (2006b), Von Experten der EZB erstellte gesamtwirtschaftliche Projektionen für das Euro-Währungsgebiet, Frankfurt/M.

Gischer, Horst, Bernhard Herz und *Lukas Menkhoff* (2004), Geld, Kredit und Banken: Eine Einführung, Berlin und Heidelberg.

Görgens, Egon, Karlheinz Ruckriegel und *Franz Seitz* (2004), Europäische Geldpolitik, 4. Aufl., Stuttgart.

Illing, Gerhard (1997), Theorie der Geldpolitik: Eine spieltheoretische Einführung, Berlin und Heidelberg.

Issing, Otmar (1996), Einführung in die Geldpolitik, 6. Aufl., München.

Jensen, Henrik (2001), Optimal degrees of transparency in monetary policymaking, Forschungszentrum der Deutschen Bundesbank, Diskussionspapier 04/2001, Frankfurt/M.

Junius, Karsten, Ulrich Kater, Carsten-Patrick Meier und *Hendrik Müller* (2002), Handbuch Europäische Zentralbank: Beobachtung, Analyse, Prognose, Bad Soden/Ts.

Knoop, Todd A. (2004), Recessions and depressions Understanding, Business Cycles, London.

Kydland, Finn E. and *Edward C. Prescott* (1977), Rules rather than discretion: The inconsistency of optimal plans, in: Journal of Political Economy, Vol. 85, pp. 473-568.

Leschke, Martin (2001), Die geldpolitische Konzeption des Europäischen Systems der Zentralbanken als rationale Selbstbindung, in: *Dietrich von Delhaes-Guenther, Karl-Hans Hartwig* und *Uwe Vollmer* (Hg.), Monetäre Institutionenökonomik, Stuttgart, S. 337-359.

Lucas, Robert E. (1975), An equilibrium model of the business cycle, in: Journal of Political Economy, Vol. 83, pp. 1113-1114.

Michler, Albrecht F. (1992), Lagerhaltung und Konjunkturentwicklung, Hamburg.

Michler, Albrecht F. (2006), Regeln der Geldpolitik: Theoretische Grundlagen und empirische Evidenz (I), in: Das Wirtschaftsstudium, 06/2006, S. 821-827.

Michler, Albrecht F. und *H. Jörg Thieme* (1998), Bundesbankverfassung und Stabilitätsgesetz: Zur Adäquanz der institutionellen Grundlagen erfolgreicher Stabilitätspolitik, in: *Dieter Cassel* (Hg.), 50 Jahre Soziale Marktwirtschaft: Ordnungspolitische Grundlagen, Realisierungsprobleme und Zukunftsperspektiven einer wirtschaftspolitischen Konzeption, Stuttgart, S. 243-286.

Mishkin, Frederic S. (2001), The economics of money, banking, and financial markets, 6. ed., Reading/Ma.

Nicoletti-Altimari, Sergio (2001), Does money lead inflation in the Euro area, ECB Working Paper No. 63, Frankfurt/M.

Romer, Christina D. and *David H. Romer* (1996), Institutions for monetary stability, National Bureau of Economic Research Working Paper, No. 5557, Cambridge/Ma.

Siebke, Jürgen (1995), Alternativen der Geldmengensteuerung, in: *Jürgen Siebke* und *H. Jörg Thieme* (Hg.), Zwanzig Jahre Geldmengensteuerung in Deutschland, Baden-Baden, S. 35-52.

Thieme, H. Jörg (2003), Transmission monetärer Impulse: Theoretische Grundlagen und geldpolitische Implikationen, in: *Dieter Cassel, Herbert Müller* und *H. Jörg Thieme* (Hg.), Stabilisierungsprobleme in der Marktwirtschaft, München, S. 15-32.

Dirk Wentzel (Hg.), Europäische Integration – Ordnungspolitische Chancen und Defizite
Schriften zu Ordnungsfragen der Wirtschaft · Band 82 · Stuttgart · 2006

Wettbewerbs- und Industriepolitik:
EU-Integration als *Dritter Weg?*

Alfred Schüller

Inhalt

> „Retter Europas ist vor allem, wer es vor der
> Gefahr der politisch-religiös-sozialen
> Zwangseinheit und Zwangsnivellierung rettet,
> die seine spezifische Eigenschaft, nämlich den
> vielartigen Reichtum seines Geistes, bedroht."
>
> *Jacob Burckhardt* über Europa (1869)

1. Problemstellung

In diesem Beitrag werden drei Wege der Integration einer vergleichenden Betrachtung unterzogen: Der *Erste Weg* bezieht sich auf die wettbewerblich-marktwirtschaftliche (horizontale) Integrationsmethode auf der Grundlage allgemeiner Regeln. Die Aspekte dieser Methode werden unter der Bezeichnung Wettbewerbspolitik bzw. *Marktintegration* zusammengefaßt. Der *Zweite Weg* besteht in einer politisch-bürokratischen (vertikalen) Integrationsmethode mit dem Anspruch eines *systematischen* Interventionismus; sie wird deshalb als umfassende Industriepolitik bzw. *Politikintegration I* bezeichnet. Diese internationale Form der Planwirtschaft als weitestgehende Politisierung und Bürokratisierung des Integrationsgeschehens dient im folgenden nur als integrationspolitisches Referenzkonzept. Ein *Dritter Weg* der Integration entsteht in dem Maße, wie die Marktintegration mit *punktuellen* Interventionen kombiniert wird und diese als Bezugspunkt integrationspolitischen Handelns an Bedeutung gewinnen. Damit rückt die Industriepolitik der EU unter Einschluß der Struktur-, Regional- und Kohäsionspolitik ins Blickfeld. Ihr gilt im folgenden die besondere Aufmerksamkeit. Mit der Ausdehnung des punktuellen Interventionismus verstärken sich die Tendenzen zur Politisierung des Integrationsprozesses. Dieser Vorgang, der im Widerspruch zur regelgebundenen Marktintegration steht, wird *Politikintegration II* genannt.

Hintergrund der Problemstellung sind einige ordnungsökonomische Ausgangsfragen. Diese beziehen sich zunächst auf die reformpolitischen Intentionen der Lissabon-Strategie, dann auf die Frage, inwieweit Wettbewerbspolitik und Industriepolitik (Marktintegration und Politikintegration II) im Gemeinschaftsrecht der EU verankert sind (Kapitel 2.). In den Kapiteln 3. und 5. (unterbrochen durch ein Zwischenfazit in Kapitel 4.) werden die institutionellen Besonderheiten, die Wirkungen, Gestaltungsfragen und Entwicklungstendenzen des Verhältnisses von Marktintegration und Politikintegration II in der EU behandelt. Um zu diesem Kern des Vergleichs der verschiedenen Integrationswege vorzudringen, bedarf es tiefergehender Vorklärungen für die Marktintegration und die beiden Varianten der Politikintegration. Das abschließende Kapitel 6. beleuchtet die Gefahren, die Europa von einem Fortschreiten der Politisierung auf dem Dritten Integrationsweg drohen.

2. Ordnungsökonomische Ausgangsfragen

2.1. Stärkung der Wissensgrundlagen der EU

Mit der „Lissabon-Strategie 2000" wollte der Europäische Rat aus der Union bis 2010 den „dynamischsten und wettbewerbsfähigsten wissensbasierten Wirtschaftsraum der Welt" machen. Inzwischen sind sechs Jahre vergangen. Der EU-Raum liegt im internationalen Wettbewerb um Innovationen, Investitionen, Wachstum und Beschäftigung gegenüber den USA, Asien und neu aufkommenden Ländern und Regionen weiterhin zurück. In einigen Kernländern der EU bedürfen die Systeme der Sozialen Sicherung ebenso einer grundlegenden Sanierung und ordnungspolitischen Neuorientierung wie die Staatsfinanzen. Es besteht ein drastischer Mangel an Investitionen und Innovationen, die nicht nur durch Kapitalintensivierung die Produktivität steigern, sondern zugleich der Dauer- und Massenarbeitslosigkeit nachhaltig entgegenwirken könnten. In der europäischen Öffentlichkeit wird vielfach darin die Unzulänglichkeit der wettbewerblich-marktwirtschaftlichen Ordnung schlechthin und der ihr entsprechenden Integrationsmethode gesehen. Angesichts der Ohnmacht, mit der EU-Länder wie Deutschland, Frankreich, Italien und andere etablierte Mitgliedsländer den genannten Problemen und einer Reihe anderer Probleme gegenüberstehen, müssen sich die mittelosteuropäischen Beitrittsländer (MOE-Staaten) mit ungleich bedrohlicheren Krisenpotentialen fragen, ob die EU in der heutigen Verfassung der Erwartung gerecht werden kann, das Hereinwachsen in die Weltwirtschaft zu erleichtern.[1]

Die Lissabon-Strategie setzt wie jedes zielgerichtete Handeln ein Gesamtkonzept voraus. Es liegt nahe, daß die EU-Kommission als „Hüterin der Verträge" und als „Motor der Integration" initiativ werden soll, um die Mitgliedsländer auf einen ordnungspolitischen Kurs zu bringen, der es ermöglicht, die krisenhafte Entwicklung der Arbeitsmärkte, der Systeme der Sozialen Sicherung und der Staatsfinanzen zu überwinden. Das setzt voraus, daß die EU-Länder, auf die es besonders ankommt, die Gründe für die entstandene Lage und die Verfehlung des angestrebten Ziels realistisch einschätzen. Ohne zutreffende Diagnose wird es auch an einer wirksamen Therapie mangeln.

Einig waren sich die Akteure in Lissabon darin, daß es gilt, die Wissensgrundlagen der Gesellschaft zu stärken und besser zu nutzen. Diese Schlußfolgerung deckt sich mit grundlegenden ordnungsökonomischen Erkenntnissen. Danach beruht die Arbeitsteilung in offenen Gesellschafts- und Wirtschaftsordnungen auf Wissensteilung. Und je mehr es gelingt, die Wissensbasis der Gesellschaft möglichst voll zu nutzen, desto effektiver kann der Prozeß der Ressourcengewinnung und des Ressourceneinsatzes sein (siehe *Hayek* 1969, S. 249; *Gutmann* 1995, S. 152 f.). Wie kommt es aber, daß trotz blühender Computer-, Internet- und Telekommunikationsbranchen und trotz des viel zitierten Informationszeitalters das Wissenspotential im EU-Raum als Quelle des Wachstums und der Beschäftigung zu wünschen übrig läßt?

Die weit überwiegende Zahl von Menschen verfügt über Wissensdurst, Lern- und Ausbildungsbereitschaft, einfallsreiches Können und Wollen, kurz: Lebenslust. In dieser Annahme kann ebenso eine anthropologische Konstante gesehen werden wie in beträchtlichen Begabungs- und Motivationsunterschieden in der Gesellschaft. Das ökonomische Menschenbild im Sinne des *methodologischen Individualismus* beruht jedenfalls auf der Annahme der Unverlierbarkeit des menschlichen Interesses, in das eigene Wissen und Können zu investieren und daraus Nutzen zu ziehen. Wie dieses Handlungsvermögen einer Gesellschaft aufgebaut, mobilisiert, koordiniert (vernetzt), bewer-

---

[1] Zu alternativen Integrationsmöglichkeiten und zum institutionellen Bedingungsrahmen für die *Binnen-* und *Außenintegration* der EU siehe *Schüller* und *Weber* 1993, S. 445 ff.

tet und für das Problem der Minderung der wirtschaftlichen Knappheit und daraus entstehender Konfliktgefahren genutzt wird, hängt nach Auffassung der Ordnungsökonomen entscheidend von den *Regeln* (Ordnungsbedingungen oder Institutionen) ab, die das Verhalten der Menschen im Umgang mit Knappheitserscheinungen und Konflikten[2] bestimmen. Ordnungsökonomen sehen die Hauptursache im Mangel an Ordnungsbedingungen, die es den Menschen erleichtern, aus eigenem Können und Wollen wohlhabend zu werden, ohne bei diesem Streben *soziale Dilemmasituationen* herbeizuführen.[3] Aus dieser Erkenntnis des *theoretischen Institutionalismus* folgt:

– Regeln können den eigeninteressierten Wissens-, Ausbildungs-, Handlungs- und Aufstiegsdrang, den Wunsch mit anderen Menschen zu kooperieren und solidarisch zu sein, unbewußt und ungewollt in den Dienst des allgemeinen Wohls stellen, also positive externe Effekte hervorrufen.

– Regeln können aber auch das Eigeninteresse zu vielfältigen Kollektivschädigungen verleiten, etwa: wenn Subventionen und andere Finanzierungsprivilegien es erlauben, mit „weichen" Budgetrestriktionen zu arbeiten, nachlässig zu kalkulieren und zu planen, wenn bestimmte Branchen, Regionen, Betriebsgrößen und Arbeitsverhältnisse privilegiert werden, wenn es möglich ist, mit rentensuchendem Verhalten den Staat und die Mitbürger zu schädigen, kurz: wenn mit negativen externen Effekten die Quellen des Wachstums und der Beschäftigung geschädigt werden können. Ein Vergleich der Wirtschaftsentwicklung in Ostdeutschland und in Westdeutschland zwischen 1948 und 1989 zeigt, wie die Menschen auf je eigene Weise kreativ die Methoden der Wissensschaffung und Wissensnutzung den vorherrschenden Ordnungsbedingungen anzupassen verstehen. Dieselben Menschen mit vergleichbarem Humanvermögen und sachlichem Ressourcenpotential bringen in unterschiedlichen Ordnungen verschiedene wirtschaftliche Ergebnisse für sich selbst und für andere hervor.

– Regelwahl und Regelgestaltung sind auf der Ebene der formalen Ordnungsbedingungen des Wirtschaftens letztlich Sache des Staates auf der nationalen oder – im Falle der EU – auch auf supranationaler Ebene. Für den Ordnungsökonomen ist erfolgreiche Wirtschaftspolitik in erster Linie Ordnungspolitik – als Teil einer umfassenden gesellschaftlichen und politischen Ordnungsaufgabe.

– Ordnungspolitik bedarf der geistigen Vorarbeit, um herauszufinden, wie Regeln entstehen können, wie sie zusammenpassen, ob sie im Parteien- und Verbandswettbewerb durchsetzbar sind, welche Wirkungen sie kurz- und langfristig haben und damit die Qualität von Gesamtordnungen (den institutionellen Handlungsrahmen des Wirtschaftens) bestimmen, etwa im Hinblick auf erwartete Ergebnisse.

---

[2] Und hierzu gehört auch der Mangel an legalen Arbeitsmöglichkeiten, an soliden Staatsfinanzen sowie an Leistungen der Systeme der Sozialen Sicherung, die den Anforderungen des methodologischen Individualismus entsprechen.

[3] Im Falle von sozialen Dilemmata führt das rationale Handeln der beteiligten Akteure zu Ergebnissen, die für sie selbst oder für die Gesellschaft als Ganzes abträglich sind, ohne daß für die Verursacher ein hinreichender Anreiz besteht, mit ihrem Verhalten die Lage für sich und die Beteiligten zu bessern (*Watrin* 1999, S. 35 ff.).

Im Zusammenhang mit der Frage nach dem Verhältnis von Wettbewerbs- und Industriepolitik im allgemeinen und der Lissabon-Strategie im besonderen ist zunächst nach dem institutionellen Handlungsrahmen der EU für die menschliche Wissenserschließung als Quelle für mehr Wachstum und Beschäftigung zu fragen.

2.2. Wettbewerbs- und Industriepolitik: Der institutionelle Handlungsrahmen der EU

Kern des institutionellen Handlungsrahmens der Lissabon-Strategie ist das Gemeinschaftsrecht der EU[4] mit folgenden Artikeln:

Art. 2 EG-Vertrag mit der *Aufgabe* der Gemeinschaft: Vorrangige Errichtung des gemeinsamen Marktes und einer Wirtschafts- und Währungsunion (WWU) mit dem Anspruch einer harmonischen, ausgewogenen und nachhaltigen Entwicklung des Wirtschaftslebens, einem hohen Beschäftigungs- und sozialen Schutzniveau, einem nicht-inflationären Wachstum und einem hohen Grad von Wettbewerbsfähigkeit und Konvergenz der Wirtschaftsleistungen usw.

Art. 3 EG-Vertrag mit 21 *Tätigkeiten* der Gemeinschaft: Hierzu gehören unter anderem ein „System, das den Wettbewerb innerhalb des Binnenmarktes vor Verfälschungen schützt", die Entwicklung einer „koordinierten Beschäftigungsstrategie", die „Stärkung der Wettbewerbsfähigkeit der Industrie der Gemeinschaft", die „Förderung der Forschung und technologischen Entwicklung", ein Beitrag „zu einer qualitativ hochstehenden allgemeinen und beruflichen Bildung sowie zur Entfaltung des Kulturlebens in den Mitgliedsstaaten". Bei allen Tätigkeiten wirkt die Gemeinschaft nach Art. 3 (3) darauf hin, „Ungleichheiten zu beseitigen und die Gleichstellung von Männern und Frauen zu fördern".

Art. 4 EG-Vertrag: Danach hat die Gemeinschaft die Wirtschaftspolitik der Mitgliedstaaten im Hinblick auf die gemeinsamen Ziele gemäß Art. 2 im Rahmen einer offenen Marktwirtschaft mit freiem Wettbewerb auf den Tätigkeitsgebieten von Art. 3 eng zu *koordinieren*.

Art. 5 EG-Vertrag: Die vorherrschende Deutung des hier verankerten *Subsidiaritätsprinzips* beruht auf einer „streng rechtlichen" Sicht. Danach wird die Gemeinschaft außerhalb ihrer *ausschließlichen* Zuständigkeit[5] nur dann tätig, „sofern und soweit die Ziele der in Betracht gezogenen Maßnahmen von den Mitgliedstaaten weder auf zentraler noch auf regionaler oder lokaler Ebene erreicht werden können, sondern vielmehr wegen ihres Umfangs oder ihrer Wirkungen besser auf Gemeinschaftsebene erreicht werden können". Damit soll der in einer ungebührlichen Zentralisierung von Kompe-

---

[4] EU-Vertrag in den Fassungen von Amsterdam und Nizza, 5. Auflage, Beck-Texte im dtv, München 2001.

[5] *Ausschließliche* Zuständigkeiten der Gemeinschaft bestehen vor allem im Bereich der Wettbewerbsregeln für den Binnenmarkt, die gemeinsame Währungs- und Handelspolitik, für die Zollunion und die Erhaltung der biologischen Meeresschätze im Rahmen der gemeinsamen Fischereipolitik. Bis auf die gemeinsame Währungspolitik ist diese Kompetenzzuweisung für die Konzeption des Binnenmarktes unverzichtbar.

tenzen liegenden Gefahr vorgebeugt werden, die im Gefolge des Maastrichter Vertrages von 1992 unübersehbar geworden ist (siehe Kapitel 4. und 5.).

Art. 81 ff. dienen der Sektoren und Regionen übergreifenden Herstellung und Sicherung eines *unverfälschten Wettbewerbs* auf offenen Märkten für Waren, Dienstleistungen und Produktionsfaktoren im Rahmen der Zollunion. Dies erfordert wettbewerbssichernde Vorkehrungen gegenüber Kartellen, Marktaufteilungen anderer Art, gegen die Entstehung wirtschaftlicher Macht durch Monopolisierung und gegen Verfälschung des Wettbewerbs durch nationale Subventionen (Beihilfen). Gegenüber den nationalen Wettbewerbsregeln haben die Wettbewerbsregeln der EU Vorrang.

–   Artikel 81 Abs. (1) verbietet – weitergehender als z.B. das deutsche „Gesetz gegen Wettbewerbsbeschränkungen" – per se alle Vereinbarungen und jede Art der Verhaltensabstimmung, durch die der Handel zwischen den Mitgliedstaaten behindert, eingeschränkt oder verfälscht wird. Diese sog. *Zwischenstaatlichkeitsklausel* hat den Zweck, auf dem Gebiet des Kartellrechts den Geltungsbereich des EU-Rechts gegenüber dem nationalen Wettbewerbsrecht abzugrenzen. Art. 81 Abs. (2) erklärt alle Abmachungen gemäß (1) für nichtig, soweit diese nicht auf Ausnahmen für wettbewerbsbeschränkende Vereinbarungen („Freistellungen") gemäß Artikel 81 Abs. (3) beruhen. Diese sind aus wohlfahrtsökonomischen Gründen zugelassen: zur Förderung des Mittelstands, zur Erhöhung der Versorgungssicherheit, zur Sicherung von Spezialisierungsvorteilen und zur Unterstützung des technischen und wirtschaftlichen Fortschritts.

–   Art. 82 verbietet (ohne Ausnahmen) nicht die Entstehung, sondern die *mißbräuchliche* Ausnutzung einer beherrschenden Stellung in der EU oder eines wesentlichen Teils derselben durch ein oder mehrere Unternehmen, soweit dadurch der Handel zwischen Mitgliedstaaten beeinträchtigt wird.

–   Art. 86 läßt öffentliche Unternehmen zu, nicht aber deren Privilegierung gegenüber aktuellen oder potentiellen privaten Konkurrenten.

Die Praxis der Verbotsausnahmen gemäß Art. 81 (3) geht von Annahmen der Wohlfahrtssteigerung aus, die ziemlich beliebig behauptet werden können. Und die Mißbrauchskontrolle gemäß Art. 82, vor allem auch hinsichtlich der Möglichkeit einer Fusionskontrolle, erfordert den praktisch schwer zu führenden Nachweis einer „marktbeherrschenden Stellung", deren Erweiterung durch den Aufkauf von Wettbewerbern und mißbräuchliche Ausnutzung. In Art. 86 kann eine wichtige Konkretisierung des Postulats eines wettbewerbspolitischen *Diskriminierungsverbots* gesehen werden.

Art. 136 EG-Vertrag fordert, die *Angleichung der Lebens- und Arbeitsbedingungen* in der Gemeinschaft zu fördern, besonders im Hinblick auf Beschäftigung, sozialen Schutz und insgesamt mittels „Abstimmung der Sozialordnungen". Dies ist wichtig, weil damit der Geltungsbereich der Wettbewerbspolitik beschnitten und der „Bedarf" an Industriepolitik künstlich erhöht werden kann.

Art. 157 EG-Vertrag enthält den Auftrag an Gemeinschaft und Mitgliedstaaten, die *notwendigen Voraussetzungen für die Wettbewerbsfähigkeit* der Industrie zu gewährleisten. „Subventionen" und „Wettbewerbsverzerrungen" sollen verboten sein. Wenn damit der Wettbewerbspolitik als Rahmenpolitik eine Industriepolitik zur Seite gestellt wird, so kann sich dies beziehen *erstens* auf die Beihilfeaufsicht gemäß Art. 92 ff. EG-Vertrag, auf allgemeine Maßnahmen, die einer Behinderung privatwirtschaftlicher Aktivitäten (etwa seitens öffentlicher Unternehmen) entgegenwirken. Art. 157 als Grundlage für die Förderung der Wettbewerbsfähigkeit, der besseren Nutzung des industriellen Potentials in den Bereichen Innovation, Forschung und technologische Entwicklung, für die Erleichterung der Anpassung an die strukturellen Veränderungen kann sich aber *zweitens* auch beziehen auf vielfältige Fördermaßnahmen (Subventionen, Steuervergünstigungen, staatliche Regierungsaufträge, Kredite und Investitionshilfen), die im Sinne planifizierender Bestrebungen darauf hinzielen, die branchen- und regionenbezogenen Strukturen der Wirtschaftsentwicklung interventionistisch, also punktuell zu beeinflussen, ja vielleicht sogar zu beherrschen (siehe Kapitel 4. und 5.). Struktur-, Regional- und Kohäsionspolitik (einschließlich der Tätigkeit der Europäischen Investitionsbank EIB) werden deshalb hier als Aspekte einer Industriepolitik aufgefaßt, die darauf gerichtet ist, im Tätigkeitsfeld des Art. 3 gezielt das beseitigen zu wollen, was als „Ungleichheit" definiert wird.

Art. 163 ff. EG-Vertrag verfolgen in Verbindung mit der sog. Industriepolitik das Ziel, „die wissenschaftlichen und technologischen Grundlagen der Industrie der Gemeinschaft zu stärken und die Entwicklung ihrer internationalen Wettbewerbsfähigkeit zu fördern sowie alle Forschungsmaßnahmen zu unterstützen, die aufgrund anderer Kapitel dieses Vertrags für erforderlich gehalten werden". Die allgemeinen und speziellen Maßnahmen der Forschungs- und Technologieförderung werden auf der Grundlage eines koordinierten Vorgehens von Kommission und Mitgliedstaaten in mehrjährigen Rahmenprogrammen zusammengefaßt, um die „Kohärenz der einzelstaatlichen Politiken und der Politik der Gemeinschaft sicherzustellen". Hier wird die Möglichkeit sichtbar, daß die Kommission vor allem die *zweite* Interpretation von Art. 157 in den Mittelpunkt ihrer industriepolitischen Bestrebungen rücken und nutzen kann, um das zu beherrschen, was als technische Schlüsselindustrien verstanden wird (siehe Kapitel 5.).

Für dieses hier nur in groben Zügen skizzierte Handlungskonzept stellt sich die Frage nach dem Verhältnis von *Wettbewerbs-* und *Industriepolitik*, wenn es darum geht, die allgemeinen Aufgaben von Art. 2 und die speziellen Aufgaben von Art. 3 EG-Vertrag zu lösen. Annahmegemäß müßten hierdurch Wissensquellen für mehr Wachstum und Beschäftigung erschlossen und genutzt werden können. Besonders Art. 157 und die Art. 163 ff. eröffnen Perspektiven für Versuche, nach einem „Dritten Weg" Ausschau zu halten, auf dem man durch Mischung jeweils der vermeintlich besten Seiten beider Wege integrationspolitisch gleichsam die beste aller möglichen Lösungen schaffen kann. Ist ein Dritter Weg zwischen Wettbewerbs- und Industriepolitik ein Ausweg aus den aktuellen Krisenerscheinungen und allgemein für eine erfolgreiche Entwicklung der auf bald 27 Mitglieder erweiterten EU? Das ist die Kernfrage dieses Aufsatzes.

2.3. Lissabon-Strategie zwischen Marktintegration und Politikintegration

Die unter 2.2. genannten Artikel zeigen: Beim EG-Vertrag handelt es sich von Anfang an um eine *europäische Wirtschaftsverfassung des Wettbewerbs*. Darin kann deshalb auch die entscheidende Handlungsgrundlage für die *Binnenintegration* (s. Fn. 1) und für Bestrebungen der Kommission und des Europäischen Gerichtshofs gesehen werden, die Reformanstrengungen zu verstärken, um die Wissensgrundlagen für mehr Wachstum und Beschäftigung zu verbessern.

Die Sektoren und Regionen übergreifende gemeinsame Wettbewerbspolitik hat, wie gesagt, Vorrang vor nationalen wettbewerbspolitischen Bemühungen.[6] Die hierfür inzwischen auch von Brüssel verwendete Bezeichnung „horizontale" Integrationsmethode (*Kommission der EU* 2002) beruht auf einem bestimmten ordnungsökonomischen Konzept, nämlich dem Verständnis vom Marktsystem als einem unzerlegbaren Prozeß (siehe Kapitel 3.1.) – als ein grundlegendes Prinzip des *Ersten Weges*.

Im Widerspruch zur marktwirtschaftlich ausgerichteten Wettbewerbspolitik der EU stehen wettbewerbsverzerrende nationale Subventionen (Beihilfen), Regionalsubventionen, öffentlich-rechtliche und staatliche Banken, grenzüberschreitende Buchpreisbindungen, „goldene Aktien", mit deren Hilfe – wie im Fall der deutschen Volkswagen AG – der Übernahmewettbewerb behindert wird, vielfach privilegierte staatliche oder quasistaatliche Handelsmonopole wie Post, Telekommunikation, der öffentlich-rechtliche Rundfunk, die von Anfang an bestehenden Bereichsausnahmen vom Wettbewerb wie die Europäische Gemeinschaft für Kohle und Stahl (EGKS), die EG-Agrarmarktordnung, die Verkehrs-, Strom- und Wasserwirtschaft, die Wohnungswirtschaft, große Teile des Dienstleistungsangebots (in den Bereichen Gesundheit, Handwerk, Handel, Gewerbe, Freie Berufe usw.).

Inzwischen hat die EU-Kommission, vor allem auch auf der Grundlage des Art. 86, den Prozeß der Deregulierung der genannten Branchen vorangetrieben oder eingeleitet, um dem System des diskriminierungsfreien Wettbewerbs näher zu kommen, obwohl die wettbewerbspolitischen Ausnahmebereiche auf nationaler Ebene zum Teil bis heute beharrlich verteidigt werden.[7] Als solche unterliegen sie speziellen Ordnungsregeln – als Ausdruck eines „vertikalen" Integrationsverständnisses, das von einer zweckmäßigen Zerlegbarkeit des Marktgeschehens ausgeht (siehe Kapitel 5.).

Die großen wettbewerbspolitischen Verdienste der EU-Kommission und des EuGH sind vor allem auch aus Sicht der deutschen Käufer und Konsumenten unbestritten. Von daher wäre es wünschenswert, wenn sich die EU-Kommission und der EuGH noch stärker als bisher wettbewerbspolitisch in den Dienst einer erweiterten Binnenmarktintegration im Sinne des ersten Integrationsweges stellen könnte. Auf der Konferenz von Lissabon (2000) ist jedenfalls der Grundsatz der offenen Marktwirtschaft mit freiem unverfälschten Wettbewerb formal bekräftigt worden. Ermutigender Ausdruck dieses Vorhabens ist die Empfehlung, den Binnenmarkt durch Beseitigung von wachstums- und beschäftigungshindernden Regulierungen zu stärken und hierbei auch dem Bildungssektor mehr Beachtung zu schenken. Das ist deshalb gerechtfertigt, weil z.B. das Bildungssy-

---

[6] Gleiches gilt für die gemeinsame Handelspolitik als wichtige Handlungsgrundlage der *Außenintegration* der EU.

[7] In Deutschland und Frankreich ist der Geltungsbereich der Dienstleistungsliberalisierung dadurch erheblich eingeschränkt worden, daß es den Gewerkschaften und ihnen nahestehenden Verbänden und Parteien gelungen ist, für den Marktzugang und die Erbringung einer Dienstleistung das Recht des Ziellandes durchzusetzen und damit die Wanderungsanreize zu reduzieren (siehe auch *Smeets* i. d. Bd.).

stem in Deutschland seit den 70er Jahren vielfach den Kontakt zu den Erfordernissen eines modernen weltoffenen Marktsystems im allgemeinen und eines leistungsfähigen Beschäftigungssystems im besonderen verloren hat. Selbst bei günstigeren Wachstumsraten, als sie heute bestehen, wird vielfach für längere Zeit noch mit großen Diskrepanzen zwischen dem Bildungs- und Beschäftigungssystem gerechnet.

Die Empfehlungen von Lissabon wurden auf dem Treffen des Europäischen Rates in Stockholm und Göteborg (2001), in Barcelona (2002) usw. teils bekräftigt, teils erweitert. Gefordert wurden mehr Investitionen in das Humankapital, die Erhöhung der Arbeitsproduktivität und des durchschnittlichen effektiven Renteneintritts, der Ausbau von Kinderbetreuungseinrichtungen, die Verringerung von Treibhausgasemissionen, die Erhöhung des Anteils der Stromerzeugung aus erneuerbaren Energiequellen, die Förderung hochqualifizierter Forscher und von F&E-Projekten, der Internetnutzung in Schulen und privaten Haushalten (siehe *Wentzel* i. d. Bd.), der Elektronisierung der Verwaltung („E-Government") und des Bildungsstands in den Fächern Mathematik, Naturwissenschaften und Technik (siehe *EZB* 2005a).

Der Wert von gemeinsamen Erklärungen, die sich auf die angeführten Bereiche beziehen, ist im Hinblick auf die mit der Lissabon-Strategie verfolgten Wachstums- und Beschäftigungsziele nicht allzu hoch zu veranschlagen, zumal es einer ökonomisch klugen Interpretation des Subsidiaritätsprinzips entspricht, wenn Vorhaben der genannten Art im wesentlichen in die Zuständigkeit der Mitgliedstaaten fallen, damit prinzipiell Gegenstand des Standortwettbewerbs sein könnten.

Die Lissabon-Strategie sieht allerdings für die EU-Kommission eine neue *Gemeinschaftsaufgabe* in Form eines „leichten" Koordinierungsverfahrens für die Tätigkeitsgebiete des Art. 3 vor, und zwar in folgender Hinsicht:

– Vorgabe quantitativer Ziele („Benchmarking") und bestmöglicher Verfahren der Zielerreichung („Best practices").

– Jährlicher Bericht über die Fortschritte der Mitgliedsländer bei der Verwirklichung der genannten und weiterer Vorhaben mit dem Ziel, Gruppendruck („Peer pressing") auszuüben und der Bevölkerung in den Mitgliedsländern zu zeigen, wo ihr Land im EU-Vergleich steht (siehe auch *Sundmacher* und *Müller* i. d. Bd.).

Mit diesem indizierenden Koordinierungsverfahren steht die Lissabon-Strategie allerdings ordnungspolitisch in einem Zwiespalt. Zunächst einmal gibt es neben dem renommierten *Economic Freedom of the World Report* weitere angesehene Vergleichsstudien über die Entwicklung der institutionellen Grundlagen der Wirtschafts-, Finanz-, Sozial- und Außenhandelspolitik der Nationen. In diesem Rahmen wird auch der Auf- und Abstieg der EU-Mitgliedsländer laufend dokumentiert. Diese Orientierung, die aus ordnungsökonomischer Sicht auch den Ursachen von Wachstums- und Beschäftigungsproblemen Beachtung schenkt, ist – bei allen Schwächen – dem Verfahren der EU vorzuziehen, das mehr an Symptomen ansetzt und im Verdacht steht, ein Übungsfeld für eine letztlich angestrebte Zentralisierung (wirtschafts-)politischer Entscheidungen gemäß Art. 4 zu sein – flankiert von einer beschleunigten Politik der Ex-ante-Harmonisierung, die geeignet ist, den wahrscheinlich sehr viel wirksameren Standortwettbewerb in der Gemeinschaft zu schwächen.

Die Anzeichen dafür, daß die Kommission eine so geartete Politikintegration substantiell zu stärken versucht, sind unübersehbar, wie auch die angestrebte Erweiterung der Gemeinschaftszuständigkeit mit dem Vorschlag der EU-Kommission für ein europäisches „Rahmenprogramm für Wettbewerbfähigkeit und Innovation" vom April 2005 erkennen läßt – mit einem Fördervolumen von 4,2 Mrd. € für den Zeitraum 2007-2013.[8] Damit soll im Anschluß an Art. 157 eine Reihe von laufenden Einzelprogrammen eine „umfassende und kohärente Rechtsgrundlage für Gemeinschaftsmaßnahmen (erhalten), die die gleichen übergeordneten Ziele – Förderung der Wettbewerbsfähigkeit und der Innovation – verfolgen". Das Fördervolumen erscheint im Vergleich zum EU-Finanzrahmen von rd. 862 Mrd. € für den Zeitraum 1997-2013[9] bescheiden. Jedoch drängt sich in Verbindung damit (wenn Ziele und Aktionsbereiche sowie die Durchführungsbestimmungen des „Rahmenprogramms" genauer betrachtet werden) folgender Eindruck auf:

Die Bereiche, die als entscheidend für eine größere Wettbewerbsfähigkeit und mehr Beschäftigung in der Zukunft angesehen werden, bedürfen der staatlichen *Selektion* und *Förderung* auf der Grundlage mehrjähriger Programme. Mit dieser interventionistischen Interpretation der Artikel 3, 157 und 163 kann die EU-Kommission auf dem Wege des Ausbaus der „vertikalen" Integrationsmethode ihre Kompetenzen erheblich erweitern.

Ordnungspolitisch kommt dieser Weg vor allem Frankreich entgegen. Dessen lange Tradition planifizierender Neigungen wird seit 1998 auch von der deutschen Bundesregierung unterstützt. Diese hat beschlossen, die Lissabon-Strategie mit einer nationalen *Innovationsoffensive 2004* zu verbinden. Dies geschieht in der Annahme, damit die gesamtwirtschaftlichen Wachstums- und Beschäftigungsperspektiven Deutschlands verbessern zu können, und zwar in folgender Hinsicht:

– Stärkung von „Wachstumskernen" (Aggregationszentren) durch regionale und sektorale Innovations- und Wachstumsstimulierung (Förderung des wachstumsbestimmenden Einflusses von Schlüsselindustrien, die Begünstigung von „Allianzen" großer Unternehmen zur Entstehung einer Liga von „Champions" europäischer Unternehmen und Forscher);

– Förderung von „Kompetenznetzen" in Form der Zusammenarbeit von Wissenschaftlern unterschiedlicher Disziplinen mit dem Ziel, Forscher und kommerzielle Anwender zusammenzubringen, eigene Unternehmen zu gründen, Unternehmenskooperationen zu initiieren und auf dieser Grundlage für „zukunftsträchtige Technologien" und neue Absatzmöglichkeiten zu sorgen (Stichworte: Bio-Photonik,

---

[8] Im folgenden „Rahmenprogramm" genannt. Darin sind drei Unterprogramme vorgesehen: ein „Programm für unternehmerische Initiative und Innovation", ein „Programm zur Unterstützung der Politiken zugunsten der Informations- und Kommunikationstechniken (IKT)" und ein „Europäisches Programm für Intelligente Energien". Siehe *Kommission der EU* (2005).

[9] Für die Förderung der Landwirtschaft rd. 371 Mrd. €, für Struktur- und Kohäsionsfonds 308 Mrd. €, für die Förderung der Wettbewerbsfähigkeit (Forschung, Entwicklung, Verkehr und andere Infrastrukturausgaben) 72 Mrd. €, für Außenpolitik und Verwaltung je 50 Mrd. €, für Innen- und Justizpolitik rd. 10 Mrd. €. Beschluß *des Europäischen Rates* am 17. Dezember 2005.

Neuro-Informatik, Nano-Biotechnologie, spezielle Forschung zur Bekämpfung bestimmter Krankheiten); ein Mittel hierfür wird unter anderem in einer gezielten Förderung von solchen Wissenschaftlern gesehen, die interdisziplinär arbeiten;

– Förderung von „Interregionalen Allianzen für die Märkte von morgen".

Insoweit deckt sich die regierungsamtliche Interpretation der Lissabon-Strategie mit der französischen Vorstellung und mit dem „Rahmenprogramm" der Kommission vom April 2005. Insoweit scheint auch die ursächliche Einschätzung der beklagten Wirtschaftsentwicklung mit der französischen Auffassung zu konvergieren – im Widerspruch zur Diagnose einer Reihe anderer EU-Länder.

An dieser Stelle wird erkennbar, daß es bei der Frage, wie die Lissabon-Strategie das angestrebte Ziel erreicht will, um die Gewichtung des Verhältnisses von Wettbewerbs- und Industriepolitik, um die Einschätzung geht, was eine Mischung der beiden konkurrierenden Methoden der Integration menschlichen Wissens und Handelns leisten kann (*Schüller* 1994, S. 306 ff.):

– Die Marktintegration als wettbewerblich-marktwirtschaftliche Methode (Erster Weg).

– Die Politikintegration I als umfassender politisch-bürokratischer Interventionismus (Zweiter Weg).

– Eine Mixtur aus Marktintegration und Politikintegration II als punktueller Interventionismus (Dritter Weg).

Worin liegen die Besonderheiten des Ersten Weges (Kapitel 3.), des Zweiten und des Dritten Weges (Kapitel 5.)? Die Antworten erschließen sich nicht von selbst. Sie hängen von der ordnungsökonomischen Orientierung und von politischen Kalkülen ab. Was ist den Mitgliedsländern und ihren jeweiligen Regierungen bei der Wahl der Therapie und der Zuweisung von Kompetenzen an die Kommission wichtiger: Eine zielgerechte Mittelwahl oder eine solche, die besser erscheint, um die eigenen Wiederwahlmöglichkeiten auf nationaler Ebene zu verbessern? Schließlich sind für Wahl und Mischung der beiden Integrationsmethoden die Eigeninteressen der EU-Kommission nicht unwichtig.

3. Marktintegration: Die wettbewerblich-marktwirtschaftliche Methode der Wissenserschließung

3.1. Dezentrale Wissensquellen im Rahmen einer Ordnung der Freiheit

Bezugspunkt ist im folgenden ein Markt- und Wettbewerbsverständnis, das auf die Österreichische und Freiburger (ordoliberale) Schule zurückgeht. Eine Weiterentwicklung dieses ordnungsökonomischen Denkens ist die Neue Institutionenökonomie (*Coase* 1937, 1988). Wichtige Ausgangspunkte bestehen in folgenden Annahmen:

– Das *ökonomische Menschenbild* im Sinne des methodologischen Individualismus als Bezugspunkt des Prozesses der Wissensentstehung und -nutzung.

– *Dezentrale Wissensquellen*: Die Kenntnis der Umstände, „von der wir Gebrauch machen müssen, (existiert) niemals zusammengefaßt oder als Ganzes, sondern immer nur als zerstreute Stücke unvollkommener und häufig widersprechender

Kenntnisse, welche all die verschiedenen Individuen besitzen" (*Hayek* 1952, S. 103 f.).

– *Wettbewerb als Entdeckungsverfahren*: Bei der Marktintegration geht es darum, im Rechnungszusammenhang von Marktpreisen Quellen des Wissens zu erschließen und zu nutzen, das an Personen gebunden und der Natur der Sache nach unvollständig unter einer Vielzahl von Menschen verstreut ist. Es bedarf zur Mobilisierung eines *wettbewerblichen Suchprozesses* (nach dem Trial-and-error-Prinzip), in dem Tatsachen erkennbar werden, die ohne Bestehen des Wettbewerbs entweder unbekannt blieben oder doch zumindest nicht genutzt würden (*Hayek* 1969, S. 249). Ergebnis der Wissensteilung ist die Arbeitsteilung.

– *Erwartungen* und *unternehmerisches Handeln*: Die preisgesteuerten Wirtschaftspläne und arbeitsteiligen Markthandlungen sind trotz aller vergangenheits- und gegenwartsbestimmten Erfahrungen der Akteure entscheidend von individuellen Erwartungen geprägt. Deshalb beruht die Arbeits- und Wissensteilung immer auf einem hypothetischen Rechnen mit Erlös-, Kosten- und Nutzenerwartungen (*Mises* 1940, S. 283 ff.), also auf unternehmerischem Handeln schlechthin. Dieses erhält bei der Erschließung und Nutzung von Wissensquellen im marktwirtschaftlichen Rechnungszusammenhang Anreize, die Beziehung zu den Umständen nicht aus den Augen zu verlieren, die über das gesamte Marktgeschehen hinweg Einfluß auf Produktion *und* Nachfrage haben. Damit ist zweierlei gewährleistet: *Erstens* – Aus dem Marktgeschehen wird über die verschiedenen Dimensionen des Preiszusammenhangs ein „einheitlicher und unzerlegbarer" Prozeß (siehe *Mises* 1940, S. 291; *Hoppmann* 1982, S. 137 ff.). *Zweitens* – In diesem Zusammenhang kann sich der rechnende Umgang mit den Wissensquellen nicht in mikro- und makroökonomischen Fiktionen verlieren wie in der Politikintegration mit ihrem mehr oder weniger weitgehenden konstruktivistischen Interventionismus, dem ungelösten Preisproblem und der Neigung zum einseitigen Denken in Produktionskategorien.

Unter dem Druck konkurrierender Bemühungen auf der Angebots- und Nachfrageseite entstehen aus veränderten Erlös-Kosten-Relationen *Anreize*, den gesellschaftlichen Wissensfluß in einem einheitlichen Rechnungszusammenhang über Branchen und Regionen hinweg, also *horizontal*, in Gang zu halten. Dabei ist der Blick unausweichlich auf Erwartungsänderungen gerichtet. Das macht es notwendig, das Wissen immer wieder auf seine Wettbewerbsfähigkeit im Marktgeschehen zu testen und im Sinne der „Best Practice"-Methode auf den neuesten Stand zu bringen. Zugleich entstehen damit unbewußt und ungewollt auch machtverhindernde und machtauflösende *Kontrollen*.

3.2. Ordnung der Freiheit I: Die *äußeren* Institutionen

Die preisgesteuerten Prozesse der Wissenserschließung bedürfen – im Sinne des theoretischen Institutionalismus – einer Rahmenordnung, die Freiheit und Wettbewerb im Prozeß der Wissenserschließung ermöglicht und sichert (siehe hierzu die konstituierenden und regulierenden Prinzipien der Wettbewerbsordnung bei *Eucken* (1952/1990) und bei *Hayek* (1971).[10] Hierzu zählen:

–   Die verfassungsmäßige Gewährleistung eines konstitutionellen Minimums an Ordnung. Dieses beruht auf Institutionen, die alle freiheitlichen Ordnungen prägen: die Verhinderung von Gewalt, Raub, Betrug und Enteignung, d. h. der Schutz des Privateigentums im weitesten Sinne, die Sicherung der Freiheit des Güteraustauschs durch Verträge, des engen Zusammenhangs von Entscheidung und Haftung, der Rechtsstaatlichkeit auf der Grundlage einer wirksamen Kontrolle der Exekutive durch die gesetzgebenden und rechtsprechenden Organe, die Gewährleistung der Landesverteidigung, die Sicherung einer soliden Staatsverwaltung und -finanzierung mit einer klaren und rechtlich wirksamen Kompetenzverteilung zwischen den Gliedstaaten.

–   Die Gewährleistung eines Systems des freien unverfälschten Wettbewerbs, das der Gefährdung durch Inflation und Deflation[11], durch interventionistische Maßnahmen der EU-Kommission oder anderer zentralisierter Organe der EU und durch marktwidrige Aktivitäten der Mitgliedstaaten entzogen sein sollte.

3.3. Ordnung der Freiheit II: Die *inneren* Institutionen

Innerhalb des äußeren Rechtsrahmens können in einem *endogenen* Prozeß der spontanen Wissensentdeckung und -nutzung sowie der Ordnungsbildung eine Fülle von *inneren* Institutionen und Organisationsformen entstehen: vielfältige Rechtsformen von Unternehmen und Vertragstypen expliziter und impliziter Art, Firmenverbindungen, standardisierte Zahlungs-, Kreditsicherungs- und Wertaufbewahrungsmittel, Werbe-, Vermittlungs- und Beratungseinrichtungen wie Banken, Versicherungen, Termingeschäfte, Wertsicherungsklauseln, Haftungsregeln, Qualitätsgarantien, Markenzeichen. Dazu gehören auch Selbsthilfeeinrichtungen der Wirtschaft wie Handwerks-, Handels- und Industriekammern und -verbände, regionale Zusammenschlüsse von verwandten und unterstützenden Branchen, Datenbanken, technische und ökonomische Ausbildungszentren, Systeme der sozialen Sicherung usw. Diese unmittelbar oder mittelbar marktbezogenen Institutionen bilden sich aufgrund von Kosten-Nutzen-Erwägungen heraus und dienen dem Zweck, die Transaktionskosten der Marktintegration zu senken und die mit ihr verbundene Ungewißheit zu mindern. Sie gehören (häufig in staatlich beeinflußten und kulturell geprägten Rechtsformen) zu jenem „sozialen Lebensprozeß" (*Walter Eucken*), der sich hinter dem Preismechanismus verbirgt und nur demjenigen aus dem Gesamtzusammenhang der Wissensdezentralisierung verständlich wird, der sich auf das „Denken in Ordnungen" einläßt.

---

[10]   Als *äußere* Institutionen bilden sie die handlungsrechtliche Voraussetzung der Marktintegration. Dagegen lassen sich die *inneren* Institutionen als Geschöpfe des Marktsystems, als handlungsrechtliche Anpassungsformen an die äußeren Institutionen charakterisieren (*Lachmann* 1963, S. 63 ff.; *Schüller* 1886, S. 35 ff.).

[11]   Grundlegende Bedingung eines diskriminierungsfreien Wettbewerbs ist eine Währungsordnung, die Geldwertstabilität sichert und damit monetär verursachte allokative und distributive Vermögens-, Einkommens- und Beschäftigungsverzerrungen ausschließt.

Danach ist der preisgesteuerte Güter-, Leistungs- und Finanzverkehr von einer Welt der Institutionen umgeben, die geeignet sind, über die Senkung von Transaktionskosten und den damit verbundenen Abbau von Unsicherheiten negative externe Effekte zu internalisieren. In welchem Maße Unsicherheiten, bedingt durch neue Informations- und Kommunikationstechniken, Anreize zur Entstehung von inneren Institutionen erzeugen, zeigt die Entwicklung des Online-Rechts.

In diesen und anderen Institutionen und Organisationen, die – wie die Rechtsform der Aktiengesellschaft (*Strätling* 2000) – häufig nationale Besonderheiten aufweisen, kann ein spontanes Programm der ständigen Wissensschaffung und -nutzung, der Innovationskraft und Wettbewerbsfähigkeit gesehen werden. Hierbei geht es darum, die Kosten der dezentralen Wissensgewinnung, -teilung und -kontrolle durch stabilisierte Verhaltensmuster zu minimieren, dadurch menschliches Handeln berechenbar zu machen und die Mitglieder der Gesellschaft zu einem Gebrauch aller Mittel anzureizen, die unbewußt und ungewollt den bestmöglichen Ressourceneinsatz ermöglichen. Innovation, Investition, Wachstum und Beschäftigung haben in diesem wirklichkeitsnahen Konzept der Integration menschlicher Handlungen primär *endogenen* Charakter, auch wenn von der äußeren Rechtsebene her vielfach unverzichtbare „Befestigungen" menschlichen Handelns kommen, freilich nicht selten auch solche, die den Transaktionskostenpegel in einem Ausmaß erhöhen, daß hierdurch unnötige Ungewißheiten entstehen und der Prozeß der Marktintegration geschwächt wird (siehe Kapitel 3.4. 4. und 5.).

3.4. Marktintegration mit Agglomerations- und Deglomerationswirkungen

Im regelhaften Prozeß der wettbewerblichen Entstehung und Nutzung von Wissensquellen kommt es regelmäßig zu örtlichen oder regionalen Wissensansammlungen mit Agglomerations- oder Wachstumszentren der Produktion, der Kaufkraft und der Nachfrage. Das Ausmaß der integrationsbedingten Ballung, Differenzierung und Angleichung von Wissen ist nicht bekannt, vielmehr das Ergebnis eines komplexen, kostenverursachenden Suchverfahrens. Unterschiede im Entwicklungsstand der verschiedenen Regionen sind unvermeidlich, ja entscheidende Triebkräfte des wirtschaftlichen und sozialen Fortschritts. Wie sind diese Unterschiede und die sie verursachenden Kräfte zu erklären? Einige Ansätze seien hier kurz im Anschluß an das Prinzip der „Fühlungsvorteile" (*Adolf Weber*) genannt.[12]

3.4.1. Das allgemeine Prinzip: Fühlungsvorteile aus eingesparten Transaktionskosten

Die enge „Tuchfühlung" der Menschen, die in rasch wachsenden Städten oder Regionen, also auf engstem Raum, vielfach unausweichlich ist, ermöglicht es, die Transaktionskosten der Wissensgewinnung, der Wissensteilung und der Wissenskontrolle ständig zu senken, vielfach innerhalb einer informellen Regelsphäre. Hierdurch kann der Bereich lohnender Tauschbeziehungen erweitert werden. In hochverdichteten Räumen der Wissens- und Arbeitsteilung sind regelmäßig auch die Beschäftigungs- und Einkommensperspektiven günstiger. Grund hierfür sind positive Skaleneffekte. Diese sind

---

[12] Zur empirischen Relevanz regionaler Agglomerationen siehe *Porter* (1990).

vergleichsweise kostengünstigen Möglichkeiten der unternehmerischen Entdeckung und Nutzung von Vorteilen aus der Internalisierung technischer, ökonomischer und infrastruktureller Externalitäten zuzuschreiben. In diesem Erklärungsmuster ist die Nutzung örtlich zugänglichen Wissens nichts anderes als ein zweckmäßiger Umgang mit dem Problem der Knappheitsminderung.

3.4.2. Unternehmerisches Handeln, Produktzyklus und räumliche Verteilung von Wirtschaftsaktivitäten

Wie für alle gesellschaftlichen Prozesse gilt auch für das Marktgeschehen: Es wird durch bestimmte menschliche Eigenschaften und durch neues Wissen in Gang gehalten, dessen Wirkungen sich nur allmählich in einem mühsamen Trial-and-error-Prozeß verbreiten. Zu den menschlichen Eigenschaften zählen auch solche, die sie zum unternehmerischen Handeln als Anbieter und Nachfrager auf Märkten befähigen. Unternehmerische Eigenschaften können, um eine vereinfachte Vorstellung von den Kräften zu vermitteln, um die es geht, im Anschluß an *Ernst Heuß* (1965) als kreative oder initiative auf der einen Seite und konservative oder adaptive Unternehmer auf der anderen Seite bezeichnet werden. Diese bestimmen mit ihren Verhaltensweisen die Marktentwicklung, auch hinsichtlich der räumlichen Verteilung der Wirtschaftsaktivitäten (siehe hierzu *Wößmann* 1999).

Kreative Unternehmer versuchen, auf der Grundlage neuen Wissens (Inventionen) neuen Produkten, Produktionsverfahren und Organisationsformen (Innovationen) den Weg zu ebnen. Dies wird erleichtert, wenn die Möglichkeit besteht, am jeweiligen Unternehmensstandort auf ein Potential von *Wissensteilungen und -verknüpfungen* und auf positive Wissensexternalitäten zurückzugreifen. Der Humus hierfür besteht in qualifizierten Menschen, wissensanregenden Organisationsformen und in Ordnungsbedingungen, die forschungs- und neuerungswilligen Personen und Unternehmen Entfaltungsmöglichkeiten bieten und Anziehungskraft auch auf mobile Faktoren von außen ausüben.

Personelle, materielle und vor allem institutionelle Standortfaktoren, die auf mobile Faktoren anziehend wirken, sind zugleich Ausdruck einer positiven Antwort auf die Frage: Wie weit beschränkt sich der Staat auf eine wachstums- und beschäftigungsfördernde Gestaltung der äußeren und inneren Institutionen – im Bereich des Rechtsschutzes, des Bildungssystems, der Bereitstellung von Infrastrukturleistungen, der sozialen Sicherungssysteme, der Regulierung der Güter-, Faktor- und Finanzmärkte, der Haushalte und Unternehmen, der Verbände usw.? Art und Ausmaß der Freiheit der Wirtschaftssubjekte haben entscheidenden Einfluß auf die Leistungs- und Wettbewerbsbereitschaft („spirit of competition") der Bevölkerung.

Wenn in den letzten Jahren EU-Unternehmen per Saldo mehr Geld für Forschung und Entwicklung (F&E) in den USA und in asiatischen Ländern ausgegeben haben als Unternehmen von dort in der EU, dann deutet dies auf eine stärkere Behinderung der Individuen in der Gemeinschaft durch die genannten und andere Aspekte der Wirtschafts- und Sozialpolitik hin.

Durch die Möglichkeiten, die eine enge geistige Tuchfühlung der Menschen in wirtschaftlichen Verdichtungsräumen bieten, können die Kosten einer produktivitätssteigernden Wissensgewinnung, Wissensteilung und Wissenskontrolle gesenkt werden. Beim Übergang von der Invention zur Innovation kann hierdurch das Gewicht hoher Standortkosten in dieser frühen Phase der Marktentwicklung erheblich gemindert werden.

Perspektiven für rasch zunehmende Vermarktungserfolge des Neuen wecken Anreize, Kosteneinsparungspotentiale (Skalenerträge) zu entdecken, begleitet von diffundierenden Lern- und Erfahrungsprozessen, die imitierenden Konkurrenten die Chance bieten, sich an einem Kosten- und Preissenkungswettbewerb zu beteiligen, um auf schnell wachsenden Absatzmärkten Fuß zu fassen. Hierzu gehört auch die Möglichkeit, die Produktion in kostengünstigere Regionen zu verlagern und diese als Absatzmärkte zu erschließen.

Mit dem Schwinden des innovativen Wissensvorsprungs gewinnen Skalenerträge die Vorhand im Wettbewerb – durch verstärkte Wahrnehmung von Vorteilen der Imitation und Variation, durch Ausschöpfung von Kostensenkungsspielräumen, die in der Massenproduktion liegen. Auf diese Weise können breitere Einkommensschichten als Käufer gewonnen werden. Und wem es als Anbieter im verschärften Kosten- und Preissenkungswettlauf gelingt, die Produktion in kostengünstigere Regionen zu verlagern, kann damit zugleich die Kosten der Erschließung neuer Absatzräume senken.

Auf diesem Wege werden Tendenzen der räumlichen Verdichtung oder intraregionalen Zentralisierung der Wirtschaftstätigkeit von der interregionalen und internationalen Dezentralisierung abgelöst. Im Wettbewerb zwischen kostenintensiven Ballungsgebieten und kostengünstigen Regionen liegen die besonderen Chancen aufholender Länder – vor allem bei der Anziehung von Direktinvestitionen als Voraussetzung für einen fortschreitenden Prozeß der internationalen Einkommensangleichung.[13] Denn Direktinvestitionen bieten gegenüber Portfolioinvestitionen, die ausschließlich der Finanzanlage dienen, den Vorteil, Mittel der Finanzierung von Sachinvestitionen mit dem Import von unternehmerischer Betätigung und Haftung, also mit einem Transfer von Wissen und Haftungsvermögen zu kombinieren und – je nach Ausmaß und Struktur – eine sektorübergreifende dynamische Investitionstätigkeit und verstärkte Integration in die internationale Arbeitsteilung zu begünstigen.

Zwischenfazit: Produktzyklus-Güter sind in ihrer Bedeutung für die Entstehung von räumlichen Differenzierungs- und Nivellierungsprozessen sehr viel wichtiger geworden als örtlich verfügbare Rohstoffvorkommen, die früher typischerweise den Standortvorteil der Schwerindustrie bestimmt haben. Damit dürften sich auch die Perspektiven für die Verringerung der Rückstände im Entwicklungsstand der verschiedenen Regionen aus sich heraus, also *endogen*, günstiger gestalten. Und wenn dies als Bedingung für die Verbesserung des wirtschaftlichen und sozialen Zusammenhalts einer Wirtschaftsgemeinschaft angesehen wird (Art. 158 EG-Vertrag), stellt sich die Frage, ob es Gründe und Wege der Politikintegration gibt, die auf der Grundlage eines gemeinsamen Wis-

---

[13] Zu den Faktoren, die den Strom der Direktinvestitionen in die neuen mittelosteuropäischen Mitgliedstaaten der EU (sog. MOE-Staaten) beeinflussen siehe den Überblick in *EZB* (2005b, S. 12 ff.). Zu den Wirkungen von Direktinvestitionen auf Leistungsbilanz und Außenhandel der MOE-Staaten siehe *Deutsche Bundesbank* (2006, Nr. 1, S. 17 ff.).

sens der Gesellschaft für eine vorausschauende Industrie- und Angleichungspolitik als Instrument einer aktiven Strukturgestaltung sprechen – etwa mit Hilfe von Struktur-, Regional- und Kohäsionsfonds, durch industriepolitische Einzel- und Rahmenprogramme und ergänzende Gemeinschaftsmaßnahmen, wie sie im EG-Vertrag nach Maastricht vorgesehen sind, um das zu fördern, was viel- oder nichtssagend die „harmonische Entwicklung der Gemeinschaft als Ganzes" genannt wird (siehe Art. 158 EG-Vertrag).

3.4.3. Natürliche und ökonomische Grenzen sowie ordnungspolitische Bedingtheiten der Agglomeration

Unbestreitbar steht die wettbewerblich-marktwirtschaftliche Verdichtungsdynamik in enger Verbindung mit geballten Angebots- und Nachfragemärkten, häufig komplementär zu den vorher genannten Gründen und zu den Lebensverhältnissen der Menschen in Verdichtungsräumen. So können die Prozesse der Wissenserschließung-, Wissensnutzung und der räumlichen Wissenserweiterung, die die wirtschaftlichen Differenzierungen und Nivellierungen im Strukturwandel der Märkte hervorbringen, zugleich Grundlage für eine räumlich nahe Anwendungserweiterung in anderen Produktbereichen sein. Und so wie Innovatoren nicht nur Nachahmer, sondern auch andere Innovatoren inspirieren und anziehen, kann sich im dominierend intra-industriellen Güteraustausch die Verdichtungsdynamik von Räumen fortsetzen und verstärken. Hierbei können sich marktbestimmte Wirtschaftskräfte und ein attraktives staatliches Leistungsangebot (Einrichtungen der Bildung und Kultur) wechselseitig ergänzen. Tendenzen der Selbstverstärkung und Stabilisierung von Ballungsvorteilen werden im Standortwettbewerb begünstigt.

Trotzdem gibt es *natürliche* und *ökonomische* Grenzen der Entstehung, Selbstverstärkung, Stabilisierung und Diffusion von Agglomerationsvorteilen wie auch von „reicheren" Regionen. Begrenzend können z.B. die Boden- und Immobilienverknappung und -verteuerung, überproportional ansteigende Kosten des Wohnens, der Wassergewinnung, Abfall- und Schadstoffbeseitigung, des Rechtsschutzes bei Bevölkerungsverdichtung wirken – wie auch eine wachsende Luftverschmutzung und Lärmbelästigung, ein zunehmender Anfall an Produktionsabfällen und Schadstoffen bei abnehmender Entsorgungsfähigkeit.

Die Produktivitätsvorteile aus der Fühlungsdichte von Firmen und Branchen sind in dem Maße begrenzt, wie in einem Gebiet stagnierende und rückläufige Markttendenzen stärker sind als die expandierenden Kräfte. Einfluß darauf hat das Verhältnis von konservativen und kreativen Unternehmern in einem Wirtschaftsraum. Dieses Verhältnis ist nicht schicksals-, sondern ordnungsbedingt. Aus einer Vielzahl von Gründen sind nationale und internationale Umschichtungen in der räumlichen Ballung von Wirtschaftskraft Ausdruck dafür, daß die ökonomischen Mechanismen der Wissens- und Arbeitsteilung in offenen Marktwirtschaften mit freiem Wettbewerb dahingehend wirken, daß kein Anlaß besteht, von einer Zwangsläufigkeit der Entstehung und Entwicklung fortgesetzter wirtschaftsräumlicher Verdichtungen auszugehen.

Vor allem wird die *Ordnungsbedingtheit* der Entstehung und der Umschichtung von bestimmten Verdichtungsräumen vielfach übersehen:

Der wirtschaftliche Aufschwung Bayerns mit der High-Tech-Region München und mit dem wirtschaftlichen Aufstieg von Ingolstadt und Erlangen wird unter anderem auf die Übersiedlung von Siemens aus Berlin im Jahre 1949 und auf andere Firmenzugänge aus Ostdeutschland zurückgeführt. Entscheidend hierfür dürfte aber letztlich die Anziehungskraft einer menschenfreundlichen Rechtsumgebung gewesen sein. Wirtschaftliche Verdichtungsräume mit einem großen Potential für unternehmerisches Handeln und Wohlstandssteigerungen sind demzufolge Regionen mit komparativen Vorteilen in der Rechtsqualität.

3.4.4. Desintegrierende politische Entscheidungen

Die natürlichen und ökonomischen Grenzen der Bildung von Verdichtungsräumen können durch politische Entscheidungen erheblich hinausgeschoben werden. Dann ist im Standortwettbewerb mit Fehlinformationen und Fehlentwicklungen der *endogenen* preisgesteuerten Anreize und Kontrollen zu rechnen. Das Aufholen der Peripherie wird erschwert, negativen Agglomerationseffekten wird Vorschub geleistet. Die Hauptgründe liegen, wenn die Erkenntnisse des theoretischen Institutionalismus für den Prozeß der Marktintegration berücksichtigt werden, im Staatsversagen, zum Beispiel in folgender Hinsicht:

– Verletzung der fiskalischen Äquivalenz:
Das Umschlagen positiver externer Effekte der räumlichen Ballung in negative Externalitäten löst keine gegengerichteten Verhaltensänderungen und raumübergreifenden Effekte der Wohlstandsangleichung aus. Damit ist zu rechnen, wenn die realen Kosten der örtlich verwendeten Ressourcen (einschließlich der infrastrukturellen Erschließungskosten) nicht oder nicht spürbar genug in die Kalkulation der Wirtschaftseinheiten eingehen. Die Ursache kann darin liegen, daß die Knappheitsverhältnisse in den Regionen verfälscht sind und damit die Verteuerung eines Standorts nicht verursachergerecht angelastet wird. Dies ist vor allem dann der Fall, wenn die Folgekosten der Agglomeration nach dem *Gemeinlastprinzip* von der öffentlichen Hand übernommen, von dieser vielleicht sogar dem wirtschaftsschwächeren Umland angelastet werden. In einer Gebietskörperschaft können dann Projekte im Widerspruch zum Äquivalenzprinzip finanziert werden. Die mit dem Gemeinlastprinzip verbundene Verschleierung der Standortkosten verstärkt künstlich den Zugang von Firmen in die wirtschaftsstarken Städte und Regionen. Anders formuliert: Es kommt nur dann zu ökonomisch optimalen (knappheitsgerechten) Verdichtungen, wenn die Individuen dort arbeiten und leben, wo das von ihnen gewünschte Bündel an privat und staatlich bereitgestellten Gütern angeboten und prinzipiell nach dem Äquivalenzprinzip finanziert wird.

– „Gleicher Lohn für gleiche Arbeit":
Der Zuzug von Firmen in Großstädte wird künstlich verstärkt, wenn – unabhängig von den regionalen Knappheitsverhältnissen – eine egalitäre Lohnpolitik betrieben wird und die Beschäftigungsbedingungen ex ante harmonisiert werden. Von den Ballungsräumen gehen dann Informationen aus, die die Kalkulation der wanderungswilligen Firmen und Arbeitnehmer verzerren. Die Agglomeration wird verstärkt, zugleich gehen in den wirtschaftlich schwächeren Räumen weitere Arbeitsmöglichkeiten verloren. Ein Beispiel hierfür ist die Angleichung der ostdeutschen

Lohnkosten an das Niveau in Westdeutschland, bei der die regionalen Unterschiede der Arbeitsproduktivität und der Nachfrage weitgehend ignoriert worden sind. Positiv ausgedrückt: Die knappheitsgerechte Gestaltung der regionalen Arbeitsmarktbedingungen, insbesondere der Arbeitskosten, ist eine entscheidende Voraussetzung für einen bestmöglichen Ressourceneinsatz unter dem Einfluß des Standortwettbewerbs. Versuche, die Lebens- und Arbeitsbedingungen gemäß Art. 136 EG-Vertrag durch Ex ante-Anpassung im Hinblick auf die höchsten Standards und nach dem Prinzip „Gleicher Lohn für gleiche Arbeit in Europa" anzugleichen, werden in der EU für die aufholenden Länder ähnliche Konsequenzen haben, wie sie sich in der wirtschaftlichen Abkoppelung Ostdeutschlands von Westdeutschland zeigen, die im erheblichen Ausmaß einer knappheits- und produktivitätswidrigen Ex ante-Angleichung der Arbeitskosten zuzuschreiben ist (siehe *Schüller* und *Weber* 1998, S. 385 ff.).

– Zuwanderungsprivilegien:
Der Zuzug in die Großstädte wird verstärkt, wenn hier Sozialwohnungen unter Gesichtspunkten der Bedarfsgerechtigkeit weit höher subventioniert werden als vergleichbare Wohnungen in kleineren Gemeinden und wenn Mieter von Großstadtwohnungen mehr Wohngeld erhalten als Mieter vergleichbarer Wohnungen in ländlichen Gegenden. Damit wird der raumwirtschaftliche Allokationsmechanismus der Preise gestört. Dies gilt auch für den Fall, daß die Zuwandernden Anspruch auf Sozialleistungen haben, ohne einen Finanzierungsbeitrag erbracht zu haben. In dieser Hinsicht erweist sich die Freizügigkeitsrichtlinie der EU vom 10. März. 2003[14], die bis 2006 in nationales Recht umzusetzen ist und Verfassungsrang erhalten soll, als verhängnisvoll. Darin kann eine Einladung zur Migration in den deutschen Sozialstaat gesehen werden. Jeder EU-Bürger kann in Deutschland eine bis zu fünfjährige Aufenthaltsgenehmigung erhalten. Anschließend besteht Anspruch auf dauerhaften Aufenthalt. Dieser gilt nicht nur für Erwerbstätige, sondern auch für Nicht-Erwerbstätige. Entscheidend ist, daß alle Zuwanderer wie Einheimische grundsätzlich Anspruch auf die sozialen Leistungen des Staates haben. Die Bremsen für die Zuwanderung in den Sozialstaat Deutschland sind leicht zu lösen, weil der geforderte Nachweis eines Krankenversicherungsschutzes und von sog. Existenzmitteln,

---

[14] Der einschlägige Verfassungsartikel II-34 (Obertitel „Solidarität") lautet:
(1) Die Union anerkennt und achtet das Recht auf Zugang zu den Leistungen der sozialen Sicherheit und zu den sozialen Diensten, die in Fällen wie Mutterschaft, Krankheit, Arbeitsunfall, Pflegebedürftigkeit oder im Alter sowie bei Verlust des Arbeitsplatzes Schutz gewährleisten, nach Maßgabe des Unionsrechts und der einzelstaatlichen Rechtsvorschriften und Gepflogenheiten.
(2) Jeder Mensch, der in der Union seinen rechtmäßigen Wohnsitz hat und seinen Aufenthalt rechtmäßig wechselt, hat Anspruch auf die Leistungen der sozialen Sicherheit und die sozialen Vergünstigungen nach dem Unionsrecht und den einzelstaatlichen Rechtsvorschriften und Gepflogenheiten.
(3) Um die soziale Ausgrenzung und die Armut zu bekämpfen, anerkennt und achtet die Union das Recht auf eine soziale Unterstützung und eine Unterstützung für die Wohnung, die allen, die nicht über ausreichende Mittel verfügen, ein menschenwürdiges Dasein sicherstellen sollen, nach Maßgabe des Unionsrechts und der einzelstaatlichen Rechtsvorschriften und Gepflogenheiten.

was immer damit gemeint sein mag, leicht zu erbringen ist. Wer nach Einreise und Aufenthaltsgenehmigung nachweist, sein Geld sei abhanden gekommen (der Beweis des Gegenteils liegt beim Staat), hat Anspruch auf die Leistungen des deutschen Sozialstaats. *Sinn* (2004) ist zuzustimmen, wenn er feststellt: „Es ist grotesk – deutsche Firmen verlagern die Produktion nach Osteuropa, wir laden die Menschen aus diesen Ländern zur Zuwanderung in den Sozialstaat ein."[15]

3.5. Integrierende politische Entscheidungen: Steuerwettbewerb, Standortwettbewerb und Ursprungslandprinzip

Eine wichtige Bedingung für die Effektivität von komparativen Standortkostenvorteilen ist eine Verstärkung des Steuerwettbewerbs der Regionen (in Deutschland der Bundesländer, Kreise, Städte und Gemeinden). Dies erfordert eine entschiedene Regionalisierung der Steuerkompetenzen[16] mit dem Verzicht auf einen wettbewerbsfeindlichen Finanzausgleich zwischen den Gebietskörperschaften.

Auch sonst geht von der Anwendung des *Ursprungslandprinzips* eine Stimulierung des Standortwettbewerbs aus: Die Kombination der vier Grundfreiheiten (im Hinblick auf Waren, Dienstleistungen, Arbeit und Kapital im Bereich der privaten Produktion) mit dem Leistungsangebot des Staates bietet der Vertiefung und Erweiterung der EU günstige Chancen. Staatliche und private Anbieter von Leistungen der Daseinsvorsorge – etwa im Bereich der Systeme der sozialen Sicherung, der Bildungs- und Verkehrseinrichtungen – sind in diesem Fall einer Qualitäts- und Kostenkontrolle durch den interregionalen Wettbewerb unterworfen. Das setzt voraus, daß die Politiker den Standortwettbewerb als produktiven Prozeß verstehen und lernen, damit erfolgreich bei den Wählern zu werben.

Rechtsregeln erfordern nur insoweit eine Vereinheitlichung, als bestimmte Mindeststandards (zur Vermeidung von ansteckenden Krankheiten, zur Sicherung des Lebens im Verkehr und zum Schutz der Umwelt) zu beachten sind. Im übrigen können die Erzeugnisse auf dem Binnenmarkt überall nach den Regeln der Anbieterländer frei verkauft werden:

Hat das wettbewerbsstimulierende *Ursprungslandprinzip* Vorrang vor dem konkurrenzfeindlichen *Prinzip der Ex ante-Harmonisierung,* können die Käufer nicht nur frei zwischen in- und ausländischen Produkten und Leistungen wählen, sondern zugleich auch zwischen unterschiedlichen Regulierungsregimen. Das Ergebnis einer konsequenten Anwendung des Ursprungslandprinzips und des Standortwettbewerbs kann eine Angleichung von Rechtsregeln sein, soweit sich dies für die Akteure im Marktgeschehen vorteilhaft erweist. Dies kann z.B. auch unter Rückgriff auf ein Rechtsangebot der EU sein, das im Wettbewerb zu den nationalen Rechtsnormen geschaffen und wie eine Parallelwährung nur in dem Maße nachgefragt wird, wie sich damit komparative Vortei-

---

[15] Anmerkung: Der slowakische Lohn liegt bei einem Siebtel des westdeutschen Lohns und einem Fünftel der westdeutschen Sozialhilfe für eine vierköpfige Familie (siehe *Sinn* 2004).

[16] Der Steuerwettbewerb in der EU ist die effektivste Form des Wettbewerbs auf den politischen Märkten, um die Steuermittel sparsam einzusetzen und um zu verhindern, daß die Zentralisierungs- und Harmonisierungsbestrebungen der Kommission ins Uferlose geraten.

le erzielen lassen. Die EU-Länder, die der wettbewerblich-marktwirtschaftlichen Methode der Integration menschlichen Wissens und Handelns zuneigen, bevorzugen sowohl für das private als auch für das staatliche Leistungsangebot das Ursprungslandprinzip, andere EU-Länder, wie vor allem Frankreich und Deutschland, streben in den letzten Jahren verstärkt eine wettbewerbsfeindliche Ex ante-Harmonisierung an – mit der Begründung: Es geht nicht an, daß Mitgliedsländer mit einem unlauteren Steuerwettbewerb die weltweiten Investitionen anlocken und die europäischen Konzerne dazu verleiten, ihre Zentralen dorthin zu verlagern. Aus dieser Sicht ist eine Harmonisierung der gesamten Unternehmensbesteuerung und der Beschäftigungsbedingungen in der EU zu postulieren und zu dekretieren. Mit diesem Ziel dringt der Gedanke des „einheitlichen Marktes" wieder vor, wie er von französischer Seite vor 1958 im Interesse einer „Wettbewerbsgleichheit" nicht als Folge der Marktintegration, sondern als Dekret der Politikintegration verlangt worden war (siehe *Meyer* und *Willgerodt* 1956). In dem so der Geltungsbereich der Marktintegration beschnitten wird, werden Sachzwänge für eine Expansion der Politikintegration geschaffen. Die vordergründigen politischen Motive aus nationaler Sicht, vor allem aber die Interessen der Kommission, dürften auf der Hand liegen.

4. Zwischenfazit

Die ordnungspolitische Entscheidung für die Marktintegration mit ihren institutionellen Fundierungen und realwirtschaftlichen Ausformungen läßt erkennen, daß auf diesem Wege die in Art. 3 (3) oder in Art. 136 EG-Vertrag angestrebten Angleichungen und Verbesserungen als Folge eines ständigen dynamischen Entwicklungsprozesses entstehen. Diese Sicht der Erschließung menschlichen Wissens und Könnens findet sich implizit auch in der Lissabon-Strategie der EU, soweit sie darauf gerichtet ist, die *horizontale* Integrationsmethode zu stärken.

Die Umsetzungsstrategien in Frankreich und Deutschland stehen jedoch im Widerspruch dazu. So sollen mit der *innovationspolitischen Initiative* der Bundesregierung 2004 Agglomerationszentren („Wachstumskerne") gestärkt werden. Hiermit sind nicht die unter Kapitel 2. 4. und 2. 5. behandelten Möglichkeiten gemeint. Deshalb sollen mit der genannten *Initiative* wohl auf interventionistische Weise Agglomerationswirkungen erzielt werden, die über das Maß hinausgehen, das sich unter dem Einfluß der Marktintegration einstellt. Ein überzeugendes Konzept der regionalen und sektoralen Abgrenzung von „Agglomerationszentren" bzw. „Wachstumskernen" gibt es freilich nicht (*Gröner* und *Baumann* 1994, S. 325 ff.).

Um so nachdrücklicher ist aus der Sicht der Marktintegration zu fordern, innovationspolitische Initiativen darauf zu richten, die Ordnungsbedingungen der Marktintegration zu stärken und Verfälschungen der ökonomischen Grenzen der Agglomeration zu beseitigen und zu vermeiden. Der Rat, sich im wesentlichen auf eine *rahmenorientierte* Förderpolitik zu beschränken, ist freilich für den politischen Prozeß der Demokratie eine starke Herausforderung, zumal in Ländern, in denen sozialpolitische Motive die gesamte Wirtschaftspolitik (auch in ihren raumwirtschaftlichen Dimensionen – Stichwort: „Einheitlichkeit der Lebensverhältnisse") beherrschen. Angesichts produktivitäts-

und wettbewerbswidriger Arbeitskosten sind die unternehmerischen Kräfte hier um so mehr darauf gerichtet, entsprechende Arbeitsplätze abzubauen und einzusparen. Die Art und Weise, wie die unternehmerischen Kräfte in der Produktionssphäre und in der Sphäre der sozialen Sicherung aufeinander einwirken, ist von einer gegenläufigen Dynamik mit defektiven Wirkungen auf Innovation, Wachstum und Beschäftigung gekennzeichnet. Ordnungsökonomen sehen hierin die Ursache der beklagten Probleme und bezweifeln, daß diese mit einer Lissabon-Strategie zu lösen sind, die von führenden Mitgliedsländern wie Frankreich und Deutschland so interpretiert wird, daß die Ursachen des Übels unangetastet bleiben.

Deutschland hat sich in den letzten Jahren mehr und mehr von jenem markt- und wettbewerbswidrigen Interventionismus anstecken lassen, der in Frankreich seit der Zeit des feudal-merkantilistischen Staates Tradition hat und fortwirkt. Beide Länder entwikkeln sich in der EU mehr und mehr zum Exponenten einer innovations-, wachstums- und beschäftigungshemmenden Integrationspolitik des Dritten Weges. Ausdruck hierfür ist eine meist sozialpolitisch motivierte Zunahme eines punktuellen Interventionismus mit der Anmaßung einer staatlichen Wissensüberlegenheit.[17]

5. Politikintegration: Die politisch-bürokratische Methode der Wissenserschließung

5.1. Varianten der Politikintegration

Die verschiedenen Varianten der Politikintegration stützen sich alle auf die These von der Überlegenheit kollektiver Verfahren der Wissenserschließung. Im folgenden werden hierfür einige konzeptionelle Orientierungsmöglichkeiten mit konkreten Erfahrungen vorgestellt.

5.1.1. Politikintegration I: Branchenintegration als umfassender imperativer Interventionismus

Als extreme Form der Anmaßung einer staatlichen Wissensüberlegenheit ist die *Suprematie* der streng-hierarchischen Wissensbeschaffung und -verwertung anzusehen. In den Zentralverwaltungswirtschaften sowjetischen Typs folgte die zentralisierte Lösung des Wissensproblems sachnotwendig aus dem politischen Anspruch, vorab eine gesellschaftliche Bedürfnishierarchie festzulegen und mit Hilfe eines zentralverwaltungswirtschaftlichen Befehls-Zuteilungs-Systems zu realisieren. Bezugspunkt dieses Zweiten Weges sind nicht Personen, sondern soziale Gesamtheiten (Kollektive) als Wesenseinheiten „an sich". In dieser Vorstellung des *methodologischen Kollektivismus* werden die Menschen als Instrument und Molekül von Kollektiven, als zentral vorgeformte Rollenträger mit bestimmten Verhaltenserwartungen betrachtet, die auch dann noch als handlungsleitend unterstellt werden, wenn sich bessere Handlungsalternativen bieten und als zweckmäßig erweisen. Damit wird die sektorale und regionale Wirtschaftstätigkeit, die Bildung von wirtschaftlichen Schwerpunkten und Verdichtungsräumen ebenso wie das Problem der Angleichung aller Lebens- und Arbeitsbedingungen im Raum zu einer An-

---

[17] Zu den Zielen, Eingriffsformen und Wirkungen siehe *Schüller* (1998, S. 105 ff.).

gelegenheit der zentralen Wissensplanung, -lenkung und -verwaltung und der hierzu erforderlichen Politisierung des *gesamten* Gesellschafts- und Wirtschaftsgeschehens.

Sozialtechnisch hat sich eine Affinität zwischen Zentralverwaltungswirtschaft, *vertikaler* Branchenplanung und räumlicher Ballung von Industriebetrieben und -beschäftigten ergeben – zumal eine starke Unternehmenskonzentration den zentralen Lenkungsinstanzen die Möglichkeit verspricht, die bei der Planung der Zweig- und Volkswirtschaftsprozesse aufzuwendenden Such-, Aushandlungs- und Kontrollkosten (Transaktionskosten) zu senken. Außerdem boten vor allem die Hauptstädte eine starke Konzentration der politisch-bürokratischen Planungs- und Lenkungsinstanzen, des Hochschulwesens und der wissenschaftlichen Forschungseinrichtungen.

Die hierdurch begründete Agglomeration von Industriebetrieben, verstärkt durch die Methode der von der Sowjetunion beherrschten Wissens- und Arbeitsteilung nach der Methode der *vertikalen*, also branchenbezogenen Spezialisierung im *Rat für Gegenseitige Wirtschaftshilfe (RGW)*, hat dazu geführt, daß ganzen Regionen oder Städten eine industrielle Monostruktur aufgezwungen worden ist. Deshalb wurden die Menschen häufig von einem Betrieb oder von vergleichsweise wenigen Betrieben abhängig. Kollektivierung und forcierte Industrialisierung waren insgesamt mit einer staatlich gelenkten Binnenwanderung zugunsten der politisch bestimmten Industriezentren verbunden:

Im System der zentralen Wissensverwertung auf nationaler und supranationalen Ebene wurde die Standortpolitik zugleich als machtvolles Instrument eingesetzt, um durch gezielte Gesellschaftspolitik (Zwangsnivellierung im Sinne einer Proletarisierung der Bevölkerung ganzer Regionen) das kommunistische Herrschaftssystem zu stärken. Hierfür dürfte das Stahlwerk *Nova Huta* in der Nähe der Königsstadt Krakau ein Paradebeispiel sein. Was brachte der Versuch einer hochgradig interventionistisch-konstruktivistischen Industriepolitik in den Ländern des RGW und auf der Ebene des RGW?

– Eine politisierte, wirtschaftlich zusammenhanglose Ressourcenallokation,
– autarkistische und innovationsfeindliche Bestrebungen in allen Branchen,
– ökonomischer Niedergang. Dieser konnte auch durch branchenspezifische Nachahmungsstrategien, orientiert an den Wirtschaftsstrukturen der marktwirtschaftlichen Industrieländer, und einen umfangreichen Neuerungs- und Problemlösungsimport (*Wagner* 1980, S. 305 ff.) aus dem Westen nicht verhindert werden.

In der Transformationspolitik nach 1989 war vor diesem Hintergrund ein Streit in der Frage zu erwarten: Wie ist mit den überkommenen „Industriekernen" zu verfahren? Sollen die bisherigen Agglomerationen dominierend vom Markt oder vom Staat bestätigt und finanziell getragen werden? Wie weit wirken bisherige Agglomerationsvorteile der alten Industriezentren (etwa aufgrund der Infrastruktur und der Humankapitalansammlung) im wettbewerblich-marktwirtschaftlichen Prozeß des Neuaufbaus der Wirtschaft fort? (Siehe hierzu *Gröner* und *Baumann* 1994; *Gutmann* 1994; *Klemmer* 2001, S. 195 ff.).

5.1.2. Politikintegration II: Industriepolitik der EU als indikative Form eines punktuellen Interventionismus

Die Politikintegration in der EU stand von Anfang an nicht in der Versuchung des Zweiten Weges, wohl aber in einem gewissen Konflikt mit dem Konzept der Marktintegration, ausgehend von Frankreich. Hier entspringt die Neigung zum interventionistischen Punktualismus der Auffassung von der Überlegenheit *kollektiver Verfahren* der Gewinnung, Koordination und Nutzung des Wissens in der Gesellschaft gegenüber der wettbewerblich-marktwirtschaftlichen Methode. Im Widerspruch zum Konzept der Marktintegration (Kapitel 3.) wird angenommen: Die Unternehmen denken in zu kurzen Fristen, kleben an einem gegebenen Bedarf und an bekannten Technologien, interessieren sich nicht, zu wenig oder zu zögernd für aussichtsreiche Entwicklungen von morgen. Die Marktwirtschaft ohne strukturbestimmende staatliche Führung neigt deshalb zu Wachstumsschwächen und Stagnationskrisen. Um dies auszuschließen, bedarf es einer mutigen, vorausschauenden Technologieentwicklung – mit entschiedener Kräftebündelung. Hierin wird die eigentliche Aufgabe einer staatlichen bzw. suprastaatlichen Forschungs- und Technologiepolitik als Instrument des aktiv vorausschauenden Strukturwandels gesehen. Beamte und Politiker müssen die Unternehmen an die Hand nehmen und ihnen die zukunftsträchtigen Entwicklungspfade zeigen – nicht auf imperative, sondern auf *indikative* Weise als einem wichtigen Merkmal des Dritten Weges.

Der konzeptionelle Hintergrund kann *einmal* in den Implikationen der neoklassischen Wettbewerbstheorie (siehe Kapitel 5.1.3.) gesehen werden, zum anderen in der französischen Planification. Diese baut auf der Lehre von *Saint-Simon* und dessen Anhängern, den *Saint-Simonisten.* auf. Angenommen wird: Das für den wirtschaftlichen und sozialen Fortschritt bekannte Wissen ist vorzüglich Wissenschaftlern und Technokraten bekannt. Es bedarf der planmäßigen Erfassung und Lenkung, um es in konzentrierter Form nach Ingenieurmanier vom Reißbrett aus effektiver nutzen zu können. Höhepunkt dieses Denkens ist die Vorstellung: Die Gesellschaft als Gesamtheit kann und sollte genau so strukturiert und geführt werden, wie eine Fabrik betrieben wird (siehe *Schüller* 2006).

Begonnen hat die Planification 1946 mit der Schaffung des „Commissariat général du plan" und mit gezielten Investitionsprogrammen. Diese wurden dann ständig erweitert. Als theoretische Stütze für den Hauptansatz, die staatliche Investitionsförderung, erwies sich die postkeynesianische Wachstumstheorie von *Harrod, Domar* und anderen Wissenschaftlern. In dieser mechanistischen Modellwelt wurden die entscheidenden Einflüsse der Ordnungspolitik im allgemeinen und der Wettbewerbspolitik im besonderen auf den Wachstums- und Beschäftigungsprozeß ausgeblendet. Deshalb ist der Erklärungswert dieser Modelle höchst begrenzt.

Bei der Industriepolitik wird bei der Projektauswahl und -verwirklichung – im Zusammenwirken von Staatsbeamten, Unternehmen und Wissenschaftlern – bis zu einem gewissen Grad auf das Prinzip der Selbsterfüllung vertraut. Freilich wird versucht, mit finanziellen Anreizen nachzuhelfen, um das Verhalten der Beteiligten in Wirtschaft und Wissenschaft so zu lenken, daß das herauskommt, was staatlicherseits erwartet wird.

In der EG wurden – den französischen Vorstellungen folgend – die für eine *Ex ante-Harmonisierung* ausgewählten Wirtschaftsbereiche (Montanbereich, Landwirtschaft) dem Prinzip des horizontalen Wettbewerbs in der EU weitgehend entzogen. Mit diesen Fällen einer *vertikalen* Integration wurde die Bildung branchenspezifischer „Einheitsmärkte" angestrebt. Auch der Verkehrssektor war hierfür vorgesehen. Und die führenden Unternehmer in zahlreichen weiteren Branchen und ihre Verbandsgeschäftsführer waren schon auf europäischer Ebene zu Gesprächen zusammengekommen, um vorbereitet zu sein, wenn „ihr" Wirtschaftszweig drangekommen wäre.

Auch die OEEC (Organization for European Economic Cooperation) war dem Verfahren der *vertikalen* (branchenweisen) Integration zugeneigt. Dabei hätte von vornherein erkennbar sein müssen: Eine additive *Integration* ist mit Blick auf vermeintliche „Branchenbesonderheiten" auf Marktlenkung angelegt und wird zu einer volkswirtschaftlich unzusammenhängenden Ressourcenallokation, wie sie von der Montan- und Agrarunion her bekannt ist. Denn mit den Sonderordnungen für bestimmte Branchen entstehen privilegierte Ausnahmen vom Grundsatz des offenen Markt*systems* mit freiem Wettbewerb. Die volkswirtschaftlichen Anpassungslasten, die im Gefolge eines ständigen Strukturwandels unausweichlich sind, werden den übrigen Bereichen des Marktsystems aufgebürdet. Häufig entspringt daraus dann dort das Verlangen, diese Sektoren ebenfalls gesondert zu ordnen.

Gegenüber der weiteren Anwendung der *vertikalen* Integrationsmethode sind in der Bundesrepublik Deutschland vor allem von Wissenschaftlern begründete Bedenken vorgebracht worden: Der *Wissenschaftliche Beirat beim Bundeswirtschaftsministerium* hat in einem Gutachten vom 1. Mai 1953 über „Die Frage der wirtschaftlichen Integration Europas" summarisch festgestellt: „Eine Serie von additiven Teilintegrationen kann nicht als in Richtung auf die Schaffung eines Binnenmarktes wirksam angesehen werden."

Diese Erkenntnis hat sich im Wettbewerb mit der französischen Vorstellung vom branchenweisen Fortschreiten des Integrationsprozesses schon bald auch in der Politik durchgesetzt.[18] Damals war Deutschland mit einer Präferenz für eine europäische Wirtschaftsverfassung des Wettbewerbs ordnungspolitisch noch ein führendes Land in der EG und in der Welt. Auch konnte sich die Planification im internationalen Wettbewerb der Systeme nicht durchsetzen. Die Ursachen für das Versagen liegen in konzeptionellen, insbesondere informationsökonomischen Schwächen dieser Ordnung wie

— in der mangelnden Zentralisierbarkeit des verstreuten Wissens über vielerlei Gelegenheiten am Ort des wirtschaftlichen Geschehens,

— im systematischen informationsstrategischen Opportunismus der staatlicherseits berufenen Wissensträger,

---

[18] Freilich hat dies einflußreiche Politiker auch in Deutschland nicht davon abgehalten, aus (integrations-)politischem Opportunismus am Branchendirigismus festzuhalten. Vor allem mit der Montan- und der Agrarunion glaubte man dem friedenstiftenden Ziel der europäischen Integration dienen zu können. Ohnehin war in der EG von Anfang an ein durchgehendes marktwirtschaftliches Integrationskonzept kaum gesichert. Dafür waren die ordnungspolitischen Vorstellungen der sechs Gründungsregierungen zu weit auseinander.

– in der kartellartigen Einflußnahme der Wirtschaft auf die Planung der Projekte,

– in der undurchsichtigen Verstrickung der Interessen von Wirtschaft und Politik und in den Schwächen der staatlichen Maßnahmen zur Durchführung und Kontrolle der Vorhaben.

Montanunion und Agrarunion gelten international als abschreckende Beispiele für einen innovationsfeindlichen, ressourcenverschwendenden und desintegrierenden Branchen-interventionismus (siehe *Gröner* 1993, S. 5).

Insgesamt dominierte jedoch von den Gründungsverträgen der Europäischen Ge-meinschaften der fünfziger Jahre an bis zum *Binnenmarktprogramm* von 1985 die wett-bewerblich-marktwirtschaftliche Integrationsmethode, also eine deutliche Präferenz für den Ersten Weg. Mit dem *Maastrichter Vertrag* von 1992 hat sich die EU ordnungspoli-tisch verstärkt auf einen Dritten Weg zwischen Wettbewerbs- und Industriepolitik bege-ben – vor allem unter dem Einfluß Frankreichs, Deutschlands und der EU-Kommission.

5.1.3. Institutioneller Wissensinterventionismus unter Berufung auf Markt-versagen

Die Begründung für einen *institutionellen* Wissensinterventionismus „von oben" kann zunächst einmal in einer Vorstellung der Marktintegration gesehen werden, die auf der neoklassischen Wettbewerbstheorie basiert. Diese wird heute vielfach noch als öko-nomische Standardtheorie angesehen, obwohl sie mit ihrer gleichgewichtsorientierten Preis-Mengen-Mechanik im institutionellen Niemandsland angesiedelt ist und die Marktergebnisse auf entscheidungslogischem Wege gewinnt. Besonders bekannt ist die von diesem Referenzmodell abgeleitete wohlfahrtsökonomische Norm der „optimalen Allokation der Ressourcen". Diese stellt sich unter den (irrealen) preistheoretischen Bedingungen des Modells der vollständigen Konkurrenz ein. Wird aus dieser bewußt lebensfern gewählten statischen Modellkonstruktion ein Programm praktischer Wirt-schafts- und Integrationspolitik entwickelt, so erscheinen alle realistischen Phänomene eines dynamischen Marktgeschehens, die vom idealen Referenzmodell abweichen, als Ausdruck des Marktversagens. In der Frage der Institutionalisierung des Marktgesche-hens legt eine solche Folgerung die Notwendigkeit nahe, die Gestaltung der unter Kap. 3.3. genannten marktnahen Institutionen weitgehend oder ausschließlich zu einer staat-lichen bzw. suprastaatlichen Aufgabe zu machen. Aus entsprechenden Versuchen, das Marktgeschehen zu ordnen, folgt dann zugleich ein Verständnis des Subsidiaritätsprin-zips, das von den vorher behandelten Ordnungsmustern der Marktintegration weit ent-fernt ist und es nahe legt, ja unausweichlich notwendig erscheinen läßt, die Institutiona-lisierung möglichst weitgehend ex ante „von oben" zu organisieren (*Schüller* 1997, S. 71 ff.) – mit dem Anspruch der Einheitlichkeit (um die Transaktionskosten zu mini-mieren) und der sozialen Gerechtigkeit nach der jeweiligen tagespolitischen Opportuni-tät. Auch mit dieser Begründung des Dritten Weges läßt sich ein rasch fortschreitender Kompetenzanspruch der EU-Kommission legitimieren. Diese Perspektive des Maa-strichter Vertrags wird – wie das angeführte Rahmenprogramm 2005 erkennen läßt – von der Lissabon-Strategie eher verstärkt als in Frage gestellt.

5.2. Auf dem *Dritten Weg* zwischen Wettbewerbs- und Industriepolitik

Die Erweiterung des Aufgabengebietes von Art. 2 des Rom-Vertrages (1958) durch den Maastrichter Vertrag (1992) ermöglicht unter Berufung auf den Auftrag, dem „wirtschaftlichen und sozialen Zusammenhalt" zu dienen, eine weitgehende Ergänzung und Durchdringung des Konzepts der Marktintegration mit Elementen eines politisch-bürokratischen Interventionismus. Damit kann die EU-Integration weit über die Sicherung des bisherigen Verständnisses der Wettbewerbspolitik hinausgehen: einmal im Hinblick auf eine Erweiterung der Zuständigkeiten der EU gemäß Art. 3 mit dem Ziel, auf den hier aufgezählten Tätigkeitsfeldern eine Verbesserung der Lebens- und Arbeitsbedingungen durch Beseitigung von Ungleichheiten anzustreben. Die damit geschaffene Möglichkeit einer weitgehenden Ex ante-Harmonisierung nationaler Regeln der Gesellschafts-, Wirtschafts- und Sozialpolitik wird ergänzt durch einen vergrößerten Handlungsspielraum für interventionistische Zuständigkeiten, die – wie oben bemerkt – schon immer von Frankreich, teilweise aber auch von der EU-Kommission angestrebt worden sind. Mit der Expansion des Konzepts der Ex ante-Harmonisierung wird der Standortwettbewerb zwischen den Mitgliedstaaten eingeschränkt. Zum anderen kann mit dem industriepolitischen Auftrag der EU-Kommission ein interventionistischer Punktualismus entstehen. Durch diese beiden Hauptmerkmale des Dritten Weges wird die bereichsübergreifende (horizontale) Wettbewerbspolitik relativiert und zurückgedrängt.

Offensichtlich ist es Frankreich, trotz des Scheiterns der dargestellten industriepolitischen Varianten, gelungen, aus seiner planifizierenden Denktradition und seiner Idee vom „Einheitlichen Markt" eine ordnungspolitische Grundlage für ein „neues politisches Europa" zu machen, wie der französische Premierminister *Villepin* (2005) formuliert. Zwar ist das „alte" Planungskommissariat im November 2005 aufgelöst worden, doch sind die 160 Mitarbeiter zum größten Teil in ein neues „Zentrum für strategische Analyse" überführt worden, das dem Premierminister direkt zuarbeiten soll.

In den Regeln des Wettbewerbs sieht *Villepin* das Charakteristikum einer Freihandelszone, nicht aber den strategischen Ansatzpunkt und die politische Triebkraft der EU. Diese sieht er in der staatlich organisierten Bündelung der Mittel für anspruchsvolle und konkrete Projekte. Hierzu zählt *Villepin* z. B.

— ein koordiniertes Vorgehen gegen bestimmte Importe aus Drittländern (aktuell etwa gegen Textilien, Schuhe usw. aus China),

— einen „Dialog" zwischen der Euro-Gruppe und der Europäischen Zentralbank, der als Angriff auf die Erfüllung des geld- und währungspolitischen Auftrags und die Unabhängigkeit der EZB angesehen werden muß. Das würde im Widerspruch zum „Maastricht-Urteil" des Bundesverfassungsgerichts vom 12. Dezember 1993 stehen, wonach „das Währungswesen dem Zugriff von Interessentengruppen und der an einer Wiederwahl interessierten politischen Mandatsträger zu entziehen (ist)";

— eine weitgehend autarke Entwicklung der Landwirtschaft in der EU,

— die Gründung von ein oder zwei europäischen Instituten für Forschung und Technologie in Frankreich mit einer Bündelung der „erforderlichen Investitionen" in die Forschung.

In diesen und anderen weit ausgreifenden Maßnahmen eines punktuellen Interventionismus sehen *Villepin* und andere führende französische Politiker wie *Nicolas Sarkozy* und *Ségolène Royal* die Grundlage für höhere Wachstumsraten, mehr Beschäftigung und soziale Gerechtigkeit.

Mit der Industriepolitik der EU wird das französische Fortschrittsdenken bestätigt, wonach die Mitgliedsländer in der Technologiepolitik nur „stark" sind, wenn sie gemeinsam und „von oben" organisiert vorgehen. Gemeint ist damit ein *Dialog* zwischen Wirtschaft, Staat und der Europäischen Gemeinschaft, um Engpässe, Problembereiche oder Chancen früher zu erkennen und gezielte Anstrengungen zu ihrer Vermeidung und Beseitigung zu unternehmen.

Auch die Bundesregierung hat sich nach 1998 der Meinung angeschlossen: Deutschland kann nur mittels einer gemeinsamen Kraftanstrengung von Staat, Wirtschaft und Wissenschaft international mithalten. So ist auch das 2004 geschaffene „Innovationsbüro" zu verstehen. Es soll auf der Grundlage von „Horizontpapieren" eine Zukunftsvision für Deutschland der Jahre 2010 bis 2015 vorlegen. Aus den so erarbeiteten „Modellvorhaben" sollen, ähnlich der Arbeitsweise der französischen „Modernisierungskommissionen"[19], konkrete Handlungsempfehlungen auf dem Gebiet der „Erforschung des Neuen" erarbeitet werden.

Die von deutscher Seite seit 1998 unterstützte französische Begeisterung für ein Europa des wirtschafts- und sozialpolitischen Interventionismus kann sich auf Art. 157 stützen. Dabei dürfte die EU-Kommission aus naheliegenden bürokratischen Eigeninteressen auch für die zweite Interpretation (Kapitel 2.2.) empfänglich sein. Das zeigt sich darin, daß ihre aktuellen Vorstellungen zur horizontalen Integrationsmethode in dem vieldeutigen Satz gipfeln:

> „Dabei muß sie (die Kommission A. S.) allerdings *die spezifischen Bedürfnisse und Merkmale einzelner Sektoren* berücksichtigen, vor allem aber die der Bürger und Arbeitnehmer, die immer höhere Ansprüche an den Gesundheits- und Umweltschutz stellen. Sie (die Industriepolitik A. S.) muß deshalb je nach Sektor unterschiedlich gehandhabt werden. .... Industriepolitik ist folglich gekennzeichnet durch ein horizontales Grundkonzept und eine sektorspezifische Praxis" (*Kommission der EU* 2002).

Dieser Grundsatz des sektorspezifischen Merkmals des Dritten Wegs der Integrationspolitik eröffnet der Gemeinschaft, je nach Interpretation und Reichweite der sektoralen Anwendung, Möglichkeiten für eine fortschreitende Ersetzung des *horizontalen* durch den *vertikalen* Integrationsansatz. Begleiterscheinung ist eine zunehmende Punktualisierung oder „Fragmentierung" der Wettbewerbspolitik durch Ausnahmebereiche

---

[19] Mitglieder der französischen „Modernisierungskommissionen" waren Unternehmer, Ministerialbeamte, Vertreter der Bank- und Kreditwirtschaft, der Arbeitgeber- und Arbeitnehmerverbände, der Wissenschaft. Sie wurden durch die Regierung bestellt. Unverkennbar war ein starkes Übergewicht der Unternehmer und Beamten. Die aktiv am jeweiligen Projekt Beteiligten sollten zusammen mit den Behörden die Projektziele festlegen. Das deutsche „Innovationsbüro" hat damit begonnen, die Arbeit von 240 Fachleuten zu koordinieren. (Frankfurter Allgemeine Zeitung, Nr. 290 vom 11. 12. 04, S. 4).

(analog zur Methode der Branchenintegration).[20] Daraus wiederum kann ein Sachzwang für eine vorausschauende, regional ausgleichende Strukturpolitik gefolgert werden – im Sinne des zweiten Merkmals des Dritten Weges, die Lebens- und Arbeitsbedingungen in der Gemeinschaft durch Maßnahmen der Angleichung zu verbessern (siehe etwa Art. 136 EG-Vertrag) und damit dem wirtschaftlichen und sozialen Zusammenhalt zu dienen.

5.2.1. Ex ante-Harmonisierung und neue Mitgliedsländer

Eine Reihe von Mitgliedern, vor allem aus Süd- und Ostmitteleuropa, sind Nachzügler der Wirtschaftsentwicklung und darauf angewiesen, die potentiellen Vorteile der Rückständigkeit für rascheres Wachstum und eine wirksamere Beschäftigungspolitik zu nutzen. In der ökonomischen Heterogenität der aufholenden Länder, ihrer Verschiedenheit der historischen, kulturellen und entwicklungsspezifischen Ausgangsbedingungen sowie ihrer institutionellen Zustände sind Wissensgrundlagen der Wohlfahrtssteigerung zu vermuten, die es möglichst voll zu nutzen gilt. Zu diesen Gegebenheiten gehört die Entstehung von Institutionen zur Internalisierung von Externalitäten in den Bereichen Finanzierung, Arbeitsmärkte und Soziales, Bildung, Forschung und Entwicklung, Logistik, Produktionsspezialisierung, Vermarktung von Waren und Dienstleistungen, Unternehmenskooperationen – mit dem Ziel, vorhandenes und neues Wissen zu erschließen und verfügbar zu machen, etwa durch einen organisierten Informationsaustausch auf der Ebene von Wirtschaftsverbänden. Insgesamt ist auf der Ebene der *inneren* Institutionen gerade in den aufholenden Ländern die institutionelle Wettbewerbsfreiheit wichtig, um mit bekannten oder neuen institutionellen Möglichkeiten zu experimentieren. Das spricht gegen den institutionellen Wissensinterventionismus „von oben", also die Methode, alle wettbewerbsrelevanten Rechtsvorschriften auf dem Niveau hochentwickelter Industrie- und Wohlfahrtsstaaten zu harmonisieren und sie in Gänze als „gemeinsamer Besitz" auch den neuen Mitgliedsländern vorzuschreiben.

Aus dieser Sicht ist die Vorschrift, die *Kopenhagener Kriterien* sämtlich zu erfüllen, für die neuen und künftigen Mitgliedsländer höchst problematisch. Dieser Anforderungskatalog wurde am 21./22. Juni 1993 in Kopenhagen festgelegt. Damit soll folgendes sichergestellt werden:

Die betreffenden Länder sollen über eine stabile demokratische und rechtsstaatliche Verfassung mit der Gewährleistung der Menschenrechte und des Minderheitenschutzes verfügen. Diese Ansprüche können sicher nicht hart genug eingefordert werden. Darüber hinaus werden eine funktionsfähige Marktwirtschaft und die Fähigkeit vorausgesetzt, dem Wettbewerbsdruck und den Marktkräften innerhalb der Union standzuhalten und sich die Ziele der politischen Union, der Wirtschafts- und Währungsunion zu eigen zu machen.

---

[20] Der Versuch der EU-Kommission, eine Synthese von horizontaler (wettbewerblich-marktwirtschaftlicher) Integrationsmethode mit der vertikalen, also branchenbezogenen Industriepolitik, herzustellen, wird besonders deutlich in der Mitteilung der *Kommission der EU* (2002, S. 36 ff) mit dem Anhang „Industriepolitik: Der Policy mix auf dem Prüfstand. Einige Sektoren als Beispiel. Siehe auch *Kommission der EU* (2004).

Problematisch ist insbesondere der Nachweis der Fähigkeit, dem Wettbewerbsdruck und den Marktkräften innerhalb der EU unter den institutionellen Bedingungen standzuhalten, die von der EU diktiert werden. Denn damit werden mögliche Ergebnisse der Integration mit dem verwechselt, was in angemessener Weise nur in Marktprozessen herausgefunden werden kann. Die rigide Vorgabe des „Acquis Communautaire"[21] ist Ausdruck des Denkens in Kategorien des „Einheitlichen Marktes" und steht im Verdacht, daß die Altmitglieder aus Konkurrenzgründen die Neumitglieder an der Wahrnehmung der Vorteile hindern wollen, die die institutionelle Wettbewerbsfreiheit bietet.

Dieser Verdacht einer Beschränkung des Institutionenwettbewerbs stellt sich auch deshalb ein, weil es bei der Anerkennung des „Acquis Communautaire" um die Vorschrift von 14.000 Rechtsakten mit einem Rechtstext von ca. 80.000 Seiten geht. Manche Vorgaben der EU erinnern an die staatlichen Regulierungen in der Zeit des Merkantilismus.[22]

Die bereits erwähnte Heterogenität, die die betreffenden Länder kennzeichnet, spricht gegen rigide Formen der Politikintegration, bei der das *supranationale Prinzip der Regierungstätigkeit* an die Stelle der nationalen Regierungsverantwortung tritt.

Supranationalität bedeutet: Mehrheitsvoten bestimmen die Gesetzgebung; Amtsträger können unabhängig von nationalen Weisungen entscheiden; Supranationales Recht dominiert das nationale Recht; vergleichsweise hohe Transaktionskosten für Einigungsprozesse und Aufsichtsverfahren – in Abhängigkeit von der Zahl und Heterogenität der Mitgliedsländer zunehmen.

Für die Transformationsländer ist ein Integrationskonzept, das den Ergebnissen von offenen Marktprozessen so weitgehend vorauseilt, wie es dem Katalog der *Kopenhagener Kriterien* entspricht, für das, was situationsabhängig zu leisten ist, nach aller Erfahrung zu schwerfällig. Wirtschaftlich aufholende Länder sind auf flexiblere Suchverfahren angewiesen, um sich an die besonderen Anforderungen bei der Ressourcenumwertung, der Beseitigung von Mobilitätshindernissen und der Lösung von Verteilungsproblemen bestmöglich anpassen zu können. Regelwerke mit kostspieligen wohlfahrtsstaatlichen Standards, wie sie selbst in den Stammländern der EU seit langem nicht mehr im internationalen Wettbewerb tragbar sind, dürften für Nachzügler der Wirtschaftsent-

---

[21] Damit ist der Gesamtbestand an Rechten und Pflichten gemeint, der für die Mitgliedstaaten der EU verbindlich ist. Er besteht aus dem Primärrecht der Verträge, dem Sekundärrecht, den von den EG-Organen erlassenen Rechtsakten, den Entscheidungen des Europäischen Gerichtshofes (EuGH), Erklärungen, Entschließungen und bestimmten Abkommen (*Kommission der EU* 2001).

[22] In Frankreich gab es z. B. für die Tuch- und Textilindustrie Réglements, die zur Zeit *Colbert*s einen Umfang von 20.000 Seiten im großen Blattformat angenommen hatten. Durch diese Réglements wurde zentral versucht, die gewerbliche Wirtschaft in die gewünschte Richtung zu lenken, was jedoch in der Praxis häufig nicht gelungen ist. Die Unzahl von Einzelbestimmungen konnte schon technisch häufig nicht beachtet werden, im Grunde war jeder Unternehmer fortgesetzt straffällig. Aus der Zeit *Colbert*s sind immer wieder Klagen überliefert, daß die Anweisungen der Zentrale nicht befolgt wurden, aber auch Sanktionen nicht durchgesetzt werden konnten.

wicklung erst recht nicht hilfreich sein, um mehr Marktintegration nach innen und außen zu erreichen.

Hierfür wäre es hilfreich, wenn die nationalen Rechtsregeln nur im Hinblick auf allgemeine marktwirtschaftliche Rahmenbedingungen und Mindeststandards (zur Vermeidung von ansteckenden Krankheiten, zur Sicherung des Lebens im Verkehr, zum Schutz
der Umwelt) vereinheitlicht werden müßten. Im übrigen könnten Art und Ausmaß der
institutionellen Harmonisierung wettbewerblichen Marktprozessen als Wissensquelle
überlassen bleiben. Wie man auf diesem Wege Direktinvestitionen anziehen kann, wissen diese Länder selbst, z.B. durch die Wahrnehmung von Vorteilen im Arbeitskosten-,
Bürokratiekosten- und Steuerwettbewerb. Bei den 15 EU-Ländern liegt die durchschnittliche Gewinnsteuer bei 32,5 %, in den mittelosteuropäischen Ländern bewegt
man sich auf 19 % zu. Irland ist das große Wachstumsvorbild, das den Steuersatz für
Unternehmensgewinne von 20 % auf 12,5 % gesenkt hat, ohne Kompensation durch
anderweitige Mehrbelastungen der Bürger.

5.2.2. Negative Externalitäten

Die gezielte Bildung von sektoralen und regionalen Schwerpunkten erfordert – schon
wegen der unvermeidlich knappen Budgetmittel – Verfahren der gemeinsamen Entscheidungsfindung und Absprachen – auch über entsprechende Kapitaltransfers. Die
hierzu notwendige Institutionalisierung von Gremien, Sonderkommissionen und Fi-
nanzeinrichtungen begünstigt, gemessen an den Anforderungen einer bereichsübergreifenden Wettbewerbsordnung, einen integrationspolitischen Punktualismus. Der angeführte Vorschlag des europäischen „Rahmenprogramms" ist das jüngste Beispiel hierfür. Die negativen Externalitäten lassen sich musterhaft wie folgt vorhersagen:

– Stärkung des wirtschaftspolitischen Nationalismus: Mit den industriepolitischen
  Bestrebungen der EU erhält die *nationale Anspruchserwartung* gegenüber staatlichen Eingriffen eine erweiterte Anspruchsgrundlage. Die Subventionsmentalität der
  Wirtschaft auf nationaler Ebene wird gestärkt, es entsteht eine Art von Verstaatlichung der Unternehmen, die wie jede Art von Verstaatlichung immobil macht, jedenfalls nicht nachhaltig geeignet ist, das Innovations-, Wachstums- und Beschäfti-
  gungsklima in der EU zu verbessern.

– Pflanzstätten für Wettbewerbsbeschränkungen: Es liegt in der Natur einer Mischung
  von Wettbewerbs- und Industriepolitik im Sinne des Dritten Weges, daß Interessenverbände, Unternehmen sowie politische Gruppierungen die Chance erhalten, die
  industriepolitischen Aktionsbereiche auf Kosten der gemeinsamen Wettbewerbspolitik der EU auszudehnen: Die Kommission wird mit konkreten Projektvorschlägen
  der „Europa-Experten" nationaler Kammern, Verbände und Unternehmen sowie
  Parteien konfrontiert werden. Dabei wird in der Sache nicht davon auszugehen sein,
  daß einige aufgeklärte, von Wissenschaftlern beratene Beamte und Politiker in der
  Lage sind, die Unternehmen mehr oder weniger fest an die Hand zu nehmen und
  ihnen die zukunftsträchtigen Entwicklungspfade zu zeigen. Es wird umgekehrt sein.
  Dabei ist zu erwarten, daß Großunternehmen und verbandsmäßige Organisationsformen der Koordination bevorzugt werden, die – wie im Falle der französischen
  „Modernisierungskommissionen" – immer wieder Pflanzstätten für *wettbewerbsbe-*

schränkende Absprachen und die Bildung von Kartellen sind. Der Wettbewerb in und zwischen den an den Projekten beteiligten Firmen um die besten Varianten und Zukunftsmöglichkeiten wird auf diese Weise leicht ausgeschaltet – gleichsam im „allgemeinen Interesse" der EU.

– Diskriminierung: Im Spiel gegenseitiger Überlistungsversuche wird es in Brüssel auf den Nachweis der Förderungswürdigkeit und Hilfsbedürftigkeit ankommen, um möglichst viel von den zentral verteilbaren Mitteln zu bekommen, sich damit finanzielle Entlastung zu verschaffen oder den Wählern zu imponieren. Ressourcenverschwendende Mitnahmeeffekte und Korruptionsgefahren sind kaum auszuschließen. Angesichts der begrenzten Mittel ist die *Diskriminierung* der nicht für förderungswürdig erachteten Regionen, industriellen Aktivitäten und Beschäftigungsverhältnisse ebenso eine Begleiterscheinung der Industriepolitik wie die Ansiedlung der entsprechenden Maßnahmen jenseits der Wettbewerbsregeln der EU, die einen diskriminierungsfreien Wettbewerb ermöglichen sollen. Industriepolitisch gewünschte Unternehmens- und Branchenstrukturen dürften jedenfalls kaum den Regeln zur Bekämpfung von Wettbewerbsbeschränkungen unterworfen werden.

– Problematische Verwendungsqualität: Die Abhängigkeit der Unternehmen von den üblicherweise strengeren Kontrollen der *Verwendungsqualität* durch den allgemeinen Kapitalmarkt verringert sich. Die Unternehmen werden mit Hilfe von Erleichterungen der Kapitalbeschaffung durch die Europäische Investitionsbank (EIB) in den Dienst industriepolitischer Ziele der EU-Kommission gestellt – mit dem Anspruch, dem „allgemeinen Interesse" der Union zu dienen. Die Regulierungsinstanzen werden gegebenenfalls die Rolle des Protektors übernehmen, wenn sich die geförderten Unternehmen auf unvorhersehbare „Sonderprobleme" oder „Notlagen" berufen können und bei entsprechenden „Nachweisen" von ihrer Regierung im Interesse der politischen Herrschaftssicherung unterstützt werden. Auch die Kommission wird die Rolle des Protektors schätzen, um ihren bürokratischen Steuerungsanspruch und -einfluß nicht zu schwächen. Fehlprognosen und Fehlplanungen wird sie nicht zugeben.

– Kommission als Subventionsbehörde: Die Kommission entwickelt sich mit rasch zunehmenden Finanzhilfen „zu einer rechtlich kaum kontrollierbaren Subventionsbehörde" (*Mestmäcker* 2006, S. 55 und 71). Ihre erweiterten Zuständigkeiten in Verbindung mit den Finanzierungsprivilegien ihrer Hausbank, der EIB[23], werden im politischen Prozeß ein erfahrungsgemäß kaum revidierbares Eigengewicht, Beharrungs- und Expansionsvermögen entwickeln. Wer nämlich die wie auch immer motivierten Mitteleinsätze der Kommission grundsätzlich für wachstums- und beschäftigungsstimulierend hält, wird geneigt sein, im Mangel an greifbaren Erfolgen die Legitimation für eine *Erweiterung des eingeschlagenen Weges* zu sehen, zumal

---

[23] Es ist bemerkenswert, daß die EU-Kommission – ganz auf der Linie des Grundsatzes einer offenen Marktwirtschaft mit (privilegien-)freiem Wettbewerb – gegen die Gewährsträgerhaftung der deutschen Sparkassen vorgeht, zugleich aber im eigenen Einflußbereich gegen dieses Prinzip verstößt und immer neue Gelegenheiten sucht und findet, um „ihrer" Bank privilegierte Geschäfte zu sichern, und sich durch die Ausweitung der Tätigkeit der EIB die Möglichkeit verschafft, das Verbot der Kreditaufnahme im EU-Haushalt zu umgehen.

wenn man glaubt, damit das Ausmaß bisher enttäuschter Erwartungen in den Mitgliedsländern vermindern zu können. Eine wichtige Triebkraft der Eigendynamik des Integrationssozialismus, der sich auf dem Dritten Weg breit macht, wird damit sichtbar.

- Interventionismus ohne Haftung: Für Fehlinvestitionen mittels Beihilfen aufgrund falscher Prognosen müssen die Steuerzahler einstehen, weil die Initiative von Initiatoren ausgeht, die nicht haftbar gemacht werden können. Beihilfen, die national abgebaut werden sollen, werden so auf Gemeinschaftsebene zu einem bevorzugten Lenkungsinstrument gemacht. Wenn etwa ein Computer-Konzern wegen günstiger Arbeitsbedingungen in einer bestimmten Region eine Fabrik bauen und die zuständige Regionalbehörde hierbei behilflich sein möchte, so wäre dies verboten. Dagegen bekäme der Konzern in Regionen, die von der EU als förderungswürdig ausgewiesen sind, unter Umständen die gesamte Investition von der EU finanziert sowie möglicherweise noch einen Anerkennungsbetrag von der Förderregion ausbezahlt.

- Protektionistische Gefahren: Es kommt zur industriepolitisch motivierten *Errichtung von Handelsschranken*, insbesondere in Form der strategischen Handelspolitik. Im Schutz von Handelsschranken werden vermeintlich zukunftsträchtige Marktpositionen geschaffen und handelspolitisch mit dem Ziel gesichert, bestimmten Technikbereichen mit „Schlüsselfunktion oder großer Breitenwirkung" den Durchbruch zu ermöglichen. Bei der Errichtung der Handelsschranken werden sich nach Trittbrettfahrermanier die Interessen der Branchen durchsetzen, deren Unternehmen sich im Prozeß der Stagnation und Rückbildung befinden.

Die Präsentation spektakulärer Projekte (Airbus-Großprojekt usw.) bieten Politikern die Möglichkeit, in Häuptlingsmanier ohne Nennung des Subventionsaufwands auf der Medienbühne davon abzulenken, daß sie es im übrigen versäumen, die entscheidenden Potentiale für Wachstum und Beschäftigung in der mittelständischen Wirtschaft zu nutzen, in der es um den überwiegenden Teil der Arbeitsplätze geht (siehe *Wentzel* 2005).

Die erkennbaren Ansätze und Pläne für einen rasch fortschreitenden Punktualismus, Industriestrategie der EU genannt, beruhen im Kern auf einer Europäisierung des Konzepts des wirtschaftspolitischen Nationalismus: Tatsächlich schreitet die industriepolitische Instrumentalisierung der Wettbewerbspolitik, neuerdings im Hinblick auf die vermeintlichen „Bedürfnisse" der Beitrittsländer, fort, so daß vielfach von einem Paradigmenwechsel in der Wettbewerbspolitik gesprochen wird. Deren Instrumentalisierung erfolgt im Hinblick auf ein buntes Durcheinander von industrie-, regional-, sozial- und umweltpolitischen Zielen. Der Bedarf von Leitfäden durch das Dickicht von EU-Hilfen ist Ausdruck der Entstehung einer politisierten, wirtschaftlich zusammenhanglosen Ressourcenallokation. Fallbeispiele und Literaturnachweise[24] belegen dies.

---

[24] Siehe *Schmidt* (1998, 1999) und *Kommission der EU* (2002).

6. Zusammenfassung und Folgerungen

6.1. Industriepolitik und Standortwettbewerb

Hauptproblem der Mitgliedsländer, die – wie Frankreich, Deutschland und Italien – ordnungspolitisch auch zu Hause einer Variante des Dritten Weges folgen, ist ein Verständnis des Sozialen und der Sozialpolitik, das in wesentlichen Grundlagen nicht als Teil der Wirtschaftsverfassung des Wettbewerbs auf offenen Märkten gestaltet wird und deshalb einer wünschenswerten Gleichrichtung der Sphäre der sozialen Sicherung mit der Produktionssphäre widerstrebt (zur Problematik Dritter Wege siehe *Schüller* 2000, S. 169 ff.).[25]

Die wachstums- und beschäftigungspolitische Problematik der Industriepolitik besteht aber gerade in dem Versuch der daran besonders Interessierten, mit Blick auf das Ziel des „Einheitlichen Marktes" den bereichsübergreifenden Einfluß des Standortwettbewerbs in der EU durch eine beschleunigte Politik der Ex ante-Harmonisierung zurückzudrängen – meist aus arbeitsmarkt- und sozialpolitischen Gründen.

Wenn es Argumente für eine industriepolitische Ergänzung der Wettbewerbspolitik geben sollte, dann wäre es im Interesse der Ziele der Lissabon-Strategie, ganz besonders auch aus Sicht der wirtschaftlich aufholenden Staaten, ratsam, sich soweit wie möglich des Wettbewerbsverfahrens zu bedienen. Das spricht gegen supranationale Gemeinschaftsaktionen und für die Einbeziehung industriepolitischer Maßnahmen in den offenen Standortwettbewerb der Mitgliedsländer und ihrer Regionen. Die Vorzüge liegen auf der Hand:

- Entsprechende Projekte sind direkt aus nationalen Haushaltsmitteln zu bestreiten. Das dürfte die Begehrlichkeit einschränken. Die Kosten von Fehlentscheidungen können nicht an andere Länder weitergegeben werden, wodurch die Verantwortlichkeit verdünnt wird.

- Projekte im Zusammenwirken verschiedener Länder und Regionen werden nach den jeweiligen eigenstaatlichen Interessen und Einschätzungen entschieden, sie bleiben dabei eher einer sachbezogenen Kontrolle, auch durch die Wähler als Steuerzahler, unterworfen.

- Die Projekte stehen weniger in der Gefahr, von bürokratischen Eigeninteressen der EU-Kommission an einer Aufgabenperpetuierung und -expansion überfremdet zu dienen.

- Die Aktionen können insgesamt leichter auch wieder eingeschränkt und eingestellt werden.

Eine Industriepolitik nach dem Prinzip des Näher-Daran und der Haftung für Fehlplanungen erfordert eine entschiedene Regionalisierung der Steuererhebungskompetenzen mit dem Verzicht auf eine Steuererhebungshoheit für Brüssel und auf einen wettbewerbswidrigen Finanzausgleich zwischen den Regionen. Auf dieser Grundlage könn-

---

[25] Tatsächlich besteht in vielen EU-Ländern zwischen dem wettbewerblichen Marktsystem und der Sozialpolitik eine hohe Mauer, auf die wahrscheinlich die Hauptprobleme zurückzuführen sind, die mit der Lissabon-Strategie beseitigt werden sollen.

te die wohlklingende Idee von den „Interregionalen Allianzen für die Märkte von morgen" (siehe Kapitel 2.3.) vielleicht wirklich mit Leben erfüllt werden. Daraus folgt:

Der Anspruch der Gemeinschaft, bei all ihren Tätigkeiten darauf hinzuwirken, „Ungleichheiten zu beseitigen" (Art. 3 EG-Vertrag in der Fassung des Vertrags von Nizza) ist unrealistisch, wenn damit ausgeglichene Lebensverhältnisse in allen Teilräumen der EU gemeint sein sollten. Der Anspruch steht auch im Widerspruch zu dem, was mit industriepolitischen Maßnahmen in der Regel angestrebt wird. Disparitäten im Raum sind, so weit sie überhaupt ein volkswirtschaftliches Problem darstellen[26], nur insoweit eine integrationspolitische Aufgabe, als es darum geht, Verfälschungen der Grenzen der Agglomeration zu verhindern oder zu beseitigen (siehe Kapitel 3.4.). Im übrigen sollte auch in dieser Hinsicht der Wettbewerb als Verfahren zur Entdeckung von sonst unbekannt und ungenutzt bleibenden Tatsachen gestärkt werden, wenn die Ziele der Lissabon-Strategie ernsthaft angestrebt werden.

Versuche, den Arbeitnehmerstatus in den weniger entwickelten EU-Ländern den arbeitsrechtlichen Standards in der Gemeinschaft ohne Rücksicht auf die Wettbewerbslage der Betriebe und die unterschiedliche Arbeitsproduktivität anzupassen, stellen eine solche Verfälschung dar. Sie verursachen Arbeitslosigkeit in den aufholenden Ländern, verstärken unnötige ökonomische Disparitäten im Raum und verleiten zum erhöhten Einsatz von Palliativmitteln, die die Tendenzen zur Entstehung eines Umverteilungschaos in der EU verstärken.

6.2. Lissabonstrategie der EU – Ablenkung vom Staatsversagen

Die Vorstellung, die Nationalstaaten seien nicht aus eigener Kraft in der Lage, die Voraussetzungen für eine erfolgreiche Wirtschafts- und Beschäftigungspolitik zu schaffen, ist widerlegbar - weltweit, aber auch in der EU mit den Ländern und Regionen, denen es gelungen ist, Rigiditäten auf den Arbeitsmärkten und den überbordenden Staatsinterventionismus abzubauen.

Der Versuch, im Interesse von mehr Wachstum und Beschäftigung die wirtschaftlichen, wissenschaftlichen und politischen Ressourcen zu bündeln, ein gemeinsames Nachdenken und koordiniertes Vorgehen zu organisieren, ist schon aus folgenden Gründen anmaßend:

– Es mangelt sowohl an einer gemeinsamen Krisendiagnose als auch an einer ordnungspolitischen Basis für ein widerspruchsfreies therapeutisches Gesamtkonzept.

– Den Schlüssel für das Tor zum Besseren haben die Mitgliedsländer und die EU-Kommission mit ihren Initiativen zur Stärkung und Ausdehnung des Geltungsbereichs der horizontalen Integrationsmethode in der Hand.

– Das nationale politische Versagen gegenüber der Aufgabe, die grundlegenden konstituierenden und regulierenden Prinzipien der *Wettbewerbsordnung* (*Eucken* 1952/1990, S. 241 ff.) zur Geltung zu bringen, kann nicht mit einer industriepoliti-

---

[26] Unsere Zivilisation entspringt städtischem Leben: „Fast alles, was die zivilisierte von der primitiven Wirtschaft unterscheidet, ist aufs engste mit den großen Zusammenballungen der Bevölkerung verknüpft, die wir Städte nennen" (*von Hayek* 1971, S. 426).

schen Aufrüstung der EU aus der Welt geschafft werden. Auch die Praxis der bisherigen Industriepolitik in der EU spricht nicht für deren Ausweitung. Hierzu sei verwiesen auf die verlustreichen Erfahrungen mit der staatlichen Förderung der Kohle- und Stahlindustrie, der staatlichen Entwicklung der Concorde und der Computerindustrie in Frankreich, mit der industrie- und handelspolitischen Begünstigung der Automobilindustrie (etwa in Großbritannien vor zwei Jahrzehnten[27]) und mit der staatlichen Förderung des Airbus. Damit hat zwar Boeing einen Konkurrenten bekommen, allerdings auf Kosten des Ausscheidens von McDonnel-Douglas. Die Abnehmer stehen nach wie vor einem Angebotsduopol gegenüber.

6.3. Das Subsidiaritätsprinzip als Korrektiv?

Die Auslegung des *Subsidiaritätsprinzips* hängt von der vorherrschenden Integrationsmethode ab. In diesem ordnungsökonomischen Kontext (siehe *Schüller* 1997, S. 69 ff.) wird deutlich, daß sich die verschiedenen Aspekte der Subsidiarität und deren Verhältnis zueinander im Wandel der wirtschaftlichen Gesamtordnungen ändern. Aus diesem Blickwinkel dürfte – bezogen auf die EU – für die Reichweite des Subsidiaritätsprinzips entscheidend sein, ob und wie weitgehend die Standortkonkurrenz im Wettbewerb der Regionen und Ordnungen für die Schaffung, Nutzung und ständige Erneuerung der Wissensgrundlagen der EU bestimmend bleibt. Dem liegt die Annahme zugrunde, daß es hierdurch zu Angleichungen kommt, ohne daß es einer übergeordneten Entscheidungsinstanz bedarf. Wenn etwa bestimmte Mitgliedstaaten regulierungswütig sind, zur sozial- und leistungsstaatlichen Überdimensionierung und zu großzügigen Umverteilungsprogrammen neigen, finanziert durch Steuern und Transferzahlungen, wird es über kurz oder lang zur Abwanderung von Produktionsstätten kommen. Um dies zu verhindern, müssen die nationalen Regierungen innenpolitisch darauf reagieren, also entscheiden, ob berufsrechtliche, branchenrechtliche, arbeits- und tarifrechtliche, beihilferechtliche, steuerrechtliche und umweltrechtliche Regelungen im Heimatland der Revision bedürfen.

Das Subsidiaritätsverständnis, das teilweise im Katalog der Kriterien von Kopenhagener zum Ausdruck kommt, kann die Mitgliedschaft der MOE-Länder von vornherein erschweren, ihr Selbsterneuerungspotential schwächen. Es besteht die Gefahr, daß der Transformationsprozeß ordnungspolitisch auf einer Schmalspur angelegt wird. Wie kann, so ist zu fragen, den neuen Demokratien in Ostmitteleuropa zugemutet werden, den gesamten Rechtsapparat der EU mit einer kaum zu überbietenden Regelungsdichte zu übernehmen, wenn viele etablierte Mitgliedsländer legale oder faktische Ausnahmen machen können und alle Mitgliedsländer verschieden große Ermessensspielräume zur Umsetzung der gemeinsamen Rechtsbestimmungen im nationalen Recht beanspruchen – wie in jüngerer Zeit das Verhalten Deutschlands und Frankreichs gegenüber den Konvergenzkriterien zeigt?

Schon in den EU-15-Ländern hat sich gezeigt, daß die Union nicht einen optimalen Raum für eine umfassende Ex ante-Harmonisierung des Rechts auf dem Gebiet der Wirtschafts- und Sozialpolitik darstellt. Um so mehr dürften aufholende Länder mit

---

[27] Siehe Neue Zürcher Zeitung (NZZ), Nr. 84 vom 12. April 2005, S. 13.

Einheitslösungen überfordert sein. Der Gewinn, den diese Art von supranationaler Formalität verspricht, kann wegen der Heterogenität der MOE-Länder so teuer erkauft sein, daß es für die von einem schematischen Ordnungsimport betroffenen Wirtschaftseinheiten vorteilhafter sein dürfte, situationsgerechtere Institutionen der Binnen- und Außenintegration zu bevorzugen, als dies in der EU mit ihrer Neigung zum institutionellen Zentralismus und Uniformismus möglich ist.

Möschel (1993, S. 32 f.) ist zuzustimmen: Eine von Gerichten vollziehbare Kontrolle anhand des Subsidiaritätsprinzips ist kaum vorstellbar, „wenn man den Charakter des Politischen innerhalb solcher Entscheidungen bedenkt: Wie soll es ein Gericht bewerten, wenn mit Hilfe einer Gemeinschaftsmaßnahme der Widerstand der spanischen Regierung gegen Erweiterungsverhandlungen der EG abgekauft werden soll...?" So läßt auch der Europäische Gerichtshof (EuGH) in politiknahen Entscheidungsfeldern den Gemeinschaftsorganen – ähnlich wie das deutsche Bundesverfassungsgericht – einen weiten Entscheidungsspielraum.

Wie kann gleichwohl dem Subsidiaritätsprinzip unter den Bedingungen des Maastrichter Vertrages, in dessen Gefolge der Einflußbereich von Nivellierungsmöglichkeiten und der vertikalen Integrationsmethode maßlos erweitert worden ist, Geltung verschafft werden?

Ein Begründungszwang für Kommission, Ministerrat und Europäisches Parlament für jede zusätzliche Wahrnehmung von Kompetenzen besteht seit dem Inkrafttreten des Maastrichter Vertrages am 25. Oktober 1993. Diese Anforderung dürfte allerdings kein entscheidendes Hindernis für die Fortsetzung des eingeschlagenen Dritten Weges sein, wenn von Deutschland und anderen Mitgliedsländern keine entschiedene Richtungsänderung durchgesetzt wird. Das wäre wünschenswert. Denn erfahrungsgemäß ist eine fortschreitende Politik der zentralen Regelangleichung und der konstruktivistisch-interventionistischen Mittelverteilung mit einem Konfliktaufbau zwischen den Mitgliedsländer verbunden, der die Existenz der Gemeinschaft im Kern gefährden könnte (*Schüller* 2006).

Ein wichtiges Motiv für diese Integrationspolitik, die als Variante eines schleichenden Marktsozialismus bezeichnet werden kann, dürfte in dem Bestreben der Wohlfahrtsstaaten der EU liegen, dem zunehmenden Wettbewerbsdruck durch neue Mitgliedsländer, durch weltweite Marktöffnung und durch die Währungsunion[28] auszuwei-

---

[28] Mit der Währungsunion gehören alle Mitgliedsländer demselben EURO-System an. Die Mechanismen des Zahlungsbilanzausgleichs (Wechselkurs- und Geldmengen-Einkommen-Mechanismen) sind damit zwischen den Mitgliedern außer Kraft gesetzt. Sie können also auch bei der Bewältigung von Störungen keinen Wettbewerbsschutz mehr bieten.. Es bleibt nur der Weg der inneren Anpassung durch den Marktpreis-Mechanismus oder der Finanzierung durch Kredite, die das Anpassungserfordernis aber nur zeitlich begrenzt zu verschieben erlaubt. Es ist deshalb in einer Währungsunion die Marktbetrachtung und die Ordnungspolitik in den Mittelpunkt zu rücken, wenn es um die Bewältigung von Störfaktoren geht. Die bekannten Vorteile der Währungsunion (geringere Transaktionskosten im Tauschverkehr der Mitgliedsländer) werden erkauft mit einer Erhöhung der Wettbewerbsintensität im Produkt- und Faktormarktgeschehen sowie der Anforderungen an die Faktormobilität und die Lohn- und Preisflexibilität. Diesen Anforderungen sind vor allem die Wohlfahrtsstaaten der EU nicht gewachsen.

chen. Auf europäischer Ebene wird das versucht, was auf nationaler Ebene unter dem Einfluß des weltweiten Wettbewerbs immer aussichtsloser wird – nämlich den System- und Standortwettbewerb zu beschränken. Auf dem eingeschlagenen Dritten Weg wird die Gefahr des europäischen *Saint-Simonismus*, des europäischen Dirigismus großen Stils (*Röpke* 1957/1964, S. 114 ff.; *Schüller* 2006), nicht zu bannen sein.

Der Schaden, der Europa von einem verfehlten Einheits- und Nivellierungsdenken und insgesamt von einer Integrationspolitik des Dritten Wegs droht, ist unübersehbar. Deshalb sei abschließend auf den Gedanken verwiesen, den *Jacob Burckhardt* dem Eingangszitat hinzugefügt hat:

> „Banal ist der Einwurf, der Geist sei unüberwindlich und werde immer siegen, während es tatsächlich von einem bestimmten Kraftgrad eines Menschen in einem bestimmten Moment abhängen kann, ob Völker und Kulturen verloren sein sollen oder nicht. Es bedarf der großen Individuen und diese bedürfen des Gelingens. Aber Europa hat in den großen Momenten häufig auch große Individuen gehabt."

Literatur:

Burckhardt, Jacob (1869/1929), Gesamtausgabe: Weltgeschichtliche Betrachtungen, Historische Fragmente aus dem Nachlass, Bd. 7, herausgegeben von *Albert Oeri* und *Emil Dürr*, Basel.

Coase, Ronald (1937), The Nature of the Firm, in: Economica, Vol. 4, 4, S. 386-405.

Coase, Ronald (1988), The Firm, the Market, and the Law, The University of Chicago Press, Chicago.

Deutsche Bundesbank (2006), Determinanten der Leistungsbilanzentwicklung in den mittel- und osteuropäischen EU-Mitgliedsländern und die Rolle deutscher Direktinvestitionen, Monatsbericht, 58. Jg., Nr. 1, S. 17-36.

Eucken, Walter (1952/1990), Grundsätze der Wirtschaftspolitik, 6., durchgesehene Auflage, Tübingen 1990.

Europäische Zentralbank (EZB) (2005a), Die Lissabon-Strategie – Fünf Jahre später, Monatsbericht, Juli 2005, S. 77-94.

Europäische Zentralbank (EZB) (2005b), Jüngste Entwicklung der ausländischen Direktinvestitionen in den neuen mitteleuropäischen EU-Mitgliedstaaten, Monatsbericht, Oktober 2005, S. 12-14.

Gröner, Helmut (1993), Integrationsmerkmale und Integrationsmethoden: Die ordnungspolitische Konzeption der EG im Wandel, in: *Helmut Gröner* und *Alfred Schüller* (Hg.), Die europäische Integration als ordnungspolitische Aufgabe, Stuttgart, Jena und New York., S. 3-39.

Gröner, Helmut und Silke Baumann (1994), Die Kontroverse um die Erhaltung industrieller Kerne in den neuen Bundesländern, in: *Gernot Gutmann* und *Ulrich Wagner* (Hg.), Ökonomische Erfolge und Mißerfolge der deutschen Vereinigung – Eine Zwischenbilanz, Stuttgart, Jena, New York, S. 315-338.

Gutmann, Gernot (1994), Erhaltung industrieller Kerne in Ostdeutschland und das Problem der Ordnungskonformität von Wirtschaftspolitik, in: *Rolf H. Hasse, Josef Molsberger* und *Christian Watrin* (Hg.), Ordnung in Freiheit: Festgabe für *Hans Willgerodt* zum 70. Geburtstag, Stuttgart, Jena und New York, S. 28-39.

Gutmann, Gernot (1995), Wettbewerbstheorie und Wachstumstheorie: Chance für eine Synthese? in: ORDO, Bd. 46, S. 149-163.

Hamm, Walter (1993), Die europäische Wirtschaftsunion – eine Gefahr für die Marktwirtschaft? in: ORDO, Bd. 44, S. 3-14.

Hayek, Friedrich A. von (1952), Die Verwertung von Wissen in der Gesellschaft, in: *Friedrich A. von Hayek,* Individualismus und wirtschaftliche Ordnung, Erlenbach-Zürich, S. 103-121.

Hayek, Friedrich A. von (1969), Der Wettbewerb als Entdeckungsverfahren, in: *Friedrich A. von Hayek,* Freiburger Studien, Tübingen, S. 249-265.

Hayek, Friedrich A. von (1971), Die Verfassung der Freiheit, Tübingen.

Hayek, Friedrich A. von (1979), Mißbrauch und Verfall der Vernunft, 2., erw. Auflage, Salzburg.

Heuß, Ernst (1965), Allgemeine Markttheorie, Tübingen.

Hoppmann, Erich (1982), Wettbewerbspolitik in Deutschland: Unternehmen zwischen Markt und Staat, in: Zeitschrift für Wirtschaftspolitik, 31. Jg., H. 3, S. 137-147.

Klemmer, Paul (2001), Was kann Polen aus dem Strukturwandel des Ruhrgebiets lernen? In: *Lüder Gerken* und *Joachim Starbatty* (Hg.), Schlesien auf dem Weg in die EU, Stuttgart, S. 195-202.

Kommission der EU (2001), Mitteilung der Kommission an das Europäische Parlament und den Rat, Kodifizierung des Acquis communautaire. http://europa.eu.int/eur-lex/de/com/cnc/2001/com2001_0645de01.pdf, abgerufen am 8.11.2005)

Kommission der EU (2002), Mitteilung an den Rat, das Europäische Parlament, den Wirtschafts- und Sozialausschuß und den Ausschuß der Regionen „Industriepolitik in einem erweiterten Europa", Brüssel, 11. 12. 2002. KOM (2002) 714 endgültig.

Kommission der EU (2004), Mitteilung „Den Strukturwandel begleiten: Eine Industriepolitik für die erweiterte Union", Brüssel, 28. 4. 2004. KOM (2004) 274 endgültig.

Kommission der EU (2005), Vorschlag für einen Beschluß des Europäischen Parlaments und des Rates zur Einrichtung eines Rahmenprogramms für Wettbewerbsfähigkeit und Innovation (2007-2013). Brüssel, 6. 4. 2005. KOM (2005) 121 endgültig.

Lachmann, Ludwig M. (1963), Wirtschaftsordnung und wirtschaftliche Institutionen, in: ORDO, Bd. 14, S. 63-77.

Mestmäcker, Ernst-Joachim (2006), Wirtschaft und Verfassung in der Europäischen Union, 2. ergänzte Auflage, Baden-Baden.

Meyer, Fritz und *Hans Willgerodt* (1956), Der wirtschaftspolitische Aussagewert internationaler Lohnvergleiche, in: Bundesministerium für wirtschaftliche Zusammenarbeit (Hg.), Internationales Lohngefälle: Wirtschaftspolitische Folgerungen und statistische Problematik, Bonn, S. 7-78.

Mises, Ludwig von (1940), Nationalökonomie: Theorie des Handelns und Wirtschaftens, Genf, Nachdruck München 1980.

Möschel, Wernhard (1993), Eine Verfassungskonzeption für die Europäische Union, in: *Helmut Gröner* und *Alfred Schüller* (Hg.), Die Europäische Integration als ordnungspolitische Aufgabe, Stuttgart, Jena und New York, S. 21-39.

Porter, Michael E. (1990), The Competitive Advantage of Nations, London..

Röpke, Wilhelm (1957/1964), Gemeinsamer Markt und Freihandelszone, in: Wort und Wirkung, Ludwigsburg, S. 114-135.

Schmidt, André (1998), Ordnungspolitische Perspektiven der europäischen Integration im Spannungsfeld von Wettbewerbs- und Industriepolitik, Frankfurt/Main.

Schmidt, André (1999), Europäische Wettbewerbspolitik zwischen Prozeß- und Ergebnisorientierung: Zur Notwendigkeit institutioneller Reformen in der europäischen Wettbewerbspolitik, in: Jahrbücher für Nationalökonomie und Statistik, Bd. 218, S. 433-452.

Schüller, Alfred (1986), Die institutionellen Voraussetzungen einer marktwirtschaftlichen Ordnung, in: *Roland Vaubel* und *Hans D. Barbier* (Hg.), Handbuch Marktwirtschaft, Pfullingen, S. 34-44.

Schüller, Alfred (1993), Die Agglomerationsproblematik aus Sicht des Ökonomen, in: *Günter Mertins* (Hg.), Vorstellungen der Bundesrepublik Deutschland zu einem europäischen Raumordnungskonzept, Marburg, S. 125-142.

Schüller, Alfred (1994), Zur Osterweiterung der EG: Motive, Methoden, Hindernisse, Bedingungen, in: *Rolf H. Hasse, Josef Molsberger und Christian Watrin* (Hg.), Ordnung in Freiheit, Festschrift für *Hans Willgerodt* zum 70. Geburtstag, Stuttgart, Jena und New York, S. 306-330.

Schüller, Alfred (1997), Subsidiarität im Spannungsfeld zwischen Wettbewerb und Harmonisierung – Interpretationsversuche in ordnungsökonomischer Sicht, in: *Knut Wolfgang Nörr* und *Thomas Oppermann* (Hg.), Subsidiarität: Idee und Wirklichkeit, Zur Reichweite eines Prinzips in Deutschland und Europa, Tübingen, S. 69-104.

Schüller, Alfred (1998), Der wirtschaftspolitische Punktualismus: Triebkräfte, Ziele, Eingriffsformen und Wirkungen, in: ORDO, Bd. 49, S. 105-126.

Schüller, Alfred (2000), Soziale Marktwirtschaft und Dritte Wege, in: ORDO, Bd. 51, S. 169-202.

Schüller, Alfred (2006), Saint-Simonismus als Integrationsmethode: Idee und Wirklichkeit – Lehren für die EU, in: ORDO, Bd. 57, S. 285-314.

Schüller, Alfred und *Ralf L. Weber* (1993), Von der Transformation zur Integration: Eine ordnungs-, handels- und währungspolitische Aufgabenstellung, in: *Helmut Gröner* und *Alfred Schüller* (Hg.), Die europäische Integration als ordnungspolitische Aufgabe, Stuttgart, Jena und New York, S. 445-491.

Schüller, Alfred und Ralf L. Weber (1998), Deutsche Einheit: Wirtschaftspolitische Weichenstellungen zwischen politischer und marktwirtschaftlicher Rationalität, in: *Dieter Cassel* (Hg.), 50 Jahre Soziale Marktwirtschaft, Stuttgart, 367-400.

Sinn, Hans-Werner (2004), Ifo Standpunkte.

Strätling, Rebecca (2000), Die Aktiengesellschaft in Großbritannien im Wandel der Wirtschaftspolitik: Ein Beitrag zur Pfadabhängigkeit der Unternehmensordnung, Stuttgart.

Villepin, Dominique de (2005), Für ein neues politisches Europa, in: Frankfurter Allgemeine Zeitung, Nr. 148 vom 29. Juni 05, S. 10.

Wagner, Ulrich (1980), Problemlösungsimporte als Stabilisierungsstrategie administrativ-sozialistischer Systeme, in: *Alfred Schüller* und *Ulrich Wagner* (Hg.), Außenwirtschaftspolitik und Stabilisierung von Wirtschaftssystemen, Stuttgart und New York, S. 305-318.

Watrin, Christian (1999), Soziale Dilemmata und Ordnungspolitik, in: Studien zur Ordnungsökonomik, Nr. 22, Stuttgart, S. 35-54.

Wentzel, Dirk (2005), Infrastrukturpolitik als Mittel europäischer Integrationspolitik: Das Beispiel Transeuropäischer Netze (TEN), in: *Karl-Hans Hartwig* (Hg.), Neuere Entwicklungen in der Infrastrukturpolitik, Beiträge aus dem Institut für Verkehrswirtschaft an der Universität Münster, Heft 157, S. 55-78.

Wissenschaftlicher Beirat beim Bundesministerium für Wirtschaft (1994), Ordnungspolitische Orientierung für die Europäische Union, BMWi-Dokumentation, Nr. 356.

Wößmann, Ludger (1999), Dynamische Raumwirtschaftstheorie und EU-Regionalpolitik: Zur Ordnungsbedingtheit räumlichen Wirtschaftens, Studien zur Ordnungsökonomik, Nr. 24, Stuttgart.

Dirk Wentzel (Hg.), Europäische Integration – Ordnungspolitische Chancen und Defizite
Schriften zu Ordnungsfragen der Wirtschaft · Band 82 · Stuttgart · 2006

Strommärkte in Europa:
Liberalisierung und Integration

Hubertus Bardt

Inhalt

1.   Energiemärkte als wettbewerbliche Ausnahmebereiche

Wichtige Teile des Energiesektors waren für viele Jahrzehnte wettbewerbliche Ausnahmebereiche in Deutschland. Während die Erdölindustrie und damit verbundene
Branchen dem normalen Wettbewerbsrecht mit Fusionskontrolle und Kartellverbot un-
terlagen, herrschten insbesondere für die Strom- und Gasmärkte besondere Regelungen,
die regional abgeschottete Monopole vorsahen. Zudem spielten der Staat und hierbei
vor allem auch die Kommunen als Akteure eine bedeutende Rolle, indem sie nicht nur
Regeln setzten und Rahmenbedingungen definierten, sondern als Besitzer von Versor-
gungsunternehmen selbst als Anbieter im Markt tätig waren. Seit der Gründungsphase
der Energieversorgungsunternehmen haben Wettbewerbsbeschränkungen und öffentliche Unternehmen eine prägende Rolle in der Energiewirtschaft gespielt. Das Energiewirtschaftsgesetz von 1935 bildete eine wichtige Voraussetzung für die Dominanz der
Verbundunternehmen, nachdem noch in den zwanziger Jahren Strom aus industriellen
Eigenanlagen rund 70 Prozent des Bedarfs der Industrieunternehmen deckte (*Faridi*
2004). Auch mit der Gründung der Bundesrepublik kam es nicht zu einer Liberalisierung der Stromversorgung in Deutschland (*Gröner* und *Sauer* 1994, S. 331 f.).

Die Märkte waren geprägt durch Gebietsmonopole, die die Abnehmer in ihrer Region jeweils exklusiv belieferten. Für derartige Regionalkartelle, die in anderen Wirt-
schaftsbereichen undenkbar wären und von den Wettbewerbsbehörden unterbunden
würden, waren wettbewerbsrechtliche Ausnahmeregelungen geschaffen worden. Der
Wechsel der Versorger, der, realisiert oder angedroht, für Wettbewerb unumgänglich
ist, war somit für die allermeisten Abnehmer ausgeschlossen. Lediglich große energieintensive Unternehmen konnten sich dafür entscheiden, den benötigten Strom selbst zu
produzieren, um sich so unabhängig vom regional zuständigen Monopolisten zu machen. Fehlender Wettbewerb auf dem Strommarkt charakterisierte aber nicht nur die
Ebene der Distribution an die Endverbraucher, sondern insbesondere auch die Bereitstellung des Netzes und der dazu gehörenden Regelenergie.

Hintergrund dieser für eine marktwirtschaftliche Wirtschaftsordnung untypische
Struktur sind besondere Charakteristika der Güter Strom und Gas, die wettbewerbliche
Märkte lange verhindert haben und die auch heute noch verantwortlich sind für Probleme bei der Sicherstellung von Wettbewerb in den Branchen. Insbesondere ist dabei die
Netzwerkproblematik zu nennen, die für beide Güter in unterschiedlichem Maße zu-
trifft. Im Unterschied zum Erdöl als Energieträger sind Strom und Gas leitungsgebun-
den. Sie können den Verbrauchern praktisch nicht zur Verfügung gestellt werden, ohne
daß diese an ein entsprechendes Netz angebunden sind, welches die Quellen mit den
Endverbrauchern verbindet. Die hohen Kosten des Netzes verteilen sich auf die Zahl der
Nutzer, ohne daß zusätzliche Abnehmer die Kosten des Netzes deutlich erhöhen würden. Da mit einer Zunahme der Verbrauchsstellen mit dauerhaft sinkenden Durch-
schnittskosten des Netzbetriebs zu rechnen ist, wäre der Aufbau eines neuen parallelen
Netzes weder für einen konkurrierenden Anbieter noch gesamtwirtschaftlich sinnvoll.
Es liegt ein natürliches Monopol vor.

Erfahrungen in anderen Netzwirtschaften, beispielsweise im Bereich der Telekommunikation, haben jedoch deutlich gemacht, daß es trotz eines natürlichen Monopols im
Netz zu wirksamem Wettbewerb kommen kann. Entscheidend ist dabei, daß das Netz-

monopol so reguliert wird, daß die dem Monopol innewohnenden Ineffizienzen und Renten möglichst weit gemildert werden und somit die Netzinfrastruktur kostengünstig angeboten wird und daß konkurrierende Anbieter auf den Märkten zum Zuge kommen können, die die Infrastruktur für die Produktion beziehungsweise Distribution ihrer Dienste verwenden.

Im Fall des Stroms bezieht sich der Netzbegriff nicht nur auf die beobachtbare Ansammlung von Stromleitungen über und unter der Erde. Zum Netzbetrieb gehören hier noch weitere wichtige Elemente. Um das Stromnetz stabil aufrechtzuerhalten, muß die eingespeiste Energie zu jedem Zeitpunkt der insgesamt aus dem Netz entnommenen Energie entsprechen. Hierzu muß kurzfristig verfügbare Energie bereitgehalten werden, die je nach Nachfrageschwankungen zur Verfügung gestellt wird. Dabei gibt es gut vorhersehbare Nachfrageveränderungen: So wird etwa tagsüber eine andere Strommenge verbraucht als nachts, worauf sich das Stromangebot gut einstellen kann. Andere Nachfrageschwankungen sind nicht vorherzusehen: Hier müssen Kraftwerke bereitstehen, die kurzfristig ihre Leistung erhöhen oder absenken können. Auch Schwankungen im Angebot, beispielsweise durch die schlecht zu kalkulierende Windkraft, müssen durch Energie aus anderen Kraftwerken ausgeglichen werden. Erst mit der bedarfsgerecht eingespeisten Regelenergie, die für den Ausgleich von eingespeister und entnommener Strommenge sorgt, kann von einer funktionierenden Netzinfrastruktur gesprochen werden.

Ein natürliches Monopol im Leitungsnetz bedeutet jedoch nicht, daß Wettbewerb in der Elektrizitätswirtschaft dauerhaft unterbleiben oder gar verhindert werden müßte. Die ordnungspolitische Aufgabe liegt insbesondere darin, dafür zu sorgen, daß die Unwirtschaftlichkeit von Parallelleitungen nicht zu Wettbewerbsbeschränkungen in darüber hinausgehenden Bereichen führt. Überlegungen hierzu wurden in Deutschland schon in den sechziger Jahren öffentlich diskutiert, ohne daß es auf nationaler Ebene zu einer Stärkung des Wettbewerbs am Strommarkt gekommen wäre (*Gröner* 1975, S. 410 ff.).

Neben dem Netzwerkproblem und der praktisch nicht vorhandenen beziehungsweise wirtschaftlich nicht sinnvollen Lagermöglichkeit von Strom stellt sich im Bereich der Energiepolitik noch eine Reihe von weiteren Problembereichen, die bei der Ausgestaltung eines sektoralen Ordnungsrahmens Beachtung finden müssen. Dazu gehören vor allem die drei Ziele der Energiepolitik:

1. Die Zuverlässigkeit der Energieversorgung muß nicht nur kurzfristig im Stromnetz, sondern auch langfristig durch zugängliche Energiequellen sichergestellt werden. Eine sichere Energieversorgung ist eine notwendige Voraussetzung für die wirtschaftliche Entwicklung. Hierzu gehört nicht nur die Auswahl geeigneter Primärenergieträger, die möglichst weitestgehend marktmäßigen Suchprozessen überlassen bleiben sollte, sondern auch eine Organisation des Stromnetzes als natürliches Monopol, die eine angemessene Qualität des Netzes sicherstellt.

2. Ein kostengünstiges Angebot an Energie ist ein wichtiger Standortfaktor für andere Wirtschaftsbereiche. Gerade für energieintensive Branchen der Industrie ist der Energiepreis ein wichtiger Wettbewerbsparameter. Entscheidend für eine effiziente und preisgünstige Energieversorgung ist die Sicherstellung des Wettbewerbs auf den

Energiemärkten. Gerade im netzgebundenen Strommarkt liegen traditionell monopolisierte Märkte vor. Die von der Europäischen Union forcierte Marktöffnung bei gleichzeitiger Wettbewerb sichernder Regulierung sollte dazu beitragen, Effizienzpotentiale zu heben und ein günstiges marktgesteuertes Stromangebot bereitzustellen.

3. Auch verschiedene Umweltschutzaspekte, insbesondere Fragen des Klimaschutzes, spielen bei der Diskussion über die Struktur des Energiemarktes eine Rolle. Bei der Erzeugung von Energie müssen verschiedene mögliche externe Effekte beachtet werden. Dies gilt insbesondere für die Emission von Abgasen, aber auch für die möglichen Nebenwirkungen der Nutzung der Kernenergie. Eine Energieversorgung, die keine Rücksicht auf die natürliche Umwelt nimmt, wie dies beispielsweise in den ehemals planwirtschaftlichen Ländern Mittel- und Osteuropas zu beobachten war, würde heute von der Bevölkerung nicht akzeptiert werden.

Die Ziele der Energiepolitik sind nicht immer widerspruchsfrei und müssen in jeder Gesellschaft aufeinander abgestimmt werden. Für die europäische Perspektive ergeben sich daraus zusätzliche Probleme, da die einzelnen Mitgliedsstaaten die Ziele unterschiedlich gewichten können. So dominiert in Frankreich beispielsweise die Kernkraft als Energiequelle, während in Deutschland ein Beschluß über den Ausstieg aus dieser Energieform gefällt wurde. Durch den internationalen Handel mit Strom, der zur Sicherung der Versorgung und zur Stärkung des Wettbewerbs erwünscht ist, ist eine rein nationale Gestaltung der Energieversorgung aber eigentlich nicht mehr möglich.

2.   Internationale Erfahrungen der Energiemarktregulierung

Die Besonderheiten der Energiemarktordnung waren primär technologiebedingt und schon daher kein typisch deutsches Phänomen. Zahlreiche Länder haben in der Vergangenheit verschiedene Erfahrungen mit der Regulierung von Energiemärkten gemacht. In praktisch ganz Europa waren die Energieversorger streng reguliert beziehungsweise direkt in staatlicher Hand. Wettbewerb zwischen mehreren Anbietern auf diesen Märkten war nicht gegeben. Auch spielte die grenzüberschreitende Energieversorgung lange Zeit keine nennenswerte Rolle. Die einzelnen Energiemarkt- und Netzmonopole waren regionale oder nationale Monopole, die einer Internationalisierung des Energiesektors im Wege standen. Dies galt insbesondere für die Versorgung der Endverbraucher mit Strom oder Gas. Hier waren praktisch nur inländische Gesellschaften tätig. Auf Produzentenebene kam es hingegen zu internationalem Austausch. Nicht nur Gas als Primärenergieträger wurde importiert, auch Strom wurde von einem Land ins andere transferiert.

Spätestens in den neunziger Jahren wurden in vielen Ländern neue Strukturen auf den Energiemärkten installiert. Hier spielten insbesondere die Marktöffnung und die Schaffung von weiteren Voraussetzungen für mehr Wettbewerb eine entscheidende Rolle. Inzwischen ist in den meisten der größeren bisherigen Mitgliedsstaaten der Europäischen Union eine weitgehende Marktöffnung für Strom und Gas festzustellen, die jedoch vielfach erst auf Druck der Europäischen Kommission zustande gekommen ist (Tabelle 1; siehe ausführlicher Kapitel 3).

Tabelle 1: Öffnung der Energiemärkte in Europa

	Öffnung des Strommarktes	Öffnung des Gasmarktes
Deutschland	100 %	100 %
Österreich	100 %	100 %
Finnland	100 %	-
Frankreich	70 %	70 %
Vereinigtes Königreich	100 %	100 %
Irland	56 %	86 %
Belgien	90 %	90 %
Niederlande	100 %	100 %
Spanien	100 %	100 %
Italien	79 %	100 %

Quelle: *Europäische Kommission* (2005)

Dabei sagt diese formale Marktöffnung nur wenig über die tatsächliche Wettbewerbssituation aus. Sie beschreibt lediglich, wie groß die Marktsegmente sind, auf denen ausländische Anbieter tätig werden dürfen. Dennoch können unterschiedliche Marktregeln dazu führen, daß es zu keiner Konkurrenzsituation kommt und daß nur wenige Energieversorger versuchen, in andere europäische Märkte vorzudringen, so daß trotz der formalen Öffnung der Märkte für den Wettbewerb nach wie vor monopolistische Marktstrukturen bestehen können. Dies kann beispielsweise dann der Fall sein, wenn die Inhaber der Netzmonopole die konkurrierenden Leistungsanbieter systematisch diskriminieren oder mit überhöhten Durchleitungspreisen Wettbewerb verhindern, obwohl die Marktöffnung auch für ausländische Konkurrenzanbieter formale bereits erfolgt ist.

Nicht nur die Staaten der Europäischen Union haben versucht, Wettbewerb auf Energiemärkten zu initiieren. Weitere Liberalisierungsversuche der Strommärkte gab es beispielsweise in den USA. Bekannt ist vor allem das Beispiel Kaliforniens. Stromausfälle nach der Liberalisierung haben dazu geführt, daß die Sorge vor der Deregulierung von staatlich dominierten Märkten für Netzgüter gewachsen ist (*Kuhlmann* 2004). Hintergrund der kalifornischen Schwierigkeiten war jedoch primär die Art der Liberalisierung und der verbleibenden Regulierung. Insbesondere hat es sich negativ ausgewirkt, daß die Endverbraucherpreise festgeschrieben wurden, während gleichzeitig der Bau neuer Kraftwerke praktisch unmöglich war. Gleichzeitig stieg die Nachfrage nach Strom aufgrund des deutlichen Wirtschaftswachstums in den neunziger Jahren sowie durch besonders warme Sommer, in denen der Stromverbrauch durch die Klimaanlagen in die Höhe getrieben wurde. Die Kombination aus festen Endverbraucherpreisen, einer praktisch festgelegten maximalen Angebotsmenge und einer steigenden Nachfrage mußte zu den beobachteten Stromknappheiten und Blackouts führen. Spätestens diese Erfahrungen haben deutlich gemacht, daß der regulatorische Ordnungsrahmen für den liberalisierten Strommarkt sorgfältig gestaltet werden muß. Die in Europa in der Vergangenheit vorgekommenen Stromausfälle haben bisher eher technische Ursachen gehabt und sind nicht auf grundlegende Fehlsteuerungen durch eine inadäquate Regulierung zurückzuführen.

3. Europäische Energiepolitik

Energiepolitische Fragestellungen haben im Prozeß der europäischen Integration von Anfang an eine wichtige Rolle gespielt. Schon bei der Gründung der Europäischen Gemeinschaft für Kohle und Stahl (EGKS) 1951 stand ein Energieträger im Mittelpunkt. Hier ging es jedoch weniger um die Sicherstellung von Wettbewerb als vielmehr darum, die Versorgung mit Kohle und Stahl zu sichern und einer gemeinsamen Verantwortung zu unterstellen, auch um nach den Erfahrungen des Zweiten Weltkrieges den Mißbrauch dieser Ressourcen und Industrien für Rüstungszwecke zu verhindern. Einen deutlicheren energiepolitischen Hintergrund hatte jedoch die Gründung der Europäischen Atomgemeinschaft (Euratom), die 1957 zur gemeinsamen Förderung der friedlichen Nutzung der Kernenergie ins Leben gerufen und zu jener Zeit als wichtigste zivile Energiequelle der Zukunft angesehen wurde. Originäre energiepolitische Kompetenzen, die über Wettbewerbsfragen hinausgehen, sollen der Europäischen Union erst mit dem neuen Verfassungsvertrag zugebilligt werden (*Eickhof* und *Holzer* 2004).

Mit der Schaffung des Europäischen Binnenmarktes Anfang der neunziger Jahre wurde ein umfangreiches Programm der Gütermarktliberalisierung umgesetzt, das auf der Etablierung des Ursprungslandprinzips, verbunden mit einem Mindestmaß an gemeinschaftlicher Regulierung, basierte. Nicht nur Zollschranken, auch unterschiedliche Regelungen wurden als Wettbewerbshindernis erkannt. Ziel war die Schaffung eines wirklich gemeinsamen Binnenmarktes, in dem Produkte gehandelt werden können, sofern sie den Regeln des Landes entsprachen, in dem sie produziert wurden. So konnte der innereuropäische Handel nicht mehr durch administrative Hürden der Importländer behindert werden, um einheimische Produzenten zu schützen. Auch die europäische Wettbewerbspolitik wurde gestärkt. Zu den markanten Ergebnissen der von der Europäischen Gemeinschaft ausgehenden Wettbewerbspolitik gehört beispielsweise die Liberalisierung der Telekommunikationsmärkte. Damit verbunden war eine Auflösung von traditionellen Netzmonopolen, deutlich zunehmender Wettbewerb sowie stark und schnell sinkende Preise für die Konsumenten.

Erste Versuche zur Schaffung eines europäischen Binnenmarktes für Strom gab es bereits im Zuge der Vorarbeiten für die Vollendung des EG-Binnenmarktes 1992. Seit 1987 entwickelte die Kommission Vorschläge für eine Marktöffnung, die jedoch nur sehr zögerlich verwirklicht wurden (*Sauer* 1992; *Gröner* und *Sauer* 1994, S. 332 ff.). Die Erfolge der Gütermarktliberalisierung standen in den neunziger Jahren auch bei der weiteren Forcierung der Deregulierung der Energiemärkte Pate, ebenso bei der langsamer verlaufenden Öffnung der Dienstleistungsmärkte für europäische Anbieter. Auch im Energiesektor sollte Wettbewerb in bisher monopolisierten Netzwirtschaften ermöglicht werden, wodurch Effizienzgewinne und Kostensenkungen zu erwarten waren. Die Europäische Kommission hat in mehreren Richtlinien versucht, in den nationalen Märkten Wettbewerb zu schaffen und zugleich eine weitere grenzüberschreitende Integration der Märkte zu erreichen, die in der Vergangenheit weitgehend getrennt waren. Nachdem die einzelnen Mitgliedsstaaten auf sehr unterschiedliche Weise versucht haben, die Vorgaben der Richtlinien umzusetzen, ohne daß überall eine befriedigende Marktöffnung und entsprechende Wettbewerbssituation erreicht werden konnte, hat die Kommission mit der Beschleunigungsrichtlinie von 2003 die Sicherung des Wettbewerbs durch die Schaffung nationaler Regulierungsbehörden für die Strom- und Gasmärkte verbindlich vorgeschrieben. Immer noch ist die Liberalisierung und wettbewerbsorientierte Regulierung der Märkte in den einzelnen Ländern sehr unterschiedlich weit fortgeschritten (siehe dazu insbesondere Kapitel 4).

3.1. Richtlinie für den Elektrizitätsbinnenmarkt von 1996

Die ersten Versuche der Europäischen Union, eine Liberalisierung der Energiemärkte durchzusetzen, waren ein verspäteter Ausfluß des umfangreichen Programms zur Schaffung eines gemeinsamen europäischen Binnenmarktes, in dem die vier Grundfreiheiten für Waren, Personen, Kapital und Dienstleistungen verwirklicht werden sollten. Die Vollendung dieses Programms gestaltete sich jedoch schwierig und ist bis heute nicht abgeschlossen. Verglichen mit der Schaffung einer Dienstleistungsrichtlinie, die den freien Handel mit Dienstleistungen innerhalb der Europäischen Union sicherstellen soll und die noch 2005 intensiv diskutiert wurde, sind die ersten Schritte zur Liberalisierung des Energiesektors sogar frühzeitig erfolgt.

Ziele der Richtlinie für den Elektrizitätsbinnenmarkt von 1996 (Richtlinie 96/92/EG) waren: Schaffung eines Binnenmarktes für Elektrizität, Verringerung von Produktionskosten durch Wettbewerb, Stärkung der Wettbewerbsfähigkeit des Standorts Europa, Steigerung der Effizienz im Energiesektor, Abschaffung von Handelshemmnissen, Versorgungssicherheit und Umweltschutz (*Kreis* 2004, S. 46). Mit diesem wettbewerbspolitischen und energiepolitischen Zielen sollten die Öffnung der europäischen Energiemärkte erreicht, diskriminierungsfreier Zugang sichergestellt und Quersubventionierungen und Wettbewerbsverzerrungen vermieden werden. Verglichen mit der Beschleunigungsrichtlinie von 2003 (siehe 3.2.) waren die Maßnahmen jedoch weniger weitreichend. So wurde die Form, in der Wettbewerb auf den Strommärkten und insbesondere beim Netzzugang gesichert werden sollte, den Mitgliedsstaaten überlassen, die zumeist auf staatliche Überwachungsinstanzen, im Falle Deutschlands hingegen auf freiwillige Vereinbarungen der betroffenen Wirtschaftsbereiche setzten. Zur Vermeidung von Diskriminierungtatbeständen beim Netzzugang waren integrierte Energieversorger verpflichtet, getrennte Konten für den Netzbereich zu führen. Für die Marktöffnung waren Stufenpläne vorgesehen, nach denen immer größere Marktanteile auch für ausländische Anbieter geöffnet werden mußten. Obgleich dieser Aspekt der Marktöffnung, also die legale Zulässigkeit von Verträgen mit alternativen Anbietern von Strom, bereits recht weit fortgeschritten und in vielen Ländern vollständig verwirklicht ist, konnte mit der Richtlinie von 1996 allein kein wirklich funktionierender Wettbewerb auf einem europäischen Binnenmarkt für Strom initiiert werden.

3.2. Beschleunigungsrichtlinie von 2003

Die EU-Beschleunigungsrichtlinie vom 26. Juni 2003 (Richtlinie 2003/54/EG) war vor allem eine Reaktion auf die bis dahin unbefriedigend langsam verlaufene Liberalisierung in einzelnen Mitgliedstaaten der Europäischen Union. Zwei Elemente der Richtlinie wurden als zentral angesehen für die weitere Forcierung der Marktöffnung und für die Schaffung von Wettbewerb für die leitungsgebundenen Energieträger Strom und Gas: zum einen die zwingend vorgeschriebene nationale Regulierungsbehörde, die die Wettbewerbsaufsicht über die Netzmärkte übernehmen sollte; zum anderen die „Unbundling" genannte teilweise Separierung von Netzbetreibern und Stromanbietern.

Das Konzept einer Regulierungsbehörde basiert auf der Überlegung, daß besondere Marktstrukturen, wie sie im Fall der leitungsgebundenen Energien mit der Netzproblematik eines natürlichen Monopols vorhanden sind, eine besondere wettbewerbsrechtliche Behandlung erfordern, wenn wettbewerbliche Strukturen in den ehemaligen Monopolen aufgebaut und gesichert werden sollen. Die Kommission hält hier die übliche Mißbrauchsaufsicht der Kartellbehörden für nicht ausreichend. Auch freiwillige Vereinbarungen mit dem Ziel der Marktöffnung, die als Element der Selbstregulierung möglich waren und die in Deutschland in Form von Verbändevereinbarungen verwirklicht wurden, reichen laut der Beschleunigungsrichtlinie nicht mehr aus, um Wettbewerb in Strom- und Gasnetzen zu ermöglichen und dauerhaft zu sichern.

Ein zweiter wesentlicher Baustein der Beschleunigungsrichtlinie ist das „Unbundling". Damit wird die Trennung der Infrastrukturbereiche des Netzes, in denen natürliche Monopole vorliegen und in denen aufgrund der Marktbedingungen spezifische Regulierungen notwendig sind, von den Bereichen der Dienste beschrieben, in denen Wettbewerb im Prinzip ohne besondere Maßnahmen möglich ist. Ziel ist hierbei, eine Ausnutzung der Monopolmacht und Übertragung auf vor- oder nachgelagerte Teilmärkte zu verhindern. Beispielsweise soll so sichergestellt werden, daß der Netzzugang nicht diskriminierend zu Lasten anderer Stromanbieter geregelt wird. Verschiedene Formen des „Unbundling" sind vorstellbar. Sie reichen von der buchhalterischen Trennung der Bereiche, wodurch Diskriminierungen und Quersubventionierungen der wettbewerblichen Dienste durch Monopolrenten aus der Infrastruktur offengelegt und damit kontrolliert werden, über die rechtliche Entflechtung, die zur Ausgründung des Netzbetriebes in eigene rechtlich selbstständige Gesellschaften führt, bis hin zur organisatorischen Trennung der Bereiche, bei der beispielsweise personelle Verflechtungen abgebaut werden, und zur eigentumsrechtlichen Trennung, also dem Verkauf des Netzes oder der anderen Strommarktaktivitäten an Dritte. Dies könnte so weit gehen, daß etablierte Stromanbieter sich von ihren Netzen trennen müßten, wie dies beispielsweise beim Bahnverkehr in Deutschland mit der Trennung von Betrieb und Schiene diskutiert und in England bereits verwirklicht wurde.

4. Separierte Energiemärkte

Die europäischen Energiemärkte müssen nach wie vor als wenig integriert angesehen werden. Dafür spricht der insgesamt relativ niedrige Anteil der Stromimporte am gesamten Stromverbrauch in den meisten Mitgliedsstaaten. Die immer noch verbreitete Abschottung und die teilweise wenig wettbewerbliche Ausgestaltung der nationalen Energiemärkte haben weitere Integrationsfortschritte bisher erschwert. Auch die technischen Voraussetzungen für stärkeren innereuropäischen Stromhandel könnten noch verbessert werden. Entscheidend sind dafür ausreichende Verknüpfungspunkte zwischen den jeweiligen nationalen Stromnetzen. Ähnliches gilt für den Gassektor, wo parallel verlaufende Ferngaspipelines den Wettbewerb auf der entsprechenden Ebene weiter forcieren könnten. Die Transeuropäischen Netze Energie sollen das Zusammenwachsen der europäischen Energiemärkte fördern.

Es gibt eine Reihe von Unterschieden zwischen den einzelnen nationalen Energiemärkten. Bei den Grundlagen der Energieversorgung sind sehr unterschiedliche Schwerpunkte gesetzt worden. Der deutsche Energiemix beispielsweise beinhaltet einen relativ hohen Anteil von Braun- und Steinkohle; alternative Energiequellen – allen voran die Windkraft – haben dank massiver politischer und materieller Förderung Marktanteile gewonnen, ohne daß sie bisher wirklich zu einer tragenden Säule der Energieversorgung geworden sind. Regenerative Energien, insbesondere die Wasserkraft, spielen auch in den skandinavischen Ländern eine wichtige Rolle. In Frankreich hingegen spielt die Kernenergie eine überragende Rolle bei der Stromerzeugung. Von besonderer Relevanz sind auch die divergierenden Strukturen der Strom- und Gasmärkte. Insbesondere die unterschiedlichen Wettbewerbsintensitäten und damit verbunden die Möglichkeiten des Netzzugangs im Wettbewerb um industrielle Abnehmer und Haushaltskunden machen deutlich, daß die Vollendung eines gemeinsamen Binnenmarktes für Strom und Gas in Europa noch nicht verwirklicht ist. So haben die EU-Mitgliedsstaaten die europäischen Richtlinien auf teilweise sehr unterschiedliche Weise umgesetzt. Die Vorgaben der Beschleunigungsrichtlinie greifen dies auf und sollen zu einem engeren Gleichschritt der Regierungen bei der Liberalisierung beitragen.

Die Unterschiede der Energiemärkte und insbesondere die divergierenden Wettbewerbsverhältnisse machen sich letztendlich im Marktergebnis, insbesondere im Preis der Energie bemerkbar. Der Vergleich zeigt deutliche Preisunterschiede innerhalb Europas (Tabelle 2). So zahlen Industriekunden in Italien fast doppelt so viel für den Strom wie ihre Konkurrenten in Griechenland. Private Haushalte müssen sogar beinahe den dreifachen Betrag entrichten. Die erheblichen Preisunterschiede für das homogene Gut Strom deuten darauf hin, daß von einem tatsächlich vollendeten Binnenmarkt, auf dem der Marktpreismechanismus einen relativ einheitlichen Preis herausbildet, noch keine Rede sein kann.

Auffallend ist, daß die Preise sowohl für Strom als auch für Gas in Deutschland besonders hoch sind. Dies hängt nicht nur mit der bestehenden Wettbewerbsordnung zusammen, sondern kann zumindest im Fall von Strom teilweise durch ein deutlich geringeres Ausfallrisiko der Versorgung gerechtfertigt werden. Andere Anteile der Preisunterschiede erklären sich durch die je nach Land divergierenden staatlichen Preisanteile. Steuern, Konzessionsabgaben oder Zusatzlasten für alternative Energieträger und die Kraft-Wärme-Kopplung machen in Deutschland inzwischen einen erheblichen Teil der Endverbraucherpreise aus.

Tabelle 2: Stromkosten in Europa in Eurocent je kWh

	Industriekunden		Haushaltskunden	
	ohne Steuern	mit Steuern	ohne Steuern	mit Steuern
Italien	8,2	10,1	15,1	20,1
Niederlande	5,6	7,1	11,1	19,6
Deutschland	7,1	9,4	13,5	18,0
Irland	7,7	9,1	12,0	14,4
Belgien	6,2	8,6	11,0	14,3
Österreich	4,7	8,1	9,5	13,9
Portugal	6,6	6,9	13,1	13,4
Schweden	4,7	4,7	8,1	13,3
Frankreich (Paris)	4,6	5,8	9,1	12,1
Spanien	5,7	7,1	9,0	11,0
Finnland	4,7	6,3	7,8	10,4
Vereinigtes Königreich	5,2	6,3	8,8	9,3
Griechenland	5,4	5,9	6,4	6,9

Industriekunden: Jahresverbrauch 24 GWh
Haushaltskunden: Jahresverbrauch 3500 kWh, davon 1300 kWh Nachtstrom
Stand: 1. Juli 2005

Quelle: *Eurostat*, Online-Datenbank, Abfrage 2005.

Innerhalb der Europäischen Union ist die steuerliche Belastung des elektrischen Stroms sehr unterschiedlich ausgeprägt. Für Haushaltskunden beträgt der Anteil der Steuerbelastung am Strompreis in Portugal und Großbritannien unter 5 Prozent, in den Niederlanden hingegen über 40 Prozent. Für Industriekunden ist diese Spanne ähnlich groß (Tabelle 3).

Tabelle 3: Anteil der Steuerbelastung am Strompreis in Prozent, 2005

	Industriekunden	Haushaltskunden
Niederlande	21,6	43,5
Schweden	1,1	39,5
Österreich	42,0	31,8
Italien	29,0	24,8
Frankreich (Paris)	23,9	25,5
Deutschland	26,4	25,2
Finnland	25,3	25,2
Belgien	27,9	23,0
Spanien	18,0	18,0
Irland	14,6	16,6
Griechenland	8,3	8,2
Portugal	4,8	5,1
Vereinigtes Königreich	17,8	4,9

Quelle: *Eurostat*, eigene Berechnungen, Online-Datenbank, Abfrage 2005.

Trotz der unterschiedlichen Energiemarktstrukturen und der divergierenden Liberalisierungsfortschritte haben die Energiepreise insgesamt durch die Liberalisierung der Märkte seit Anfang der neunziger Jahre abgenommen. In den ersten Jahren nach der Marktöffnung war beispielsweise beim Strom für kleinere Industriekunden ein deutlicher Preisrückgang festzustellen (Abbildung 1). In Deutschland war der Rückgang des Strompreises ohne Steuern mit bis über 20 Prozent inklusive Steuern recht hoch, in Frankreich konnten die Industriekunden rund 15 Prozent sparen. In Großbritannien lagen die Einsparungen in einer ähnlichen Größenordnung. Die zusätzliche Absenkung der Stromkosten auf nur noch 75 Prozent des Ausgangsniveaus im Jahr 2004 wurde inzwischen wieder zurückgenommen. Der zwischenzeitlich erzielte Liberalisierungsgewinn ist zumindest in Deutschland seitdem durch die deutliche Erhöhung der Staatslasten auf Energie – die neu eingeführte Stromsteuer sowie die Zusatzlasten durch das Erneuerbare-Energien-Gesetz und durch die Kraft-Wärme-Kopplung – wieder aufgezehrt worden, so daß die Kunden von dem gesteigerten Wettbewerb nicht mehr profitieren können. Der aktuelle Anstieg ist in allen Ländern insbesondere auf die weltweit gestiegene Energienachfrage zurückzuführen.

Abbildung 1: Entwicklung der Industriestrompreise nach der Liberalisierung, 1997=100

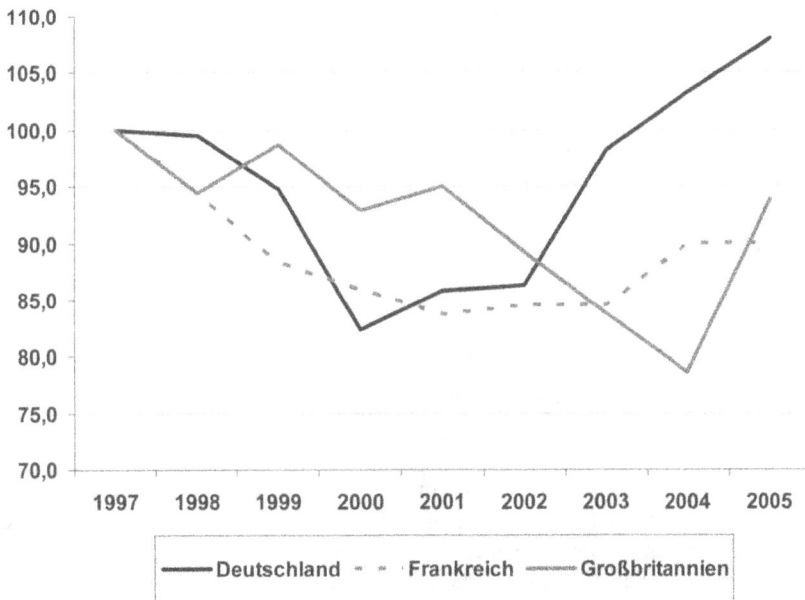

Quelle: *Eurostat*, eigene Berechnungen, Online-Datenbank, Abfrage 2005.

Trotz der bestehenden Strukturunterschiede spielt für die Europäische Union das Ziel einer Vertiefung der Integration der Märkte eine selbständige und wesentliche Rolle. Hohe Kostenunterschiede für homogene Güter in unterschiedlichen Ländern werden dabei als Indikator für getrennte Märkte angesehen. Ein weiteres wichtiges Maß für die Integration der Märkte ist der Offenheitsgrad, der üblicherweise als Verhältnis der Exporte und Importe zur Produktion definiert wird. Ein Blick auf den Strommarkt zeigt interessante Entwicklungen. Dabei ist das absolute Niveau der Offenheit hier weniger interessant, da der Gutscharakter des Stroms erheblichen Einfluß auf den marktgerechten Offenheitsgrad haben kann. Auch der internationale Vergleich ist nur begrenzt aussagefähig, da das Gesamtbild durch eine Reihe von spezifischen Merkmalen der nationalen Strommärkte verzerrt sein kann. Diese Merkmale müssen nicht unbedingt etablierte Marktschranken sein, die den Wettbewerb behindern. Sie können beispielsweise in der Größe des Landes oder der Verteilung der Kraftwerke begründet sein. Die Insellage von Großbritannien und Irland und die damit erhöhten Transportkosten von Strom beispielsweise sind die entscheidenden Ursachen für die geringen Im- und Exportaktivitäten der beiden Länder.

Tabelle 4: Offenheitsgrad der Strommärkte in Europa

	1992	2002
Belgien	0,17	0,33
Dänemark	0,48	0,54
Deutschland	0,12	0,16
Griechenland	0,04	0,12
Spanien	0,05	0,09
Frankreich	0,14	0,16
Irland	0,00	0,03
Italien	0,17	0,19
Luxemburg	4,41	2,54
Niederlande	0,12	0,28
Österreich	0,36	0,50
Portugal	0,13	0,24
Finnland	0,18	0,21
Schweden	0,14	0,24
Vereinigtes Königreich	0,06	0,03

Offenheitsgrad: Anteil des Handels (Importe + Exporte) an der Produktion

Quelle: *Eurostat*, eigene Berechnungen, Online-Datenbank, Abfrage 2005.

Von besonderem Interesse für die Analyse von Integrationsfortschritten ist jedoch die Veränderung des Offenheitsgrades im zeitlichen Ablauf. Dabei ist festzuhalten, daß bis auf die Ausnahme Großbritannien alle Länder nach der Liberalisierung in den neunziger Jahren eine höhere Außenhandelsorientierung aufweisen konnten als zehn Jahre zuvor (Tabelle 4).

Insgesamt hat sich die Öffnung der Elektrizitätsmärkte, wie sie die Europäische Kommission forciert hat, zu einer tiefer werdenden Integration der Märkte in Richtung eines europäischen Binnenmarkts für Energie beigetragen. Auch die Transeuropäischen Netze Energie sollen einen Beitrag zu einer Forcierung des internationalen Stromhandels leisten und den Transport größerer Strommengen ermöglichen. Mit diesem Programm will die Europäische Union insbesondere grenzüberschreitende Engpässe (wie zwischen Frankreich, Belgien, den Niederlanden und Deutschland) beseitigen, Inselregionen und Regionen in Randlagen integrieren und die Verbindungen zu weiteren Nachbarräumen stärken. So soll ein wesentlicher Beitrag zur Integration der nationalen Märkte zu einem europäischen Strom-Binnenmarkt geleistet werden. Tatsächlich handelt es sich bei den Projekten im Bereich der Transeuropäischen Netze Energie jedoch bisher größtenteils um Machbarkeitsstudien und ähnliche Untersuchungen, die zumindest keine direkten Auswirkungen auf einen höheren Außenhandelsanteil mit elektrischer Energie haben. Dennoch können mittelbare Integrationseffekte ausgelöst werden, wenn auf Basis der von der Europäischen Union unterstützten Machbarkeitsstudien auch der tatsächliche Ausbau der grenzübergreifenden Kuppelstellen vorangetrieben wird.

4.1. Deutschland

Der deutsche Energiemarkt war traditionell durch streng abgegrenzte Regionalmonopole geprägt. Dies wurde erst durch die Liberalisierungsvorgaben der Europäischen Union gelockert. Mit der Marktöffnung kam es zu einem massiven Konsolidierungsprozeß innerhalb der Branche. Zahlreiche kommunale Stadtwerke, die bisher die Versorgung der Haushalte übernommen hatten, wurden von größeren Konzernen übernommen. Inzwischen dominieren vier große Anbieter den Strommarkt (EnBW, E.ON, RWE, Vattenfall). Da die Anbieter weiterhin recht deutlich regional voneinander getrennt arbeiten, stellt sich die Frage, wie intensiv der Wettbewerb tatsächlich geworden ist.

Die Marktöffnung wurde in Deutschland durch das Instrument der Verbändevereinbarung durchgeführt, in der sich die Verbände der Energieversorgungsunternehmen gemeinsam mit Vertretern der Industriekunden über die Regeln für den Marktzutritt geeinigt haben. Erst mit der Beschleunigungsrichtlinie der Europäischen Union von 2003 wurde diese Verbändevereinbarung hinfällig und der Aufbau einer Regulierungsbehörde zwingend. Dieser wird mit dem Energiewirtschaftsgesetz von 2005 die Aufsicht über die Netzenergien Strom und Gas übertragen. Hierfür soll nach einem Übergangszeitraum eine Form der Anreizregulierung entwickelt werden, mit der eine Obergrenze für die Netzdurchleitungspreise festgesetzt wird, aus der sich Anreize der Netzbetreiber zu Effizienzsteigerungen ergeben. Gleichzeitig werden die „Unbundling"-Vorgaben der Beschleunigungsrichtlinie für alle größeren Unternehmen umgesetzt.

Die Liberalisierungsschritte des Jahres 1998 hatten zu zeitweise deutlich fallenden Strompreisen geführt (Abbildung 1). Zwar liegen die Strompreise vor Steuern nicht mehr um rund ein Fünftel niedriger als vor der Liberalisierung, dennoch konnte ein deutlicher Liberalisierungsgewinn in Form einer Strompreissenkung für Industriestrom realisiert werden. Wenn jedoch alle Steuern und weitere staatlich verursachte Zusatzlasten für Strom berücksichtigt werden, liegt der Preis wieder über dem Ausgangsniveau vor der Liberalisierung. Die Liberalisierungsdividende ist in staatlich bestimmte Verwendungen geflossen – teils in das allgemeine Steueraufkommen, teils in die umweltpolitisch motivierte Förderung bestimmter Energieformen. Insbesondere durch die Einführung der Stromsteuer als Element der mit zahlreichen systematischen Brüchen und Feh-

lern behafteten sogenannten Ökosteuer (*Hamm* 2001) sowie durch die deutlich ausge-
weitete Förderung erneuerbarer Energien und der Kraft-Wärme-Kopplung haben sich
diese Lasten zwischen 1998 und 2005 von 2,3 Milliarden Euro auf 11,8 Milliarden Euro
mehr als verfünffacht, wobei die Mehrwertsteuer noch nicht berücksichtigt ist (Tabelle
5).

**Tabelle 5: Staatlich verursachte Zusatzlasten für Strom in Deutschland in
Milliarden Euro**

	gesamt	Stromsteuer	Erneuerbare Energien-Gesetz	Konzessions-abgabe	Kraft-Wärme-Kopplungs-gesetz
1998	2,3	-	0,3	2,0	-
1999	4,4	2,1	0,3	2,0	-
2000	6,9	3,4	0,9	2,1	0,6
2001	8,5	4,3	1,2	2,0	1,0
2002	9,4	5,1	1,6	2,1	0,7
2003	11,4	6,5	1,9	2,2	0,8
2004	11,8	6,6	2,3	2,2	0,7
2005	11,8	6,6	2,4	2,1	0,8

2005: Schätzung

Ursprungsdaten: Verband der Elektrizitätswirtschaft, www.strom.de, 2005.

4.2. Skandinavien

Generell gelten die skandinavischen Länder als besonders aufgeschlossen gegenüber
liberalisierten und wettbewerblichen Elektrizitätsmärkten (*Welfens, Kauffmann* und
Keim 2004, S. 9 ff.). Als ein Pionier der Strommarktliberalisierung gilt Norwegen, welches schon 1991 die notwendige rechtliche Basis legte (*Hense* und *Schäffner* 2004,
S. 23 ff.). Damit handelte das EU-Nichtmitglied lange bevor die Europäische Union den
Wettbewerb auf den Strommärkten ihrer Mitgliedsstaaten forcierte. Zwar wurde in
Norwegen eine Wettbewerbskontrolle eingeführt. Diese ging jedoch nicht einher mit
einer umfassenden Privatisierung oder einer weitgehenden Desintegration der Unternehmen; lediglich buchhalterisches „Unbundling" wurde vorgeschrieben. Eine zentrale
Regulierungsbehörde erteilt Konzessionen an Netzbetreiber und legt vorab die Netzzu-
gangsentgelte fest. Zu Beginn der Liberalisierung erfolgte dies entsprechend dem Ansatz einer Cost-Plus-Regulierung. Den Kosten der Durchleitung wurde eine vorgegebene Rendite hinzugerechnet, woraus sich die Preisgestaltung ableitete. In der zweiten
Regulierungsperiode ab 1997 wurde hingegen eine Erlösobergrenze festgelegt, während
auf die Regulierung einzelner Preise verzichtet wurde. Bei der Preisfestsetzung haben
die Netzbetreiber so einige Freiheiten; lediglich der diskriminierungsfreie Zutritt zum
Netz ist sicherzustellen. Überhöhte Erlöse müssen im Folgejahr den Endverbrauchern
erstattet werden.

Etwas später als Norwegen hat sich das EU-Mitglied Finnland für eine Liberalisierung des Strommarktes entschlossen (*Hense* und *Schäffner* 2004, S. 28 ff.). Die Anfän-

ge 1995 liegen jedoch noch vor den Vorgaben der EU, auch die vollständige Marktöffnung kam 1997 früher als in anderen Ländern. In vielen Mitgliedsstaaten ist sie bis heute nicht verwirklicht (Tabelle 1). Im Gegensatz zu anderen Ländern verfolgt die finnische Regulierungsbehörde eine nachträgliche kostenorientierte Kontrolle. Mit ihrer fallweisen Überprüfung reagiert die Behörde auf Beschwerden oder wird im Falle eines Mißbrauchsverdachts selbst tätig. Um zu verhindern, daß die kostenorientierte Regulierung zu Kostensteigerungen führt, wurde als weiteres Standbein ein Benchmarking-System eingeführt, welches die Unternehmen zu Effizienzsteigerungen anregen soll. Durch die EU-Beschleunigungsrichtlinie sind auch hier einige Anpassungen vorzunehmen. Insbesondere sollen die Überprüfungen zukünftig für alle Unternehmen durchgeführt werden, um eine effektive Mißbrauchskontrolle sicherzustellen.

4.3. Österreich

Österreich gehörte wie Deutschland nicht zu den Vorreitern einer liberalen Energiewirtschaftsordnung. Auch hier herrschten vertikal integrierte regionale Monopole vor, die zudem noch in staatlichem Besitz waren (*Hense* und *Schäffner* 2004, S. 34 ff.). Erst mit der Richtlinie für den Elektrizitätsbinnenmarkt von 1996 kam es zu Teilprivatisierungen der Gesellschaften. Inzwischen ist der Strommarkt vollständig geöffnet, alle Kunden können die Anbieter prinzipiell frei wählen. Die Stärkung des Wettbewerbs hat insgesamt zu deutlichen Preissenkungen und entsprechend positiven Wohlstandseffekten geführt (*Kratena* 2004).

Mit dem Aufbau einer Regulierungsbehörde wurde auch die rechtliche und buchhalterische Entflechtung vorangetrieben. Der Netzzugang wird in Österreich durch eine exante-Regulierung gestaltet, die auf kostenorientierten Berechnungen basiert. Relevante Betriebs- und Kapitalkosten sowie eine festgelegte Rendite werden als Preisbestandteile akzeptiert. Bereits seit längerem werden zudem Möglichkeiten diskutiert, durch ein zusätzliches Benchmarking-System negative Anreize, die von der kostenorientierten Regulierung ausgehen, abzubauen und bestimmte Qualitätsstandards und Effizienzniveaus zu erreichen. Die Anwendung dieser Konzepte hat sich jedoch lange Zeit verzögert.

4.4. Großbritannien

Der britische Strommarkt ist schon aufgrund der geographischen Besonderheiten des Landes etwas anders strukturiert, als es andere europäische Märkte sein können. Durch die natürliche Insellage sind die Möglichkeiten der Verknüpfung des Stromnetzes mit ausländischen Netzen geringer beziehungsweise nur unter größeren Aufwendungen zu realisieren. Damit sind die Möglichkeiten des internationalen Wettbewerbs in der Tendenz weniger ausgeprägt, als dies in kontinentalen und zentral gelegenen Ländern wie Deutschland oder Frankreich der Fall ist. Dies zeigt sich auch im geringen Offenheitsgrad der britischen und der irischen Stromwirtschaft (Tabelle 4). Diese Isolation bedeutet jedoch nicht, daß auf Wettbewerb im Strommarkt verzichtet werden muß. Im Gegenteil begann die Liberalisierung und Privatisierung der Stromwirtschaft in England und Wales bereits 1990 und damit deutlich, bevor die Europäische Gemeinschaft die Öffnung der Energiemärkte forcierte.

Der Strommarkt in England und Wales wird – anders als Schottland und Nordirland – seit 1999 von einer mit umfangreichen Kompetenzen ausgestatteten Regulierungsbehörde überwacht (*Hense* und *Schäffner* 2004, S. 21 ff.). Diese beschränkt sich nicht auf eine nachträgliche Preiskontrolle. Vielmehr vergibt der Regulierer Lizenzen an die Unternehmen, die im Strommarkt tätig sein wollen. Verbunden mit diesen Lizenzen sind umfangreiche Auflagen, beispielsweise in bezug auf die Art des Vertriebs von Dienstleistungen oder auch bezüglich der Sicherstellung von zuverlässigen Serviceleistungen. Mit Preisobergrenzen sollen Anreize zur Effizienzsteigerung der Unternehmen gesetzt werden. Um zu verhindern, daß hieraus aufgrund von verschobenen Investitionen eine möglicherweise sinkende Versorgungsqualität resultiert, wurde zudem ein System mit Bonus- und Malus-Zahlungen installiert.

Insgesamt hat der Wettbewerb zu einer deutlichen Produktivitätssteigerung sowie einer Senkung der Netztarife geführt. Im Ergebnis sind die Preise, die die Verbraucher für den Strom zahlen müssen, trotz der Insellage, die den Import von billigem Strom verhindert, vergleichsweise niedrig. Dazu tragen auch die recht niedrigen Steuern auf Elektrizität bei. Aufgrund der frühen Liberalisierung des Marktes haben sich die Erfolge der europäischen Strommarktliberalisierung in England und Wales zunächst nicht in weiter gesunkenen Preisen niedergeschlagen. Nach der neuen Aufstellung der Regulierungsbehörde 1999 kam es jedoch auch hier zu weiteren Preissenkungen, die nur zu einem geringen Teil durch steuerliche Lasten zunichte gemacht wurden.

4.5. Frankreich

Frankreich gilt traditionell als Prototyp eines Landes mit einem national zentralisierten und durch starke Regierungseinflußnahme gekennzeichneten Strommarkt. Im Zuge der von der Europäischen Union forcierten Liberalisierung ist es auch in Frankreich zu einschneidenden rechtlichen Veränderungen gekommen. Zwar umfaßt die formale Marktöffnung heute lediglich 70 Prozent des Strommarktes, aber auch in Frankreich ist eine Zulassung konkurrierender Anbieter in allen Teilmärkten vorgesehen. Mit der Zulassung des Marktzutritts für Dritte, der Einrichtung eine Strombörse und der Installierung einer angemessen ausgestatteten Regulierungsbehörde sind wichtige Voraussetzungen für einen stärker werdenden Wettbewerb im französischen Stromsektor geschaffen worden (*International Energy Agency* 2004, S. 269 ff.).

Aus wettbewerbspolitischer Perspektive problematisch sind insbesondere zwei Merkmale des französischen Strommarktes: die staatlichen Einflußmöglichkeiten und die große Marktmacht eines Anbieters (Électricité de France, EDF). Auch wenn die eingerichtete Regulierungsbehörde über eine nennenswerte Unabhängigkeit verfügt, liegt die letzte Entscheidung bei der Tariffestsetzung nach wie vor bei der französischen Regierung. Diese Einflußmöglichkeiten können in der Tradition der Planification zur Aufrechterhaltung einer stärkeren Steuerung des Strommarktes durch zentralstaatliche und politische Instanzen und damit zur Zurückdrängung dezentral wirkender Marktkräfte genutzt werden. Zusätzlich wird Wettbewerb in Frankreich dadurch erschwert, daß mit der Electricité de France ein Stromanbieter rund 90 Prozent des Stroms produziert. Ein Potential für stärkeren Wettbewerb kann hier praktisch nur im Markteintritt neuer

Anbieter aus dem europäischen Ausland liegen, wofür entsprechende Kuppelstellen vorhanden sein müssen.

4.6. Die mittel- und osteuropäischen Beitrittsländer – das Beispiel Tschechien

Die energiewirtschaftliche Ausgangslage der neuen EU-Mitglieder aus Mittel- und Osteuropa ist mit jener der bisherigen Mitglieder nicht zu vergleichen. Die zentrale Planwirtschaft, die seit Anfang der neunziger Jahre einem unterschiedlich schnellen Transformationsprozeß hin zu einer Marktwirtschaft unterzogen wurde, umfaßte auch den Stromsektor. Die Restrukturierung der Stromwirtschaft wurde zumeist relativ frühzeitig in Angriff genommen und weiter vorangetrieben als in sonstigen Bereichen der Infrastruktur (*Welfens, Kauffmann* und *Keim* 2004, S. 23). Mit dem Beitritt zur Europäischen Union ist ein zusätzlicher Modernisierungs- und Liberalisierungsdruck entstanden, dem die Länder in unterschiedlicher Weise gefolgt sind. Die formale Öffnung des Strommarktes ist in der Regel weniger weit vorangeschritten als in Westeuropa (Estland 10 Prozent, Tschechische Republik 47 Prozent, Polen 52 Prozent, Ungarn 67 Prozent).

Die Tschechische Republik verfolgt bei der Öffnung des Strommarktes einen klaren Zeitplan mit dem Ziel einer vollständigen Marktöffnung. Zur Stärkung des Wettbewerbs wurde 2001 eine Regulierungsbehörde für den Energiesektor eingerichtet, deren Unabhängigkeit jedoch teilweise bezweifelt wird. Neu in den Markt eingetretene Unternehmen haben inzwischen einen Marktanteil von 30 Prozent erreicht (*International Energy Agency* 2005, 9 ff.). Dennoch wird der Wettbewerb allein durch die große staatliche Marktmacht mit Marktanteilen von 70 Prozent im Großhandel und 66 Prozent im Endverbrauchergeschäft gefährdet. Eine weitere Intensivierung des internationalen Stromhandels kann hier zur Forcierung des Wettbewerbs beitragen.

5. Die Europäische Union als Liberalisierungsmotor

Die Schaffung von Wettbewerb in Märkten mit traditionellen natürlichen Monopolen zählt zu den anspruchsvollsten Aufgaben der Wirtschaftspolitik, die in den letzten Jahren in Angriff genommen wurden. Die Erfahrungen in Deutschland waren bisher recht vielfältig. Während in den Telekommunikationsmärkten heute Wettbewerb herrscht, von dem die Kunden durch niedrigere Preise profitieren, ist beispielsweise in der Wasserwirtschaft die Marktöffnung noch nicht vorangekommen. Insgesamt zählt Deutschland eher zu den Nachzüglern der Liberalisierungspolitik. Andere Länder stehen Monopolen traditionell kritischer gegenüber und haben Staatsmonopole und natürliche Monopole früher kritisch auf den Prüfstand gestellt.

Die Europäische Union hat spätestens seit dem Binnenmarktprogramm die Rolle des Liberalisierungsmotors für die nationalen Wirtschaftspolitiken übernommen. Das Verbot, andere europäische Anbieter am Marktzutritt zu hindern, sowie die strenge Beihilfekontrolle der Europäischen Kommission haben in weiteren Märkten für mehr Wettbewerb und marktwirtschaftlichere Strukturen gesorgt. An zahlreichen Stellen wird von der Union eine klare Durchsetzung der Trennung von öffentlichen Aufgaben durch privilegierte Anbieter auf der einen und Wettbewerbslösungen auf freien Märkten auf der anderen Seite erwartet. Oftmals kann die Kommission ordnungspolitische Grundsätze durchsetzen, ohne regionale politische Interessen und Verflechtungen berücksichtigen zu müssen. Die Rolle des mit entsprechenden Kompetenzen ausgestatteten „marktwirtschaftlichen Gewissens" der europäischen Politik, die die Kommission bei der Durchsetzung von Wettbewerb auf bisher teilweise monopolisierten, teilweise durch Sonderregeln abgeschotteten Märkten sowie bei der Reduzierung von Privilegien für einzelne Marktteilnehmer ausfüllt, zählt sicher zu den wichtigsten wirtschaftlichen und politökonomischen Errungenschaften des europäischen Einigungsprozesses.

Literatur

Eickhof, Norbert und *Verena L. Holzer* (2004), Energiepolitische Kompetenzen in der Europäischen Union; in: Wirtschaftsdienst, Nr. 7, S. 443-449.

Europäische Kommission (2005), Jährlicher Bericht über die Verwirklichung des Strom- und Erdgasbinnenmarktes – KOM(2004)863, Brüssel.

Faridi, Alexander (2004), Der regulierende Eingriff des Energiewirtschaftsgesetzes in den Wettbewerb zwischen öffentlicher und industrieller Stromerzeugung in den 30er Jahren; in: Zeitschrift für Unternehmensgeschichte, 49. Jahrgang, Heft 2, S. 173-197.

Gröner, Helmut (1975), Die Ordnung der deutschen Elektrizitätswirtschaft, Baden-Baden.

Gröner, Helmut und *Gerhard Sauer* (1994), Ansätze der EG-Kommission zu mehr Wettbewerb in der Elektrizitätsversorgung; in: Rolf H. Hasse, Josef Molsberger und Christian Watrin: Ordnung in Freiheit – Festgabe für Hans Willgerodt zum 70. Geburtstag, Stuttgart, S. 331-352.

Hamm, Walter (2001), Die Ökosteuer – eine ordnungspolitische Fehlleistung; in: ORDO – Jahrbuch für die Ordnung von Wirtschaft und Gesellschaft, Band 52, Stuttgart, S. 1-13.

Hense, Andreas und *Daniel Schäffner* (2004), Regulatorische Aufgaben im Energiebereich – ein europäischer Vergleich, Wissenschaftliches Institut für Kommunikationsdienste, Diskussionsbeitrag Nr. 254, Bad Honnef.

International Energy Agency (2004), Energy Policies of IEA Countries – 2004 Review, Paris.

International Energy Agency (2005), Energy Policies of IEA Countries – Czech Republic – 2005 Review, Paris.

Kratena, Kurt (2004), Evaluierung der Liberalisierung des österreichischen Energiemarktes aus makroökonomischer Sicht; in: WiFo-Monatsberichte, Nr. 11, S. 837-843.

Kreis, Constanze (2004), Deregulierung und Liberalisierung der europäischen Elektrizitätswirtschaft – Theoretische und empirische Befunde, Baden-Baden.

Kuhlmann, Andrea (2004), Die Elektrizitätskrise in Kalifornien – oder: Wie riskant ist die Liberalisierung von Netzsektoren? in: List Forum für Wirtschafts- und Finanzpolitik, Band 30, Heft 1, S. 49-68.

Sauer, Gerhard (1992), Liberalisierung der europäischen Strom- und Gasmärkte – ein wichtiger Schritt zur Vollendung des Binnenmarktes; in: Stahl und Eisen 112, Nr. 8, S. 33-35.

Welfens, Paul J.J., Albrecht Kauffmann und *Martin Keim* (2004), Liberalization of Electricity Markets in Selected European Countries, Bergische Universität Wuppertal, Diskussionsbeitrag 124, Wuppertal.

Dirk Wentzel (Hg.), Europäische Integration – Ordnungspolitische Chancen und Defizite
Schriften zu Ordnungsfragen der Wirtschaft · Band 82 · Stuttgart · 2006

Europäische Sozialpolitik

Torsten Sundmacher und *Christian Müller*

Inhalt

1.   Sozialpolitik der EU – auf dem Königs- oder Holzweg zu neuen Ufern?

Der Umfang expliziter Sozialpolitik, wie er durch die EU-Ebene bereitgestellt wird, ist im Vergleich zu ihrer Bedeutung in den Mitgliedsstaaten – etwa gemessen an den Ausgabenanteilen der nationalen Haushalte – in den letzten Jahren durchaus gestiegen, aber nach wie vor sehr gering. Dennoch bestehen jenseits unmittelbarer sozialpolitischer Kompetenzen auf der supranationalen Ebene auch viele indirekte Einwirkungswege, durch welche die EU die mitgliedsstaatlichen Sozialpolitiken beeinflußt. So hat die Rechtsprechung des EuGH mit ihrer Ausweitung der Anwendung der vier Grundfreiheiten auf ,sozialpolitische Produkte' (wie z. B. ärztliche Leistungen) dazu geführt, daß der Einfluß der europäischen Ebene auf die nationale Ausgestaltung von Sozialpolitik deutlich zugenommen hat. Insofern kann der ,erste Befund', der nur die expliziten Kompetenzen im Blick hat, täuschen.

Der vorliegende Beitrag zeichnet zunächst die wesentlichen Etappen und Entwicklungstendenzen der sozialpolitischen Kompetenzen der Europäischen Union – auch unter Einbeziehung solcher ,Seitenwege' – nach (Kapitel 2). Die europäische Sozialpolitik soll dabei in zwei Schritten beurteilt werden: Zunächst wird ganz allgemein nach allokativen Gründen (wie z. B. Marktversagenstatbestände aufgrund des Vorliegens starker asymmetrischer Informationen) oder distributiven Aspekten gefragt, die eine staatliche Bereitstellung sozialpolitischer Funktionen begründen können (Kapitel 3.1). In einem zweiten Schritt ist dann zu untersuchen, ob die so legitimierten sozialpolitischen Eingriffskompetenzen auf der Ebene der EU anzusiedeln sind oder ob eine andere Ebene (wie z. B. die nationalstaatliche) ein angemessener Kompetenzträger wäre (Kapitel 3.2).

Es zeigt sich, daß die Instrumente und die verfolgten Strategien der EU-Sozialpolitik in den letzten Jahren erhebliche Veränderungen durchlaufen haben, und auch aus diesem Grund muß das Urteil differenziert ausfallen. In manchen Bereichen werden dabei durchaus neue Ufer betreten. Besondere Bedeutung haben in letzter Zeit ,weiche' Instrumente, die zu einer Konvergenz der nationalen Sozialpolitiken in Richtung guter Lösungen beitragen sollen. Diese ,Vorzeigelösungen' stammen nicht aus der Feder von EU-Organen, sondern werden aus den Erfahrungen der Mitgliedsstaaten gewonnen. Ein solches ,Lernen von den Nachbarn' in der Sozialpolitik, die erhebliche Reformbedarfe in verschiedenen Bereichen erkennen läßt[1], könnte einen großen Beitrag zu effektiven und effizienten nationalen Reformen leisten. Andererseits ist es jedoch auch nicht von der Hand zu weisen, daß diese neuen Instrumente zu einer umfassenden Kompetenzverschiebung in Richtung der EU führen könnten. Ist die EU-Sozialpolitik also auf dem Königs- oder auf dem Holzweg? Kapitel 4 wägt das Für und Wider des europäischen Weges in der Sozialpolitik ab und unterbreitet darüber hinaus einige Vorschläge zur Ausgestaltung der zukünftigen Wegstrecke, damit statt eines Irrwegs ein zielführender Pfad beschritten wird .

---

[1]   Erinnert sei z. B. an die deutsche Reformdiskussion der letzten Jahre, welche die Rentenversicherung, die Arbeitsmarktpolitik und das Gesundheitssystem (demnächst ergänzt um den Pflegebereich) zum Gegenstand hatte.

2. Überblick über die EU-Sozialpolitik

2.1. Historischer Überblick

2.1.1. Die Entwicklung bis Anfang der 90er Jahre: Erste Ansätze

Von einigen wenigen Ausnahmen in den 70er Jahren abgesehen, war in der Europäischen Union bis Ende der 80er Jahre die Aufmerksamkeit für eine eigenständige Sozialpolitik gering. Nur wenige diesbezügliche Ergebnisse finden sich im formalen Politikprozeß.[2] Im Rahmen der Europäischen Gemeinschaft für Kohle und Stahl (EGKS) von 1952 spielten zwar einige sozialpolitische Elemente eine Rolle; so waren etwa Entschädigungszahlungen an Arbeitnehmer vorgesehen, sofern diese durch die Marktintegration im Montanbereich arbeitslos geworden waren (vgl. *Hohe Behörde* 1957).[3] Forderungen nach einer weitergehenden Harmonisierung der nationalen Sozialpolitiken, wie sie insbesondere von französischer Seite formuliert worden waren, konnten sich aber nicht durchsetzen.[4] Der EWG-Vertrag von 1958 war vielmehr geprägt durch eine strikte Trennung zwischen europäischen Kompetenzen zur Einführung und Durchführung eines gemeinsamen Marktes auf der einen Seite und nationalen Zuständigkeiten für die jeweiligen Sozialordnungen auf der anderen. ‚Soziale Ziele‘, soweit sie denn über die EU-Ebene verfolgt wurden, resultierten vor allem aus den wirtschaftlichen. Sozialpolitik hatte hierbei die Aufgabe, die Funktionen des Binnenmarktes zu unterstützen. Sie wirkte vor allem koordinierend, insofern sie im wesentlichen erst nach den nationalstaatlichen Sozialpolitiken ansetzte und diese so akzeptierte, wie sie waren.

Eine sozialpolitische Koordinierung der einzelstaatlichen Sozialpolitiken stieß dabei auf die Schwierigkeit, extrem heterogene Sozialsysteme ‚unter einen Hut bringen‘ zu müssen.

---

[2] Hierzu gehörte die ‚sozialpolitische Begleitung‘ des gescheiterten Werner-Plans von 1970 zur Schaffung einer Wirtschafts- und Währungsunion bis 1981. Diese Aktivitäten setzten sich fort in einigen sozialpolitischen Aktionsprogrammen, die ihren Schwerpunkt in Maßnahmen zur Armutsbekämpfung hatten („Sozialpolitisches Aktionsprogramm der Gemeinschaft für die Jahre 1974-1976“, „Erstes Programm von Modellvorhaben und Modellstudien zur Bekämpfung der Armut“ [1975-1980], „Zweites Programm der Europäischen Gemeinschaft zur Bekämpfung der Armut“ [1986-1989] und „Mittelfristiges Aktionsprogramm der Gemeinschaft zur wirtschaftlichen und sozialen Eingliederung der am meisten benachteiligten Bevölkerungsgruppen“ [1990-1994]; der nachfolgende Programmvorschlag wurde nach einer Klage von Großbritannien und Deutschland vom EuGH wegen fehlender vertraglicher Grundlagen zurückgewiesen). Sowohl ihr finanzieller Umfang (maximal 55 Mio. ECU für das letzte realisierte Programm) als auch ihre tatsächliche Wirkung (vgl. hierzu *Kommission* 1991; *Benz* 2004, S. 164 ff.) waren allerdings eher bescheiden.

[3] Zu einer Übersicht über wichtige Etappen der EU-Sozialpolitik vgl. *Vogel-Polsky* (1991); *Kowalsky* (1999); *Benz* (2004, S. 155-205).

[4] Erwartet wurde in Frankreich, daß das vergleichsweise gut ausgebaute nationale Sicherungssystem zu einem Wettbewerbsnachteil auf einem gemeinsamen Markt führen würde; zur damaligen Diskussion vgl. *Heyde* (1960, S. 95 ff.); *Erdmann* (1964, S. 33 f.). Entsprechend können Staaten mit hohem sozialpolitischem Niveau als Befürworter einer Harmonisierung der Sozialpolitik begriffen werden (*Oberender* und *Zerth* 2001, S. 527 ff.).

- So standen im Bereich der *Rentenpolitik* umlagefinanzierte Systeme wie das deutsche solchen rentenpolitischen Lösungen gegenüber, in welchen die private und die betriebliche Vorsorge – in der Regel auf der Basis von Kapitaldeckung – dominierten (wie z. B. in Großbritannien).

- In der *Arbeitslosenversicherung* existierten auf der einen Seite freiwillige Lösungen mit staatsfernen Trägern und engem Aufgabenzuschnitt wie in Dänemark sowie auf der anderen Seite sehr strikte Pflichtversicherungen, die neben der Absicherung des Arbeitslosenrisikos noch eine Reihe weiterer Leistungen erbrachten wie etwa die Vermittlung von Arbeitslosen. Selbst versicherungsfremde Leistungen wurden dabei teilweise durch Versicherungsbeiträge finanziert. Zudem war bei manchen dieser erbrachten Leistungen überhaupt kein Marktversagen erkennbar, das einen staatlichen Eingriff im zu beobachtenden Umfang hätte rechtfertigen können. Ein solches System fand sich z. B. in Deutschland.

- Im *Gesundheitssektor* waren zum einen steuerfinanzierte Systeme mit staatlicher Leistungserbringung zu finden, in denen es nahezu keine Wettbewerbselemente gab (z. B. in Großbritannien). Zum anderen existierten beitragsfinanzierte gesetzliche Krankenversicherungen als Pflichtversicherungen, die mit Wettbewerbselementen in unterschiedlichen Bereichen kombiniert waren – auf der Seite der Krankenversicherungen (wie in Deutschland) oder zusätzlich auch im Bereich der Leistungserbringer (wie in den Niederlanden). Und schließlich gab es auch Segmente, in denen gar keine Pflichtversicherung bestand – etwa in Deutschland, wo der berufliche Status – eine selbständige Tätigkeit oder eine Beamtung –, aber auch die Höhe des Arbeitseinkommens von der Versicherungspflicht entbunden hat.

Doch waren die einzelstaatlichen Sozialpolitiken nicht nur im Ländervergleich sehr heterogen. Auch innerhalb eines Landes setzte sich das Nebeneinander der Systeme häufig fort, indem in unterschiedlichen Bereichen der Sozialpolitik sehr verschiedene Ausgestaltungsverfahren angewendet wurden. In Großbritannien etwa fanden sich im Bereich der Arbeitsmarktpolitik relativ viele wettbewerbliche Lösungsansätze, etwa durch die Privatisierung von Leistungen der Arbeitsvermittlung. Gleichzeitig war das dortige Modell der Gesundheitsversorgung aber sehr weit von marktlichen Lösungen entfernt, und in den letzten Jahren wurden sogar Formen des internen Wettbewerbs zwischen Leistungserbringern wieder zurückgenommen.

Die sozialpolitische Koordinationsaufgabe versuchte die EU über das koordinierende Sozialrecht zu erreichen; hierzu ist die Wanderarbeiterverordnung 1408/71 aus dem Jahr 1971 das bedeutsamste Beispiel, welche etwa die Verrechnung von in mehr als einem europäischen Land erworbenen (z. B. Renten-) Ansprüchen regelt. Anderseits wurde versucht, die Informationsgrundlage (potentiell) wandernder Arbeitnehmer zu verbessern. Dazu diente ein Berichtssystem über die unterschiedlichen Leistungen nationaler Systeme der sozialen Sicherheit (zuerst: *Kommission* und *Hohe Behörde* 1962), das ab 1992 unter dem Namen MISSOC (Mutual Information System on Social Protection in the EU Member States and the European Economic Area) auch Informationen über

Transfersysteme außerhalb der Sozialversicherungen (für Deutschland z. B. über die Sozialhilfe) enthält.[5]

In der Folge der Einheitlichen Europäischen Akte, die aus sozialpolitischer Sicht die (bescheidene) Möglichkeit einer Einführung von Mindestvorschriften im Bereich des Arbeitsschutzes per Mehrheitsentscheid eröffnete, startete 1988 das Aktionsprogramm der Kommission „Die Soziale Dimension des Binnenmarktes", das eine Gleichgewichtung von sozialen und wirtschaftlichen Zielen propagierte. Auf dieser Zielvorstellung beruhte auch die Gemeinschaftscharta der sozialen Grundrechte der Arbeitnehmer von 1989, die ohne Beteiligung von Großbritannien beschlossen wurde. Diese enthielt allerdings keine einklagbaren Rechte. Inhaltlich zentral war der § 10, der das Recht auf angemessene soziale Sicherung – und daraus abgeleitet ein Recht auf Sozialhilfe bei Unfähigkeit, für den eigenen Lebensunterhalt zu sorgen – propagierte. Der Versuch einer Übernahme der Charta durch den Vertrag von Maastricht scheiterte an Großbritannien.[6]

2.1.2. Maastricht, Amsterdam und Nizza: Sozialpolitik als Ergänzung der Marktintegration

Ab 1992 erfolgten weitere Aktivitäten zum Ausbau der EU-Sozialpolitik. In diesem Sinne interpretiert werden können die Empfehlungen des Europäischen Rats aus diesem Jahr (vgl. *Chassard* und *Quintin* 1993) und auch einige hierauf beruhende Mitteilungen der Kommission. Hierbei sind erste Ansätze sichtbar, die eine Konvergenz der nationalen Sozialpolitiken herbeiführen und so die bisherige reine Orientierung in Richtung Expost-Koordinierung ablösen sollten (*Schulte* 1990). In der Empfehlung des Europäischen Rates (92/441) wurde die Entwicklung gemeinsamer Kriterien zur Bestimmung eines ausreichenden Leistungsniveaus der Systeme der sozialen Sicherung gefordert, und es wurden einige Vorschläge hierzu unterbreitet. In den Empfehlungen des Europäischen Rats 92/442 wurde diese ‚Konvergenzperspektive' ausgebaut und auf die Annäherung von Zielen und Politiken im Bereich des sozialen Schutzes erweitert.

Es finden sich hier auch einige Begründungen für die geforderte Konvergenz. So sollten Behinderungen der Freizügigkeit der Arbeitnehmer verringert werden – eine Aufgabe, die schon von dem bisherigen koordinierenden Sozialpolitikansatz und insbesondere durch die Wanderarbeiterverordnung 1408/71 erfüllt werden sollte. Diese war so ausgestaltet, daß Wanderarbeiter durch weitgehende Wahlrechte die jeweils beste Regelung für sich in Anspruch nehmen konnten, die sie in den Systemen, in denen sie

---

[5] Für diese Form der Sozialpolitik, die neben den Systemen der sozialen Sicherheit auch rein distributive Elemente berücksichtigt, wird auf europäischer Ebene in der Regel der Begriff des „Sozialschutzes" verwendet, wobei im Einzelfall die Abgrenzung strittig bleibt. Dies spiegelt sich auch in der EuGH-Gesetzgebung zum koordinierenden Sozialrecht wider (als Übersicht *Schulte* 1985, S. 399 ff.).

[6] Dies führte dazu, daß der bisherige Art. 118 EGV (alt, neu nach dem Vertrag von Amsterdam: Art. 137) mit angehängtem Protokoll der anderen 11 Mitglieder (beruhend auf der Charta) beibehalten wurde.

verkehrten (also ihrem Wohnort- und ihrem Arbeitsland), vorfanden. Diese Wahl konnte dabei zu Lasten der immobilen Arbeitnehmer gehen.[7]

Aus statischer Sicht standen hier die Allokationsverbesserungen durch die Wanderung des Produktionsfaktors Arbeit im Vordergrund; in dynamischer Perspektive konnte dies ein Baustein für einen Systemwettbewerb nationaler Sozialpolitiken sein. Hierauf nahm negativ auch die Betonung Bezug, den Sozialschutz im Zuge der Binnenmarktintegration wahren zu müssen. Es wurde die Gefahr eines ‚Wettlaufs nach unten' (*Race to the bottom*) gesehen, der durch wechselseitige Senkungen sozialpolitischer Standards in Folge von Wettbewerbsdruck zu einer Erosion der Sozialsysteme hätte führen können. Schließlich wurde noch die Möglichkeit eines gemeinsamen Umgangs mit alle Mitgliedsstaaten betreffenden Problemen wie Alterung, Arbeitslosigkeit und Änderung der Familienstruktur hervorgehoben – hier wird auf die Erzielung von Skaleneffekten bzw. auf Möglichkeiten des Lernens von anderen Nationalstaaten abgestellt.

Diese Themen wurden in dem „Weißbuch über die Europäische Sozialpolitik" von 1994 (*Kommission* 1994) wieder aufgenommen und z. B. hinsichtlich von möglichen Maßnahmen (wie Mindeststandards als Mittel gegen Qualitätsverschlechterungen) konkretisiert (*Kommission* 1993, S. 33-38). Gleichzeitig war erkennbar, daß das Thema Beschäftigung stark an Bedeutung gewonnen hatte; weiterhin bekamen Finanzierungsfragen insbesondere der Sozialversicherungssysteme (wie auf der nationalen Ebene auch) ein größeres Gewicht gegenüber anders motivierten ‚Aus- oder Umbauplänen' des Sozialschutzes (*Huster* 1997).

Im Vertrag von Amsterdam 1997 erfolgte schließlich die Übernahme der Sozialcharta in Form von Änderungen in Art. 118 EGV[8], der jetzt die Nummer 137 trägt.[9] Dort wird unterschieden zwischen solchen sozialpolitischen Maßnahmen, die nach Art. 251 (Mitentscheidungsverfahren unter gleichgewichtiger Beteiligung des Europäischen Parlaments) entschieden werden, und solchen, für die ein abgewandeltes Verfahren nach Art. 250 mit einer starken Stellung des Ministerrates zum Zuge kommt, bei dem dort einstimmig entschieden werden muß. Zu den Maßnahmen, für die anders als bisher das

---

[7] So konnte die Übertragbarkeit von Beitragsjahren zur Rentenversicherung aus einem Land in das andere bei unterschiedlichen Zuschüssen, denen keine Beiträge gegenüberstanden (z. B. Erziehungs- oder Ausbildungszeiten) zu einer Schädigung des Landes führen, das höhere Leistungen gutschrieb. Insofern war hier ein *Race to the Bottom*-Effekt möglich, der jedoch praktisch aufgrund der vergleichsweise geringen Unterschiede und der begrenzten Personengruppe, die diese Wahlrechte hatte, nicht eintrat.

[8] Vertrag zur Gründung der Europäischen Gemeinschaft, EG-Vertrag.

[9] Neben den im folgenden vorzustellenden expliziten Regelungen zur Sozialpolitik, deren Umfang gestiegen und deren Zustimmungserfordernisse in der Tendenz gesunken sind, sind noch weitere Regelungen des EGV relevant, mit deren Hilfe EU-Sozialpolitik getrieben werden kann (*Meyer* 2002, S. 97). Hierzu gehören die Ermächtigung zur Rechtsangleichung (Art. 40 und 94 – 97 EGV) sowie die Vertragsabrundungskompetenz (Art. 308 EGV). Besonders die Rechtsangleichungsnorm stellt explizit auf einen sozialpolitischen Teilbereich ab, da „alle erforderlichen Maßnahmen, um die Freizügigkeit der Arbeitnehmer ... herzustellen" (Art. 40 EGV), hierunter fallen. Diese Kompetenzen haben sich im Zeitablauf nicht verändert; unter Umständen aufgrund der breiteren expliziten sozialpolitischen Kompetenzen ist ihre Anwendung allerdings zurückgegangen.

Mitentscheidungsverfahren gilt, gehören nach Art. 137 Abs. 1 EGV gesundheitliche und soziale Arbeitsbedingungen, berufliche Wiedereingliederung sowie Fragen der Gleichstellung. Hier ist eine stärkere ‚Europäisierung' zu erkennen. Generell stärkt der Einbezug des Europäischen Parlaments die europäische Perspektive im Politiksetzungsprozeß.[10] Themenfelder, in denen die höheren Mehrheitsanforderungen bestehen bleiben, sind unter anderem soziale Sicherheit und sozialer Schutz von Arbeitnehmern, kollektive Interessenvertretungen (mit Ausnahme von Regelungen des Tarifrechts, die generell ausgeklammert sind) und Beschäftigungsförderung. Nicht ganz überraschend sind dies solche Themenfelder, denen im nationalen Kontext eine höhere Bedeutung im ‚Politikgeschäft' zugeschrieben werden kann als den zuvor genannten.

Im Vertrag von Nizza von 2000 wurden die Bereiche der ‚EU-Sozialpolitik' in Art. 137 gegenüber dem Vertrag von Amsterdam deutlich ergänzt. Die dort niedergelegte Aufgabe der Gemeinschaft zur Unterstützung und Ergänzung der Mitgliedsstaaten erstreckt sich nicht mehr nur auf die soziale Sicherheit und den sozialen Schutz von Arbeitnehmern (Art. 137, Abs. 1, lit. c)), sondern mit der Aufnahme der Bekämpfung sozialer Ausgrenzung (lit. j)) sowie der Modernisierung der Systeme des sozialen Schutzes (lit. k)) erfolgt erstmals für wesentliche Bereiche eine Ausdehnung auf alle Bürger der EU unabhängig von ihrem Beschäftigungsstatus.[11]

An die Kompetenzen zur Beschäftigungsförderung anknüpfend, wie sie schon im Amsterdamer Vertrag festgelegt worden sind, wurden auf der Sondertagung des Europäischen Rats über Beschäftigungsfragen in Luxemburg Ende 1997 beschäftigungspolitische Leitlinien beschlossen. Das dort gewählte Vorgehen enthielt wesentliche Elemente einer „Offenen Methode der Koordinierung" (OMK). Der EU-Gipfel von Lissabon 2000 übernahm die Konzeption des Instruments OMK und führte es in verschiedenen Politikfeldern ein. Es sollte einen Beitrag zum Zehn-Jahres-Programm der „Lissabonner Strategie zur wirtschaftlichen, sozialen und ökologischen Erneuerung" leisten,[12] welche die EU zum global führenden Wirtschaftsraum machen sollte (vgl. *Schüller* i. d. Bd.). Für die Sozialpolitik wurde in diesem Zusammenhang noch einmal ihre (nicht in Ansätzen realisierte) Gleichrangigkeit mit den Zielen der Binnenmarktintegration betont; thematisch wurden Vollbeschäftigung, soziale Eingliederung und Dienstleistungen von allgemeinem Interesse besonders hervorgehoben.[13] Für alle diese Bereiche wurde emp-

---

[10] Zum starken Interesse des Europäischen Parlaments an einer Kompetenzverschiebung in Richtung EU vgl. z. B. die Analyse von Abstimmungsprozessen in *Farrell* und *Héritier* (2004).

[11] Allerdings ist hier nach wie vor die Anwendung ‚üblicher' EU-rechtlicher Regelungen nur eingeschränkt möglich. Zwar sieht der Artikel 137 in Abs. 2, lit. b) die Möglichkeit zum Erlaß von Mindestvorschriften vor – die beiden neuen Bereiche lit. j und k sind hiervon allerdings ausgeschlossen.

[12] Die ökologischen Aspekte wurden erst durch den nachfolgenden Europäischen Rat in Göteborg 2001 hinzugefügt.

[13] Konkretere Ziele, die bis 2010 erreicht werden sollen, bezogen sich z. B. auf die Halbierung der Quoten der Schulabbrecher, die keine weiterführende Ausbildung absolvieren, auf die Reduzierung der von Armut bedrohten Menschen oder auf die Reform von Renten- und Gesundheitssystemen zur Bewältigung der demographischen Probleme (*Kommission* 2003a, S. 28).

fohlen, „eine neue offene Methode der Koordinierung auf allen Ebenen, gekoppelt an eine stärkere Leitungs- und Kontrollfunktion des Europäischen Rates", einzuführen (*Europäischer Rat* 2000, S. 3).

2.1.3. Die „Offene Methode der Koordinierung" – eine neue Qualität des „Europäischen Regierens"[14] in der Sozialpolitik?

Bei der Anwendung der OMK in unterschiedlichen Bereichen der Sozialpolitik[15] handelt es sich jeweils um ein Verfahren mit deutlich geringerer Eingriffsintensität als Verordnungen oder Richtlinien. Sie stellt eine Ergänzung der explizit im EGV kodifizierten Verfahren dar. Ihre Einführung ist dabei interpretierbar als ein Versuch (insbesondere der Kommission), das Binnenmarktprogramm unter Beachtung der vielfältigen Restriktionen, die insbesondere aus den starken nationalen Kompetenzen folgen, auch auf den Bereich der Sozialpolitik auszudehnen.[16]

2.1.3.1. Das Verfahren

Die Beteiligung ist für alle Staaten freiwillig, und die Einhaltung aller verabredeten Maßnahmen ist nicht sanktionsbewehrt. Die Wirkung des Verfahrens soll darauf beruhen, daß der Wähler nationale Politiker für Fehlverhalten im OMK-Prozeß (Nicht-Einhaltung von Zusagen, zu geringe Fortschritte gegenüber den anderen Nationalstaaten) bestraft. Das Verfahren beruht im wesentlichen auf zwei Bestandteilen. Zum einen formulieren die Nationalstaaten in einem Anwendungsbereich einer OMK (z. B. im Bereich Rentenpolitik) Aktionspläne, in denen sie wichtige geplante nationale Veränderungen für die anstehende Periode formulieren. Zum anderen werden – Bezug nehmend auf Management-Techniken, wie sie aus der Unternehmensführung bekannt sind[17] – die nationalen Sozialpolitiken im jeweiligen Anwendungsbereich untereinander verglichen. Hierzu werden aus gemeinsam erstellten Leitlinien (die den Charakter hoch verdichteter Ziele haben[18]) Indikatoren abgeleitet, die den Anwendungsbereich beschreiben sollen.

---

[14] *Kommission* 2001.

[15] Dieses Instrument wird ebenfalls in anderen Politikfeldern eingesetzt (als Überblick vgl. z. B. *Benz* 2004, S. 187 f.) und hat dort einen sehr unterschiedlichen Entwicklungsstand. Vertreten sind z. B. wirtschaftspolitische Themen („eEurope" – als Teil des Aktionsplans –, ‚Forschung und Innovation", „Förderung des Unternehmertums" oder „Wirtschaftsreformen"), eine relativ weit entwickelte OMK ist in der Bildungspolitik vorhanden (*Kommission* 2001b, Überblick in *Linsemann* 2002), eine nach wie vor rudimentäre Anwendung besteht im Bereich der Jugendpolitik (als Vorschlag *Kommission* 2001a; reduziert durch *Europäischer Rat* 2002), und OMK-Vorschläge für die Asyl- und Einwanderungspolitik und den Bereich Tourismus liegen vor. Trotz der thematischen Breite der Anwendung von OMK bildet die Sozialpolitik allerdings einen deutlichen Schwerpunkt (*Bauer* und *Knöll* 2003, S. 33 f., *Mosher* 2000).

[16] Vgl. generell zum Instrument der OMK *Hodson* und *Maher* (2001), *Porte* und *Pochet* (2002), *Linsenmann* und *Meyer* (2002).

[17] Große ‚Anleihen' sind dabei insbesondere bei Verfahren zu erkennen, die sich als "Management by Objectives" (vgl. *Greenwood* 1981) zusammenfassen lassen. Für die EU vgl. *Kommission* (1996).

[18] So wurden für den Anwendungsfall Gesundheit und Altenpflege drei solche Oberziele festgelegt: erstens allgemeiner Zugang zum Gesundheitssystem, zweitens Sicherung einer quali-

Für diese Indikatoren sollen dann für jeden teilnehmenden Mitgliedsstaat Daten erhoben werden.[19] Anhand dieser Daten können die nationalen Sozialpolitiken untereinander verglichen werden. Weiterhin erfolgt anhand der Daten eine Ermittlung von ‚Benchmarks', die dem niedrigsten bzw. höchsten in den Nationalstaaten realisierten Wert entsprechen, aber auch teilweise aus Ländern außerhalb der EU stammen können.[20] Die Abweichungen zwischen ‚Benchmark' und nationaler Ausprägung des Indikators sollen dann einfließen in die Formulierung der nationalen Aktionspläne, die dann in der nächsten OMK-Runde auf ihren Zielerreichungsgrad überprüft werden.[21]

Wesentliche Akteure im OMK-Verfahren sind einerseits die Kommission und andererseits (in besonders hohem Maße) der Ministerrat bzw. die nationalen Regierungen. Das Europäische Parlament spielt nur am Rande eine Rolle im Prozeß – es wird ‚freiwillig' durch die Kommission unterrichtet. Die Arbeitsebene bilden in der Regel Ausschüsse, die zu einem Teil aus bereits bestehenden Aktivitäten abgeleitet sind; zum anderen Teil sind diese jedoch auch explizit für das OMK-Verfahren etabliert worden. Dieses Vorgehen (Einführung zusätzlicher Entscheidungswege, teilweise Etablierung neuer Bürokratie) und der Charakter des Verfahrens (Notwendigkeit einstimmiger Regelungen, großer Einfluß nationaler Positionen) deuten darauf hin, daß die Verfahrenskosten der OMK generell recht hoch sein können. Die konkrete Interaktion der Akteure kann allerdings bei verschiedenen OMK sehr unterschiedlich ausfallen; gleiches gilt im übrigen auch für die oben dargestellten Elemente, die nicht in jeder OMK vollständig anzutreffen sind. Auch diesbezüglich ist das Verfahren als sehr ‚offen' zu werten.

2.1.3.2. Die Entwicklung der Anwendung in der Sozialpolitik

Das Binnenmarkt-Programm, das als ‚Kooperationslösung' zwischen EuGH und Kommission vorangetrieben wurde (*Nowotny* 2004, S. 212), war Anfang der 90er Jahre weitgehend realisiert, so daß ein weiterer Ausbau wenig aussichtsreich schien. Seine wesentlichen Teile waren auf den Weg gebracht; gleichzeitig machten aber Ratifizierungsprobleme des Vertrags von Maastricht wie 1992 (Ablehnung) und 1993 (knappe Zustimmung) in Dänemark deutlich, daß eine Integrationsvertiefung in diesem Feld

---

tativ hochwertigen Gesundheitsversorgung und drittens Gewährleistung der langfristigen Finanzierbarkeit der Gesundheitssysteme.

[19] Grundsätzlich strebt die Kommission ein möglichst enges Set an Indikatoren an, auch um die europaweite, schnelle und reliable Datenerhebung zu gewährleisten – ein solches Ziel kann naturgemäß zu Problemen bei der Validität des gesamten Meßkonzepts führen. Insbesondere der sogenannte Straffungs-Prozeß, bei dem verschiedene OMK-Prozesse im Bereich der Sozialpolitik zusammengelegt werden, könnte dazu führen, daß die Abbildung nationaler Sozialpolitik durch die verwendeten Indikatoren deutlich zu unterkomplex ausfällt. Sollen z. B. nationale Gesundheitssysteme anhand von weniger als 10 quantitativen Indikatoren miteinander verglichen werden, ist der Aussagegehalt des Vergleichs vermutlich eher gering (vgl. auch *SPC* 2003).

[20] Häufig anzutreffen sind allerdings auch ‚Benchmarks', die deutlich unter einigen Realisierungen in der EU zurückbleiben und somit besonders leicht zu erreichende Zielwerte darstellen (*Bodewig* und *Voß* 2003, S. 311).

[21] Nach dieser Prüfphase geht die OMK in die nächste Runde: Hierbei können alle wesentlichen Parameter (Leitlinien, Ziele, Indikatoren, Datenerhebungsvorschriften, ‚Benchmark'-Verfahren) angepaßt werden.

nicht wahrscheinlich war. Aus der Sicht der positiven ökonomischen Theorie des politischen Handelns (und hier insbesondere der Neuen Politischen Ökonomie) ist es bei dieser Ausgangslage rational, daß sich die Kommission auf die Suche nach neuen, bisher unerschlossenen Tätigkeitsfeldern machte, um ‚ihr Budget' zu vergrößern.

Ein solches, bisher mit nur wenigen EU-Kompetenzen ausgestattetes Politikfeld war die Sozialpolitik. In diesem Feld waren durchaus alle Staaten betreffende ‚gemeinsame' Probleme zu erkennen, welche die Grundlage dieser Kompetenzausdehnung bilden konnten. Zu diesen europaweit vorhandenen Problemen gehörte z. B. die Arbeitslosigkeit, die in fast allen Staaten Europas ein Dauerproblem war (und ist). In diesem Kontext ist das Weißbuch „Wachstum, Wettbewerbsfähigkeit und Beschäftigung" von 1993 zu sehen; diese Initiative der Kommission unter dem Präsidenten *Delors* stand am Beginn einer Diskussion um die Erschließung des Politikfelds Sozialpolitik (vgl. z. B. *Streeck* 1998, S. 384; *Ross* 1998). In der Folgezeit häuften sich Stellungnahmen unterschiedlicher europäischer Akteure zu diesem Bereich und mit Bezugnahme auf ‚OMK-ähnliche' Verfahren.[22]

Schon in diesem Weißbuch von 1993 wurde das Verfahren der OMK inhaltlich (wenn auch nicht namentlich) vorgestellt: Eine „klare Analyse der Stärken und Schwächen der europäischen Ökonomien" (*Kommission* 1993, S. 12) sollte die Grundlage für nationalstaatliche Maßnahmen im Bereich des Sozialschutzes liefern. Allerdings sind weder die dort vorgeschlagenen Maßnahmen noch die dort niedergelegte ‚Benchmark'-Methode zunächst in praktische Politik umgesetzt worden. Hingegen wurden auf den nachfolgenden Gipfeln (ab dem Europäischen Rat in Essen 1994) immer wieder Diskussionen über Zielvorgaben, Eingriffsprioritäten und Indikatoren für unterschiedliche Politikfelder geführt. Ab 1997, mit dem Treffen des Rates in Luxemburg, lagen dann wesentliche Teile des OMK-Programms (Leitlinien, Definition prioritärer Interventionsfelder, Indikatorenvorgabe, Monitoring der Umsetzung sowie Evaluierung der Ergebnisse) vor (vgl. *Sciarra* 2000) – allerdings nur zur Anwendung in der Arbeitsmarktpolitik. Im Vertrag von Amsterdam erfolgte schließlich die Festschreibung dieses Programms im Beschäftigungskapitel (Art. 125-130 EGV; zur Beurteilung vgl. z. B. *Kenner* 1999; *Jacobsson* und *Schmidt* 2002).

Die im Beschäftigungskapitel niedergelegte Verfahrensbeschreibung war auf dem Europäischen Rat in Lissabon 2000 die Grundlage für die Ausweitung der OMK-Anwendung. Als erstes wurde die Etablierung einer OMK für den „Kampf gegen Armut und soziale Ausgrenzung (*Kommission* 2003a) beschlossen. Dabei faßte die erste Be-

---

[22] Im Anschluß an das Weißbuch wurde das OMK-Verfahren durch Mitteilungen der Kommission (*Kommission* 1995, 1997 und 1999) konkretisiert, und im folgenden Jahr nahm der Europäische Rat das Thema in seine Schlußfolgerung unter dem Titel „Modernisierung des sozialen Schutzes" auf (*Europäischer Rat* 2000). Gleichzeitig erfolgte die Einrichtung einer hochrangigen Gruppe „Sozialschutz", die 2000 sogar zu einem ständigen beratenden Gremium des Europäischen Rates umgewandelt wurde. Schließlich erfolgten im selben Jahr intensive Beratungen über die europäische Sozialagenda auf dem Rat von Lissabon und dem Rat von Nizza. Bis zu diesem Zeitpunkt war die Wirksamkeit der Diskussion allerdings noch stark beschränkt. Im wesentlichen war die Auseinandersetzung um die Ausgestaltung des Sozialschutzes auf europäischer Ebene eine, die bis zu diesem Zeitpunkt ausschließlich innerhalb der europäischen Gremien ohne meßbare externe Ergebnisse geführt wurde.

standsaufnahme den Titel sehr weit auf – insbesondere findet sich auch eine Auseinandersetzung mit den Systemen der sozialen Sicherung. Darin enthalten war auch eine ‚Analyse' des Zugangs zu den nationalen Gesundheitssystemen (*Kommission* 2003a, S. 61-64). An diesem Beispiel läßt sich eine besondere Schwäche vieler bisheriger OMK-Prozesse erkennen: Die erhobenen Informationen sind einerseits sehr allgemein. Der gesamte veröffentlichte Inhalt dürfte denjenigen, die sich etwas intensiver mit der Materie beschäftigen, kaum Neues bieten können. Andererseits sind einige Aussagen ohne eine genauere Kenntnis der nationalen Systeme nicht zu verstehen. So wurden z. B. einige Länder lobend erwähnt, weil sie Maßnahmen zur Reduzierung von Wartelisten bei der Behandlung von Patienten ergriffen haben (S. 62), ohne daß dokumentiert wurde, daß es Länder gänzlich ohne (explizite) Wartelisten gibt.

Ausgehend von dieser ‚Überblicksarbeit', erfolgten weitere Anwendungen der OMK. Hierzu gehört insbesondere das relativ weit fortgeschrittene Verfahren im Bereich der Rentensysteme (vgl. z. B. *Devetzi* und *Schmitt* 2002; *Heidel* 2003). Dabei traten erhebliche Probleme bei der Indikatorenentwicklung auf (*Stanton* 2003), und auch die Auswertung nationaler Berichte zur Situation des jeweiligen Rentensystems bereitete der Kommission aufgrund von unterschiedlichen Qualitätsproblemen[23] erhebliche Schwierigkeiten. Ebenfalls zu den ersten Anwendungen zu zählen ist die OMK im Bereich „Gesundheit und Altenpflege", in der bisher sehr ‚zurückhaltend' und mit ähnlichen Problemen (vgl. *Schneider* 2002) agiert wurde. Weitere sozialpolitische OMK beschäftigten sich mit den Themen „Arbeitssicherheit" und „Arbeit lohnend machen". Auch hier traten ähnliche Probleme bei der Indikatorenentwicklung, der Datenverfügbarkeit und dem sehr unterschiedlichen nationalen Verständnis der jeweiligen Aufgaben im OMK-Prozeß auf.

Hinsichtlich der Wirksamkeit dieser OMK-Prozesse ist bisher eher anekdotisches bekannt – aufgrund des hohen Maßes an Offenheit und der allenfalls indirekten Wirkung auf nationale Politiker und Wähler dürfte es auch zukünftig schwer fallen, eine explizite Wirkungsanalyse vorzunehmen. Allerdings ist zu erkennen, daß internationale Erfahrungen in den nationalen Reformdebatten in den letzten Jahren einen deutlich höheren Stellenwert bekommen haben.[24] Dies betrifft nicht nur die wissenschaftliche oder ‚politikinterne' Diskussion (z. B. in den Ausschüssen), sondern zeigt sich teilweise auch in der öffentlichen Wahrnehmung.[25] Ob die OMK-Prozesse hierzu beigetragen haben – oder sie andersherum ein Ergebnis dieser ‚Internalisierung' der Sozialpolitik sind –, ist kaum zu entscheiden. Zu vermuten ist allerdings, daß beide Wirkungsrichtungen ihre Bedeutung haben.

---

[23] So wurden z. B. Fragen zur nachhaltigen Finanzierung der Rentenversicherung zum Teil nur sehr oberflächlich behandelt, vgl. hierzu *Salomäki* (2003); *Vignon* (2003).

[24] Am Beispiel der deutschen Gesundheitspolitik untersucht dies z. B. *Zentner* (2005).

[25] Hierfür ist z. B. die deutsche Orientierung in Richtung niederländisches Gesundheitssystem, die sehr breit öffentlich diskutiert wurde, ein Beispiel.

2.2. Wesentliche Entwicklungstendenzen

Zusammengefaßt ist festzustellen, daß im Bereich der Sozialpolitik die expliziten Kompetenzen der EU, von einem sehr niedrigen Niveau kommend, gestiegen sind.[26] Sichtbar wird dies erstens bei den behandelten *Themen*. Zu dem engen Zuschnitt „Probleme von Wanderarbeitern" hinzugekommen sind als wichtige Gebiete insbesondere der Arbeitsschutz, die Beschäftigungspolitik und Fragen der Ausgestaltung des Sozialschutzes (vor allem mit Blick auf die Finanzierungsprobleme). Weiterhin wurde der Anwendungsbereich der bisherigen Themen deutlich erweitert – in vielen Fällen ist der Bezug ausschließlich zu abhängig beschäftigten Arbeitnehmern ausgeweitet worden, so daß die Regelungen zum Teil sogar inzwischen für alle EU-Bürger gelten.

In die gleiche Richtung einer Ausweitung der EU-Kompetenzen wirkt zweitens die veränderte *Strategie*. Zunächst stand die Koordination nationaler Sozialpolitiken durch die EU im Mittelpunkt, die lediglich im nachhinein versucht, bestimmte Auswirkungen nationalstaatlicher Tätigkeiten insbesondere auf die Arbeitnehmerfreizügigkeit zu mildern. Aus Sicht der Nationalstaaten wirkt diese Form der Sozialpolitik allenfalls indirekt auf die eigene Sozialpolitik. Ein Beispiel für diese indirekten Wirkungen liefert die angesprochene „Wanderarbeiterverordnung" 1408/71. Insgesamt ist die Wirksamkeit dieser Koordinationspolitik stark eingeschränkt. Dies liegt erstens an der Beschränkung der abgedeckten Personengruppe (zunächst nur Arbeitnehmer, später dann auch Rentner und Studenten), zweitens an der inhaltlichen Einengung auf die Systeme der sozialen Sicherung und drittens insbesondere an den nationalstaatlichen Umsetzungsspielräumen, die teilweise zur faktischen Wirkungslosigkeit der Koordination geführt haben.[27]

Ferner stehen jetzt auch andere Politikstrategien neben dieser lange Zeit einzigen Strategie auf der Agenda. Generelles Ziel ist hierbei die Konvergenz der nationalen Sozialpolitiken. Einerseits sind hier klassische Instrumente der Harmonisierung wie Richtlinien und Verordnungen mit der Vorgabe von Mindeststandards von Bedeutung, auch

---

[26] Zwar ist eine stärkere Exemplifizierung (in diesem Fall von Sozialpolitik) in den Verträgen nicht immer mit einer echten Kompetenzzunahme gleichzusetzen. Denn die explizite Regelung eines Tatbestands verringert die Möglichkeit, auf Rechtsangleichung oder Vertragsabrundung als Normen Bezug nehmen zu können. Diese können sogar den ‚einfacheren' Weg darstellen, wenn etwa die expliziten Regelungen zur Sozialpolitik eine starke Beteiligung des Europäischen Parlaments vorsehen und so der Politikdurchsetzungsprozeß zumindest verzögert werden kann.

[27] Besonders deutlich zu sehen ist dies anhand von Regelungen zum sogenannten Auslandskrankenscheinsystem. Die Notfallversorgung im europäischen Ausland entsprechend des Schemas E 111, das einen Teil des Auslandskrankenscheinsystems bildet, ist in einigen Ländern Europas nicht möglich, da sich die Leistungserbringer staatlich geduldet weigern, die Behandlung über dieses Schema abzurechnen. Dem Patienten bleibt in diesem Fall nur noch die Möglichkeit, Leistung privat zu bezahlen und darauf zu hoffen, daß die heimische Krankenkasse zumindest einen Teil der Kosten erstattet. Dies macht deutlich, daß neben der formalen nationalstaatlichen Umsetzung auch die tatsächliche Praxis zu sehr unterschiedlichen Wirkungen einer koordinierenden europäischen Sozialpolitik führen kann.

wenn sie sich auf sehr wenige Bereiche der Sozialpolitik beschränken. Die prominenteste Stelle nimmt in der EU der weit interpretierte Bereich des Arbeitsschutzes ein.[28]

Andererseits wird aber gerade in jüngerer Zeit angestrebt, die Konvergenz mit weniger stark intervenierenden Instrumenten zu erreichen. Hierzu können die „Offene Methode der Koordinierung" oder auch unterschiedliche Maßnahmen im Rahmen von Aktionsprogrammen im Bereich der Sozialpolitik gezählt werden.[29] Hierbei wird jeweils durch einen Vergleich nationaler Sozialpolitiken versucht, schlechte Lösungen unter Druck zu setzen, da nationale Wähler in diesen Fällen darauf hinweisen können, daß es doch bessere Alternativen zur derzeitigen Ausgestaltung der Sozialpolitik im eigenen Land gibt. Konvergenz in Richtung einer besten (oder zumindest besseren) Lösung soll hier also über einen ‚Wettbewerb' der nationalen Sozialpolitiken erreicht werden.

In eine ähnliche Richtung wirkt die konsequente Anwendung der vier Grundfreiheiten im Zusammenhang mit dem europäischen Wettbewerbsrecht. Diese insbesondere durch den EuGH verfolgte Stoßrichtung schließt die nationale Sozialpolitik nicht grundsätzlich aus dem Anwendungsbereich der Grundfreiheiten aus, sondern stellt das europäische Wettbewerbsrecht auf die gleiche Stufe wie das nationale Sozialrecht. Hierdurch können die Gestaltungsalternativen der nationalen Sozialpolitiken eingeschränkt werden, wenn diese sich in ‚wettbewerbsnahen' Bereichen bewegen, ohne aber den Sprung in echte marktliche Strukturen zu wagen. In diesen ‚Mischfällen' wird ihnen unter Umständen der besondere Schutz von unter staatlicher Hoheit betriebener, ‚sozial relevanter' Aktivität entzogen, und diese werden auch dem europäischen Wettbewerbsrecht unterstellt. Hierdurch können sich europäische Märkte für sozialpolitisch relevante Güter (wie z. B. die Krankenhausversorgung) bilden, die gemessen an den bisher deutlich unterschiedlichen, stark staatlich geprägten nationalen Institutionen zu einer stärkeren Konvergenz der Güterbereitstellung führen dürften.[30]

---

[28] Entsprechend Art. 137 EGV gehören hierzu die Bereiche Arbeitsumwelt, Gesundheitsschutz am Arbeitsplatz, Sicherheit der Arbeitnehmer und Arbeitsbedingungen. In diesen Feldern ist eine Harmonisierung durch Mindeststandards möglich – eine Option, die auch ausführlich genutzt wurde. Hierzu gehören die Richtlinie zu Bildschirmarbeitsplätzen (90/270), zur Maschinenbenutzung (89/392) und zum allgemeinen Arbeitsschutz (89/391) mit dem Konzept der weit gefaßten Arbeitsumwelt (in ökologischer wie auch sozialer Hinsicht), daß das in den meisten Ländern vorherrschende nationalstaatliche Verständnis von Arbeitsschutz extrem stark ausgedehnt hat.

[29] So ist innerhalb des gegenwärtigen Aktionsprogramms „Gesundheitspolitische Strategie der Europäischen Gemeinschaft" mit drei thematischen Säulen diejenige die größte, die ein „Gemeinschaftsübergreifendes Informationssystem" implementieren soll (*Kommission* 2000). Innerhalb dieses Tätigkeitsfeldes geht es zunächst um Fragen statistischer Vereinheitlichung und (hierauf aufbauend) der Erstellung aussagekräftiger länderübergreifender gesundheits- und gesundheitspolitikbezogener Datensätze. Weiterhin beschäftigen sich Programmteile mit Kosten-Wirksamkeits-Untersuchungen von Maßnahmen (und nationalen Gesundheitssystemen) sowie mit der Entwicklung von Qualitätsstandards für medizinische Produkte und Leistungen. Auch wenn solche Aktionsprogramme für diese Programmteile in der Regel nicht den Namen OMK verwenden, lassen sich doch viele Elemente dieses Instruments hier wiederfinden.

[30] Sowohl die Anwendung des europäischen Wettbewerbsrechts auf Teile der nationalen Sozialpolitik als auch ihr Vergleich mittels der OMK können dabei allerdings auch einer Konvergenz entgegenwirken. So ist es durchaus vorstellbar, daß in einzelnen Ländern der EU

Die Ausweitung der _Themen_ sowie der Wechsel der _Strategie_ in Richtung Konvergenz hat drittens auf der Seite der eingesetzten EU-_Entscheidungsverfahren_ Spuren hinterlassen. Generell haben – entsprechend der allgemeinen Entwicklung in der EU – Entscheidungsverfahren eine größere Bedeutung erlangt, in denen das ‚europäisch agierende', direkt-demokratisch legitimierte Organ des Europäischen Parlaments einen stärkeren Einfluß hat. In einigen Bereichen der Sozialpolitik ist nun das Mitentscheidungsverfahren etabliert, daß dem Europäischen Parlament eine ähnliche Stellung im Entscheidungsprozeß zuerkennt wie dem Ministerrat. So ist nicht nur die Kompetenz der europäischen Ebene gestiegen, sondern auf dieser Ebene ist der Einfluß derjenigen Organe größer geworden, denen aus politökonomischer Sicht stärker an einem Ausbau der EU-Aktivitäten gelegen sein muß als dem Ministerrat.

Die Anwendung der OMK steht hierzu in einem gewissen Gegensatz. Diese Methode betont stark die nationalstaatliche Ebene. Sie zeichnet sich durch eine lediglich freiwillige Beteiligung der Nationalstaaten ohne rechtliche Sanktionsmöglichkeiten der zentralen Ebene aus und weist einen Verfahrensablauf auf, der nur einen eingeschränkten Zugang der im EGV verankerten Organe erkennen läßt. Je nach dem, wie die ‚Einsatzbedingungen' dieses Instruments eingeschätzt werden, sind allerdings unterschiedliche Schlußfolgerungen möglich: Ist die OMK eine Alternative zu den bisher in der EU-Sozialpolitik etablierten Verfahren, so handelt es sich um einen Kompetenzverlust der zentralen Ebene. Erfolgt der Einsatz der OMK allerdings ergänzend, ohne daß die bisherigen Kompetenzen und ihre Verwendung angetastet werden, dann ist dieses neue Verfahren als zusätzlicher Kompetenztransfer zu werten. Soweit dies bisher erkennbar ist, wird die OMK nicht anstatt, sondern zusätzlich zu den bisher in der EU-Sozialpolitik eingesetzten Verfahren verwendet. Insofern wird auch hier die schon bei den ‚normalen' Entscheidungsverfahren zu beobachtende ‚Europäisierung' sichtbar, da die Alternative zur OMK vermutlich eine Lösung wäre, bei der einzelne Nationalstaaten untereinander ohne die EU-Ebene über sozialpolitische Aspekte beraten würden.

Im Vergleich zu nationalen Sozialpolitiken fallen die EU-Aktivitäten nach wie vor sehr bescheiden aus. Besonders augenfällig an der EU-Sozialpolitik ist es, daß anders als auf nationalstaatlichem Niveau distributive Aktivitäten nahezu gänzlich fehlen. Dort – wie bei den erwähnten Armutsprogrammen – wo es inhaltlich um solche Bereiche des „Sozialschutzes" geht, beschränkten sich die Aktivitäten weitgehend auf Instrumente im Vorfeld oder ‚an der Seite' der eigentlichen Redistribution. So wird z. B. die wissenschaftliche Projektbegleitung für Redistributionsprogramme finanziert. Allenfalls einige Maßnahmen der Agrar- und Regionalpolitik können als gemischt-distributive sozialpolitische Elemente interpretiert werden (z. B. Teile der Wiedereingliederungshilfen für

---

deutlich unterschiedliche Präferenzen für Sozialpolitik vorhanden sind und durch eine stärkere wettbewerbliche Öffnung dieses Bereichs solche Präferenzdifferenzen stärker hervortreten. Eine solche Divergenz der Systeme dürfte allerdings bis auf weiteres dominiert werden durch einen Abbau von Unterschieden, da die Differenzen nationaler Sozialpolitiken vor allem historisch erklärbar sind, jedoch nur eingeschränkt in Zusammenhang stehen mit unterschiedlichen nationalen Präferenzen. Insofern führt eine wettbewerbliche Öffnung sehr wahrscheinlich zunächst einmal eher zu einer Konvergenz, da alte überkommene Separatlösungen der Nationalstaaten durch relativ ähnliche effizientere Lösungen verdrängt werden.

Langzeitarbeitslose oder Umschulungsunterstützungen für Landwirte). Ein wesentlicher Grund für das Fehlen dieses Politikbereichs ist sicher die Budgetsituation des EU-Haushalts, die kaum eine Möglichkeit zu dieser sehr kostenintensiven Politikoption bietet.

Auch wenn sich die nationalen Sozialpolitiken inzwischen in einem erkennbaren europäischen Rahmen bewegen, der die Gestaltungsspielräume beschränkt, werden die wesentlichen sozialpolitischen Entscheidungen nach wie vor relativ unabhängig von Aktivitäten der EU getroffen. Eine sehr viel größere Rolle spielt vermutlich der allgemeine Systemwettbewerb in Europa, der die nationale Sozialpolitik zwingt, die internationale Wettbewerbsfähigkeit des inländischen Standorts auch (und besonders) bei der Ausgestaltung von Sozialpolitik im Auge zu behalten. Insofern sollte die EU-Sozialpolitik in ihrer Wirkung weder unterschätzt werden (indem z. B. lediglich die expliziten sozialpolitischen Kompetenzen des Art. 137 EGV ins Auge gefaßt werden), noch sollte man ihre Wirksamkeit überschätzen.

3. Ist eine (solche) europäische Sozialpolitik ökonomisch begründbar?

3.1. Begründungen für Sozialpolitik

Begründet werden kann eine (solche) Sozialpolitik grundsätzlich mit Hilfe der normativen Public-Choice-Theorie, welche im allgemeinen den *normativen Individualismus* als oberstes Werturteil in die Analyse einführt.[31] Bewertungen sollen nach diesem Postulat, das in der ökonomischen Theorie auch in Gestalt des Prinzips der Konsumentensouveränität auftritt, allein jenen Individuen überlassen sein, die von den Folgen der bewerteten Zustände „betroffen" sind. In idealer Weise legitimiert wären sozialpolitische Entscheidungen dann, wenn alle von einer Handlung betroffenen Individuen einen tatsächlichen Konsens erzielen (vgl. z. B. *Vanberg* 2000). Dies heben auch bereits die klassischen Theoretiker des Gesellschaftsvertrags wie *Thomas Hobbes, Jean-Jacques Rousseau* oder *John Locke* hervor (siehe kritisch *Müller* 2002b). Das Einstimmigkeitserfordernis überträgt – in der Diktion moderner ökonomischer (oder zumindest ökonomisch argumentierender) Vertragstheoretiker wie *James Buchanan* oder *John Rawls* – die *Pareto*-Effizienz marktlicher Entscheidungen auf die politischen Wahlhandlungen einer großen Gesellschaft. Entscheiden rationale Entscheidungsträger freiwillig im Konsens, so ist das Entscheidungsergebnis notwendig *Pareto*-optimal; denn in einer solchen Gesellschaft könnte niemand mehr besser gestellt werden, ohne zugleich ein anderes Gesellschaftsmitglied schlechter zu stellen.

Sozialpolitisches Handeln des Staates – vor allem eine *Umverteilungspolitik*, mit Hilfe derer einigen Individuen Einkommen oder Vermögen entzogen werden, um sie notleidenden Individuen zuzuweisen – wäre auf dieser Basis indes nur im Ausnahmefall zu

---

[31] Zur Begründbarkeit von Sozialpolitik auf der Basis des normativen Individualismus siehe als Übersicht auch *Ott* (2003); weiterhin *Goldschmidt* (2004) zur Diskussion von Umfang und Ausgestaltung) und *Müller* (2002a) aus konstitutionenökonomischer Sicht. Kritisch zu Umfang und Grenzen der individualistischen Grundnorm selbst siehe *Müller* (2004).

legitimieren. Denn wie groß auch immer das menschliche Elend im Einzelnen sein mag: Wenn für die Besserstellung eines Notleidenden eine andere Person schlechter gestellt werden muß, ist nach dem *Pareto*-Kriterium daran nicht legitim zu rütteln; „im Extremfall ist es sogar möglich, daß man paretooptimal verhungert" (*Nutzinger* 1975, S. 8).

Individualistisch ist sozialpolitische Umverteilung nur als ‚*Pareto*-verbessernde Umverteilung' zu rechtfertigen. Eine solche kann einerseits auftreten, wenn die Geber Altruisten sind, wenn also der Wohlstand der ärmeren Individuen mit positivem Vorzeichen in die Nutzenfunktion der Wohlhabenderen eingeht (*Hochman* und *Rodgers* 1969). Andererseits kann Umverteilung dann *Pareto*-verbessernd sein, wenn die Wohlhabenden ein Selbstschutzmotiv verfolgen. Sofern Umverteilung soziale Unruhen verhindert und erst hierdurch die Ärmeren das Eigentum der Besitzenden anerkennen, können die Wohlhabenden sozialpolitische Maßnahmen selbst dann befürworten, wenn sie reine Egoisten sind (*Brennan* 1973).

Umverteilung kann schließlich auch dann gerechtfertigt sein, wenn die beteiligten Individuen sich so verhalten, als ob sie sich unter einem ‚Schleier der Unkenntnis' (*Rawls* 1971; *Brennan* und *Buchanan* 1993) befänden, unter dem niemand seine eigenen Partialinteressen kennt. Kann am Start des „Spiels des Lebens" noch niemand ahnen, ob er sein Glück machen wird oder nicht, können die Beteiligten sozialpolitisches Handeln durchaus befürworten. Da unter dem Schleier der Unkenntnis nämlich niemand weiß, ob er selbst einmal zu den Wohlhabenden oder den Hungerleidern gehören wird, wird er mit seiner Stimme weder die einen noch die anderen bevorzugen: Jeder wird, um sich selbst gegen den Fall der Armut zu ‚versichern', aus eigenem Interesse für eine Umverteilung votieren, die den Armen ein auskömmliches Dasein garantiert und die gleichwohl die Reichen – in deren Rolle sich ja jeder selbst einmal wiederfinden könnte – nicht zu sehr schröpft. Da das fehlende Wissen der Entscheidungsträger über ihre eigenen künftigen Partialinteressen jede Art von positiver oder negativer Diskriminierung unmöglich macht, kann man diese Entscheidung auch als ‚fair' bezeichnen. Da die Umverteilungsregel im eigenen „konstitutionellen Interesse" (*Vanberg* und *Buchanan* 1989) aller Gesellschaftsmitglieder liegt, stellt die Vereinbarung sozialstaatlicher Umverteilungen unter unsicheren Erwartungen eine (konstitutionelle) *Pareto*-Verbesserung gegenüber der marktlichen Primärverteilung dar. Dennoch muß man sich aber darüber im Klaren sein, daß hier mit Hilfe des Verfahrens der Vertragstheorie eine bestimmte Gerechtigkeitsnorm ausgewählt wird. Wie bei jeder Norm handelt es sich auch bei dieser speziellen Umverteilungsnorm um eine bestimmte Vorstellung vom Guten und Gerechten. Ob man diese teilt – oder man eine andere Norm (und ein anderes oder modifiziertes ‚Normfindungsverfahren' wie z. B. die moralische Intuition) bevorzugt, bleibt letztlich jedem selbst überlassen.

Neben dieser Begründung sozialpolitischer Eingriffe des Staates über das Redistributionsargument (das sich auf unterschiedliche Gerechtigkeitsvorstellungen und daraus abgeleiteten Umverteilungsnormen beziehen kann) spielen *Allokationsprobleme* in der Sozialpolitik ebenfalls eine Rolle. Solche Marktversagenstatbestände können zum einen auf Versicherungsmärkten auftreten. Versicherungen könnten bei funktionierenden Märkten die Lebensrisiken, die durch staatliche Sozialpolitik abgedeckt werden, absichern, ohne daß staatliches Eingreifen notwendig ist. Zum anderen können aber auch Marktversagenstatbestände im Zusammenhang mit ‚sozialpolitischen Gütern' auftreten.

Klassische Beispiele für ein Marktversagen aufgrund *externer Effekte* auf dem Markt für ‚sozialpolitische Güter' sind der Impfschutz und die Seuchenbekämpfung. Wenn sich Person A impfen läßt, senkt sie nicht nur das Risiko, selbst angesteckt zu werden, sondern reduziert auch die Wahrscheinlichkeit für alle anderen Personen, die unmittelbar oder mittelbar Kontakt mit ihr haben, zu erkranken. Insofern produziert Person A positive externe Effekte für andere, ohne dafür von diesen kompensiert zu werden. Diese Externalität führt wie bei allen positiven externen Effekten zu einer Minderproduktion des Gutes – in diesem Fall also des Impfschutzes. Da eine Internalisierung des externen Effekts insbesondere aufgrund hoher anfallender Transaktionskosten kaum in Frage kommt, bleibt als Lösung für dieses Marktversagensproblem die staatliche Bereitstellung des Impfschutzes (z. B. durch eine teilweise Übernahme der Impfkosten). In diesem Fall steigt zumindest das Niveau des Impfschutzes – und dies bei richtiger ‚Dosierung' unter Umständen sogar genau auf das Niveau ohne Externalitäten. Diejenigen, die sich nicht impfen lassen, haben allerdings immer noch den Vorteil, daß sie die positiven externen Effekte der Geimpften genießen können. Ähnlich wie der Impfschutz, der das Entstehen eines Schadens vermeiden oder zumindest reduzieren soll, wirkt der Seuchenschutz. In diesem Fall geht es darum, die Ausbreitung eines Schadens zu verringern. Eine solche Ausbreitungsreduzierung kann im Interesse von Person A sein, die bereits einen Schaden hat. Dies ist etwa dann der Fall, wenn eine Tierseuche von einem Stall auf einen anderen von Person A überzugreifen droht. Gleichzeitig produziert Person A aber bei der Bekämpfung der Seuche einen positiven externen Effekt für alle anderen, deren Seuchenrisiko durch die Aktivitäten von Person A reduziert wird. Auch in diesem Fall kann die zu geringe Bereitstellung des Gutes ‚Seuchenschutz' durch eine staatliche Bereitstellung ausgeglichen werden.

Ebenfalls zu externen Effekten kann die *Nicht-Durchsetzung des Ausschlusses* führen. Dieser Fall kann in verschiedenen Systemen der sozialen Sicherung vorkommen. So wird man einen Behandlungsbedürftigen nicht an der Krankenhaustür abweisen (und eventuell sterben lassen), weil er keinen Versicherungsschutz hat und selbst nicht in der Lage sein wird, die Behandlung zu bezahlen. Auch die Unterstützung von Armen, die durch fehlende Vorsorge gegen Arbeitslosigkeit oder Alter in diese Lage geraten sind, wird kaum konsequent eingestellt werden, so daß diese Personen eventuell sogar verhungern müßten. Fehlt eine solche Durchsetzung des Ausschlusses von der Nutzung verschiedener ‚sozialpolitischer Güter', sinkt die Bereitschaft, sich gegen solche Risiken, bei denen man auf helfende Samariter hoffen kann, zu versichern. Diejenigen, die sich versichern, zahlen dabei unter Umständen doppelt – einerseits entrichten sie ihre Versicherungsprämie, andererseits müssen sie eventuell über Steuern für die Versorgung derjenigen aufkommen, die sich nicht versichert haben. Insofern produzieren Nicht-Versicherte (zusammen mit den Samaritern, die den Ausschluß nicht durchsetzen), negative externe Effekte. Bei genauer Betrachtung handelt es sich hierbei allerdings nicht um ein Marktversagensproblem im engeren Sinne. Das Auftreten dieses Samariter-Problems wird vielmehr ausgelöst durch Normen, die den Ausschluß derjenigen, die nicht vorgesorgt haben, verhindern. Besteht z. B. ein gesellschaftlicher Konsens darüber, den Ausschluß konsequent durchzusetzen, tritt kein Marktversagen auf. Insofern handelt es sich bei diesem Samariter-Problem (*Buchanan* 1975; *Coate* 1995) um eine Form des ‚abgeleiteten Marktversagens' als Folge bestimmter Gerechtigkeitsvorstellungen.

Ein weiterer bedeutsamer Faktor, der die marktliche Allokation beeinträchtigt, sind *asymmetrische Informationen* zwischen Vertraggeber und -nehmer. Eine solche ungleiche Informationsverteilung kann dabei sowohl auf Versicherungs- als auch auf Gütermärkten auftreten. Liegt die asymmetrische Informationsverteilung vor Abschluß eines Vertrags vor, kann es zur *adversen Selektion* kommen. Wissen Versicherungen z. B. nur sehr wenig über das Risiko ihrer (potentiellen) Kunden, sind sie auf eine Durchschnittskalkulation der Versicherungsprämie angewiesen. Weiß der potentielle Versicherte z. B. mehr über seinen erwarteten Krankheitsstand (Krankenversicherung), seine Lebenserwartung (Rentenversicherung) oder seine zukünftige Arbeitssituation (Arbeitslosenversicherung), dann kann er das Angebot des Versicherers genau prüfen. Ist sein persönliches Risiko geringer als das vom Versicherer kalkulierte Durchschnittsrisiko, schließt er den Versicherungsvertrag nicht ab, da er die Prämie als zu hoch empfindet. Somit gehen dem Versicherer alle potentielle Kunden verloren, die unter dem Durchschnitt liegende Risiken darstellen. In diesem Fall muß der Versicherer die Prämienkalkulation nachbessern: Das Durchschnittsrisiko steigt aufgrund des Fortbleibens der ‚guten Risiken', und entsprechend muß sich die geforderte Prämie erhöhen. Dies führt wiederum dazu, daß das Versicherungsangebot für einen weiteren Teil der Versicherten unattraktiv wird. Bisher lag ihr persönliches Risiko oberhalb der zunächst kalkulierten Durchschnittsprämie; jetzt aber liegt die neue Prämie über ihrem Risiko. Insofern wird aufgrund der erhöhten Prämie für einen weiteren Teil von (potentiellen) Versicherten (die verbliebenen ‚guten Risiken') das Angebot der Versicherung unattraktiv. Somit muß die Durchschnittsprämie wiederum steigen, um dem erhöhten Durchschnittsrisiko des Versichertenkollektivs gerecht zu werden. Durch diese beständige (falsche, adverse) Selektion gerade der ‚schlechten Risiken' kann es am Ende dazu kommen, daß nur noch für das schlechteste Risiko eine Versicherung angeboten wird und alle anderen Risiken keinen Versicherungsschutz mehr finden. Da Konsumenten normalerweise risikoscheu sind und somit Versicherungsschutz wohlfahrtssteigernd wirkt, können Maßnahmen zur Verringerung dieser asymmetrischen Informationen vor Vertragsabschluß *Pareto*verbessernd wirken. Hier sind zunächst verschiedene marktliche Maßnahmen vorstellbar.

So können die Versicherungen ihre Anstrengungen zur Risikobestimmung bei der Vertragsgegenseite verbessern. Eine solche *Screening*-Maßnahme ist z. B. eine ärztliche Aufnahmeuntersuchung vor Abschluß einer Kranken- Renten- oder unter Umständen auch Arbeitslosenversicherung. Auf der anderen Vertragsseite können ‚gute Risiken',die im Fall adverser Selektion keinen Versicherungsschutz finden, versuchen, den Versicherer von ihrem ‚guten Risiko' zu überzeugen. Das Vorlegen von Qualifikationsnachweisen und Referenzen im Falle einer Arbeitslosenversicherung oder die Vorlage von Sportabzeichen, falls eine Krankenversicherung abgeschlossen werden soll, wären solche Maßnahmen des *Signaling*. Erst wenn solche Marktlösungen nicht mehr ausreichen, können staatliche Maßnahmen sinnvoll sein. Sie können versuchen, das Asymmetrieproblem zu lösen (indem sie z. B. Informationen über Risiken bereitstellen oder Auskunftspflichten etablieren), oder sie können – als schärfste Maßnahme – die adverse Selektion ausschalten. Dies geschieht dadurch, daß der Abschluß einer Versicherung (z. B. gegen Arbeitslosigkeit) verpflichtend gemacht wird. Im Falle einer solchen Versicherungspflicht können die ‚guten Risiken' die Versicherung nicht mehr verlassen, auch wenn die Versicherungsprämie für ihr Risiko zu hoch ist – die adverse Selektion ‚schlechter Risiken' findet nicht mehr statt.

Asymmetrische Informationen nach Vertragsabschluß können zur Ausbeutung des Versicherungsvertrags durch die besser informierte Seite führen. Ein solches *Moral Hazard* kann im Bereich der Arbeitslosenversicherung z. B. dadurch zustande kommen, daß der Versicherungsnehmer aktiv für seine Entlassung sorgt und somit den Versicherungsfall selbst herbeiführt (ex ante *Moral Hazard*). Erhöht der Versicherungsnehmer nach Schadenseintritt die Kosten für die Versicherung, spricht man von ex post Moral Hazard. Im Fall der Krankenversicherung könnte der Versicherte etwa eine Vielzahl von Ärzten konsultieren, oder aber seine Mitarbeit bei der Genesung (*Compliance*) läßt zu wünschen übrig. *Moral Hazard* in beiden Formen läßt die Versicherungsprämie steigen und verdrängt diejenigen, die den Versicherungsvertrag nicht ausnutzen, aus dem Versichertenkollektiv. Schließlich bleiben nur noch diejenigen übrig, die auf jeden Fall *Moral Hazard* betreiben. In diesem Fall kann schließlich die Versicherungsprämie der Höhe des Schadens entsprechen, wenn die Wahrscheinlichkeit des Schadenseintritts eins wird – die Versicherung hat dann ihre Funktion verloren. Marktliche Gegenmaßnahmen sind verschiedene Formen von Eigenbeteiligungen, die den negativen externen Effekt eines Schadens auf die Versicherung teilweise internalisieren, so daß der Versicherte ihn zum Teil selbst tragen muß. Dies reduziert die Wohlfahrtsgewinne des Versicherungsschutzes gegenüber einer Vollversicherung, da dieser Versicherungsschutz ja nun nur noch eingeschränkt gewährt wird. Andererseits kann aber die Eigenbeteiligung die Voraussetzung dafür sein, daß die Versicherung überhaupt erst marktlich angeboten wird. Staatliche Eingriffe – z. B. in Form einer staatlichen Bereitstellung oder gar Produktion der Versicherungsleistung – führen nicht notwendigerweise zur Reduzierung von *Moral Hazard*. Die Arbeitslosenversicherung oder auch die staatliche Krankenversicherung sind hierfür gute Beispiele. Allenfalls die Nutzung des staatlichen Gewaltmonopols, z. B. bei der Durchsuchung von Baustellen zur Aufdeckung von arbeitslos gemeldeten Schwarzarbeitern, ist eine Möglichkeit zur *Moral Hazard*-Reduzierung, die den Marktakteuren nicht direkt zur Verfügung steht.

Auch auf dem Markt für ‚sozialpolitische Güter' sind asymmetrische Informationen anzutreffen. Von besonderer Bedeutung sind Erfahrungs- und Vertrauensgüter, deren Qualität erst nach Kauf und Nutzung bzw. im Fall von Vertrauensgütern gar nicht umfassend durch den Käufer eingeschätzt werden kann. Entsprechend treten hier wiederum *adverse Selektionseffekte* auf: Der Käufer erwartet eine mittlere Qualität und ist entsprechend auch nur bereit, einen mittleren Preis für das Gut zu bezahlen. Gute Qualität wird so aus dem Markt verdrängt, die durchschnittliche Qualität sinkt, und entsprechend verringert sich auch die Zahlungsbereitschaft der Käufer, bis schließlich nur noch die schlechteste Qualität am Markt übrig bleibt („market of lemons", *Akerlof* 1970). Bei ‚sozialpolitischen Gütern' ist das Problem der Qualitätsbeurteilung insbesondere bei einigen Gesundheitsgütern ausgeprägt; ähnliches gilt für Teile der Pflegegüter (*Sauerland* 2006) und vielleicht auch für Leistungen im Zusammenhang mit der Arbeitslosenversicherung (wie z. B. bei der Arbeitsvermittlung; vgl. *Walwei* 1994). Auch bei diesen Problemen gilt, daß marktliche Lösungen durchaus möglich sind – Qualitätssiegel, die durch die Anbieterseite oder durch unabhängige Dienstleister bereitgestellt werden, sind aus anderen Märkten bekannte Lösungen. Staatliche Maßnahmen können solche Informationsbereitstellung unterstützen oder durch Maßnahmen des Verbraucherschutzes Mindestqualitätsstandards festlegen.

Im Bereich der Krankenversicherung, besonders aber auch in der Pflegeversicherung von besonderer Bedeutung sind *Einschränkungen der Konsumentensouveränität*. Diese können dazu führen, daß Wahlhandlungen am Markt gar nicht mehr durchgeführt werden können. Aufgrund des hohen (und steigenden) Anteils dementer Pflegebedürftiger (*o. V.* 2005) ist sowohl die Wahl einer Versicherung als auch die Auswahl von Pflegegütern im Zustand der Pflegebedürftigkeit nur noch eingeschränkt möglich. Beauftragt der pflegebedürftige Prinzipal Agenten, die für ihn wählen sollen, so ist aus dem gleichen Grund verringerter Konsumentensouveränität nicht damit zu rechnen, daß die Agenten durch den Prinzipal hinreichend kontrolliert werden können. Agieren die Agenten rational, werden sie diesen sich daraus ergebenden Verhaltensspielraum ausnutzen. Ob in diesen Fällen marktliche Lösungen ausreichen, ist nicht sicher. Ein intensiver Wettbewerb zwischen Agenten (die z. B. die Versicherungen oder auch Treuhänder sein könnten) kann hier zwar helfen – handeln Agenten in diesem Fall gegen die Interessen ihrer dementen Prinzipale, können sie zwar nicht von diesen bestraft werden, wohl aber ist zu erwarten, daß ‚nachrückende Generationen‘, die noch ihre Konsumentensouveränität besitzen, solche Agenten meiden werden. Die rechtzeitige Auswahl von Agenten führt allerdings zu erheblichen *Transaktionskosten*. Da der Nutzen der Wahl erst in (weiter) Zukunft liegt und damit stark abdiskontiert wird, ist es wahrscheinlich, daß die rechtzeitige ‚Agentenwahl‘ häufig unterbleibt. In diesem Fall kann eine staatliche Aufgabe in der Senkung der Transaktionskosten liegen. Auch hier sind wiederum eine staatliche Informationsbereitstellung oder eine Mindestqualitätsvorgabe für Agenten vorstellbar.

3.2. Begründungen für eine EU-Sozialpolitik

Es gibt somit einige gute Gründe, sozialpolitisch motivierte Eingriffe des Staates aus Allokations- und Distributionsgründen für ökonomisch legitimiert zu halten. Eine andere Frage ist es, auf welcher Ebene eines föderalen Systems, wie es die Europäische Union darstellt, die sozialpolitische Kompetenz staatlicher Entscheidungsträger angesiedelt sein sollte. Diese Analyse der richtigen Kompetenzebene ist anders zu behandeln als die Frage, ob eine Aktivität überhaupt einem Kollektiv anvertraut werden soll oder besser der individuellen Entscheidung anheim gestellt wird.

Im Fall der Frage nach der richtigen Kompetenzebene ist eine Herleitung einer besonderen Präferenz für die kleinste Ebene eines Kollektivs aus dem normativen Individualismus nicht möglich. Eine generelle Bevorzugung einer unteren kollektiven Ebene, also ein „Ebenensubsidiarismus", wie er nach dem Subsidiaritätsprinzip (*Ribhegge* 2004, S. 43 ff.) der Sozialpolitik häufig unterstellt wird, kann sogar als Verstoß gegen den normativen Individualismus gewertet werden, da dann einer unteren Ebene eigene Ziele zugestanden werden, die vor der höheren Einheit ‚geschützt' werden müssen (vgl. hierzu *Apolte* 2004, S. 272 ff.). Insofern ist zur Entscheidung über die richtige Kompetenzebene im konkreten Fall ein Institutionenvergleich mit einer Kosten-Nutzen-Bewertung relevanter Alternativen ein sinnvollerer Weg. Unbeschadet dessen können allerdings auch allgemeine, theoriegeleitete und empirisch bewährte Regeln (wie sie zum Teil etwa aus der Theorie des fiskalischen Föderalismus gewonnen werden können[32]) einen wichtigen Beitrag zur Klärung der ‚Ebenenfrage' liefern.

3.2.1. Dimensionen der Begründung

Skalenvorteile können – analog zur ökonomischen Theorie der Betriebsgröße (vgl. z. B. schon *Gutenberg* 1956) – dazu führen, daß eine zentrale Bereitstellung effizienter als eine dezentrale ist. Welcher Teil der Bereitstellung von Sozialpolitik – die Beschlußfassung, die politische Umsetzung oder die tatsächliche Produktion eines ‚sozialpolitischen Gutes' – damit gemeint ist, bleibt zunächst offen. Auch wenn bei Entscheidungsfindung und politischer Umsetzung von Sozialpolitik in einer engen Betrachtung Kostenverläufe vorkommen, die für eine Zentralisierung sprechen, so können diese Zentralisierungsvorteile in einer erweiterten Kostenperspektive verloren gehen. Höhere Kosten durch im gesamten Zentralstaat wirksam werdende Fehlentscheidungen sind ein Beispiel für solche Kosten der Zentralisierung. Auf der Produktionsseite von Sozialpolitik finden sich ebenfalls einige Fälle mit Zentralisierungsvorteilen. Hierzu zählt z. B. die größere Homogenisierung von Risiken aufgrund der steigenden Größe des Kollektivs, die eine genauere Schadensberechnung in den Sozialversicherungen ermöglicht (*Oberender* und *Zerth* 2001, S. 513). Allerdings ist zu bedenken, daß die Produktion von ‚sozialpolitischen Gütern' wie diskutiert nur in seltenen Fällen aufgrund schwerwiegender Marktversagenstatbestände eine staatliche Aufgabe ist. Liegt hier kein Marktversagen vor, dann sollte staatliches Eingreifen – egal auf welcher Ebene – generell unterbleiben. Insgesamt ist nicht zu erkennen, daß bei der Bereitstellung von Sozialpolitik in beachtenswertem Umfang Skalenvorteile auftreten, die eine Zentralisierung begründen könnten. Weiterhin sind solche Effekte, wenn sie auftreten, auch eher ‚schwach' und werden häufig durch ‚Nebenwirkungen' der Zentralisierung mehr als überkompensiert (vgl. auch *Hefeker* 2003, S. 13).

Grenzüberschreitende externe Effekte als weitere Ebenen-Determinante sind bei nationaler Sozialpolitik durchaus zu erkennen. Im Bereich der Gesundheitssysteme etwa können auftretende oder absichtlich zur Ausbreitung gebrachte (Stichwort: Bioterrorismus) Krankheiten in einem Land ein anderes sehr schnell in Mitleidenschaft ziehen; unterlassene Prävention oder reduzierte Kuration wirken sich dabei nicht nur im Inland, sondern z. B. durch Arbeitsausfälle und ansteigende Gesundheitskosten unter Umstän-

---

[32] Als neuere Übersichten hierzu vgl. *Dowding, John* und *Biggs* (1994) mit empirischen Resultaten zur *Tiebout*-Theorie, *Inman* und *Rubinfeld* (1996), *Müller* (2001) mit einem steuerpolitischen Überblick sowie *Blankart* und *Borck* (2000) mit einer allgemeinen Übersicht.

den europaweit aus. Insgesamt sind solche grenzüberschreitenden externen Effekte im Bereich der Sozialpolitik zwar vorhanden, bilden aber eher einige wenige Spezialfälle.[33]

Zentralisierung kann auch Einfluß haben auf *Prinzipal-Agenten-Beziehungen* zwischen dem Wähler (Prinzipal) und dem Politiker, der als sein Agent seine Wähler-Interessen umsetzen soll. Bei nicht optimaler Ausgestaltung der Beziehung können erstens für den Agenten Handlungsspielräume entstehen, die er ausnutzen kann und die zur Minderdurchsetzung von Prinzipalpräferenzen führen (*Residual Loss*). Verringert der Prinzipal durch Kontrolle des Agenten (*Screening*) solche Verluste, entstehen ihm ebenfalls Kosten (*Monitoring Costs*). Und selbst wenn der Agent den Prinzipal dazu bringt, sein Verhalten dem Prinzipal gegenüber transparent zu machen (der Agent also *Signalling* betreibt), fallen auch hierdurch Kosten an (*Bonding Costs*).[34]

Einerseits ist es denkbar, daß Zentralisierung in Richtung einer Verringerung von Prinzipal-Agenten-Problemen wirkt. Eine höhere öffentliche Aufmerksamkeit (man vergleiche etwa die Wahlbeteiligungen bei Kommunal-, Landtags- und Bundestagswahlen), eine professionalisierte Kontrolle (z. B. durch die Arbeit von Rechnungshöfen auf höheren Ebenen) und eine Zurückdrängung von intransparenten, ineffizienten Koordinationsverfahren (etwa die Ablösung paternalistischer oder auf Korruption gründender Systeme durch solche mit offenem politischen Wettbewerb[35]) sprechen dafür, daß auf einer höheren, zentraleren Ebene die Handlungsspielräume der Agenten geringer sind und somit der Wähler als Prinzipal seinen Politiker-Agenten eher dazu bewegen kann, seine Wähler-Interessen zu vertreten. Andererseits kann aber Zentralisierung auch die Prinzipal-Agenten-Probleme erhöhen. Mehrfache, ebenenübergreifend interdependente Verweisungen (wie im europäischen Mehrebenensystem) machen bei fehlender direkter demokratischer Kontrolle den Agenten auf der zentralen Ebene in höherem Maße unabhängig von den Präferenzen der Prinzipale.

Insgesamt scheint die Wahl der Ebene, auf der Politik getrieben wird, für den Umfang von Prinzipal-Agenten-Problemen von geringerer Bedeutung zu sein als die Ausgestaltung der Prinzipal-Agenten-Beziehung auf ein und derselben Ebene. So dürfte z. B. der Korruptionsgrad auf der Ebene von Kommunen in unterschiedlichen Erdteilen sehr viel heterogener sein als die Unterschiede, die sich auf unterschiedlichen Ebenen der Entscheidung (Kommune, Nationalstaat, EU) in Westeuropa zeigen.

Für eine Sozialpolitik als Ganze ist hinsichtlich der Ebenenabhängigkeit der Prinzipal-Agenten-Beziehung kein allgemeiner Trend erkennbar. Für beide genannten Effekte

---

[33] Zu dem geschilderten Beispiel der Seuchenbekämpfung ‚paßt' die vorhandene Kompetenz der EU im Gesundheitsbereich sehr gut, die lediglich für diesen Fall eine Leistungserbringung durch eine EU-Behörde vorsieht (im „Europäischen Zentrum für die Prävention und die Bekämpfung von Seuchen") – in allen anderen Fällen der Gesundheitsversorgung durch Ärzte oder anderes medizinisches Personal sind ausschließlich die Nationalstaaten zuständig (vgl. *Sundmacher* und *Jasper* 2006).

[34] Die Beseitigung von Agency-Problemen führt somit zu einer Erhöhung der Transaktionskosten, so daß die Analyse von Prinzipal-Agenten-Problemen in diesem Zusammenhang als ein Spezialfall der nachfolgend diskutierten Transaktionskostentheorie angesehen werden kann.

[35] Zur (sehr unterschiedlichen) Abhängigkeit des Korruptionsgrads vom Zentralisierungsgrad vgl. z. B. *Shah*, *Thompson* und *Zou* (2004), *Saavedra* (2004).

(Zentralität führt zu ansteigenden Prinzipal-Agenten-Problemen oder sie führt zu ihrer Verringerung) finden sich Beispiele. Die häufig stark eingeschränkte Berücksichtigung lokaler Präferenzen aufgrund einer schlechten Kontrolle der Agenten bei den Arbeitslosenbetreuungs- und -vermittlungsaktivitäten (also ihr ‚Amtscharakter', vgl. *Walwei* 1994) spricht gegen eine Zentralisierung dieser Leistung. Hier ließe sich unter Umständen sogar folgern, daß ein Wechsel der (in Deutschland bisher nationalstaatlichen) Ebene ‚nach unten' hin zu einer stärkeren Regionalisierung der Arbeitsmarktpolitik angemessen wäre (vgl. *Konle-Seidl* 2005). Ein Beispiel für den umgekehrten Zusammenhang liefert die zum Teil sehr enge Bindung zwischen lokaler Politik und kommunalen Krankenhäusern.[36] Hieraus resultieren Krankenhausleistungen, bei denen nur eingeschränkt zu erkennen ist, daß diese den Präferenzen der Bürger entsprechen. Hieraus ließe sich unter Umständen ein Argument für eine stärkere Zentralisierung der Zuständigkeiten für Krankenhäuser ableiten. Diese könnte eine Kontrolle ermöglichen, die eher zur Durchsetzung der Wählerpräferenzen führt als die bisherige Lösung. In beiden Beispielen sind allerdings unter Beibehaltung der Ebene auch andere (vermutlich effizientere) Maßnahmen denkbar.[37] Hieraus folgt, daß die Begründung einer Kompetenzverschiebung von Sozialpolitik über dadurch verringerte Prinzipal-Agenten-Probleme in den Beispielen – und vermutlich auch generell – sehr problematisch ist.

Eine Zentralisierung kann weiterhin zu sinkenden *Transaktionskosten* auch außerhalb von Prinzipal-Agenten-Beziehungen führen. Besonders bei der Einführung der Währungsunion wurde dieses Argument sehr häufig verwendet (siehe *Rose* 2000). Für die Sozialpolitik spielen Transaktionskosten z. B. beim Wechsel des Landes durch Beschäftigte oder Unternehmen eine große Rolle. Vergleichbare Arbeitsbedingungen und Sozialleistungen erleichtern den Systemvergleich und verringern die individuellen Kosten

1. bei der Informationsbeschaffung über den unterschiedlichen nationalen Sozialschutz,

2. bei der Aushandlung von Arbeitsverträgen, insbesondere wenn der (höhere) heimische Standard abgesichert werden soll, oder

3. bei der Durchsetzung dieser Verträge.[38]

Gleichzeitig kann aus einer Angleichung von Teilen des Sozialschutzes auch ein intensiverer Systemwettbewerb um die verbleibenden Standortfaktoren folgen, der vorher transaktionskostenbedingt nicht stattgefunden hat.[39] Dies gilt insbesondere dann, wenn

---

[36] „Das kommunale Krankenhaus als verlängertes Rathaus" ist eine Beschreibungsmöglichkeit für die in der Vergangenheit in Deutschland häufiger vorgekommene Einflußnahme der kommunalen Politiker, etwa auf die Personalpolitik oder das Leistungsspektrum eines Krankenhauses.

[37] Im ersten Fall z. B. eine leistungsbezogene Vergütung der Mitarbeiter, im zweiten der konsequente Rückzug des Staates aus der Erbringung von Krankenhausleistungen, da hier kein Marktversagen zu erkennen ist (zur Diskussion vgl. *Cassel* und *Sundmacher* 2005, S. 15).

[38] Diese können insbesondere deshalb sehr hoch werden, da es sich in der Regel um Verfahren im Bereich des öffentlichen Rechts handelt, die starke nationale Unterschiede (vgl. *Krombach* und *Bamberski* 2000 am Beispiel von Grundrechten) und in der Regel eine lange Verfahrensdauer aufweisen.

[39] Zur umgekehrten Argumentation vgl. z. B. *Oberender* und *Zerth* (2001, S. 527).

Wanderwillige für den Bereich der Sozialpolitik keine nutzenmaximierende, sondern lediglich eine satisfizierende Strategie (*Simon* 1955) verfolgen, so daß sie nur auf ein ‚ausreichendes Niveau' der Sozialpolitik achten. Dies dürfte insbesondere auf Systeme der Mindestsicherung zutreffen – hier ist die Gewißheit oft hinreichend, bei sehr widrigen Lebensumständen abgesichert zu sein, ohne daß aufwendige und mit hohen Unsicherheiten behaftete individuelle Kalkulationen über das Absicherungsniveau angestellt werden. Wird angenommen, daß ein solches ausreichendes Niveau in einem Land bereitgestellt wird, können auf dieser Grundlage die anderen Leistungen des Landes und die damit verbundenen Kosten (also sein Steuer-Leistungs-Bündel) verglichen und hieran die Wanderungsentscheidung ausgerichtet werden.

Die Senkung von Transaktionskosten im Bereich der Sozialpolitik durch eine stärkere Vereinheitlichung kann in einigen sozialpolitischen Feldern relevant sein. Die damit verbundene Senkung von Wanderungsschranken, die zu einer gewünschten höheren Mobilität des Faktors Arbeit führt, kann allerdings nicht einzig durch eine Zentralisierung ganzer Felder der Sozialpolitik oder gar der Sozialpolitik als Ganze erreicht werden. Schon die nachträgliche Koordination der nationalen Systeme kann, wenn auch im beschränkten Umfang, hierzu beitragen (auch wenn die realen Folgen dieser EU-Politik instrumentenbedingt bisher relativ gering sind). Auch eine Konvergenz der Systeme durch einen verstärkten Systemvergleich bzw. einen stärkeren europäischen Wettbewerb auf Märkten für ‚sozialpolitische Güter' wirken in diese Richtung.

Vor allem in dynamischer Hinsicht von besonderer Bedeutung und mit einigen der oben diskutierten Determinanten zusammenhängend ist die Beziehung zwischen Zentralisierung und *Systemwettbewerb*.[40] Dieser Systemwettbewerb kann z. B. als Gegenstand die jeweiligen Regelungen im Bereich der Sozialpolitik haben, welche die Mitgliedsstaaten der EU anbieten. So könnte es etwa ein Land geben, daß eine sehr großzügige Sozialpolitik hat und sich diese durch eine hohe Steuerlast finanzieren läßt, während ein anderes Land kaum Sozialpolitik betreibt, dafür aber auch nur geringe Steuern erhebt. Produktionsfaktoren können nun – soweit sie zwischen den Ländern mobil sind – wählen, welches Steuer-Leistungs-Bündel sie bevorzugen und dorthin wandern.

Der Wettbewerb von Systemen in Analogie zum Wettbewerb auf Märkten weist neben den auch von letzterem bekannten Problemen (wie etwa das Hervorbringen von wettbewerbsbehindernden Praktiken durch den Wettbewerb selbst[41]) weitere Besonder-

---

[40] Hierbei wird nicht von dem engen Modell des Systemwettbewerbs nach *Tiebout* (1956) ausgegangen, das im Rahmen restriktiver Annahmen (so etwa einem U-förmigen Kostenverlauf bezogen auf die Bevölkerungszahl bei der Bereitstellung von Gütern durch den Staat – eine Annahme, die für öffentliche Güter mit ihrer fehlenden Konsumrivalität nicht zutreffen kann) die statische allokative Effizienz des Wettbewerbs von staatlichen Kosten-Leistungs-Bündeln untersucht (zu dieser Einschätzung des Modells vgl. auch *Tiebout* 1956, S. 419). Statt dessen liegt hier der Schwerpunkt der Betrachtung auf den dynamischen Wettbewerbseffekten (vgl. *Hayek* 1969, mit ähnlichem Vorgehen *Kerber* 1998).

[41] Im Fall des Systemwettbewerbs können Verlagerungen von Kompetenzen auf eine höhere Ebene unter Umständen als Kollusion gewertet werden (*Kerber* 1998). Wenn es allerdings z. B. um die Bereitstellung grenzüberschreitender öffentlicher Güter geht, sind solche Fälle in der Regel anders zu bewerten als bei Unternehmensabsprachen, auch wenn hier ebenfalls unternehmensübergreifende externe Effekte auftreten können, die – wie etwa im Bereich der

heiten auf. Zum einen kann es zu unerwünschten Folgen des Systemwettbewerbs kommen. Ein *Race to the bottom* bei der staatlichen Bereitstellung öffentlicher Güter bei vorliegender hoher Faktormobilität kann die Folge sein. In diesen Fällen erodieren Regelungen im Bereich der Sozialpolitik und gleichen sich auf dem niedrigsten Niveau an. Dieses kann durchaus auch ein Niveau sein, auf dem gar keine Sozialpolitik mehr bereitgestellt wird. Der Grund hierfür sind spezifische Wanderungsbewegungen zwischen den Systemen (den Nationalstaaten). So dürften z. B. Bezieher von Sozialhilfe einen Anreiz haben, in ein Land mit hoher Sozialhilfe zu wandern, da sie hier den größten Nutzen aus den sozialpolitischen Regelungen ziehen, die Kosten der Sozialpolitik jedoch nicht tragen müssen, da sie als Sozialhilfeempfänger nicht zur Finanzierung der Sozialhilfe herangezogen werden. Einige derjenigen im Zuwanderungsland, welche die Sozialhilfe finanzieren und nun auch noch die Zuwanderer, welche diese Transferleistungen erhalten, zusätzlich bezahlen müssen, haben aufgrund der Verschlechterung des Steuer-Leistungs-Bündels nun einen Anreiz, das Land zu verlassen. Dies wiederum erhöht die Belastung der noch verbliebenen Steuerzahler, so daß wiederum einige auswandern. Um diese Erosion von Steuerzahlern einzudämmen, kann entweder die Abwanderung unterbunden werden (was aufgrund der Freizügigkeit in der EU keine probate Methode darstellt) oder aber die Zuwanderung der Sozialhilfeempfänger gestoppt werden. Eine Möglichkeit hierzu ist die Anpassung des Sozialhilfeniveaus nach unten, so daß die Attraktivität des Landes für Zuwanderer reduziert wird. Hieraus kann sich eine Abwärtsspirale der sozialpolitischen Regelungen aller Länder ergeben (*Race to the bottom*). Damit wird das vorher von den Bürgern eines Landes als optimal angesehene Niveau der Sozialpolitik auf ein unteroptimales Niveau abgesenkt.

Dieser *Race to the bottom* wurde häufig für verschiedene Bereiche der Sozialpolitik diskutiert (vgl. z. B. *Oates* 1968; *Sinn* 1997). Aufgrund erheblicher Wanderungsrestriktionen bei gleichzeitig eingeschränkter Bedeutung des Teilbereichs Sozialpolitik im gesamten durch (Ab-)Wanderung wählbaren Steuer-Leistungs-Bündel von Staaten ist die tatsächliche Versagensgefahr von Systemwettbewerb aus diesem Grund allerdings eher gering (vgl. z. B. *Feld, Kirchgässner* und *Savioz* 1997; *Müller* 2002a). Allenfalls für Mindestsicherungssysteme (wie der oben diskutierte Fall der Sozialhilfe), welche erkennbar nicht an eigene Leistungen gekoppelt sind, ist eine höhere Migrationselastizität bei bestehender Armut möglich. Allerdings ist es in der EU trotz erheblicher Unterschiede in der Sozialhilfegewährung bisher nicht in nennenswertem Umfang zu Wanderungen aus diesem Grund gekommen (vgl. *Apolte* und *Kobel* 2003).

Zum anderen kann Systemwettbewerb gar nicht erst zustande kommen, da eine Abwanderung ausbleibt – und auch die zweite Möglichkeit der Mißfallensbekundung gegen die Ausgestaltung eines Systems, der Widerspruch (z. B. in Wahlen), nicht wirksam ist. Dieses Nicht-Zustandekommen des Systemwettbewerbs kann unter Umständen durch gezielte Wettbewerbsstimulierung aufgehoben werden. Hierzu zählen solche Maßnahmen, welche die Kenntnis von Bürgern über alternative Sozialpolitiken, wie sie

---

Normung von Bauteilen oder Qualitäten – durch Absprachen internalisiert werden können. Für eine solche Kollusion bestehen entsprechende Ausnahmen vom allgemeinen Kartellverbot des Wettbewerbsrechts – in Deutschland sind etwa solche Normungskartelle generell von der Anwendung des Gesetzes gegen Wettbewerbsbeschränkungen freigestellt.

anderenorts erprobt wurden, verbessern. Dies kann etwa dadurch geschehen, daß die Informationskosten über Alternativen für Wähler gesenkt werden. Hierdurch werden auch Informationsasymmetrien zwischen diesen Prinzipalen und ihren Agenten verringert, da der Kenntnisstand über Alternativen bei Politikern in der Regel deutlich größer ist. Hierdurch verringert sich die Möglichkeit des Agenten, gegen die Interessen des Prinzipals Wähler zu handeln. Der Bürger kann sich dann besser im politischen Prozeß seines Landes durchsetzen oder durch Zuwanderung zu einem gewünschten System dieses wählen.

3.2.2. Beurteilung der bisherigen EU-Sozialpolitik

Die Diskussion der Dimensionen, anhand derer aus ökonomischer Sicht die EU-Sozialpolitik beurteilt werden kann, hat gezeigt, daß diese nicht alle im gleichen Maße für die Beurteilung bedeutsam sind. Gleichzeitig ist zu erkennen, daß die unterschiedlichen Strategien der EU-Sozialpolitik, die in etwa den historischen Abschnitten der Politikausgestaltung entsprechen, mit Hilfe verschiedener Dimensionen untersucht und in abweichendem Umfang begründet werden können.

Am unteren Ende des Zentralisierungsumfangs steht die *koordinierende Sozialpolitik* der EU, die nahezu seit Beginn der formalen europäischen Integration versucht hat, nationale Sozialpolitiken nachträglich ‚on the top' zu koordinieren. Die Begründung für die Wahl der europäischen Ebene ist gut über die beabsichtigte und zum Teil erfolgte Senkung von Transaktionskosten möglich. Da sich die Koordination schon auf vorhandene nationale Sozialpolitiken bezieht, der staatliche Eingriff also schon stattgefunden hat, ist hier sinnvollerweise keine Prüfung der generellen Begründbarkeit staatlicher Eingriffe vorzunehmen. Die Senkung der Transaktionskosten wirkte insbesondere in Richtung einer Erhöhung der Arbeitskräftemobilität, da nun z. B. keine explizite einzelvertragliche soziale Absicherung eines Arbeitnehmers im EU-Ausland mehr notwendig war. Allerdings war wie diskutiert der bisherige Instrumenteneinsatz nur eingeschränkt erfolgreich. Bei genauerer Betrachtung zeigen sich die generellen Grenzen des Ansatzes der reinen Koordination, da Inkompatibilitäten zwischen den nationalen Systemen der sozialen Sicherung immer nur ex post verringert, häufig aber nicht beseitigt werden können. Gleichzeitig zeigt sich, daß eine rein koordinierende Sozialpolitik zu hohen Kosten führen kann. Dies betrifft einerseits den aufwendigen politischen Prozeß selbst, der hohen Abstimmungsbedarf erfordert, sowie andererseits die dadurch induzierten Kosten z. B. bei den Wanderarbeitnehmern, die durch zurückgestaute Reformen entstehen. So zog sich z. B. die generellere Reform der einschlägigen Rechtsnormen (insbesondere der Verordnung 1408/71) über den Zeitraum zweier Jahrzehnte hin. In dieser Zeit waren diverse Abstimmungsrunden der nationalen Regierungen notwendig. Es wurde eine Vielzahl von Urteilen des EuGH aufgrund unklarer Rechtslagen gefällt, und auch die Transaktionskosten von Wanderarbeitnehmer zum Ausgleich nicht eindeutiger Regelungen dürften nicht unwesentlich gewesen sein, ja sogar Transaktionen partiell verhindert haben, so daß eine an sich effiziente Wanderung gar nicht erst stattgefunden hat.

Am oberen Ende des Zentralisierungsumfangs steht die *Harmonisierung* von Teilen der Sozialpolitik. Es ist zu erkennen, daß diese Form des Kompetenztransfers an die

EU-Ebene in diesem Politikfeld keine große Rolle spielt. Zwei wesentliche Beispiele machen allerdings deutlich, daß diese starke Zentralisierung durch die normative ökonomische Theorie nur zum Teil begründet werden kann. Aufgrund deutlicher länderübergreifender negativer externer Effekte kann die EU-Zuständigkeit für Seuchenbekämpfung durchaus gut begründet werden. Gleichzeitig ist dies ein Bereich, in dem aus Sicht eines Individuums starke positive Externalitäten auftreten, so daß eine marktliche Bereitstellung von Seuchenschutz nicht im optimalen Umfang zu erwarten ist. Zu fragen ist in diesem Themenbereich sogar, ob hier nicht ein deutlicher Kompetenzausbau der zentralen Ebene zu rechtfertigen wäre. In Deutschland liegen bisher die Kompetenzen z. B. teilweise auf einer sehr tiefen regionalen Ebene. Hierdurch ist die Gefahr sehr groß, daß der Bereitstellungsumfang auf dieser Ebene zu gering gewählt wird.

Der umfangsreichste Bereich der EU-Sozialpolitik, in welchem Harmonisierung auf dem Verordnungs- bzw. Richtlinienwege eine wesentliche Strategie darstellt, ist der Arbeitsschutz. Hier sind weder grenzübergreifende externe Effekte zu erkennen (da ein Großteil der Arbeitschutzregeln weder zu veränderten Produkten führen dürfte noch andere grenzüberschreitende Ausbreitungswege vorstellbar sind), noch spielt die Senkung von Transaktionskosten eine nennenswerte Rolle. Allenfalls ist es vorstellbar, daß im Bereich des Arbeitsschutzes ein *Race to the bottom* erwartet wird – allerdings sind die unterschiedlichen Regelungen im Bereich der Systeme der sozialen Sicherung quantitativ um einiges bedeutsamer (etwa hinsichtlich ihrer Bedeutung als Kostenfaktor der Produktion). Da bei der sozialen Sicherung bisher keine Anpassung an ein unteres Niveau stattgefunden hat, ist nicht zu erkennen, warum dies für Arbeitschutzvorschriften gelten sollte. Insofern legt hier die normative Theorie nahe, die Zentralisierung vollständig aufzugeben und die Kompetenz (zumindest) auf die nationale Ebene zurückzugeben. Auch ist zu prüfen, ob asymmetrische Informationen hier tatsächlich zu groß sind, so daß ein staatliches Eingreifen in Form von Mindestvorschriften notwendig wäre. Andere Instrumente wie z. B. eine branchen- oder betriebsbezogen kalkulierte Unfallversicherung sind marktnäher und führen möglicherweise zu einem besseren Ergebnis.

Besonderes Augenmerk verdient die Zentralisierung mit mittlerem Umfang. Diese ist insbesondere in der *Konvergenzstrategie* der EU zu erkennen. Die hier eingesetzten Instrumente ‚Etablierung von partiellen Wettbewerbsmärkten' sowie die ‚Offene Methode der Koordinierung' mit ihrem Vergleich nationaler Sozialpolitiken lassen sich dabei unterschiedlich begründen.

Der Wechsel des Koordinationsverfahrens in Richtung Markt ist dann, wenn keine Marktversagenstatbestände vorliegen, generell zu begrüßen. In der Produktion von ‚sozialpolitischen Gütern' ist ein Marktversagen in Teilen nicht zu erkennen, so daß hier die Etablierung wettbewerblicher Märkte das von der normativen Theorie geforderte Vorgehen ist. Bisher noch unterentwickelt ist dabei die Schaffung einer angemessenen Wettbewerbsordnung. So gelten nach wie vor in vielen Bereichen der Produktion sozialpolitischer Leistungen eine Vielzahl von Sonderregelungen, die teilweise allgemein gültige wettbewerbliche Regelungen außer Kraft setzen (so in Deutschland z. B. bei Krankenkassenfusionen die Fusionskontrolle) oder die Wettbewerbsaufsicht eher unüblichen Organisationen übertragen (in Deutschland ist etwa die Sozialgerichtsbarkeit für wichtige wettbewerbliche Fragen im Gesundheitsbereich zuständig). Die Etablierung einer solchen Wettbewerbsordnung für wesentliche Bereiche der Sozialpolitik wäre – ähnlich den Aktivitäten der EU bei der Liberalisierung von Netzindustrien – eine deutlich ausbaufähige Aufgabe der EU, welche die stark einzelfallbezogene Rechtsprechung der EuGH systematisieren und ausbauen könnte.

Die Schaffung einer höheren Transparenz über die Leistungsfähigkeit nationaler Systeme der sozialen Sicherung bzw. auch anderer Bereiche der Sozialpolitik kann erstens zur Senkung von Transaktionskosten führen, da hierdurch nationale Regelungen transparenter werden und zumindest Suchkosten sinken können. Bedeutsamer ist aber zweitens die Förderung des Systemwettbewerbs.

Ähnlich wie bei der koordinierenden Sozialpolitik der EU handelt es sich auch hierbei um eine Aktivität, die nachfolgend zu den nationalen Sozialpolitiken erfolgt. Insofern gilt auch hier, daß bei diesem Verfahren, welches die Tätigkeitsbereiche der nationalen Sozialpolitiken zunächst als gegeben ansieht, eine Prüfung auf Marktversagenstatbestände einen etwas anderen Charakter hat. Im Falle eines Leistungsfähigkeitsvergleichs verschiedener nationaler Sozialpolitiken für politische Entscheidungsträger ist kaum ein Marktversagen zu erkennen – hierbei handelt es sich um eine spezifische Form der Politikerberatung (vgl. *Cassel* 2001), die auch in anderen Fällen als privates Gut ohne staatlichen Eingriff bereitgestellt wird. Anders liegt der Fall, wenn die OMK nicht nur den Politikern, sondern auch direkt der Bevölkerung dienen soll. Diese *Politikberatung*, die aufgrund der besonders komprimierten Informationsaufbereitung des OMK-Prozesses vermutlich die weit größere Bedeutung hat,[42] weist hingegen deutlich die Eigenschaften eines öffentlichen Guts auf. Die Informationen sind nicht rivalisierend im Konsum, und ein Ausschluß von Wählern ist weder erwünscht, noch ist er angesichts hoher Ausschlußkosten praktikabel (vgl. zur Diskussion z. B. *Sundmacher* 2005b). Somit gibt es einen guten Grund, den Vergleich von Sozialpolitiken staatlich bereitzustellen.[43]

Dabei ist kaum zu erwarten, daß aufgrund der in Sozialpolitik-OMK-Prozessen bereitgestellten Informationen große Wanderungsströme zwischen Nationalstaaten mit unterschiedlichen Sozialpolitiken entstehen. Weder sind die Ergebnisse der OMK-Verfahren von einer solchen entscheidungsrelevanten Qualität, noch ist der sozialpolitikbedingte Nettonutzen so groß, daß er in einer bedeutsamen Anzahl von Fällen die Wanderungskosten übersteigt. Dennoch können die sozialpolitischen OMK-Prozesse

---

[42] Da es für die Bürger als wählender homo oeconomicus rational ist, sich nur in sehr bescheidenem Umfang zu informieren – da er weiß, daß seine einzelne Stimme in Mehrheitswahlen nur sehr selten den Entscheidungsausschlag gibt (rationale Ignoranz; *Buchanan* und *Tullock* 1962) –, werden im Regelfall nur einfach zugängliche und leicht zu verarbeitende Informationen über die zur Wahl stehenden Alternativen zur Kenntnis genommen.

[43] Dies bedeutet allerdings nicht, daß auch die Produktion staatlich erfolgen muß. Es ist durchaus vorstellbar, daß Teile des OMK-Prozesses im Ausschreibungswettbewerb vergeben werden. Aufgrund der vielfältigen Verflechtungen mit staatlichen Tätigkeiten (z. B. bei den zum Teil notwendigen Veränderungen bei der Datenerhebung bei den statistischen Ämtern) ist aber momentan diese Möglichkeit wahrscheinlich mit sehr hohen Transaktionskosten verbunden, welche die Effizienzgewinne durch die marktliche Produktion der Leistung wieder ‚auffressen' können.

dazu beitragen, daß die ‚Internationalisierung' der Reformdiskussionen nationaler Sozialpolitik voranschreitet. Die OMK-induzierte Notwendigkeit zur Beschäftigung mit anderen europäischen Systemen der Sozialpolitik steigt sehr deutlich, das Wissen über ausländische Entwicklungen in diesem Feld nimmt zu, und auch die Bereitschaft, internationale Erfahrungen in den Reformprozeß mit einzubeziehen, ist – sicher nicht nur aufgrund der OMK-Prozesse – angestiegen (*Zentner* 2005). Die OMK könnte damit den Systemwettbewerb durch die geschilderten Effekte auf der Politikangebotsseite fördern und gleichzeitig auch die Politiknachfrageseite durch die stärkere Information über alternative Sozialpolitiken in Form der Bereitstellung eines öffentlichen Gutes unterstützen.

4. Aufgaben für die Zukunft

Die derzeitige EU-Sozialpolitik ist aus der hier diskutierten ökonomischen Sicht sicher alles andere als eine perfekte Lösung. Im Vergleich zu den in den Nationalstaaten notwendigen Reformmaßnahmen in verschiedenen Bereichen der Sozialpolitik schneiden die EU-Aktivitäten allerdings gar nicht so schlecht ab. Nichtsdestotrotz hat die Diskussion einige Punkte aufgezeigt, die teilweise sehr deutlich verbessert werden können.

Hinsichtlich der Koordination von nationalen Sozialpolitiken (wie z. B. der Ermöglichung von Behandlungen in ausländischen Gesundheitssystemen) ist eine Veränderung des eingesetzten Instrumentariums zu empfehlen. Zu hohe politische Transaktionskosten sind zu beklagen, und die vielen nationalen Umsetzungsspielräume konterkarieren die Transaktionskosten senkende und mithin Arbeitskräftemobilität fördernde Koordination.

Im Bereich der Konvergenz-Strategie können Rück-, Zu- und Umbauempfehlungen ausgesprochen werden. Ein Rückbau bietet sich im Falle zu weit reichender Zentralisierung an. Hier ist insbesondere an den Arbeitsschutz zu denken. Auf der anderen Seite steht die Empfehlung eines stärkeren Ausbaus der EU-Kompetenzen bei grenzüberschreitenden externen gesundheitsrelevanten Effekten. Hier ist insbesondere der Seuchenschutz von Bedeutung.

Im Vergleich zu diesen beiden eher kleineren Politikbereichen haben die Aktivitäten auf der EU-Ebene, die zu einer Verstärkung des Reformdrucks auf die Sozialpolitik der Nationalstaaten führen können, eine sehr viel stärkere Bedeutung – hier sind noch einige Umbauschritte notwendig. Dort, wo Märkte für ‚sozialpolitische Güter' bisher vor allem durch Aktivitäten des EuGH geschaffen wurden, sind drei Weiterentwicklungsnotwendigkeiten relevant.

– Erstens ist der Umfang solcher Märkte bisher noch sehr gering – hier besteht in vielen Feldern noch die Möglichkeit, staatliche Produktion abzulösen (z. B. in der Krankenhausversorgung oder der Arbeitsvermittlung).

– Zweitens fehlt nach wie vor häufig eine angemessene Wettbewerbsordnung, die teilweise etablierte Instrumente aus ‚normalen' Märkten übernehmen kann, zum Teil aber auch (z. B. aufgrund von Problemen mit asymmetrischen Informationen oder eingeschränkter Konsumentensouveränität) angepaßte Lösungen entwickeln muß.

– Drittens schließlich bedarf es einer Transformation der Einzelfallentscheidungen des EuGH in konsistente, allgemeingültige Regelungen. Ein hierdurch entstehender stabiler und nachvollziehbarer Ordnungsrahmen ist gerade in sich entwickelnden Märkten eine Voraussetzung für die Entfaltung der positiven Eigenschaften marktlicher Koordination.[44]

Dieses sind die drei potentiellen Tätigkeitsfelder, in denen die EU im Bereich der Sozialpolitik ähnliches leisten könnte, wie sie in den Netzindustrien (Telekommunikation, Strom und Gas) seit Ende der 80er Jahre vorexerziert hat.

Die Instrumente der EU zum Systemvergleich, wie sie sich insbesondere in den OMK-Prozessen zeigen, können ebenfalls noch deutlich verbessert werden. Die Ausgestaltung des Instruments in Richtung Politikerberatung macht es sicherlich notwendig, an der Qualität von Indikatoren und Daten zu arbeiten. Dies ist eine Vorbedingung, damit OMK-Resultate überhaupt ernst genommen werden und nicht sehr schnell mit Hinweis auf die unzulängliche Methodik des Datenapparats entkräftet werden können. Zu überdenken ist auch die vorgesehene Straffung (*Kommission* 2003). Diese Zusammenführung einiger sozialpolitischer OMK verringert vermutlich den Erstellungsaufwand, führt aber wahrscheinlich zu einem sehr deutlichen Verlust der Wirksamkeit (vgl. *Ausschuß für Sozialschutz* 2003). Die OMK-Prozesse sollten vielmehr zum Zuschnitt der nationalen Reformdebatten passen. So wird eine Renten- und Gesundheitsreform nur sehr selten zusammen diskutiert werden, so daß eine Zusammenlegung eines Vergleichs auf EU-Ebene aufgrund des fehlenden ‚Reformanschlusses‘ fragwürdig erscheint. Weiterhin ist die demokratische Kontrolle stark verbesserungsfähig. Wenn die OMK nicht wirksam ist, braucht man eine solche Kontrolle nicht – allerdings ist dann das ganze Verfahren überflüssig. Zeigt es hingegen Wirkung, dann sollte seine Ausgestaltung auch so weit wie möglich demokratisch legitimiert sein. Vorgeschlagen wird hier, erstens die OMK zu einem expliziten, im EG-Vertrag verankerten Verfahren zu machen, zweitens nicht den Weg des Intergouvernmentalismus weiter zu verfolgen, sondern statt dessen die etablierten EU-Organe zu nutzen (inklusive der bisher fehlenden Möglichkeit des Klagewegs vor dem EuGH) und drittens den Einbezug des Europäischen Parlaments (das bisher nur ‚freiwillig‘ durch die Kommission unterrichtet wird) zu stärken.

In Richtung Politikberatung (die Beratung der Wähler durch die OMK) helfen die oben mit Blick auf die Politikerberatung angesprochenen Punkte sicher auch. Darüber hinaus können verschiedene Maßnahmen die Aufmerksamkeit für die Ergebnisse steigern helfen. Hierzu gehört z. B. eine stärkere Einbindung der nationalen Parlamente. So könnte die Beratung der nationalen Berichte ähnlich dem Verfahren der Anhörung in den Parlamenten erfolgen und so die Erstellung im zuständigen Ministerium ablösen. Neben dem ‚Demokratieschub‘ könnte dies dazu führen, daß die Beratungsergebnisse (inklusive der im Vergleich zu anderen Staaten festgestellten Mängel) sehr viel eher in den nationalen Medien präsent sind, als dies bei einer reinen EU-Veröffentlichung nor-

---

[44] Mit Bezug auf die Transformation von Gesundheitsmärkten vgl. z. B. *Sundmacher* und *Sundmacher* (2004), *Sundmacher* (2005a).

malerweise der Fall ist. Darüber hinaus läßt sich die Rezeptionsfähigkeit der OMK-Ergebnisse deutlich steigern, um die Informationskosten der Wähler zu senken. Zu denken ist an eine sehr viel bessere Informationsverdichtung (etwa durch ein ergänzendes Ranking) oder auch an eine Verbesserung der Präsentation in Form und Ausdruck.

Aufgrund der vielfältigen Transformationsnotwendigkeiten vieler Bereiche der Sozialpolitik kommt auf die Nationalstaaten in den nächsten Jahren eine sehr schwierige Aufgabe zu. Die EU-Ebene kann bei dieser Transformation bei Wahl geeigneter Instrumente durchaus hilfreich sein. Vermieden werden muß dabei, daß zu stark und aus Sicht der ökonomischen Theorie nicht begründbar auf den Ausbau von Harmonisierung gesetzt wird. Zwar ist dies bisher nicht zu erkennen. Dennoch besteht aus politökonomischer Sicht durchaus die Gefahr, daß es einen Konsens der Nationalstaaten geben könnte, Sozialpolitik als lästiges Übel, mit dem man Wahlen nur noch verlieren, aber nicht mehr gewinnen kann, ,nach Brüssel' zu verschieben. Fallen dort unliebsame Entscheidungen, dann kann man – wie in der Agrarpolitik sehr häufig praktiziert – immer noch auf das eigene Minderheitsvotum oder auf die (kleinen) positiven Verhandlungsergebnisse in Richtung der eigenen Position verweisen. Damit dieser nicht voranbringende Holzweg nicht genommen wird, sollten solche Instrumente ausgebaut werden, die marktliche Koordination in einem stabilen Wettbewerbsrahmen ermöglichen und ein wechselseitiges Lernen der Nationalstaaten in einem ,Systemwettbewerb' ermöglichen. Beides erhöht den nationalen Reformdruck und bietet gleichzeitig Reformperspektiven für die Sozialpolitiken der Nationalstaaten an.

Literatur

Akerlof, George (1970), The Market for 'Lemons': Quality Uncertainty and the Market Mechanism, in: Quarterly Journal of Economics, Vol. 84, No. 3, pp. 488-500.

Apolte, Thomas (2004), Die eigentümliche Diskussion um Zentralisierung und Dezentralisierung in der Europapolitik, in: Perspektiven der Wirtschaftspolitik, Bd. 5, Nr. 3, S. 271-291.

Apolte, Thomas und *Claudius Kobel* (2003), Sozialordnung in einer erweiterten EU zwischen Wanderungshemmnissen und Überschußmigration, in: *Dieter Cassel* und *Paul J. Welfens*, (Hg.), Regionale Integration und Osterweiterung der Europäischen Integration, Stuttgart, S. 471-502.

Ausschuss für Sozialschutz (2003), Stärkung der sozialen Dimension der Lissabonner Strategie: Straffung der offenen Koordinierung im Bereich Sozialschutz, Brüssel.

Bauer, Michael W. und *Ralf Knöll* (2003), Die Methode der offenen Koordinierung: Zukunft europäischer Politikgestaltung oder schleichende Zentralisierung?, in: Aus Politik und Zeitgeschichte, B 1-2, S. 33-38.

Benz, Benjamin (2004), Nationale Mindestsicherungssysteme und europäische Integration: Von der Wahrnehmung der Armut und sozialen Ausgrenzung zur Offenen Methode der Koordination, Wiesbaden.

Blankart, Charles B. und *Reinald Borck* (2000), Local Public Finance, Humboldt Universität Berlin, Discussion Paper No. 154, Berlin.

Bodewig, Thomas und *Thomas Voß* (2003), Die „offene Methode der Koordinierung" in der Europäischen Union – „schleichende Harmonisierung" oder notwendige „Konsentierung" zur Erreichung der Ziele der EU?, in: Europarecht, Jg. 38, Nr. 2, S. 310-326.

Brennan, Geoffrey (1973), Pareto Desirable Redistribution: The Non-Altruistic Dimension, in: Public Choice, Vol. 14, pp. 43-67.

Brennan, Geoffrey und *James M. Buchanan* (1993), Die Begründung von Regeln, Tübingen.

Buchanan, James M. (1975), The Samaritan's Dilemma, in: *Edmund S. Phelps* (Ed.), Altruism, Morality and Economic Theory, New York, pp. 71–85.

Buchanan, James M. and *Gordon Tullock* (1962), The Calculus of Consent: Logical Foundations of a Constitutional Democracy, Ann Arbor.

Cassel, Susanne (2001), Politikberatung und Politikerberatung: Eine institutionenökonomische Analyse der wissenschaftlichen Beratung der Wirtschaftspolitik, Bern.

Cassel, Dieter und *Torsten Sundmacher* (2005), Systemtransformation durch Systemwettbewerb im Gesundheitswesen? Ein Vorschlag zum Übergang vom kollektiv- zum einzelvertraglichen Kontrahieren auf dem Leistungsmarkt und seine Probleme, Arbeitspapier Fachbereich Betriebswirtschaftslehre, Universität Duisburg-Essen, Campus Duisburg, Nr. 311, Duisburg.

Chassard, Yves and *Odile Quintin* (1993), Towards a Convergence of Social Policies, in: *Jos Berghman* and *Bea Cantillon* (Eds.), The European Face of Social Security: Essays in Honour of *Herman Deleeck*, Aldershot, pp. 337-355.

Coate, Stephen (1995), Altruism: the Samaritan's Dilemma, and Government Transfer Policy, in: American Economic Review, Vol. 85, Nr. 1, pp. 46–57.

Devetzi, Stamatia und *Volker Schmitt* (2002), Die offene Methode der Koordinierung im Bereich Alterssicherung in der EU: Eine kritische Bestandsaufnahme, in: Deutsche Rentenversicherung, Nr. 4/5, S. 234-248.

Dowding, Keith, Peter John and *Stephen Biggs* (1994), Tiebout: a review of the empirical literature, in: Urban Studies, Vol. 31, No. 4/5, pp. 767-797.

Erdmann, Ernst-Gerhard (1964), Probleme harmonisierter Sozialpolitik, in: *Gabriele Sandmann-Bremme*, u.a. (Hg.), Die EWG als Sozialgemeinschaft, Köln, S. 33-45.

Europäischer Rat (2000), Schlußfolgerungen des Vorsitzenden, KOM (2001) 362 endg. vom 23./24. 03. 2000, Brüssel.

Europäischer Rat (2002), Schlußfolgerungen des Rates betreffend die Folgemaßnahmen zum Weißbuch der Europäischen Kommission mit dem Titel „Neuer Schwung für die Jugend Europas" vom 18. 03. 2002, http://register.consilium.eu.int/ pdf/de/02/ st06/ 06367d2.pdf (02.03.2005).

Farrell, Henry and *Adrienne Héritier* (2004), Interorganizational Negotiation and Intraorganizational: Power in Shared Decision Making, Early Agreements under Codecision and their Impact on the European Parliament and Council, in: Comparative Political Studies, Vol. 37, No. 10, pp. 1184-1212.

Feld, Lars P., Gebhard Kirchgässner und *Marcel Savioz* (1997), Institutioneller Wettbewerb in der Europäischen Union: Das Ende des Sozialstaats?, in: *Eckhard Knappe* und *Albrecht Winkler* (Hg.), Sozialstaat im Umbruch: Herausforderungen an die deutsche Sozialpolitik, Frankfurt/Main und New York, S. 17-45.

Goldschmidt, Nils (2004), Zur Theorie der Sozialpolitik: Implikationen aus ordnungsökonomischer Perspektive, in: *Nils Goldschmidt* und *Michael Wohlgemuth* (Hg.), Die Zukunft der Sozialen Marktwirtschaft: Sozialethische und ordnungsökonomische Grundlagen, Tübingen, S. 63-95.

Greenwood, Ronald G. (1981), Management by Objectives as Developed by *Peter Drucker*, in: Academy of Management Review, Vol. 6, Nr. 2, S. 225-230.

Gutenberg, Erich (1956), Betriebsgröße, in: *Hans Seischab (Hg.)*, Handwörterbuch der Betriebswirtschaft, Band 1, Stuttgart, Sp. 800-806.

Hayek, Friedrich A. (1969), Freiburger Studien, Tübingen.

Hefeker, Carsten (2003), Ressourcenverteilung in der EU: Eine polit-ökonomische Perspektive, HWWA Discussion Paper Nr. 252, Hamburg.

Heidel, Susanne (2003), Die offene Methode der Koordinierung: Strategien der Alterssicherung im Vergleich, in: Betriebliche Altersversorgung, 58 Jg., Nr. 7, S. 596-601.

Heyde, Peter (1960), Internationale Sozialpolitik, Heidelberg.

Hochman, Harold M. and *James D. Rodgers* (1969), Pareto Optimal Redistribution, in: American Economic Review, Vol. 59, No. 4, pp. 542-557.

Hodson, Dermot and *Imelda Maher* (2001), The Open Method as a New Mode of Governance: The Case of Soft Economic Policy Co-Ordination, in: Journal of Common Market Studies, Vol. 39, No. 4, pp. 719-746.

Hohe Behörde (1957), Europa im Aufbau: Aus dem fünften Gesamtbericht der Hohen Behörde der Gemeinschaft für Kohle und Stahl, Abteilung Veröffentlichungen der Europäischen Gemeinschaft, Luxemburg.

Huster, Ernst-Ulrich (1997), Armut in Europa – ausgewählte Ergebnisse des Armutsobservatoriums der Europäischen Union, in: *Irene Becker* und *Richard Hauser* (Hg.), Einkommensverteilung und Armut – Deutschland auf dem Weg zur Vier-Fünftel-Gesellschaft?, Frankfurt am Main und New York, S. 199-230.

Inman, Robert P. and *Daniel Rubinfeld* (1996), Designing Tax Policy in Federalist Economies: An Overview, in: Journal of Public Economics, Vol. 60, No. 3, pp. 307-334.

Jacobsson, Kerstin and *Herman Schmidt* (2002), Real Integration or just Formal Adaptation? On the Implementation of the National Action Plans for Employment, in: *Caroline de la Porte* und *Philippe Pochet* (Eds.), Building Social Europe through the Open Method of Co-Ordination, Brussels, pp. 69-96.

Kenner, Jeff (1999), The EC Employment Title and the "Third Way": Making Soft Law Work?, in: International Journal of Comparative Labour Law and Industrial Relations, Vol. 15, Nro 1, pp. 33-60.

Kerber, Wolfgang (1998), Zum Problem einer Wettbewerbsordnung für den Systemwettbewerb, in: Jahrbuch für Neue Politische Ökonomie, Bd. 17, Tübingen, S. 199-230.

Kommission (1991), Schlußbericht des Zweiten Europäischen Programms zur Bekämpfung der Armut 1985-1989, KOM (91) 29 endg., Brüssel/Luxemburg.

Kommission (1993), Weißbuch Wachstum, Wettbewerbsfähigkeit und Beschäftigung: Herausforderungen der Gegenwart und Wege ins 21. Jahrhundert, KOM (93) 700, Brüssel.

Kommission (1994), Europäische Sozialpolitik – Ein zukunftsweisender Weg für die Union, Weißbuch, KOM (94) 333 endg., Brüssel/Luxemburg.

Kommission (1995), Zukunft des Sozialschutzes – Ein Rahmen für die europäische Debatte, KOM (95) 466 endg. vom 15. 12. 1995, Brüssel.

Kommission (1996), Benchmarking the Competitiveness of European Industry, COM (96) 463 final vom 09. 10. 1996, Brüssel.

Kommission (1997), Modernisierung und Verbesserung des Sozialschutzes in der Europäischen Union, KOM (97) 102 endg.. vom 12. 03. 1997, Brüssel.

Kommission (1999), Konzertierte Strategie zur Modernisierung des Sozialschutzes, KOM (99) 347 endg. vom 14. 07. 1999, Brüssel.

Kommission (2000), Leistungen der Daseinsvorsorge in Europa, KOM (2000) 580 endg. vom 20. 09. 2000, Brüssel.

Kommission (2001), Europäisches Regieren, Weißbuch, KOM (2001) 428 endg. vom 25. 07. 2001, Luxemburg.

Kommission (2001a), Neuer Schwung für die Jugend Europas, Weißbuch, KOM (2001) 681 endg. vom 21. 11. 2001, Luxemburg.

Kommission (2001b), Einen europäischen Raum für lebenslanges Lernen schaffen, KOM (2001) 678 endg. vom 21. 11. 2001, Brüssel.

Kommission (2003), Stärkung der sozialen Dimension der Lissabonner Strategie: Straffung der offenen Koordinierung im Bereich Sozialschutz, KOM (2003) 261 endg. vom 27. 06. 2003, Brüssel.

Kommission (2003a), Gemeinsamer Bericht über die soziale Eingliederung als Fazit der Auswertung der Nationalen Aktionspläne für soziale Eingliederung (2003-2005), KOM (2003) 773 endg. vom 12. 12. 2003, Brüssel.

Kommission und *Hohe Behörde* (1962), Vergleichende Darstellung der Systeme der Sozialen Sicherheit in den Mitgliedstaaten der europäischen Gemeinschaften, Band 1, Allgemeines System, Luxemburg.

Konle-Seidl, Regina (2005), Arbeitsvermittlung zwischen Zentralisierung, Kommunalisierung und Privatisierung, in: Wirtschaftsdienst, Bd. 85, Nr. 9, S. 575-581.

Kowalsky, Wolfgang (1999), Europäische Sozialpolitik – Ausgangsbedingungen, Antriebskräfte und Entwicklungspotentiale, Opladen.

Krombach, Dieter und *André Bamberski* (2000), Der einheitliche Grundrechtsraum Europa und seine Grenzen: Zur EMRK-konformen Interpretation des Ordre-public-Vorbehalts der EuGVÜ durch den EuGH. Zugleich Besprechung des EuGH-Urteils vom 28.3.2000 - Rs. C-7/98, in: Europäisches Wirtschafts- & Steuerrecht, Bd. 11, Nr. 10, S. 442- 447.

Linsemann, Ingor (2002), Bildungspolitik, in: *Werner Weidenfeld* und *Wolfgang Wessels* (Hg.), Jahrbuch der Europäischen Integration 2001/2002, Bonn, S. 141-144.

Linsenmann, Ingor und *Christoph Meyer* (2002), Dritter Weg, Übergang oder Teststrecke? Theoretische Konzeption und Praxis der offenen Politikkoordinierung, in: Integration, Jg. 25, Nr. 4, S. 285-296.

Meyer, Dirk (2002), Die soziale Sicherung im Gemeinschaftsrecht als nationaler Sprengsatz, in: List Forum für Wirtschafts- und Finanzpolitik, Bd. 28, Nr. 2, S. 97-115.

Mosher, Jim (2000), Open Method of Coordination: Functional and Political Origins, in: ECSA Review, Vol. 13, No. 3, pp. 2-7.

Müller, Christian (2001), Finanzpolitik: Allokative und politische Effizienz durch internationalen Steuerwettbewerb?, in: *Lambert T. Koch* (Hg.), Wirtschaftspolitik im Wandel, München unter anderem, S. 81-112.

Müller, Christian (2002a) Legitimation supranationaler Wirtschaftspolitik: Das Beispiel der Europäischen Union, in: *Alfred Schüller* und *H. Jörg Thieme* (Hg.), Ordnungsprobleme der Weltwirtschaft, Stuttgart, S. 495-523.

Müller, Christian (2002b), The Methodology of Contractarianism in Economics, in: Public Choice, Vol. 113, No. 3-4, pp. 465-483.

Müller, Christian (2004), Christliche Sozialethik und das Wertproblem in den Wirtschaftswissenschaften, in: ORDO, Bd. 55, S. 77-97.

Nowotny, Ewald (2004), Evolution of Structures of European Economic Policy, in: Journal of Evolutionary Economics, Vol. 14, No. 2, pp. 211-215.

Nutzinger, Hans G. (1975), Vorwort des Herausgebers, in: *Amartya Sen*, Ökonomische Ungleichheit, Frankfurt/New York, S. 7-9.

o.V. (2005), Prävention über Steuern finanzieren, in: Deutsches Ärzteblatt online, 21.11.2005, http://www.aerzteblatt.de/v4/news/news.asp?id=22108 (21.11.2005).

Oates, Wallace E. (1968), The Theory of Public Finance in a Federal System, in: Canadian Journal of Economics, Vol. 1, No. 1; pp. 37-54.

Oberender, Peter und *Jürgen Zerth* (2001), Europäische Sozialpolitik: Anforderungen in einem zunehmend integrierten Europa, in: *Renate Ohr* und *Theresia Theurl* (Hg.), Kompendium Europäische Wirtschaftspolitik, München, S. 501-534.

Ott, Notburga (2003), Sozialpolitik, in: *Dieter Bender* u.a. (Hg.), Vahlens Kompendium der Wirtschaftstheorie und Wirtschaftspolitik, Band 2, München, S. 487-543.

Porte, Caroline. de la and *Philippe Pochet* (Eds.) (2002), Building Social Europe through the Open Method of Co-Ordination, Brussels.

Rawls, John (1971), A Theory of Justice, Cambridge (MA).

Ribhegge, Hermann (2004), Sozialpolitik, München.

Rose, Andrew (2000), One Money, One Market: Estimating the Effect of Common Currencies on Trade, in: Economic Policy, Vol. 15, No. 30, pp. 9-45.

Ross, George (1998), Das „Soziale Europa" des Jacques Delors: Verschachtelung als politische Strategie, in: *Stephan Leibfried* und *Paul Pierson* (Hg.), Standort Europa – Europäische Sozialpolitik, Frankfurt/Main, S. 327-368.

Saavedra, Leonardo E. Letelier (2004), Fiscal Decentralisation as a Mechanism to Modernise the State: Truths and Myths, in: CESifo DICE Report, Vol. 2, Nr. 1, S. 15-20.

Salomäki, Aino (2003), Gemeinsamer Rentenbericht: Praktische Erfahrungen der GD Wirtschaft und Finanzen, in: Verband Deutscher Rentenversicherungsträger (DRV) (Hg.), Offene Methode der Koordinierung im Bereich der Alterssicherung – Quo Vadis?, Tagung vom 26./27. März in Berlin, Frankfurt/Main, S. 57-63.

Sauerland, Dirk (2006), Chancen und Probleme des Wettbewerbs im Pflegesektor, in: *Detlef Aufderheide* und *Martin Dabrowski* (Hg.), Markt und Wettbewerb in der Sozialwirtschaft: Wirtschaftsethische und moralökonomische Perspektiven für den Pflegesektor, Berlin (im Druck).

Schneider, Markus (2002), Gesundheitssystemforschung und Gesundheitsstatistik in der Europäischen Union: Stand und Perspektiven in Hinblick auf die „offene Methode der Koordinierung", in: Gesundheit und Gesellschaft, Bd. 2, Nr. 2, S. 15-21.

Schulte, Bernd (1985), Politik der Armut: Internationale Perspektiven, in: *Stephan Leibfried* und *Florian Tennstedt* (Hg.), Politik der Armut und die Spaltung des Sozialstaats, Frankfurt/Main, S. 383-423.

Schulte, Bernd (1990), "Konvergenz" statt "Harmonisierung": Perspektiven europäischer Sozialpolitik, in: Zeitschrift für Sozialreform, Bd. 36, Nr. 5, S. 273-298.

Sciarra, Silvana (2000), Integration through coordination: the Employment Title in the Amsterdam Treaty, in: The Columbia Journal of European Law, Vol. 6, No. 2, pp. 209-229.

Shah, Anwar, Theresa Thompson und *Heng-fu Zou* (2004), The Impact of Decentralisation on Service Delivery, Corruption, Fiscal Management and Growth in Developing and Emerging Market Economies: A Synthesis of Empirical Evidence, in: CESifo DICE Report, Vol. 2, Nr. 1, S. 10-14.

Simon, Herbert A. (1955), A behavioral Model of Rational Choice, in: Quarterly Journal of Economics, Vol. 69, No. 1, pp. 99-118.

Sinn, Hans-Werner (1997), The Selection Principle and Market Failure in Systems Competition, in: Journal of Public Economics, Vol. 66, No. 2, pp. 247-274.

SPC (2003), Social Protection Committee, Mid Year Report from the Indicators Sub-Group to the Social Protection Committee, http://europa.eu.int/comm/employment_social/social_protection_commitee/spc_report_july_2003_en.pdf (17.04.2006).

Stanton, David (2003), Gemeinsame Indikatoren bezüglich nationaler Strategien für angemessene und nachhaltige Renten, Die Arbeit der Indikatoren-Untergruppe des Ausschusses für Sozialschutz, in: Verband Deutscher Rentenversicherungsträger (Hg.), Offene Methode der Koordinierung im Bereich der Alterssicherung – Quo Vadis?, Tagung vom 26./27. März 2003 in Berlin, Frankfurt am Main, S. 68-74.

Streeck, Wolfgang (1998), Vom Binnenmarkt zum Bundesstaat? Überlegungen zur politischen Ökonomie der europäischen Sozialpolitik, in: *Stephan Leibfried* und *Paul Pierson* (Hg.), Standort Europa – Europäische Sozialpolitik, Frankfurt/Main, S. 369-421.

Sundmacher, Torsten (2005a), Transformation des deutschen Gesundheitssystems. Anforderungen und Instrumente, in: Zeitschrift für Wirtschaftspolitik, 54. Jg,, Nr. 1, S. 19-51.

Sundmacher, Torsten (2005b), Von der Unternehmens- zur Politikberatung – die Rolle der Beratungsunternehmen, in: *Martin Leschke* und *Ingo Pies* (Hg.), Wissenschaftliche Politikberatung: Theorien, Konzepte, Institutionen, Stuttgart, S. 161-181.

Sundmacher, Torsten und *Jörg Jasper* (2006), Die EU als Motor ordnungspolitischer Reformen im Gesundheitssektor, in: Zeitschrift für öffentliches Recht, Nr. 61, S. 335-367.

Sundmacher, Torsten und *Jenny Sundmacher* (2004), Wettbewerb im Gesundheitssystem. Zur Implementierung von Vertragsfreiheit in ausgewählten Bereichen, in: *Oliver Budzinski* und *Jörg Jasper* (Hg.), Wettbewerb, Wirtschaftsordnung und Umwelt, Festschrift für Udo Müller, Frankfurt/Main, S. 141-165.

Tiebout, Charles (1956), A Pure Theory of Local Expenditures, in: Journal of Political Economy, Vol. 64, No. 5, pp. 416-424.

Vanberg, Victor (2000), Der konsensorientierte Ansatz der konstitutionellen Ökonomik, in: *Helmut Leipold* und *Ingo Pies* (Hg.), Ordnungstheorie und Ordnungspolitik. Konzeptionen und Entwicklungsperspektiven, Stuttgart, S. 251-276.

Vanberg, Victor and *James M. Buchanan* (1989), Interests and Theories in Constitutional Choice, in: Journal of Theoretical Politics, Vol. 1, No. 1, pp. 49-62.

Vignon, Jérôme (2003), Die Bedeutung des gemeinsamen Berichts über angemessene und nachhaltige Rente, in: Verband Deutscher Rentenversicherungsträger (Hg.), Offene Methode der Koordinierung im Bereich der Alterssicherung – Quo Vadis?, Tagung vom 26./27. März 2003 in Berlin, Frankfurt am Main, S. 63-67.

Vogel-Polsky, Eliane (1991), Die Sozialpolitik im europäischen Einigungsprozeß, Sammlung Wissenschaft und Dokumentation der Generaldirektion Wissenschaft des Europäischen Parlaments, Luxemburg.

Walwei, Ulrich (1994), Zulassung privater Arbeitsvermittlung. Arbeitsmarkteffekte und Regulierungsfragen, in: Wirtschaftsdienst, Jg. 74, Nr. 2, S. 83-88.

Zentner, Annette (2005), Wie beeinflussen andere Gesundheitssysteme die Gesundheitsreformentwicklung 2003 in Deutschland?, Diskussionspapier 2005/1, Technische Universität Berlin, Fakultät Wirtschaft und Management, Berlin.

Dirk Wentzel (Hg.), Europäische Integration – Ordnungspolitische Chancen und Defizite
Schriften zu Ordnungsfragen der Wirtschaft · Band 82 · Stuttgart · 2006

Die ordnungspolitischen Grundlagen
des europäischen Medienmarktes: „In dubio pro libertate"

Dirk Wentzel[1]

Inhalt

[1] Der vorliegende Beitrag entstand während eines Forschungsaufenthalts an der *Pennsylvania State University* im Sommer 2006. Ich danke meinem Kollegen *Adrian Wanner* für die Einladung und die ideale Unterstützung. Danken möchte ich auch meinem Mitarbeiter *Alexander Moheit* für engagierte Hilfe bei der Materialsammlung. Zu ganz besonderem Dank verpflichtet bin ich *Hannelore Hamel* und *Hanno Beck* für die kritische Durchsicht des Manuskripts, hilfreiche Anmerkungen und Verbesserungsvorschläge.

1. Die Rolle der Medien im europäischen Integrationsprozeß

1.1. Binnenmarkt und wirtschaftliche Integration

Die politische und wirtschaftliche Integration in Europa ist bisher in verschiedenen Bereichen unterschiedlich erfolgreich verlaufen. Während die europäische Agrarpolitik als Fehlorientierung und Verschwendung knapper Ressourcen einzustufen ist (siehe *Smeets* i.d.Bd.) und auch die interventionistisch geprägte Industriepolitik kaum einer kritischen ordnungspolitischen Prüfung standhalten kann (siehe *Schüller* i.d.Bd.), hat die europäische Medienordnungspolitik unzweifelhaft ihre Verdienste erworben für die Schaffung eines einheitlichen europäischen Medienraums. *Einerseits* haben spontane Elemente des Wettbewerbs dazu beigetragen, daß sich Europäer zunehmend auch beim Medienangebot ihres Nachbarlandes bedienen können – sei es durch die Zeitung, die im Nachbarland erworben und über die eigene Landesgrenze gebracht wird, wie auch beim Fernsehangebot des Nachbarn, das durch entsprechende Überreichweiten der Sender oder Satellitenplätze auch im eigenen Land empfangbar ist. *Anderseits* hat die Europäische Kommission durch mutige und richtige Weichenstellungen ebenfalls dazu beigetragen, daß sich in starkem Maße ein *europäischer Medienraum* entwickeln konnte und daß sich die Idee des *Binnenmarktes* weitgehend auf medienpolitische Fragestellungen anwenden ließ.

So ist beispielsweise das erste sog. „Grünbuch" zur Liberalisierung des europäischen Fernsehmarktes aus dem Jahr 1984 eine entscheidende ordnungspolitische Weichenstellung auf dem Weg zur Überwindung nationaler (öffentlich-rechtlicher) Monopole gewesen. Ohne diese „Hilfestellung von außen" wäre es vermutlich nicht möglich gewesen, in Ländern wie Deutschland, Frankreich oder auch Italien die bestehenden öffentlich-rechtlichen Fernsehmonopole aufzubrechen, private Anbieter zuzulassen und zu wettbewerblicheren Strukturen zu gelangen. Die Europäische Union hat hier – wie so oft – die sog. „Sündenbockfunktion" übernommen, um dringend notwendige nationale Reformen zu unterstützen.[2]

Die weitere Entwicklung des europäischen Mediensektors ist seit dieser Grundsteinlegung des gemeinsamen Marktes in rasanter Form vorangeschritten. Festzuhalten ist *erstens*, daß mit dem Niedergang der Zentralverwaltungswirtschaften und der Öffnung Osteuropas auch geographisch erstmalig ein echter europäischer Handelsraum entstanden ist, der über den ehemaligen „Eisernen Vorhang" hinausgeht. In den osteuropäischen Ländern achteten die kommunistischen Regierungen vormals mit großem Nachdruck gerade im Medienbereich auf eine Monopolstellung der Partei bei der Informationsbeschaffung und der öffentlichen Meinungsbildung. Zudem waren technische Emp-

---

[2] Eine ähnliche Rolle spielte die EU-Kommission bei der sog. *Konvergenzprüfung* für die EURO-Beitrittskandidaten (vgl. *Michler* i.d.Bd.). Da kein Land sicher sein konnte, daß die Kommission mögliche Konvergenzverstöße großzügig auslegen würde, kam es zwischen 1993 und 1999 zu einer beachtlichen Phase der Haushaltskonsolidierung, auch in Ländern, die üblicherweise unter hohen Budget-Defiziten leiden. Die politisch oftmals unbequemen Sanierungsprogramme wurden der EU „angekreidet". Nach dem Stichtag und der Aufnahme in die EURO-Zone ließen die Stabilisierungsbemühungen jedoch sofort wieder nach. Es liegt eine Art „Olympia-Syndrom" vor (ausführlich *Wentzel* 2005a).

fangsgeräte (Radios, Fernsehapparate) aufgrund der technischen Rückständigkeit der sozialistischen Wirtschaftsordnungen in der Bevölkerung nur sehr begrenzt vorhanden oder weitgehend veraltet. Individualkommunikation (Telefon) existierte fast gar nicht – auch hier aus politischen wie auch aus technischen Gründen. Mit dem Fall der Mauer mußte es zwangsläufig zu einer ordnungspolitischen Neuorientierung in diesen Ländern kommen, zumal gerade die *Presse- und Meinungsfreiheit* als einer der wichtigsten Reformbereiche in den jungen Demokratien eingefordert wurde. Zudem eröffnete sich mit den osteuropäischen Ländern ein fast vollkommen ungesättigter Markt für Medienerzeugnisse (sowohl technisch als auch inhaltlich), dessen Erschließung zu Beginn der neunziger Jahre maßgeblich zum Boom von Medienfirmen in Europa (sog. Internetboom) beigetragen hat.

Zweitens hat auch die Weiterentwicklung der europäischen Institutionen (Rat, Kommission, Parlament, EuGH) vor allem mit der breiträumigen Durchsetzung der *vier Grundfreiheiten* den europäischen Wettbewerb ganz allgemein intensiviert. Die Freiheit des Warenverkehrs, der Dienstleistungen, des Kapitalverkehrs sowie die Freizügigkeit für Arbeitnehmer haben zu einer Senkung von Transaktionskosten beigetragen (vgl. *Smeets* i.d.Bd.). Dies gilt in besonderer Weise auch für den Mediensektor. Handelshemmnisse wurden systematisch beseitigt und die Handelsintensität erhöht. Da europäische Investoren im EU-Binnenmarkt grundsätzlich nicht diskriminiert werden und auch der Gewinntransfer ins Heimatland nicht behindert wird, hat sich der gesamteuropäische Raum zunehmend zum relevanten Medienmarkt entwickelt.

Auch die *technische Entwicklung* hat *drittens* den Medienmarkt in Europa nachhaltig verändert. Wie *Frieden* (2001) es sehr treffend formuliert, hat sich in den vergangenen zwanzig Jahren im Medienbereich mehr geändert als in den hundert Jahren zuvor. Das Internet als Musterbeispiel einer dezentralen und spontanen Ordnung (vgl. *Geruschkat* und *Wentzel* 2003; *Beck* 2005) ist grundsätzlich grenzüberschreitend und läßt sich mit isolierter nationaler Regulierung nicht zielführend steuern. Die zwangsweise Durchsetzung eines nationalen Medienmonopols wäre rein praktisch kaum noch zu leisten, wie selbst China in jüngster Zeit erfahren mußte. Parallel zu dieser „technischen Revolution" der Massenkommunikation hat sich auch die Individualtelefonie zu einem Massenprodukt entwickelt. Ein Mobiltelefon, das zu Beginn der neunziger Jahre noch eine Art Luxusgut für höhere Einkommensschichten in Westeuropa und den USA darstellte, ist nun auch für breite Bevölkerungsschichten und für Jugendliche erschwinglich und in ganz Europa einsetzbar. Auch hier hat die EU mit einer zweckmäßigen Marktliberalisierung für Endgeräte, Dienstleistungen und Telekommunikationsnetze und einer gleichzeitigen Harmonisierung von technischen Übertragungsstandards dazu beigetragen, daß heute ein europaweiter Markt für Mobilfunk existiert.[3]

---

[3] Ganz aktuell sind die sog. „Roaming-Preise" in der EU in die Diskussion geraten. Unter Roaming wird das Telefonieren im europäischen Ausland bezeichnet. Die jeweiligen nationalen Netzbetreiber müssen die Durchleitung der Telefonate ermöglichen und selbstverständlich auch bezahlen. Nach wie vor ist es zwar noch teuer, aus dem Ausland mit dem Mobiltelefon Gespräche zu führen. Allerdings ist es Ziel der EU-Politik, zu Gunsten der Verbraucher zu niedrigeren Preisen zu kommen. Die EU-Kommission erweist sich hier als wichtiger Ordnungsfaktor zur Durchsetzung des Wettbewerbs.

Im Zusammenhang mit der technischen Weiterentwicklung ist auch die *Medienkonvergenz* hervorzuheben. Die Abgrenzung zwischen Individual- und Massenkommunikation sowie zwischen synchroner und asynchroner Kommunikation, die noch in traditionellen Lehrbüchern der Medienökonomie anzutreffen ist, wurde zunehmend obsolet. Über das Internet kann der Verbraucher ebenso fernsehen wie über sein Mobiltelefon. Zudem ermöglicht das Internet kostengünstige Telefonie (Voice over IP). Jede Fernsehsendung kann aufgezeichnet oder aber verbraucherspezifisch auf einen bestimmten Zeitpunkt hin gesendet werden (Video on Demand). Jede Tageszeitung hat zunehmend einen interaktiven Internet-Auftritt mit Diskussionsforen, so daß aus einer einseitigen zunehmend eine interaktive Kommunikation wird. Mit der technischen Annäherung verschiedener Medienbereiche haben sich auch zunehmend die verschiedenen Regulierungsbereiche angenähert – sowohl national als auch international. Der *Wettbewerb der Systeme* findet gerade im europäischen Medienbereich eine sehr interessante Ausprägung, weil eine Vielzahl unterschiedlicher ordnungspolitischer Vorstellungen und Modelle existieren und somit ein großes Potential vorhanden ist, „vom Nachbarn zu lernen" und die eigenen Regeln zu verbessern.[4]

Damit sind die entscheidenden Bereiche genannt, die im vorliegenden Beitrag diskutiert werden. Zunächst werden einleitend im 1. Kapitel die historische Ausgangslage sowie die entscheidenden ordnungspolitischen Weichenstellungen diskutiert, die den *Status quo* des europäischen Medienmarktes mit geschaffen haben. Im 2. Kapitel wird dann auf die medienökonomische Grundlage eingegangen, die zur Diskussion folgender Fragen notwendig ist: Ist Europa ein optimaler Medienraum? Wie lassen sich unterschiedliche Medienordnungen klassifizieren? Welche Leitbilder der Medienordnungspolitik existieren? Welche ökonomischen Konzepte lassen sich im Mediensektor anwenden?

Im 3. Kapitel werden die zentralen Rahmenbedingungen und Entwicklungspotentiale des europäischen Medienmarktes vorgestellt. Schwerpunkt bilden dabei die audiovisuellen Medien, die aufgrund spezifischer Eigenschaften in besonderer Weise als regulierungsbedürftig erscheinen. Allerdings wird auch ein kürzerer Exkurs auf den Pressemarkt und das Projekt „eEurope" vorgenommen. Im 4. Kapitel geht es abschließend um die europäische Medienordnungspolitik zwischen Harmonierung und Wettbewerb. Wie sieht aus ordnungspolitischem Blickwinkel ein ideales Mischungsverhältnis zwischen beiden aus? Kann die *Eucken*sche Konzeption einer Wirtschaftsverfassung des Wettbewerbs auch im europäischen Kontext als Orientierung für einen Medienmarkt dienen? In welchem Ausmaß reguliert sich der Medienmarkt selbst? Kann staatliche Regulierung, die gerade im Medienbereich wegen der offensichtlichen politischen Manipulationspotentiale besonders kritisch einzuschätzen ist, durch stärkere selbst-regulative Institutionen ersetzt werden?

---

[4] Die Methode, „vom Nachbarn zu lernen", wird in der EU zunehmend systematisch angewandt in der auf Freiwilligkeit beruhenden „offenen Methode der Koordinierung" (OMK) (hierzu *Sundmacher* und *Müller* i.d.Bd.).

1.2. Historische Ausgangslage und ordnungspolitische Weichenstellungen

Jede Beschäftigung mit dem europäischen Medienmarkt hat zweckmäßiger Weise zunächst mit einer Analyse des Status quo zu beginnen. Medienökonomik ist zwar ohne Zweifel ein Teilgebiet der Wirtschaftswissenschaft, in dem sich zahlreiche ökonomische Theorien sehr gut anwenden und prüfen lassen (siehe *Beck* 2005). Aber aufgrund der spezifischen Eigenschaften von Mediengütern sind die formalen Instrumente der modernen Mikroökonometrie kaum sinnvoll und erkenntnisbringend anzuwenden. Würde man von streng neoklassischen Prämissen bei einem „Mediensystemvergleich" ausgehen, müßte man europaweit und auch weltweit große Ähnlichkeiten in den Medienordnungen vermuten können – zumindest in den Ländern, die im weitesten Sinne als marktwirtschaftlich-wettbewerblich einzustufen sind. Doch weit gefehlt: Internationale Vergleichsstudien dokumentieren, daß sich gerade im Mediensektor sehr große Unterschiede in den realen Ausprägungen zeigen (siehe etwa *Browne* 1999; *Wentzel* 2002a; *Internationales Handbuch* 2004). In den Medien manifestiert sich in besonderer Weise die „Kulturlastigkeit" und Pfadabhängigkeit von Institutionen, wie sie in einer kulturvergleichenden Institutionenökonomik herausgearbeitet werden können (hierzu *Leipold* 2006).

Historischer Ausgangspunkt ist die Feststellung, daß alle größeren europäischen Länder in der Nachkriegszeit über staatliche und/oder öffentlich-rechtliche Fernsehsender verfügten. Dies verwundert nicht, wenn man die Geschichte des deutschen, französischen, italienischen oder auch spanischen Fernsehens kennt (vgl. *Internationales Handbuch* 2004). Aber selbst Großbritannien als Beispiel für einen „angelsächsichen Wirtschaftstypus" hat mit der BBC ein öffentlich-rechtliches „Flagschiff", das zudem in der Vergangenheit wie auch in der Gegenwart als Musterbeispiel für „objektives" und qualitativ hochwertiges Fernsehen und für den Hörfunk gilt. Private audiovisuelle Medien kamen eigentlich bis zu der entscheidenden Weichenstellung durch die EU für mehr Wettbewerb in Europa gar nicht vor. Dies ist ein entscheidender Unterschied zum Pressesektor, der europaweit von Beginn an marktwirtschaftlich und gewinnorientiert arbeitete.[5] Der amerikanische Pressemarkt unterscheidet sich in diesen grundsätzlichen Weichenstellungen kaum vom europäischen.

Die großen institutionellen Unterschiede im audiovisuellen Bereich sind für Ökonomen sehr überraschend, denn allein an den finanziellen Mitteln kann es nicht gelegen haben, daß ein privates Fernsehangebot in den Gründerjahren nicht zustande kam. Immerhin hatte Deutschland in der Nachkriegszeit ein Wirtschaftswunder erlebt und war zu einer der reichsten Industrienationen der Welt aufgestiegen. Gleichwohl hielt Deutschland aufgrund politischer Besonderheiten und einer entsprechenden Rechtsprechung des Bundesverfassungsgerichtes am öffentlich-rechtlichen Rundfunk fest (siehe *Wentzel* 2002a). In den USA hingegen hatte sich der Rundfunk von Beginn an als ein

---

[5] In der Medienwirkungsforschung sind die Unterschiede in der Zielgruppenansprache und auch die Manipulationspotentiale zwischen Rundfunk und Presse hinreichend erforscht (siehe *Baran* und *Davis* 2000 oder *Dominick, Sherman* und *Copeland* 1996). Diese Unterschiede dienen in der Regel als Begründung, warum der audiovisuelle Bereich ordnungspolitisch anders behandelt wird als die Presse, und zwar in Europa wie auch in den USA.

lukrativer Geschäftszweig entwickelt und damit den empirischen Beweis geliefert, daß sehr wohl ein privates Angebot zustande kommen kann und daß auch eine weitgehende bedarfsgerechte Versorgung der Verbraucher mit Informationen und Unterhaltung möglich ist.

In vielen europäischen Ländern war bereits vor 1984 der Versuch zu einer teilweisen Privatisierung des Rundfunks unternommen worden – allerdings jedesmal erfolglos. Am Beispiel Deutschlands kann für die sechziger und siebziger Jahre sehr gut gezeigt werden, daß die große Koalition derjenigen, die unmittelbar Vorteile aus dem öffentlich-rechtlichen Rundfunk zogen, gegen jede Reform stimmten, die ihren Status quo verschlechtern konnte – aus dem Blickwinkel der *Public Choice*-Theorie keineswegs überraschend. *Müller* (1998) beispielsweise zeigt, daß die großen Parteien, die Kirchen sowie die Gewerkschaften in den Fernsehräten bzw. den Rundfunkräten des ZDF sowie der ARD vertreten sind und ihre Mitglieder mit Posten versorgen. Die bekannte *Insider-outsider*-Theorie des Arbeitsmarktes läßt sich analog anwenden, nach der die allein entscheidungsberechtigten *insider* stets solche Regeln verabschieden, die dem *outsider* die Möglichkeit des Marktzutritts nehmen. Daß der Anstoß zur nationalen Marktöffnung von außen kommen mußte, kann eigentlich aus ordnungspolitischer Perspektive kaum verwundern. Eine ähnliche Entwicklung war in Frankreich zu beobachten, wo ebenfalls viele Jahrzehnte Widerstände gegen eine Liberalisierung des Rundfunks existierten, weil die „classe politique" in besonderer Weise Einfluß auf den staatsnahen Rundfunk ausüben konnte.

Mit dem sog. „Grünbuch" über die Einführung des Wettbewerbs im Medienbereich lieferte die Europäische Kommission 1984 den lange überfälligen Denkanstoß für eine Marktöffnung. Die Kommission argumentierte, daß die Einführung des Binnenmarktes für Güter und Dienstleistungen nur dann zweckmäßig sei, wenn alle Bereiche von Wirtschaft und Gesellschaft erfaßt würden. Den Rundfunk von der Marktliberalisierung auszuschließen würde dem Grundgedanken des Binnenmarktes und der Freizügigkeit widersprechen. Die Kommission wählte bei ihrer Vorgehensweise (wie üblich) ein „Grünbuch", das noch keine konkreten Gesetzesvorschläge oder Direktiven enthielt, sondern lediglich zur europaweiten Eröffnung der Diskussion dienen sollte. In Fachkreisen und bei Medienunternehmen schlug das „Grünbuch" 1984 geradezu „wie eine Bombe" ein, denn es wurde klar, daß langfristig europaweit eine Neu-Orientierung in der Medienpolitik erfolgen würde. Auch die kleinen privaten Anbieter wurden mutiger in der Überzeugung, daß keine nationale Regierung ein grenzüberschreitendes Programmangebot würde sabotieren oder rechtlich bekämpfen können. So begann 1984 eine Fernsehstation aus einem kleinen europäischen Land, Radio Luxemburg (RTL), mit der Ausstrahlung eines unterhaltungsorientierten Programms, daß gezielt von seiner Reichweiten-Ausrichtung auch in Deutschland empfangbar war. Damit war der größte öffentlich-rechtliche Rundfunk der Welt von zwei Seiten unter Druck geraten: Einmal durch den *de facto*-Wettbewerber aus einem europäischen Nachbarland und zum anderen durch eine zunehmend marktfreundliche Politik der EU.

Aus ordnungspolitischem Blickwinkel hat der Erfolg von RTL eine ganz wichtige Dimension: Es zeigte sich de facto und für jeden Konsumenten in der praktischen Alltagserfahrung ersichtlich, daß die Argumentation des Bundesverfassungsgerichts, Rundfunk sei ein öffentliches Gut, theoretisch unbefriedigend und auch in der Realität letztlich hinfällig war.[6] In Deutschland wurden sog. Kabelpilotprojekte eingerichtet (z. B. in Ludwigshafen), in denen ausgewählte Konsumenten Privatfernsehen empfangen konnten. Der große Erfolg dieser Projekte führte dazu, daß mehrere Bundesländer (allen voran Niedersachsen) eine ordnungspolitische Neuorientierung vollzogen und privaten Rundfunk zuließen. Damit war der Damm in Deutschland gebrochen und auch das Bundesverfassungsgericht paßte sich notgedrungen in seiner Rechtsprechung an die Realitäten der Marktentwicklung in Europa an.

Am 3. Oktober 1989 wurde aus dem „Grünbuch" die „EG-Richtlinie zum grenzüberschreitenden Fernsehen" (Fernsehrichtlinie 89/552/EWG)[7], die erstmals den Ordnungsrahmen für einen europäischen Medienmarkt absteckte.[8] *Kernstück* dieser Richtlinie, die zwingend in nationales Recht umgesetzt werden mußte, war die Anwendung des sog. „Ursprungslandprinzips"[9] auf den Mediensektor in Form des sog. „Sendestaatsprinzips". In Analogie zu ersterem wurde argumentiert, daß jedes Medienerzeugnis, das in einem EG-Land die Marktzulassung erhalten hatte, ebenfalls in allen anderen Ländern legitim verbreitet werden durfte. Für Medienunternehmen, die über die eigenen Landesgrenzen hinaus aktiv werden wollten, war dies die Grundvoraussetzung für europaweites Engagement.

Die erste Fernsehrichtlinie war allerdings aufgrund der besonderen politischen Umstände des Jahres 1989 und wegen der sich anbahnenden technischen Revolution (Internet und world wide web) schon im Moment ihrer Verabschiedung veraltet. Der Zusammenbruch der sozialistischen Wirtschaftsordnungen in Osteuropa und die geradezu fluchtartige Bewegung dieser Staaten weg von der UdSSR in Richtung Europäische Gemeinschaft verdeutlichten, daß eine Novellierung dringend notwendig sein würde.

---

[6] Die sog. Rundfunkurteile gehören sicherlich nicht zu den Sternstunden des Bundesverfassungsgerichts, weil sie letztendlich auf einer schwachen ökonomischen Grundlage beruhten und damit nicht überzeugend waren. Anfänglich wurde argumentiert, Rundfunk „sei ein öffentliches Gut" (1. Rundfunkurteil, siehe *Wentzel* 2002a). Dieses Argument ist jedoch schwach, da zumindest kein reines von Nicht-Ausschließbarkeit keinesfalls mehr die Rede sein kann. Auch die gegenwärtige „Bestands- und Entwicklungsgarantie" des öffentlich-rechtlichen Rundfunks ist nicht überzeugend hergeleitet und führt zunehmend zu einer Marktverdrängung der privaten Anbieter aus attraktiven Programmbereichen, weil die öffentlich-rechtlichen Anstalten mit garantierten Gebühreneinnahmen von sieben Milliarden Euro fast alle attraktiven Sportverwertungsrechte kaufen können.

[7] Zu den Details der Fernsehrichtlinie siehe Kapitel 3.

[8] Richtlinien werden im europäischen Gesetzgebungsprozeß mit dem Ziel der Rechtsangleichung verwendet. Diese müssen schrittweise und unverzüglich in nationales Recht umgesetzt werden. Da aber in allen europäischen Staaten unterschiedliche Rechtssysteme existieren, verläuft erfahrungsgemäß auch der Prozeß der Umsetzung in allen Ländern unterschiedlich.

[9] Das Ursprungslandprinzip ist in gewisser Hinsicht die Grundvoraussetzung für Wettbewerb in Europa (vgl. auch *Smeets* i.d.Bd.). Es senkt Transaktionskosten und ermöglicht Unternehmen, mit einer (nationalen) Zulassung für ein Produkt in allen EU-Länder an den Markt zu gehen. Der eigentliche Wert des Ursprungslandprinzips erschließt sich erst, wenn man sich den europäischen Markt ohne diesen marktwirtschaftlichen Schlüssel vorstellt. Dann nämlich müßte ein Unternehmen in jedem einzelnen Land in der jeweiligen Landessprache und unter Kenntnis der jeweiligen rechtlichen Bestimmungen die Zulassung erwirken. Das wäre ein geradezu unüberwindliches Handelshemmnis.

Der europäische Markt, der bis 1989 ausschließlich ein *west*europäischer Markt war, wurde tatsächlich und erstmalig zu einem *gesamt*europäischen. Für die westeuropäischen Medienunternehmen ergaben sich große Chancen zur Gewinnung von Marktanteilen in Osteuropa, die die meisten von ihnen gut ausnutzten.

Aufgrund des langjährigen Monopols der kommunistischen Partei in allen Medienfragen litten die osteuropäischen Staaten unter einem gravierenden Mangel an kompetenten Medienschaffenden. Deshalb ergab sich von Anfang an ein starkes Engagement westeuropäischer Verlagshäuser und Fernsehsender in Osteuropa. Aufgrund von Skalenerträgen in der Produktion sowie aufgrund des spezifischen *Know how*, etwa bei der Produktion von Unterhaltungssendungen oder Nachrichten, hatten die westlichen Unternehmen von Beginn an einen entscheidenden Wettbewerbsvorteil. Hieraus entwickelte sich beispielsweise eine Vormachtstellung deutscher Verlagshäuser in Osteuropa (Polen, Tschechien), die sich bis heute nicht verändert hat und die in diesen Ländern häufig Grund für Kritik ist.

Die rasante technologische Entwicklung erforderte schon rasch eine Novellierung und Überarbeitung der bestehenden Fernsehrichtlinie, um die allgemeine Rechtssicherheit zu verbessern und die bestehenden rechtlichen Regeln an die neuen Umstände anzupassen. An der grundsätzlichen ordnungspolitischen Orientierung der ersten Richtlinie, einen gemeinsamen europäischen Fernsehmarkt zu schaffen (vgl. *Meckel* 1994), änderte sich gleichwohl nichts. Die überarbeitete Fernsehrichtlinie vom 30. Juni 1997 (97/36/EG) umfaßte Neuregelungen zur Rechtshoheit[10], eine Ergänzung über gesellschaftlich relevante Großereignisse (Fußball, Olympia etc.) sowie über das neu entstehende Teleshopping, das gleichsam als „Nebenprodukt" der Medieninnovation entstanden war (ausführlich Kapitel 3). Nach einer jetzt zehnjährigen Konstanz der Rahmenbedingungen findet nun ganz aktuell im Jahr 2006 eine weitere Überarbeitung der Fernsehrichtlinie statt, um eine erneute Anpassung an die veränderten Bedingungen zu gewährleisten. In der Neufassung der Fernsehrichtlinie geht es vor allem um die Neuregelung von Werbung. Das sog. „Product Placement" soll zukünftig erlaubt sein, wenn es im Abspann der entsprechenden Sendung genannt wird.

Zusammenfassend kann festgehalten werden, daß die Geschichte des europäischen Medienmarktes bisher noch sehr jung ist. Eigentlich gibt es nur eine Geschichte der nationalen Teilmärkte bis Ende der achtziger Jahre und erst mit dem „Grünbuch" und der darauf basierenden Fernsehrichtlinie von 1989 ist ein europäischer Markt entstanden. Die Liberalisierungsfortschritte sind dabei durchaus beachtlich. Es wird deutlich, daß die spezifischen Guteigenschaften von Medien und Informationen grundsätzlich auf eine internationale Verbreitung angelegt sind. Die Europäische Kommission hat damit gleichsam eine Entwicklung gefördert, die sie vermutlich ohnehin kaum hätte aufhalten können.

---

[10] Der Bereich der Rechtshoheit regelt den Sitz des Fernsehsenders und damit die Zuständigkeit der jeweiligen Aufsichtsbehörde. Ein Fernsehsender gilt üblicherweise als niedergelassen in dem EU-Staat, in dem er seine Hauptverwaltung hat und die Entscheidungen über Programminhalte getroffen werden.

2.   Medien im europäischen Systemvergleich

> „No two electronic media systems are absolutely
> alike. All have been influenced to greater or lesser
> degrees by other systems, and all have been influ-
> enced by geographic, demographic, linguistic, eco-
> nomic, cultural, political and technological forces
> in their own and neighboring countries. Nor is
> there a perfect model for an electronic media sys-
> tem."
>
> *Donald Browne* (1999, S. 3)

2.1.   Systemvergleich als medienökonomische Methode

Der Systemvergleich ist eine traditionelle Methode der Wirtschaftswissenschaften,
die gegenwärtig eine besondere Renaissance erfährt (siehe *Leipold* und *Wentzel* 2005).
Mit Hilfe des allgemeinen Systemvergleichs können Erkenntnisse gewonnen werden
über die *tatsächliche Leistungsfähigkeit* von unterschiedlichen institutionellen Arrangements (siehe *Schüller* 2000). Warum sind manche Länder reich, während andere dauerhaft arm bleiben? Die neugewonnene Attraktivität dieses Ansatzes ist vor allem dem
Umstand zuzuschreiben, daß sich nach Jahrzehnten eines extrem formalen und „kulturlosen" Ansatzes in der Wirtschaftstheorie zunehmend wieder die Erkenntnis durchsetzt,
daß die Analyse von realen Wirtschaftsordnungen besser durch die Untersuchung der
Institutionen geleistet werden kann, die diesen Ordnungen zugrunde liegen. Jede (wirt-
schafts-)wissenschaftliche Auseinandersetzung mit der europäischen Integration verdeutlicht die große Verschiedenartigkeit der nationalen Wirtschaftsordnungen, der Regionen und ihrer einzelnen Regelungsbereiche (vgl. *Wentzel* 2006). Dies ist zu berücksichtigen, wenn beispielsweise wirtschaftliche Entwicklungsprogramme für einzelne
Regionen aufgelegt werden.

Ein besonders nutzbringender Anwendungsbereich für den Systemvergleich ist die
Medienordnung. Mit *Zöller* (1984) ist festzuhalten, daß man über die Medienordnung
eines Landes auch in besonderer Weise Rückschlüsse auf die allgemeine Wirtschafts-
und Gesellschaftsordnung ziehen kann. Salopp könnte man sagen: „Jedes Land hat die
Medienordnung, die es verdient." Der französische Etatismus spiegelt sich ebenso in der
französischen Medienordnung wider wie der starke Einfluß einzelner Interessengruppen
und Großunternehmer in der italienischen. Der deutsche öffentlich-rechtliche Rundfunk
steht geradezu sinnbildlich für die deutsche Konsensdemokratie und die hervorgehobe-
ne Bedeutung gesellschaftlicher Gruppierungen (Korporatismus). Die BBC steht mit
ihrem Grundsatz „to inform and to enlighten" exemplarisch für das Bemühen, jedes
Thema von zwei Seiten zu beleuchten – eine Perspektive, wie sie in der angelsächsi-
schen Tradition der sog. „Debattierclubs" bis heute aktuell ist. Mit Hilfe einer Typolo-
gie verschiedener Mediensysteme können also ordnungspolitische Strukturen wissen-
schaftlich analysiert und einzelnen Ländern zugeordnet werden (siehe etwa *Dominick,
Sherman* und *Copeland* 1996).

Gerade für die europapolitische Fragestellung hat der Mediensystemvergleich besonderen Wert. Die Unterschiedlichkeit der verschiedenen nationalen Systeme gebietet
einerseits eine gewisse Vorsicht bei der Vorgabe von Regulierungen „von oben" – ge-

nauer, aus Brüssel. Dies würde eindeutig dem Subsidiaritätsprinzip widersprechen, das als grundlegendes Verfassungsprinzip der EU identifiziert werden kann (hierzu *Wentzel* 2006). *Andererseits* ist das Subsidiaritätsprinzip aber auch gefährdet, von einzelnen Interessengruppen instrumentalisiert zu werden, um nationale Protektionismen dauerhaft zu erhalten: So haben beispielsweise die deutschen Bundesländer bei ihrem Bemühen um einen Erhalt des öffentlich-rechtlichen Fernseh*monopols* sehr vordergründig argumentiert, daß Fernsehen ein Kulturgut und keine Dienstleistung sei und daß demzufolge die Regelungshoheit bei den (deutschen) Bundesländern läge. Eine europäische Direktive widerspräche – so die deutschen Bundesländer in ihrer Argumentation 1989 – somit dem Grundprinzip der Subsidiarität. Am Beispiel der Medienordnungspolitik kann also exemplarisch aufgezeigt werden, wie schwierig die tatsächliche Umsetzung des grundsätzlich notwendigen Subsidiaritätsprinzips in der Realität ist. Eine überzogene und auf regionale Egoismen abzielende Argumentation kann, wie *Siedentopf* (1995) es formuliert, gar als „trojanisches Pferd" des Binnenmarktes und des europäischen Integrationsgedankens wirken. Ein solcher regionaler Protektionismus steht aber im Widerspruch zu den WTO-Prinzipien der Nicht-Diskriminierung und der Meistbegünstigung sowie zum europäischen Binnenmarktprinzip.

2.2. Konzentrationstendenzen im Medienbereich

Ein grundsätzliches Ordnungsproblem der Medienpolitik besteht in der Interdependenz des ökonomischen und publizistischen Wettbewerbs (*Wentzel* 2002a). Eine marktbeherrschende Stellung kann ausgenutzt werden, um wirtschaftliche Macht in Meinungsmacht zu transformieren. Damit ist ein Medienmonopol ordnungspolitisch noch problematischer einzuschätzen als eine marktbeherrschende Stellung im normalen Wirtschaftsgeschehen, da es Einfluß nehmen kann auf die öffentliche Meinungsbildung und auf politisch demokratische Entscheidungsstrukturen. Jede (europäische) Medienordnungspolitik muß diesem Sachverhalt in besonderer Weise Rechnung tragen: Der Erhalt der Wettbewerbsordnung kann besonders auch im Medienbereich als Kernaufgabe der ordnenden Potenzen in Europa identifiziert werden.

Üblicherweise sind im Mediensektor drei Konzentrationsformen festzustellen. *Erstens* gibt es horizontale Unternehmenszusammenschlüsse zwischen Unternehmen der gleichen Produktionsstufe: Dies kann national wie auch grenzüberschreitend geschehen. *Zweitens* gibt es vertikale Zusammenschlüsse, also beispielsweise die Produzenten von Inhalten (Filmstudios) und Fernsehveranstalter. *Drittens* gibt es diagonale Zusammenschlüsse mit Medienunternehmen aus verschiedenen Bereichen. Hier geht es strategisch für die Unternehmen darum, die Marktmacht aus einem Sektor in einen anderen zu übertragen. Wettbewerbsgefährdende Tatbestände können in allen drei Konzentrationsformen auftreten, was für die Wettbewerbsbehörden in Europa eine besondere Schwierigkeit darstellt.

Die europäische Wettbewerbspolitik ist *dem Grundsatz nach* wesentlich komplexer als jede Form nationaler Wettbewerbspolitik: Die Kartellaufsicht, Fusionskontrolle und Mißbrauchsaufsicht bei Unternehmen funktioniert im Prinzip auf europäischer Ebene nach denselben Maßstäben wie auf nationaler – wenngleich aufgrund des großen Marktes wesentlich komplexer. Als spezifische Besonderheit kommt auf europäischer Ebene jedoch die *Beihilfenkontrolle* hinzu. Viele Staaten bemühen sich, ihren nationalen Unternehmen (den sog. „nationalen Champions") im europäischen (und internationalen) Kontext einen Wettbewerbsvorsprung zu ermöglichen. Die Formen, in denen solche Beihilfen und Protektionismen gewährt werden können, sind dabei geradezu unendlich vielfältig und stellen zunehmend ein eigenständiges Forschungsgebiet für Ökonomen dar. Damit entsteht im europäischen Binnenmarkt eine spezifische Dualität der Anti-Trust-Politik: Einerseits sind Unternehmen Gegenstand des ordnungspolitischen Interesses der Wettbewerbshüter, andererseits aber auch Staaten, die mit unfairen Mitteln den Wettbewerb beeinflussen wollen.

Eine zielführende Wettbewerbspolitik im europäischen *Mediensektor* ist sowohl in der theoretischen Betrachtung wie auch in der praktischen Umsetzung schwierig. Konzentrationen und marktbeherrschende Stellungen können länderspezifisch sehr unterschiedlich erscheinen. Ein (nationales) Monopol eines Zeitungsverlegers in einem kleinen europäischen Land (etwa Slowenien) kann sich im Kontext des gesamteuropäischen Marktes als völlig unproblematisch erweisen. Eine oligopolistische Marktstellung in einem großen Markt wie Deutschland kann wettbewerbspolitisch hingegen wesentlich bedenklicher sein. Zudem sind die wettbewerbspolitischen Rahmenbedingungen und Leitbilder in den europäischen Ländern nach wie vor recht unterschiedlich entwickelt. Ferner ist zu berücksichtigen, daß die Rechtsformen der Medienunternehmen europaweit noch sehr unterschiedlich und damit schwer vergleichbar sind. Die Wettbewerbspolitik gehört zudem zu den vergemeinschafteten Politikbereichen, so daß die Europäische Kommission hier eine zentrale Rolle im Ordnungsgefüge einnimmt. Jede Entscheidung der EU-Kommission zu Konzentrationen im Medienbereich muß also eine ausgesprochen komplexe und teilweise unüberschauliche Vielfalt von rechtlichen und politischen Positionen einzelner Länder *vor dem Hintergrund* des europäischen Binnenmarktprinzips berücksichtigen.

Gründe für Medienkonzentrationen sind vor allem besonders hohe anfängliche Investitionen in Verbindung mit eingeschränkten Finanzierungsmöglichkeiten für kleine und mittlere Unternehmen. Dies begünstigt finanzkräftige und häufig schon etablierte Unternehmen, die in der Realität des gesamteuropäischen Marktes zumeist aus Westeuropa kommen. Zudem ist das Argument der versunkenen Kosten (sunk costs) von Bedeutung: Investitionen im Medienbereich tragen häufig Merkmale versunkener Kosten: So ist beispielsweise der Aufbau eines Telekommunikationsnetzes extrem teuer; dieses kann außerdem im Fall eines geschäftliches Mißerfolgs kaum für andere Zwecke benutzt werden. Das Risiko eines Engagements im Medienbereich ist somit besser von großen und finanzkräftigen Unternehmen zu bewältigen. Auch hier hatten etablierte westeuropäische Unternehmen nach der Öffnung Osteuropas einen beachtlichen „Startvorteil".

Die sog. Werbeeinnahmen-Reichweiten-Spirale (im Rundfunk) oder Anzeigen-Auflagen-Spirale (im Pressemarkt) begünstigen ebenfalls marktmächtige und bereits etablierte Unternehmen. Je mehr Zuschauer mit einer Sendung oder Leser mit einer Zeitung erreicht werden, desto attraktiver sind die Werbeplätze für die Industrie. Dementsprechend steigen also die Zahlungsbereitschaft der Unternehmen und somit auch der Umsatz für die Anbieter der Werbeplätze. Die erhöhten Gewinne ermöglichen es den

Medienunternehmen, interessante Inhalte und Programme (Sportveranstaltungen, Filme etc.) zu kaufen und damit wiederum einen interessanteren Rahmen für die Werbung anzubieten. Diese „Spirale" ist nicht nur theoretisch zu begründen, sondern auch ein empirisches Phänomen. Die natürliche Grenze für diese selbstverstärkende Erscheinung liegt lediglich in den kulturellen und sprachlichen Grenzen, die mit jeder Werbebotschaft verbunden sind – dieser Sachverhalt wird später noch ausführlich diskutiert.

Als letzte konzentrationsfördernde Tendenz im Medienmarkt sind die sog. „Siegermarkteffekte" hervorzuheben (siehe *Cook* und *Frank* 1995; auch *Wentzel* 2002a). Aufgrund der spezifischen Gutseigenschaften von Informationen ist die Produktion von Medienerzeugnissen in der Regel mit hohen einmaligen Anfangskosten verbunden, während die Reproduktion dieser Produkte in der Regel mit Grenzkosten nahe Null einhergehen (hierzu *Shapiro* und *Varian* 1999). Es kostet also nur einmal Geld, eine CD mit einem großen Star aufzunehmen, während die Vervielfältigung der CD fast kostenlos möglich ist. Damit ist auch verständlich, warum Medienerzeugnisse (Filme, Musik, software) so stark gefährdet sind, durch Raubkopien geschädigt zu werden. Gleichzeitig entsteht aber auch ein sog. „Siegermarkteffekt", bei dem nur die *relative Position* im Markt entscheidet und weniger die *tatsächliche Leistung*: Der Olympiasieger erhält in der Regel alle großen Werbeverträge, während der minimal geschlagene Zweitplazierte fast immer leer ausgeht, obwohl seine Leistung beinahe identisch war. Übertragen auf die Medienbranche bedeutet dies, daß die Verbraucher zumeist auf die Interpreten zurückgreifen, von denen sie glauben, daß sie weltweit die besten sind. Dies erklärt beispielsweise, warum bestimmte italienische Tenöre ihre Musik in der ganzen Welt verkaufen, obwohl sie vielleicht in der tatsächlichen Leistung nur minimal oder vielleicht sogar gar nicht besser sind als andere Sänger. Die „Siegermarkteffekte" sind jedoch empirisch ein stabiles Phänomen, weshalb große Medienunternehmen in der Regel sehr viel Geld bezahlen, um solche Personen (sog. „idiosynkratische Produktionsfaktoren") an sich zu binden. Für Außenseiter sind Siegermärkte meistens nur schwer bestreitbar – allenfalls durch „Glückstreffer".

Bei der Betrachtung von Konzentrationen im Mediensektor ist jedoch auch festzuhalten, daß diese keinesfalls nur negativ zu sehen sind. Dies ist letztlich das Argument der „Chicago School", die beispielsweise in der Medienordnungspolitik der *Federal Communications Commission* in den USA großes Gewicht hat (vgl. *Hilliard* 1991). Eine höhere Wettbewerbsfähigkeit ist zumeist das Ergebnis von wirtschaftlicher Leistungsfähigkeit. Konzentrationen ermöglichen Kostenersparnisse im Sinne von Skalen- und Verbundeffekten. Es wäre demnach problematisch und unter Umständen sogar volkswirtschaftlich kontraproduktiv, wenn die europäische Wettbewerbspolitik sich an starren statistischen Kennziffern isolierter Märkte orientieren würde. Im Zentrum der wettbewerbspolitischen Entscheidung muß die Frage stehen, ob die Konsumenten ein preislich und qualitativ angemessenes Angebot erhalten und ob der Monopolist negative Externalitäten auf andere Wettbewerber ausübt.

Im Mediensektor sind zudem auch die Relationen zu anderen Medienerzeugnissen zu betrachten (sog. „Cross media relations"). Ein nationales Zeitungsmonopol kann unbedenklich sein, wenn sich der Verbraucher zeitgleich über andere Medien (Hörfunk, Fernsehen, Internet, internationale Presse) ausreichend mit anderen Informationen ver-

sorgen kann. Die meisten regionalen Pressemärkte in Europa haben nur einen oder maximal zwei Zeitungen, ohne daß jemand ernsthaft behaupten könnte, die Meinungsfreiheit sei eingeschränkt. Jede wettbewerbspolitische Entscheidung muß also den gesamten Markt und vorhandene Substitutionsmöglichkeiten ausreichend würdigen. Außerdem steht selbst bei einem wirtschaftlichen Monopol keinesfalls fest, daß der Anbieter
auch ein Meinungsmonopol durchsetzen würde. Mit Hilfe der sog. Programmwahlmo-
delle kann gezeigt werden, daß die Zielsetzung des Anbieters entscheidend für das tatsächliche Programmangebot sein wird (ausführlich *Wentzel* 2002a). Bei einer Gewin-
nerzielungsabsicht des Anbieters ist beispielsweise davon auszugehen, daß ein vergleichsweise ausgewogenes Programm angeboten werden wird, weil der Monopolist
keine Zielgruppen durch politisch einseitige Programme verprellen möchte. Das Angebot wird sich also eher am Median-Zuschauer orientieren als an den (politischen) Rand-
gruppen und damit eher „ausgewogen" sein.

Ein weiteres wettbewerbspolitisches Argument ist gerade im europäischen Raum oft
zu hören, das für eine „moderate" Konzentrationsförderung sprechen könnte. So ist
festzustellen, daß die USA („Hollywood") und in jüngerer Zeit auch Indien („Bollywood") als sehr starke Wettbewerber an den internationalen Medienmärkten auftreten.
Ein in kleine nationale und sprachliche Räume zersplitterter europäischer Medienmarkt
kann kaum als Gegengewicht gegenüber dem amerikanischen oder auch indischen
Markt dienen, die durch entsprechende Skalenerträge besonders leistungsstarke Medienerzeugnisse auf den Markt bringen können.

Ordnungspolitisch ist dieses Argument gleichwohl nicht überzeugend, da es ein sehr
starkes interventionistisches Element enthält, als ob die Wettbewerbsbehörde – hier die
Europäische Kommission – gleichsam die „optimale Wettbewerbsintensität" kennen
könnte, die als Gegengewicht gegen ausländische Anbieter optimal wäre. Außerdem ist
zu fragen, warum das bis heute nicht widerlegte Argument der internationalen Arbeitsteilung nicht auch grundsätzlich und ohne Einschränkung für Medienerzeugnisse Geltung haben sollte. Wenn amerikanische Filme in besonderer Weise auch den Ge-
schmack des *europäischen Publikums* treffen, so ist kaum verständlich, warum hierzu
ein „europäisches Gegengewicht" notwendig sein sollte.

2.3. Das Klassifikationsschema von *Browne*

2.3.1. Element und Ansatzpunkte

Das Beispiel der Wettbewerbspolitik zeigt deutlich, wie schwierig es ist, im europäischen Kontext zu einer in sich widerspruchsfreien Ordnungspolitik zu gelangen – nicht
minder schwierig ist dies in der Medienpolitik. Eine zentrale Regelvorgabe aus Brüssel
mag den (vermeintlichen) Vorteil der Einheitlichkeit haben und damit zu einer Reduktion der Transaktionskosten für die Unternehmen führen. Gleichwohl ist die Heterogenität der jeweiligen nationalen Medien- und Gesellschaftsordnungen geradezu das konstituierende Merkmal europäischer Identität. *Verheugen* (2005, S. 35 ff.) spricht sogar
davon, daß Kompliziertheit geradezu das zentrale Charakteristikum der Europäischen
Union sei. Es besteht ein natürliches Spannungsfeld zwischen Zentralität und Dezentralität der Regulierung (ausführlich *Heine* und *Kerber* 2006). Bei der Umsetzung der

Richtlinien in nationales Recht kann es durchaus vorkommen, daß die ursprüngliche Zielsetzung sich länderspezifisch sehr unterschiedlich auswirkt und es zu Widersprüchen kommt.

Im direkten Vergleich zeigt sich, daß die europäischen Medienordnungen sehr unterschiedlich sind. Nicht zwei Länder verfügen europaweit über annähernd gleiche Systeme.[11] Von *Browne* (1999) stammt die vielleicht bekannteste wissenschaftliche Vergleichsstudie über „Broadcasting and Industrialized Nations". Er verwendet bei seiner Arbeit ein leistungsfähiges Klassifikationsschema, das er auf seine Fallstudien systematisch anwendet und das auch für die europäische Fragestellung zweckmäßig ist. Ausgangspunkt seiner Analyse ist eine Unterscheidung in grundsätzliche Faktoren („basic factors") von Medienmärkten. Diese Faktoren gelten zwar zunächst für elektronische Medien, können aber teilweise auch für Pressemärkte angewendet werden. Die zu untersuchenden Faktoren sind geographische, demografisch/linguistische, ökonomische, kulturelle, politische und technologische[12] (siehe *Browne* 1999, S. 5-23).

Geographische Faktoren

Idealerweise wäre ein Empfangsgebiet für den Rundfunk aus physikalischer Sicht kreisrund, so daß von einem zentralen Sender aus in der Mitte des Kreises Signale gleichmäßig auf die Empfänger verteilt werden könnten. Jede andere Form führt dazu, daß entweder Teile des Sendegebietes gar nicht erreichbar sind oder aber daß starke Überreichweiten in Nachbarländer existieren. Spanien hat beispielsweise unter diesem Gesichtspunkt eine ideale geographische Form, weil es gut abgedeckt werden kann. Ein Land wie Chile oder auch Österreich ist hingegen mit einem zentralen Rundfunksender (terrestrisch) kaum zu versorgen, da es lang und gleichzeitig schmal ist. Satellitengestützte Rundfunkangebote können diese geographische Restriktion zwar schrittweise überwinden; gleichwohl stehen solche technischen (und sehr kapitalintensiven) Möglichkeiten bislang nur wenigen Ländern in Europa und weltweit zur Verfügung.

Ein weiterer grundlegender geographischer Faktor für die Marktentwicklung ist die Größe eines Landes. Kleine oder mittelgroße Länder haben zumeist nationale, landesweit operierende Sender entwickelt. Sehr große Flächenländer hingegen (USA, Rußland bzw. die Sowjetunion, Kanada, Australien, Brasilien oder auch China) haben eine Tendenz zu dezentralen Rundfunksystemen mit stark lokalen und regionalen Elementen, wie beispielsweise am Prinzip der Fernsehnetzwerke in den USA[13] deutlich ersichtlich wird (siehe *Wentzel* 2002a). Die Größe des Landes spielt eine Rolle bezüglich der rein technischen Übertragungsmöglichkeiten (Reichweiten und Sendequalität), aber auch

---

[11] Diese Erkenntnis ist verwunderlich, wird aber durch zahlreiche Studien bestätigt. Selbst in Afrika, wo die Kolonialmächte Frankreich und England zwangsweise ihre jeweiligen Ordnungsmodelle eingeführt haben und damit eine starke Tendenz zur Vereinheitlichung bestand, sind riesige Unterschiede festzustellen.

[12] Die technologische Komponente wird bei *Browne* (1999, S. 22) eigenständig thematisiert. Für die vorliegende Untersuchung wird hiervon abgewichen und diese Komponente bei den ökonomischen Faktoren mitberücksichtigt.

[13] Den meisten Europäern dürfte kaum bewußt sein, wie sehr der amerikanische Markt durch lokale und regionale Präferenzen geprägt ist („small town newspaper on the air").

durch verschiedene Zeitzonen (etwa Rußland oder USA) und sprachlich kulturelle Differenzen, die in einem großen Land sehr viel wahrscheinlicher sind (etwa Indien) als in einem kleinen Land.

Auch die geographischen Nachbarn spielen für die Entwicklung von Medienmärkten eine entscheidende Rolle. Die kleinen Länder in Europa (etwa Luxemburg oder Slowenien) profitieren alle von den Überreichweiten der großen Nachbarn. Da Rundfunk nicht-rivalisierend im Konsum ist, wird gleichsam eine positive Externalität für die Nachbarstaaten produziert, die quasi ohne eigenes Zutun über sehr vielfältige (und vielsprachige) Medienangebote verfügen. Aber auch umgekehrt gibt es ökonomisch wichtige Effekte: Die Überreichweiten von Radio Luxemburg haben – wie oben bereits angedeutet – dazu geführt, daß Anfang der achtziger Jahre in Deutschland erstmals privates Fernsehen empfangbar wurde und so das Monopol der öffentlich-rechtlichen Sender aufgebrochen werden konnte.

Browne (1999, S. 7) merkt zutreffend an, daß der geographische Faktor von allen genannten Faktoren vermutlich durch die technische Entwicklung am stärksten an Bedeutung verlieren wird. Das Internet als weltumspannendes Informations- und Kommunikationsnetz ist vollkommen unabhängig von der Lage, Größe und Form eines Landes. Gleichwohl bleibt ein Teil des Arguments erhalten, weil viele Menschen (zumindest in den Entwicklungsländern) auch noch dauerhaft keinen Zugang zum Internet haben werden. Dies gilt auch für strukturschwache Regionen in Europa. Außerdem bestehen im Mediensektor sog. *institutionelle Pfadabhängigkeiten*: Einmal getroffene institutionelle Regelungen tendieren zur Selbst-Verfestigung. So ist zumindest in mittlerer Frist kaum davon auszugehen, daß der an die Bundesländer gebundene öffentlich-rechtliche Rundfunk in Deutschland seine Organisationsstruktur ändern könnte, selbst wenn die geographische Bedeutung der Bundesländer vollkommen unwichtig würde.

Demografische/linguistische Faktoren

Die Verteilung der Bevölkerung innerhalb und die Sprache(n) eines Landes sind ebenfalls von grundlegender Bedeutung für die Entwicklung der Medienmärkte. Es ist sicherlich nicht überraschend, daß die bevölkerungsreichen Ballungsgebiete in den USA an der Ost- und der Westküste zugleich auch die Zentren der Medienunternehmen sind. Hier sind demzufolge auch die ersten Fernsehnetzwerke entstanden (siehe *Wentzel* 2003). Eine solche Korrelation zwischen Populationsdichte und Medienangeboten ist auch in Europa empirisch zu beobachten.

Als besonders prägnantes Beispiel für die Bedeutung von Sprache mag Indien dienen, das als ein Land mit weit über hundert verschiedenen Dialekten und ethnischen Gruppierungen durch „zersplitterte Zielgruppen" gekennzeichnet ist. Aber auch in Europa gibt es vielsprachige Länder, beispielsweise die Schweiz oder auch die Nachfolgestatten des ehemaligen Jugoslawien. Die Unterschiedlichkeit der Sprache mag zwar in der modernen Wirtschaftswissenschaft kaum thematisiert werden, ist jedoch in medienökonomischer Perspektive von grundlegender Bedeutung. Sprache ist nach wie vor das wichtigste Kommunikationsmedium von Menschen. Kaum jemand wird sich einen Film oder eine Nachrichtensendung in einer für ihn unverständlichen Sprache anschauen. Dies erklärt auch, warum amerikanische Filme in der Regel wirtschaftlich so erfolgreich sind: Ein amerikanischer Film wird für amerikanisches Publikum von ca. 300 Millionen englischsprechender Konsumenten produziert. Zudem kann der Film ohne jede Übersetzung in Indien, Australien, England und Kanada sowie in großen Teilen Asiens und auch in Skandinavien angeboten werden. Damit fällt es amerikanischen Filmen relativ leicht, allein durch die Größe der Zielgruppe in die Zone der Wirtschaftlichkeit zu gelangen.

Europäische Filme haben hier hingegen einen systematischen und nicht änderbaren Nachteil gegenüber Hollywood. Ein spanischer Film beispielsweise, der in ganz Europa verbreitet werden soll, müßte in mehr als zwanzig Sprachen übersetzt werden. Abgesehen davon, daß jede Übersetzung immer mit gewissen Änderungen des Inhalts verbunden ist, muß auch der Kostengesichtspunkt berücksichtigt werden. Jede Übersetzung kostet Zeit und Geld und wird die Gewinnwahrscheinlichkeit weiter reduzieren. Der relevante Markt ist wesentlich kleiner. Da europäische Filmstudios in der Regel unterkapitalisiert sind und stark von staatlicher Filmförderung abhängen, ist meistens eine Ausrichtung auf den eigenen (nationalen) Markt festzustellen.

Sprache wirkt aber auch als eine Begrenzung der Werbeeinnahmen-Reichweiten-Spirale und stellt damit eine *natürliche Restriktion* für Medienkonzentration in Europa dar.[14] Jede Werbesendung setzt elementar voraus, daß die Adressaten die Botschaft auch verstehen können. Zwar kann eine Sendung weltweit übertragen werden – etwa das Finale einer Fußballweltmeisterschaft – aber die Verwertung der Werbezeiten kann nur regional bzw. gebunden an die Sprachregionen erfolgen. Damit muß selbst ein Unternehmen, das rein technisch über große Reichweiten verfügen könnte, direkte Partner in regionalen Märkten einbeziehen. Hierdurch entsteht für Marktneulinge die grundsätzliche Möglichkeit, in einzelne Märkte neu einzudringen.

Ökonomische Faktoren

Die „ökonomischen Faktoren" im Verständnis von *Browne* (1999, S. 9 f.) beziehen sich auf die Kapitalausstattung, auf die grundsätzlichen institutionellen Rahmenbedingungen sowie auf die sektoralen Strukturen eines Landes. Je reicher ein Land mit Kapital ausgestattet ist, desto größer fällt in der Regel das Angebot an Medieninhalten und Übertragungskapazitäten aus. Je höher das Pro-Kopf-Einkommen der Bevölkerung, desto größer ist auch die Nachfrage der Bevölkerung nach neuen Produkten und technischen Möglichkeiten. Ohne diese „Pionier-Konsumenten" können sich Märkte ebensowenig entwickeln wie ohne die berühmten *Schumpeter*schen Pionierunternehmer.

Diese Trivialität ökonomischer Betrachtung hat eine zentrale und sehr aktuelle Anwendung auf den Mediensektor, denn die mit der Medienentwicklung einhergehenden Produktivitätsfortschritte fallen in der Regel in den Ländern an, die ohnehin schon eine vergleichsweise hohe Produktivität aufweisen: Es entsteht zunehmend eine „digitale Kluft" (digital divide) zwischen den Industrieländern und den Entwicklungsländern, die die ohnehin schon bestehende Lücke zwischen den reichen und den ärmeren Länder

---

[14] Mein Kollege *Hanno Beck* machte mich auf den sehr interessanten Punkt aufmerksam, daß es vielleicht gerade auch die natürliche Sprachrestriktion sein könnte, die vielen Europäern die Medienliberalisierung vereinfacht habe.

weiter vergrößert (vgl. *Baran* und *Davis* 2000). Dieses Problem ist zudem selbstverstär-
kend, d.h. daß hier die Notwendigkeit für wirtschaftspolitische Eingriffe bestehen kann.
Die digitale Kluft besteht auch in ähnlicher Form in der Europäischen Union, wo zwischen den alten westeuropäischen Ländern und den vormals sozialistischen Ländern
Osteuropas starke Differenzen sowohl im Medienangebot wie auch in der Mediennut-
zung bestehen. Vor diesem Hintergrund ist auch das Aktionsprogramm „eEurope 2002"
und das Nachfolgeprogramm „eEurope 2005" zu verstehen, daß gezielt Hilfestellung
leisten soll beim Aufbau einer leistungsfähigen Kommunikations- und Medienordnung
in Osteuropa (siehe Kapitel 3).

Auch die sektorale Struktur eines Landes und der Bildungsstand der Bevölkerung
haben Auswirkungen auf die Medienordnung. Landwirtschaftlich geprägte Länder be-
nötigen weniger leistungsfähige Kommunikationsnetze als Länder, die stark in die internationalen Finanzmärkte eingebunden sind. In Polen beispielsweise oder in Süditali-
en sind demzufolge ganz andere Medienstrukturen vorzufinden wie etwa in England
oder in den Niederlanden (vgl. *Internationales Handbuch* 2004).

Kulturelle Faktoren

Kultur ist ein Schlüsselbegriff jeder Medienordnung. Was jedoch genau unter Kultur
zu verstehen ist, bleibt letztlich vage und entzieht sich einer präzisen Definition. Sicherlich ist die Übertragung eines Fußballspiels Gegenstand einer gewissen „Alltagskultur",
wenngleich Kulturförderung sich zumeist auf Ereignisse höherer Bildungsschichten
bezieht, also beispielsweise Theatervorführungen, Opern oder Schauspiele. Kultur ist
grundsätzlich auch prägend für die wirtschaftlichen Rahmenbedingungen eines Landes
(aktuell *Leipold* 2006) und der Erhalt der Kultur ist ein legitimes und ehrenwertes Ziel
einer jeden Politik – und damit auch der Medienpolitik. Kultur bezieht sich dabei auf
Elemente wie Sprache, Literatur und Musik eines Landes, Tradition und bestimmte
Grundüberzeugen und landsmannschaftliche Bräuche, deren Erhalt förderungswürdig
erscheint.

In jeder nationalen Medienordnung besteht aber grundsätzlich ein Spannungsfeld
zwischen „Kultur und Kommerz", also den gesendeten Inhalten und den wirtschaftlichen Notwendigkeiten und Zielen der Medienschaffenden. In den Programmwahlmo-
dellen der Medienökonomik wurde diskutiert, daß gewinnorientierte Programmangebote üblicherweise auf die Median-Präferenzen sowie auf die zahlungskräftigen Zuschau-
erschichten ausgerichtet sind. Sender, die ausschließlich „hohe Kultur" senden, sind
deshalb nur begrenzt marktfähig ebenso wie Stationen, die sich lediglich auf extrem
minderwertige Inhalte konzentrieren. Es kann also auch ökonomisch gerechtfertigt werden, daß bestimmte Kulturkanäle, die möglicherweise positive Externalitäten produzieren, außerhalb der Marktzwänge agieren und dementsprechend auch staatlich unterstützt
werden. Der deutsch-französische Kulturkanal ARTE ist ein Beispiel für einen solchen
Sender. Auch der Erhalt kleiner und nicht-kommerzieller Sender kann gerechtfertigt
werden, wenn die Vielfalt des Programmangebots hierdurch vergrößert wird. In den
europäischen Ländern sind in den öffentlich-rechtlichen Programmen meist spezifische
Nischen für solche Angebote reserviert.

Aus ordnungspolitischer Perspektive muß jedoch kritisch angemerkt werden, daß wohl kaum ein anderer Begriff so sehr in der Gefahr steht, für protektionistische Neigungen mißbraucht zu werden, wie der Kulturbegriff. Frankreich ist hier häufig besonders einfallsreich, wenn es um die Errichtung neuer Handelshemmnisse, vor allem für nicht-europäische Medieninhalte, geht. Viele Länder haben sich gegen die erste Fernsehrichtlinie der EU 1989 gewehrt, die Fernsehsendung als Dienstleistung und nicht als Kulturgut definierte und damit dem Binnenmarktprinzip unterwarf. Gerade die deutschen Bundesländer waren – wie bereits angedeutet – besonders aktiv bei dem Versuch, Fernsehen grundsätzlich dem nationalen und europäischen Wettbewerb zu entziehen, eben mit dem Verweis auf das Kulturgutargument. Warum die öffentlich-rechtlichen Anstalten ca. sieben Milliarden Euro garantierte Gebühreneinnahmen „zu kulturellen Zwecken" vereinnahmen, nur um dann die (sehr marktfähigen) Sportverwertungsrechte für die Fußball-Bundesliga und viele andere hochwertige Sportereignisse zu ersteigern, widerspricht jeder ökonomischen Vernunft und verdeutlicht die Reichweite des Problems. Die europäischen Wettbewerbshüter sollten sich auch zukünftig nicht irritieren lassen und weiter den freien Fluß von Medienangeboten innerhalb Europas befördern.

Politische Faktoren

Unter den politischen Faktoren versteht *Browne* (1999, S. 13-22) die bekannten „vier Theorien der Presse", wie sie in jedem medienökonomischen Lehrbuch zu finden sind.[15] Grundsätzlich werden unterschieden libertäre („laisser faire" oder „libertarian") Mediensysteme, solche der sozialen Verantwortlichkeit (social responsibility) sowie kommunistische und autoritäre.

Für die Europäische Union sind nur die beiden ersten Alternativen relevant. Dies ist einerseits das Ergebnis einer glücklichen geschichtlichen Entwicklung in den letzten zwanzig Jahren, die zum Zusammenbruch der sozialistischen Wirtschaftsordnungen beigetragen hat und damit die dritte Option (kommunistischer Medienordnungen) weitgehend beseitigte. Aber auch Länder wie Spanien, Portugal und Griechenland waren anfänglich von der europäischen Integration ausgeschlossen wegen autoritärer Regierungen. Der Übergang zur Demokratie und damit auch der Übergang zu pluralistischen Medienordnungen hat zumindest für die Mitglieder der EU die vierte Option ausgeschlossen.

Alle Länder, die in den letzten Jahren der EU beigetreten sind im Rahmen der Osterweiterung bzw. die Mitgliedsanträge gestellt haben (Rumänien, Bulgarien, Türkei und Kroatien), sind zur Einhaltung der sog. „Kopenhagener Kriterien" verpflichtet. Neben den politischen Kriterien (Demokratie, Rechtsstaatlichkeit sowie Wahrung der Menschenrechte und Schutz von Minderheiten) stehen ökonomische Kriterien im Vordergrund. So müssen alle neuen Beitrittsländer marktwirtschaftlich ausgerichtet und in der Lage sein, dem Wettbewerb im Binnenmarkt standzuhalten. Die neuen Mitglieds-

---

[15] Die sog. vier Theorien der Presse sind durch die politischen Entwicklungen der letzten Jahre weitgehend überholt, da kommunistische bzw. autoritäre Mediensysteme an Bedeutung verloren haben. Allerdings könnte die Radikalisierung von Teilen der islamischen Welt und auch derer Mediensysteme den Theorien eine neue Aktualität verleihen, wenngleich mit neuen Adjektiven.

staaten verpflichten sich zudem, den gemeinschaftlichen Besitzstand (sog. „acquis communautaire") zu übernehmen, zu dem auch die Pressefreiheit und eine offene Medienordnung gehören. De facto haben alle EU-Mitgliedsländer Mischsysteme (duale Systeme) zwischen freiheitlichen (marktorientierten) und öffentlich-rechtlichen Rundfunkordnungen.

2.3.2. Zwischenfazit

Der Wert des Klassifikationsschemas von *Browne* für die Analyse des europäischen Medienmarktes ist offensichtlich. Wenn eingangs postuliert wurde, daß Kompliziertheit und Komplexität geradezu das Strukturmerkmal Europas seien, dann liefert der vorgestellte Ansatz durchaus einen zweckmäßigen Beitrag, um die entscheidenden und unterschiedlichen Elemente dieses Marktes deutlicher zu verstehen. Es geht nicht darum, einzelne isolierte Aspekte herauszugreifen, sondern es geht um die Analyse von institutionellen, technologischen, geographischen und politischen *Mustern*, die sich in den einzelnen Ländern systematisch unterscheiden.

Die Erkenntnis solcher Muster ist auch notwendig für die *Rechts- und Gesetzesfolgenabschätzung*, die mit einer ordnungspolitischen Analyse einhergeht. Ebenso wie jeder Architekt eines Großbauwerks sehr ausführliche Gutachten über die Beschaffenheit des Untergrunds benötigt, der bebaut werden soll, so muß die Europäische Union bei der Verabschiedung von Richtlinien berücksichtigen, daß die kulturellen und historischen Gegebenheiten in den einzelnen Ländern unterschiedlich sind. Medien sind ein Mittel der Informationsübermittlung, gleichzeitig aber auch ein Instrument der öffentlichen Meinung. Die „Kulturlastigkeit" der europäischen Medienpolitik verdeutlicht, daß es sich durchaus um einen besonderen Aspekt des Binnenmarktprogramms handelt.

2.4. Zur Theorie des „optimalen europäischen Medienraumes"

Seit der ersten Fernsehdirektive von 1989 hat die EU durch viele rechtliche Rahmenbedingungen dazu beigetragen, daß zunehmend ein gemeinsamer Medienmarkt in Analogie zum Binnenmarkt entstanden ist. Gleichwohl stellt sich mit jeder neuen Gesetzesinitiative die Frage, wie *tief* die Kommission in nationalstaatliche Regelungsbereiche eindringen darf (Subsidiaritätskonflikt) bzw. auf welche Länder sie die EU-Politik zweckmäßigerweise *ausweiten* sollte. Ähnlich wie in der Geldpolitik ist zu fragen nach der optimalen Reichweite wirtschafts-(geld-)politischer Maßnahmen (vgl. *Michler* i.d.Bd.). Dabei ist zu klären, ob es – in Analogie zur bekannten „Theorie optimaler Währungsräume" – so etwas wie eine Theorie optimaler Medienräume gibt?

Folgt man den neoklassischen Argumentationsmustern in der Medienökonomik, so führt die bereits angesprochene Werbeeinnahmen-Reichweiten-Spirale (oder Auflagen-Anzeigen-Spirale) zu der Hypothese, daß eine weitgehende Marktabdeckung durch einen Anbieter (Monopolisten) sehr wahrscheinlich ist. Die vor allem von den Kritikern einer marktorientierten Medienordnung vorgetragenen Befürchtungen beruhen zumeist auf diesem Argument (exemplarisch *Hoffmann-Riem* 1981). In Europa wird diese Hypothese ebenfalls diskutiert, vor allem in Frankreich und Italien, weniger jedoch in Großbritannien. Theoretisch ist dieses Argument allerdings nicht wirklich überzeugend;

es lebt eher von einzelnen Plausibilitäten und Fallbeispielen – vor allen Dingen in Italien –, die jedoch nicht notwendigerweise verallgemeinerungsfähig sind.

Die Gegenargumente zu dieser Position lassen sich u.a. mit der Klassifikation von *Browne* (1999) und mit dem Argument der institutionellen Komplexität führen: Die Bestimmungsfaktoren eines Medieneinzugsgebietes sind in der Regel sehr heterogen und keinesfalls eindimensional. Der kulturelle Faktor begrenzt die Verbreitung bestimmter Medien*inhalte*, selbst Humor ist ländergebunden und läßt sich nur begrenzt in andere Kulturkreise übertragen und übersetzen. Außerdem gibt es empirisch nachweisbar eine Tendenz, daß beispielsweise Fernsehkonsumenten in ihren Programmen eigene Lebens- und Erfahrungswelten wiederfinden wollen. Ein deutscher Tatort-Krimi hat üblicherweise in der Stadt, in der er spielt, besonders hohe Einschaltquoten. Selbst unter der Prämisse, daß bestimmte amerikanische Serien populär und möglicherweise auch sehr preisgünstig im Erwerb sind, lassen sich hiermit keine gewinnorientierten Programme grenzenlos auffüllen. Diese Position wird durch die Erfahrung der privaten Fernsehanbieter in allen europäischen Staaten eindeutig manifestiert. Sprache und kulturelle Verständigung sind vermutlich die wichtigsten Restriktionen bei der Verbreitung von Medieninhalten.

Anders verhält es sich bei „kulturlosen" und sprachunabhängigen Medieninhalten, etwa der Verbreitung von PC-software oder Unterhaltungselektronik, sowie bei technischen Standards. Der große wirtschaftliche Erfolg von Microsoft steht beispielhaft für eine Technologie, die den Endverbrauchern einen großen Nutzen durch Inter-Operabilität stiftet. Fast alle Europäer (und erst recht Amerikaner und Asiaten) nutzen die Office-Programme, die Internet-Browser sowie das email-Programm von Microsoft, weil es friktionslose Kommunikation ermöglicht. Die EU-Kommission hat mehrfach gegen Microsoft geklagt wegen vermeintlich wettbewerbsfeindlicher Praktiken, hat sich aber (bisher) nicht wirklich durchsetzen können. Ökonomisch läßt sich der Erfolg von Microsoft vergleichsweise einfach mit Siegermärkten und Netzwerkeffekten erklären (hierzu *Shapiro* und *Varian* 1999).

Die EU-Kommission ist deshalb gut beraten, ihre Wettbewerbs- und Medienpolitik in den Bereichen intensiv zu gestalten, die durch Konzentrationstendenzen *tatsächlich* gefährdet sind. Die Marktmacht eines großen, im Zweifel sogar monopolistischen Software-Anbieters ist an sich noch nicht bedenklich, wenn die Verbraucher ausreichend und qualitativ ansprechend versorgt werden. Sie kann jedoch leicht in angrenzende technische Felder übertragen werden, was dann jedoch einer Wettbewerbsbeschränkung und damit einem Verstoß gegen das Binnenmarktprinzip gleichkäme. Im Bereich der Regulierung von Medien*inhalten* sollte sich die Kommission jedoch weitgehend zurückhalten, da über Sprache und Kultur sowie über die Bestreitbarkeit von Märkten zumindest grundsätzlich die Offenheit der Märkte gesichert ist. Vorgaben von Programminhalten oder gar Quoten für europäische Filme oder Filme bestimmter Nationalität sind weder notwendig noch dem Wettbewerbsprinzip dienlich. Sie sind kaum durch den Binnenmarkt zu legitimieren und stehen sogar im direkten Widerspruch zu den Prinzipien der Welthandelsorganisation, der alle EU-Mitglieder ebenfalls angehören.

Zusammenfassend läßt sich also sagen, daß die Europäische Union kaum als ein „optimaler Medienraum" bezeichnet werden kann. Die unterschiedlichen Vorverständnisse über bestimmte Ordnungsfragen und die kulturellen und sprachlichen Divergenzen erschweren eine flächendeckende Marktabdeckung, wie sie beispielsweise amerikanischen Medienproduzenten auf ihrem heimischen Markt (und anderen englischsprachigen Märkten) immer wieder gelingt. Diese Restriktion wirkt sich aber andererseits durchaus auch positiv aus, denn durch die (sprachliche) Segmentierung des Marktes ist eine monopolistische Marktübernahme, wie sie im neoklassischen Modell postuliert wird, kaum möglich.

2.5. Das morphologische Schema zur Klassifikation von Medienordnungen

Die Morphologie ist ein ordnungstheoretisches Instrument zur Analyse und Beschreibung einer Wirtschaftsordnung eines Landes, das auf *Walter Eucken* (1952/90) zurückgeht und auch auf die europäischen Medienordnungen zweckmäßig angewendet werden kann. Eine Anwendung auf die insgesamt weltweit vorliegenden Medienordnungen beinhaltet sowohl totalitäre, öffentlich-rechtliche sowie marktwirtschaftliche Systeme (siehe *Wentzel* 2002á). In der heutigen Europäischen Union sind aufgrund der wirtschaftlichen und politischen Vorgaben der EU-Verträge ausschließlich Mischordnungen vorzufinden, die mehr oder minder stark durch öffentlich-rechtliche wie auch private Medien geprägt sind. Zudem bestehen Kooperationsverträge zwischen den nationalen Systemen über den Austausch und Transfer von Medieninhalten, etwa im Rahmen der European Broadcasting Union (EBU)[16].

Als entscheidende morphologische Kriterien sind die *Wirtschaftsordnung* und die *Eigentumsordnung* eines Landes hervorzuheben. Die Tradition öffentlich-rechtlicher Anstalten ist beispielsweise eine sehr stark auf Deutschland zugeschnittene Ordnungsform, etwa im Rundfunk, aber auch im Finanzwesen (Sparkassen) oder anderen Formen öffentlicher Versorgung. Das sich im deutschen Rundfunkmarkt das private Bezahlfernsehen (PayTV) noch nicht entscheidend durchsetzen konnte, hat auch direkt mit dieser Besonderheit zu tun. Im Gegensatz hierzu sind stärker marktwirtschaftlich geprägte Länder zu nennen, etwa Großbritannien oder Irland, in denen auch die Rundfunkordnungen zumeist wettbewerblicher und im Außenverhältnis offener sind. Als wesentliches Formelement der Wirtschaftsordnung ist die *Eigentumsordnung* zu betonen, die in Europa zwischen den Optionen öffentlich-rechtlich und privat angesiedelt ist. Entscheidende ökonomische Konsequenz ist hierbei die Konkursunfähigkeit der Öffentlich-rechtlichen, die im Gegensatz zu ihren privaten Konkurrenten auch im möglichen Falle einer schlechten Qualität ihrer Programme nicht vom Marktaustritt bedroht sind. Diese Anstalten unterliegen zwar der Kontrolle durch (öffentliche) Rechnungsprüfer und interne Gremien, aber keiner strengen Marktkontrolle. Dieser besondere Freiraum ist (ordnungsökonomisch) dann zu rechtfertigen, wenn besonders hohe Qualitäten produziert werden, die privat nur begrenzt am Markt refinanzierbar wären. Die Konkursunfä-

---

[16] Die European Broadcasting Union entstand 1949 mit dem Ziel, Rundfunkinhalte auszutauschen und den europäischen Integrationsgedanken zu fördern. Seit den achtziger Jahren wurde dieser Austausch intensiviert. Gleichwohl blieb die EBU immer auf öffentlich-rechtliche Systeme beschränkt, auch nach dem Aufkommen privater Rundfunkanbieter. Die Unfähigkeit der EBU, sich für die Privaten zu öffnen, hat ihre Bedeutung für die heutigen Medienmärkte eher reduziert.

higkeit erweist sich aber ordnungspolitisch als außerordentlich problematisch und kritikwürdig, wenn hiermit wettbewerbsverzerrende Strategien verbunden sind – etwa beim Erwerb von attraktiven Sportverwertungsrechten.

Als weiteres Kriterium ist die *Planungsordnung* hervorzuheben, die in Europa zwischen zentral und dezentral angesiedelt ist. Hier spielen auch – in Anlehnung an die Kriterien von *Browne* (1999) – die Größe des Landes und Pfadabhängigkeiten in der Entwicklung eine entscheidende Rolle. Die meisten europäischen Länder verfügen im privaten Sektor über landesweit operierende Sender, die auch zudem entsprechende Überreichweiten für ihre Nachbarländer einkalkulieren. Rechtlich sind diese Unternehmen zumeist börsennotiert oder als Gesellschaft mit beschränkter Haftung (in den entsprechenden europäischen Variationen) organisiert.[17] Im öffentlich-rechtlichen Sektor gibt es einerseits die dezentrale Variante, wie sie beispielsweise in der deutschen ARD anzutreffen ist, andererseits aber auch die zentralistische Variante, etwa in Großbritannien oder in Frankreich. Der Unterschied zwischen diesen beiden Ländern liegt in der größeren Unabhängigkeit des britischen Rundfunks gegenüber dem französischen, der vergleichsweise stark unter dem Einfluß des Staates steht (siehe *Browne* 1999, S. 79-156).

Im weiteren sind die *Ziele* hervorzuheben, die ein Medienunternehmen insgesamt anstrebt bzw. die in einer nationalen Medienordnung verwirklicht werden sollen. Hierbei ist jedoch ordnungspolitisch zwischen den vorgegebenen und den tatsächlich verfolgten Zielen zu unterscheiden, da die hehren Zielvorgaben oftmals in starkem Widerspruch zu der Realität stehen. Private Medienunternehmen verfolgen in der Regel die Ziele *Gewinnerzielung* bzw. *Ausweitung der Marktanteile*. Damit sind sie durchaus mit Unternehmen anderer Wirtschaftszweige vergleichbar und unterliegen sowohl dem nationalen wie auch dem europäischen Wettbewerbsrecht. Der Versuch, zumindest temporär monopolistische Preissetzungsspielräume zu erlangen, ist dabei einzelwirtschaftlich durchaus verständlich und verdeutlicht, wie sehr der Erhalt der Wettbewerbsordnung eine *dauerhafte* Aufgabe ist.

Bei den Zielen der öffentlich-rechtlichen Anbieter ist die Analyse der Ziele wesentlich schwieriger. Erziehung und Bildung, Information und Aufklärung sowie der Erhalt kultureller Werte sind europaweit in den Anstaltsverfassungen nachzulesen.[18] Allerdings ist es europaweit sehr unterschiedlich gelungen, den entsprechenden Funktionsauftrag der einzelnen Anstalten einzugrenzen. So ist beispielsweise die BBC in Großbritannien sehr eng an einen Kultur- und Informationsauftrag gebunden. Ein grundsätzliches Verbot von Werbung unterstützt diese Ausrichtung und verhindert mögliche Interessenkonflikte mit Werbekunden. In Deutschland hingegen ist ordnungspolitisch ein System entstanden, in dem die öffentlich-rechtlichen Anbieter zwar rhetorisch ein Kulturziel postulieren, *de facto* jedoch ein Ziel der *Marktanteilsmaximierung* verfolgen.

---

[17] Die große Ausnahme ist das größte europäische Medienunternehmen Bertelsmann mit Sitz in Gütersloh (Deutschland), das immer noch als Familienunternehmen organisiert ist.

[18] Der Vergleich dieser Anstaltsverfassungen und Ziele ist im Zeitalter des Internet vergleichsweise einfach geworden, da alle öffentlich-rechtlichen Anbieter in Europa über entsprechende Internet-Informationen verfügen. Siehe etwa www.ard.de oder www.bbc.co.uk.

Möschel (1991) hat diese Strategie sehr treffend als „Kanalverstopfung" kritisiert. Kulturinhalte und Angebote für Minderheiten (etwa Kinderprogramme) werden zunehmend in Spartenkanäle „exportiert", während im Vollprogramm von ARD und ZDF massenattraktive Programme der Privaten kopiert werden (etwa sog. „Seifenopern") – auch mit dem Ziel, die Werbeeinnahmen zu maximieren. Eine solche Strategie ist aus wettbewerbspolitischer Perspektive eindeutig zu kritisieren. Im europäischen Kontext werden die Ziele der Medienordnung jedoch häufig protektionistisch mißbraucht – nicht nur auf nationaler Ebene gegenüber den Privaten (wie in Deutschland[19]), sondern auch international gegenüber Wettbewerbern aus anderen Ländern. Frankreich und Polen, aber auch Italien geben hier immer wieder Anlaß zur Besorgnis.

Als nächster Gesichtspunkt eines europäischen Medienvergleichs sind die *Regulierung* und die *staatliche Einflußnahme* zu nennen. Hierbei verdeutlicht sich vermutlich am stärksten die außerordentliche Heterogenität der europäischen Mitgliedsländer und ihrer Medienordnungen. Für die privaten Anbieter gibt es dabei zumindest vergleichsweise noch eine stärkere Vereinheitlichung der Rahmenbedingungen durch europäisches Recht und die Durchsetzung des Binnenmarktprinzips. Jeder national lizensierte Anbieter kann dem Grundsatz nach auch europaweit auftreten: Das Ursprungslandprinzip findet seine medienökonomische Analogie im sog. Sendestaatsprinzip. Zudem sind das Privatrecht, das Wettbewerbsrecht und auch der Persönlichkeitsschutz im Medienbereich weitgehend angeglichen, so daß vergleichbare Rahmenbedingungen existieren. Allerdings ist die nationale Zulassung von privaten Anbietern europaweit immer noch sehr unterschiedlich geregelt.

Bei den öffentlich-rechtlichen Sendern ist europaweit eine nicht überschaubare Verschiedenartigkeit festzustellen. Je nach der verfassungsrechtlichen Struktur der Länder sind die rundfunkrechtlichen Grundlagen auf verschiedenen Ebenen angesiedelt – in Deutschland etwa mit den sog. Rundfunkstaatsverträgen der Länder. Andere europäische Länder haben eigene Gesetze auf der Ebene des Nationalstaates, in dem Reichweite, Auftrag und Finanzierung des „Public Broadcasting" geregelt werden. Zudem besteht mit dem Amsterdamer Protokoll ein wichtiges europäisches Rechtsdokument, das den langfristigen Bestand des öffentlich-rechtlichen Rundfunks sicherstellen soll (siehe Kapitel 3).

Als nächstes ist die *Finanzierung* der Medien zu untersuchen. Öffentlich-rechtlicher Rundfunk in Europa wird in der Regel direkt über staatliche Zuwendungen oder Gebühren finanziert, für private Medien stehen zumeist Werbung und direkte Entgelte zur Verfügung. Die gesamte Marktstruktur wird entscheidend determiniert durch die Möglichkeiten, wie sich die einzelnen Medienunternehmen finanzieren können. So ist beispielsweise in Großbritannien ein striktes Verbot von Werbung in öffentlich-rechtlichen Sendern festgeschrieben. Außerdem ist der Programmbereich stärker auf kulturelle und informationelle Inhalte verpflichtet, so daß auch den privaten Anbietern ausreichend

---

[19] In Deutschland gibt es eine Tendenz durch den Gesetzgeber und die Verfassungsorgane (einschließlich des Verfassungsgerichtes), die öffentlich-rechtlichen Anbieter zu bevorzugen. Im internationalen Kontext und auch bezüglich der Einhaltung der WTO-Spielregeln ist Deutschland jedoch sehr wettbewerbsfreundlich und nur bedingt protektionistisch eingestellt.

Marktnischen verbleiben. Es ist vor diesem Hintergrund verständlich, warum sich Pay TV in Großbritannien vergleichsweise gut durchsetzen konnte. In Deutschland hingegen ist ein sog. „duales System" durch das Bundesverfassungsgericht vorgeschrieben, bei dem sich der öffentlich-rechtliche Rundfunk ausreichend über Gebühren finanzieren kann. Der Begriff „Gebühr" ist allerdings mißverständlich, da er nicht auf Leistung und Gegenleistung beruht – wie Gebühr im finanzwissenschaftlichen Sinne definiert ist –, sondern am Besitz eines Empfangsgeräts festgemacht wird. Damit ist das deutsche System eher eine „Gerätenutzungssteuer", die den Öffentlich-rechtlichen ca. sieben Milliarden Euro Jahreseinnahmen garantiert. Diese können die reichliche Liquidität benutzen, um jenseits ihres Funktionsauftrages attraktive Programminhalte aufzukaufen und Verdrängungswettbewerb gegenüber den privaten Anbietern zu betreiben.

Auch in anderen europäischen Ländern – etwa Italien, Spanien, Frankreich oder in den skandinavischen Ländern – ist der öffentlich-rechtliche Rundfunk durch spezifische Finanzierungsgarantien geschützt, allerdings keineswegs so weitreichend wie in Deutschland. Dies erklärt auch, warum sich in diesen Ländern verschiedene Formen des entgeltbasierten Rundfunks wesentlich besser durchsetzen konnten – durchaus zum Vorteil der Verbraucher.

Aus der Finanzierung leiten sich auch direkt die *Programmschwerpunkte und die inhaltliche Vielfalt* ab. In den öffentlich-rechtlichen Anstalten sind Kultur, Information, Politik, Erziehung und gesellschaftliche Partizipation die vorgegebenen Inhalte, die unabhängig von Verwertungszwängen durch marktunabhängige Finanzierung gesichert werden sollen. Allerdings betonen die Anstalten gleichzeitig die Notwendigkeit, bestimmte Unterhaltungsangebote und Sport senden zu müssen, um beim Publikum anerkannt zu bleiben und damit auch eine Kompetenz für die kulturellen Inhalte zu beanspruchen (vgl. *Voß* 1997). Gleichwohl ist dieses Argument wenig überzeugend, denn auch im Pressemarkt, der prinzipiell den gleichen ökonomischen Gesetzen gehorcht (vgl. *Tietzel* und *Wentzel* 2005), gibt es zahlreiche Fachzeitschriften, die einen eng ausgelegten Informationsauftrag haben und sich dennoch bestens am Markt behaupten können.

Die privaten Anbieter sind in der Regel unterhaltungsorientiert. Die Programminhalte sind zumeist Spielfilme, Musikshows, Sport, aber auch Informationssendungen, etwa auf den privaten Nachrichtenkanälen. Durch die starke Orientierung an den Zuschauerpräferenzen und den Wettbewerb um Werbeeinnahmen besteht ein starker Innovationsdruck. Neue Programmformate werden ausprobiert, getestet und teilweise wieder verworfen. Nicht immer entsprechen dabei die Inhalte den Präferenzen der höher gebildeten Bevölkerungsschichten, die aber im Sinne des Medienpräferenzmodells auch keineswegs immer die anvisierte Zielgruppe sein müssen. Viele Innovationen bewähren sich jedoch und fließen dann – mit zeitlichem Abstand – auch in die Programmangebote der öffentlich-rechtlichen Anbieter ein. Grundsätzlich bleibt festzuhalten, daß die Privaten eher einem „Jahrmarkt der Ideen" entsprechen oder dem sog. „Kiosk-Modell", während die öffentlichen Anbieter deutlicher vom Leitbild eines „organisierten Pluralismus" bestimmt werden. Staatlicher Einfluß kann dabei über verschiedene Kanäle ausgeübt werden, einerseits über die öffentlich-rechtlichen Anbieter (wie in Deutschland über die politisch besetzten Fernsehräte), aber auch über die privaten Anbieter (wie beispielsweise im Italien *Berlusconi*s). Es gibt kein „ordnungspolitisch perfektes System", das die Neutralität und Objektivität der Medien dauerhaft garantieren würde.

Als weiteres Kriterium im Mediensystemvergleich ist die *Inhalts- und Erfolgskontrolle* zu nennen. Marktorientierte private Unternehmen sind stärker auf Selbstregulierung bei den Inhalten ausgerichtet (vgl. *Wentzel* 2002b), während öffentlich-rechtliche Anstalten durch anstaltsinterne Gremien die Sicherstellung des Programmauftrages gewährleisten wollen. Da öffentlich-rechtliche Anstalten allerdings nicht konkursgefährdet sind, ist eine relative Unabhängigkeit von den tatsächlich erreichten Zuschauern offensichtlich. Die privaten Medienanbieter unterliegen einer strengen Marktkontrolle und müssen bei einer möglichen Abwanderung der Zuschauer auch mit einer Abwanderung der Werbekunden rechnen. Dies verdeutlicht wiederum, daß die Finanzierungsfrage gleichsam den „archimedischen Punkt" der gesamten europäischen Medienordnung darstellt.

Zuletzt sei auf die Internationalität und die Offenheit des Mediensystems verwiesen. Die privaten Medien sind dem Grundsatz nach international ausgerichtet, was auch durch die verschiedenen wechselseitigen Beteiligungen der Unternehmen begründet wird (vgl. *Hachmeister* und *Rager* 2000). Unterhaltung, Filme und Sport sind prinzipiell in mehreren Ländern verwertungsfähig, während Nachrichten nach wie vor einen starken nationalen Bezug haben. Die Offenheit des Systems wird aber teilweise dadurch eingeschränkt, daß die Europäische Union bestimmte Quoten für europäische Inhalte vorschreibt. Die Öffentlich-rechtlichen kooperieren europaweit in verschiedener Weise, etwa in der EBU oder durch grenzüberschreitende Sender (etwa ARTE), Programme oder Inhaltsproduktionen. Die Sprache bleibt aber nach wie vor als natürliche Grenze für solche Kooperationen erhalten.

Als Ergebnis der ordnungspolitischen Analyse bleibt zusammenfassend festzuhalten, daß die These von der strukturellen Verschiedenartigkeit Europas im Medienbereich auch mit Hilfe eines morphologischen Instrumentariums deutlich gezeigt werden kann. *In keinem einzigen Kriterium* ist Uniformität zwischen den derzeit 25 (bald schon 27) Mitgliedern festzustellen. Hier ergibt sich also eine deutliche Parallele zum Ansatz von *Browne* und den dort entwickelten Ergebnissen. Im folgenden werden also diese theoretischen Erkenntnisse auf die tatsächlich vorzufindenden Sachverhalte des europäischen Medienmarktes anzuwenden sein.

Abbildung 1: Klassifikation verschiedener Rundfunkordnungen in Europa

	Öffentlich-rechtlicher Rundfunk Public Broadcasting	Privater Rundfunk Pay TV, Marktorientierung
Entsprechende Wirtschaftsordnung	Öffentliche Wirtschaft („Gemeinwirtschaft") Konkursunfähig (länderspezifisch)	Private Marktwirtschaft, Wettbewerbsordnung
Eigentumsordnung	Öffentliches Eigentum Eigentum spezieller Körperschaften	Privateigentum
Planungsordnung	Zentral (BBC), Dezentral (ARD)	Dezentral
Ziele	Erziehung und Bildung kulturelle Entwicklung Information und Aufklärung (im Sinne von Meritorik oder positiven Externalitäten) Propaganda	Gewinnerzielung, Vergrößerung von Zuschauermarktanteilen journalistische Ziele
Regulierung und politische Einflußnahme	Formal über konkrete rechtliche Rahmenbedingungen (national und auf EU-Ebene) informal über personelle Verflechtungen (sehr länderspezifisch) „Parteienproporz" (Deutschland)	Regulierung durch EU-Recht (Fernsehdirektiven) nationales Medienrecht Privatrecht
Finanzierung	Staatshaushalt Gebühren Werbung	Werbung Entgelte (Pay-TV)
Programmschwerpunkte und inhaltliche Vielfalt	Kultur, Information, Politik Erziehung, Unterhaltung bedingt unabhängig von den Zuschauerpräferenzen organisierter Pluralismus geringere Innovationsbereitschaft	Unterhaltung, Sport, Information, starke Orientierung an den Zuschauerpräferenzen spontaner Pluralismus „Jahrmarkt der Ideen" Innovationsstark durch Wettbewerbsdruck
Inhaltskontrolle und Erfolgskontrolle	Anstaltsinterne Gremien zur Sicherstellung bestimmter Anforderungen (etwa Jugendschutz) Kontrolle durch Rundfunkräte, Einschaltquoten	Freiwillige Selbstkontrolle und Selbstregulierung Einschaltquoten und Gewinn als unternehmerischer Erfolgsmaßstab
Internationalität	Bedingt offenes System nach politischen Vorgaben	Grundsätzlich offenes System Einschränkungen ggf. durch EU-Recht (etwa Quotierungen)

Quelle: In Anlehnung an *Wentzel* (2002a).

3.   Europäische Rahmenbedingungen im Medienbereich

3.1. Die wettbewerbliche Orientierung des europäischen Medienmarktes

> „ ... the Italien system presents an anomaly owing
> to a unique combination of economic, political and
> media power in the hands of one man – the current
> President of the Italien Council of Ministers – and
> to the fact that the Italien Government is, directly
> or indirectly, in control of all national television
> channels".
>
> European Parliament resolution on the risks of vio-
> lation, in the EU and expecially in Italy, of free-
> dom of expression and information, 2004, 12.

Das Leitmotiv des Entwurfs für eine europäische Verfassung lautet bekanntlich:
„Einheit in Vielfalt ". Wie bereits mehrfach deutlich wurde, ist die Vielfalt gerade auch
im Mediensektor das wichtigste strukturelle Kennzeichen Europas. Diese Unterschiede
sind aber keineswegs hinderlich bei der Verwirklichung des Binnenmarktprinzips (Sendestaatsprinzips), denn die Durchsetzung der vier Grundfreiheiten basiert ja gerade auf
dem Grundsatz, daß die einzelnen EU-Länder Produkte aus dem Nachbarland *trotz
möglicher Verschiedenartigkeit* der Wirtschaftsordnungen am eigenen Markt zulassen,
wenn sie denn im Ursprungsland rechtmäßig genehmigt worden sind (siehe *Smeets*
i.d.Bd.). Die europäische Medienordnungspolitik verlangt dabei kein „Einheitsmodell",
das in allen EU-Ländern gleichermaßen zu verwirklichen wäre, sondern sie fordert lediglich die wechselseitige Anerkennung von Medienerzeugnissen im Binnenmarktver-
kehr und den ungehinderten Verkehr von Gütern und Dienstleistungen.

Aus nicht-europäischer Perspektive wird die Europäische Union häufig als „Festung
Europa" angesehen[20]:

> „Most EU actions regarding the electronic media are aimed at various forms of protec-
> tionism, supporting a free flow of media content and investment within the Union, oppos-
> ing the free flow of media content and investment from outside" (*Browne* 1999, S. 454).

Hier ergibt sich das aus der Handelstheorie bekannte Phänomen, daß handelsschaf-
fende Effekte im Inneren häufig durch handelsumlenkende Effekte im Außenverhältnis
„teuer erkauft" werden. Mit fortschreitender Erweiterung der EU werden diese Ab-
schließungseffekte aber immer schwieriger durchsetzbar, denn jedes neue EU-
Mitgliedsland hat seine eigenen speziellen Außenbeziehungen, die es in die wachsende
EU mit einbringt. Das kleine („alte") Westeuropa war in seinen Außenhandelsbezie-
hungen sehr stark von einer französischen (merkantilistischen) Ordnungsvorstellung
geprägt, während das größere und sich erweiternde („neue") Gesamteuropa stärker in
Richtung WTO ausgerichtet erscheint (hierzu aktuell *Kramer* 2006).

---

[20] Das Scheitern der WTO-Verhandlungsrunde in Doha im Juli 2006 ist nicht zuletzt auf die
     sehr protektionistische Grundhaltung der Europäer vor allem im Agrarbereich zurückzufüh-
     ren.

Für den europäischen Medienmarkt gilt der Erhalt einer wettbewerblichen Ordnung als grundlegend, weil wie bereits angesprochen Konzentrationstendenzen im Medienbereich *erstens* besonders häufig anzutreffen sind und weil *zweitens* aus der ökonomischen Konzentration üblicherweise Rückschlüsse gezogen werden für die Entwicklung des publizistischen Wettbewerbs und der Vielfalt der vertretenen Meinungen. Der Wettbewerb wird dabei auf europäischer Ebene doppelt geschützt, und zwar einerseits durch die Direktion Wettbewerb (*Nellie Kroes*) und andererseits durch die Direktion Informationsgesellschaft[21] (*Viviane Reding*), die den Ordnungsrahmen für den gesamten Bereich der Medien und Telekommunikation bereitstellt.[22] Die Europäische Kommission kann sich auch zu Recht das Verdienst zuschreiben, daß sie durch das erste „Grünbuch" und die Richtlinie „Fernsehen ohne Grenzen" in den achtziger Jahren den Wettbewerb überhaupt erstmalig zum Ordnungsprinzip im europäischen Medienraum erhoben hat.

Allerdings zeigen zahlreiche empirische Beispiele, wie sehr der Erhalt der Wettbewerbsordnung eine *dauerhafte Aufgabe* ist und keineswegs als gesichert gelten kann. Das Beispiel Italiens verdeutlicht nachdrücklich, wie problematisch es ist, wenn sich politische, ökonomische und mediale Macht in den Händen einer Person befinden. Die EU hat sich hier mehrfach zu Wort gemeldet und den Erhalt einer wettbewerblichen Ordnung in Italien eingefordert. Die Gewaltenteilung, die als eine entscheidende Grundvoraussetzung für eine freiheitliche wirtschaftliche und politische Ordnung angesehen wird, ist dort in entscheidender Weise gefährdet. Das Unternehmen *Mediaset* ist neben der staatlichen RAI der private Anbieter, der über drei sehr erfolgreiche Kanäle verfügt: Canale 5, Italia 1 und Retequattro. Hinter *Mediaset* steht das *Berlusconi*-Unternehmen Fininvest, an dem er ca. 96 Prozent der Anteile hält. Zudem ist der Sohn *Berlusconi*s der Vize-Präsident von *Mediaset*. Die *Berlusconi*-Familie hat auch starken Einfluß im Pressesektor. So ist der Bruder *Berlusconi*s der Besitzer von IL GIORNALE, einer auflagenstarken Tageszeitung, und seine Frau besitzt ebenfalls eine (kleinere) Zeitung, IL FOGLIO. In den letzten Wahlkämpfen hat *Berlusconi* seinen Medieneinfluß wiederholt geltend gemacht, um die eigene Wiederwahl zu befördern. Im italienischen Fall kommt erschwerend hinzu, daß die staatliche RAI leider auch nicht als Musterbeispiel für objektive Berichterstattung gilt, sondern eher ein Beispiel für die ökonomische Bürokratietheorie, so daß das Gegengewicht zum „*Berlusconi*-Fernsehen" ebenfalls nur über geringe Glaubwürdigkeit in der Bevölkerung verfügt.

3.2. Quellen europäischen Medienrechts

Die Rahmenordnung des europäischen Medienmarktes wird sowohl durch externe als auch durch EU-interne Rechtsquellen bestimmt. Zu den externen Quellen zählen vor

---

[21] Ausführlich siehe http://ec.europa.eu/information_society/index_de.htm

[22] Der sicherlich interessanteste Wettbewerbsfall im Mediensektor ereignete sich am 28.05.1998, als die EU-Kommission den Zusammenschluß von Bertelsmann, Kirch und Premiere mit der Telekom/BETAresearch untersagte, weil hierdurch auf dem deutschsprachigen Teilmarkt eine so dominante Stellung im europäischen Raum entstanden wäre, die sich auch auf andere Teilmärkte hätte ausweiten können. Außerdem wäre bei dieser Kombination von Netzbetreibern, Pay TV-Anbieter sowie den beiden größten Sendefamilien der Marktzutritt in Deutschland auf längere Frist hin unmöglich geworden.

allem die Regelungen der Welthandelsorganisation und der UNO, während sich die internen Quellen auf verschiedene Bereiche europäischer Rechtsetzung und Rechtsentwicklung beziehen. Bei den internen Quellen wird üblicherweise unterschieden zwischen *primären Gesetzesquellen* (Europäische Verträge), *sekundären Gesetzesquellen* (Direktiven und Empfehlungen der Kommission) sowie schließlich den Entscheidungen des Europäischen Gerichtshofes (EUGH).

Die UNESCO ist eine spezifische Organisation im Rahmen der Vereinten Nationen, die sich speziell mit Fragestellungen von Erziehung, Wissenschaft und Kultur befaßt. Im November 2001 hat die UNESCO einen Aktionsplan vorgestellt zur Sicherung und Wahrung kultureller Vielfalt, der auch für die europäische Medienpolitik von Bedeutung ist. Die EU-Mitglieder und auch die Europäische Kommission haben versichert, daß sie sich in ihrer zukünftigen Medienpolitik eng an den Empfehlungen der UNESCO orientieren werden.

Der Schutz geistigen Eigentums wird durch die World Property Organization (WIPO) gewährleistet. Im Rahmen der WTO-Verträge haben sich die Teilnehmerstaaten verpflichtet, wechselseitig geistige Eigentumsrechte zu achten und zu gewährleisten. Neben dem Welthandelsabkommen GATT und dem Dienstleistungsabkommen GATS ist dies bekanntlich die dritte Säule der WTO (TRIPS: Trade related Aspects of Intellectual Property Rights). Raubkopien stellen für die Medienbranche, im Bereich der Software-Entwicklung und bei der Unterhaltungselektronik ein beachtliches Gefahrenpotential dar. Es ist ein spezifisches Kennzeichen der modernen Informationsgesellschaft, daß die Verbreitung solcher Informationen nur sehr schwer zu begrenzen ist aufgrund der spezifischen Eigenschaften von Informationen (hierzu *Tietzel* und *Wentzel* 2005). Ohne eine wechselseitige Anerkennung von Eigentums- und Urheberrechten würde jeder marktwirtschaftliche Austausch zum Erliegen kommen. Im europäischen Medienmarkt sind deshalb die geistigen Eigentums- und Nutzungsrechte weitgehend gesichert.

Eine wichtige *interne Rechtsquelle* des europäischen Medienmarktes ist zunächst einmal der Vertrag über die Gründung der EU („Maastricht-Vertrag"), der am 1. November 1993 in Kraft trat. Im Maastricht-Vertrag enthalten sind eine Reihe von Regelungen, die für den audio-visuellen Sektor eine wettbewerbliche und marktorientierte Verfassung nahelegen. Kernstück ist dabei die Interpretation von *Rundfunk als Dienstleistung*. Hierdurch wird die Anwendung des Binnenmarktprinzips ermöglicht, das die prinzipielle Freizügigkeit von Waren und Dienstleistungen im europäischen Markt sichert.

Ein weiteres wichtiges Element der Medienordnung liegt in der allgemeinen Wettbewerbspolitik der Generaldirektion Wettbewerb. Diese bezieht sich bekanntlich auf die Bereiche des Kartellrechts, der Fusionskontrolle sowie – in Ergänzung zu üblicher nationaler Wettbewerbspolitik – der Beihilfenkontrolle.[23] Die Beihilfenproblematik ver-

---

[23] Die Beihilfe unterscheidet das nationale Wettbewerbsrecht vom europäischen, weil die Beihilfe in ihren vielfältigen Ausprägungen und Erscheinungsformen geeignet ist, bestimmten nationalen Unternehmen im internationalen Konkurrenzkampf Vorteile zu verschaffen. Allerdings ist bis heute nicht trennscharf zu klären, was eine „legitime" Form regionaler oder

schärft sich insbesondere im Mediensektor, da staatliche Unterstützung dort sehr häufig mit dem Erhalt einer kulturellen Identität gerechtfertigt wird. Die Rechtsgrundlage hierfür ist der Artikel 87 des EG-Vertrages. Dieses Argument ist vor allem im politischen Prozeß durchschlagskräftig, obwohl es ökonomisch nicht zwingend ist. Allerdings hat die Kommission in ihrer vielbeachteten Stellungnahme über „Principles and Guidelines for the Community's Audiovisual Policy in the Digital Age" vom 14. Dezember 1999 die Notwendigkeit von staatlicher Unterstützung für die kulturschaffenden Industrien bekräftigt.

Das Kernstück des europäischen Medienmarktes ist ohne Zweifel die Richtlinie „Fernsehen ohne Grenzen" (FOG), durch die in den achtziger Jahren und im Anschluß an die Öffnung Osteuropas erstmalig eine Wettbewerbsordnung verwirklicht werden konnte. Fernsehen gilt in der Medienökonomik nach wie vor als Leitmedium, das im gesamten Mediensektor eine herausragende Position einnimmt. Zudem ist das Fernsehen durch die Medienkonvergenz und die technische Entwicklung auch in andere Bereiche der Informationsgesellschaft vorgedrungen, etwa Mobiltelefonie oder auch das Internet. Aufgrund der raschen technischen Entwicklung ist es zwar notwendig, diese Richtlinie immer wieder zu aktualisieren, gleichwohl besteht an der grundsätzlichen ordnungspolitischen Ausrichtung kein Zweifel. Im folgenden wird auf die wichtigsten Elemente der Fernsehrichtlinie eingegangen.

3.3. Hörfunk und Fernsehen: Die Richtlinie „Fernsehen ohne Grenzen"

> „Die Mitgliedstaaten gewährleisten den freien Empfang und behindern nicht die Weiterverbreitung von Fernsehsendungen aus anderen Mitgliedstaaten in ihrem Hoheitsgebiet..."
>
> Richtlinie 97/36/EG, Artikel 2a

Im Jahr 1984 wurde auf Initiative der Kommission das sog. „Grünbuch" der EG[24] „über die Errichtung des gemeinsamen Marktes für Rundfunk, insbesondere über Kabel und Satellit" verabschiedet (hierzu *Wentzel* 2002a, S. 160 ff.). Die Kernidee ist dabei die Anwendung des Ursprungslandprinzips des Binnenmarktes auf den Medienbereich. Das sog. „Sendestaatsprinzip" ermöglicht den grenzüberschreitenden Austausch von Medienerzeugnissen und Fernsehprogrammen. Diese Freizügigkeit erhöht für den Konsumenten das Angebot und die Qualität gleichermaßen und setzt die Innovationskräfte des Wettbewerbs frei.

Der große Vorteil einer solchen Regel basiert offensichtlich auf dem Transaktionskostenargument. Müßte ein Fernsehanbieter in jedem einzelnen Land eine spezifische Zulassung beantragen, würde das allein schon aus sprachlichen Gründen sowie wegen unterschiedlicher rechtlicher Bedingungen zu einer Markteintrittsbarriere erster Kategorie werden. Durch das Sendestaatsprinzip hingegen ist es möglich, nur im Heimatland in

---

sektoraler Wirtschaftsförderung von einer „illegitimen" Form der Industriepolitik *zu Lasten Dritter* ist.

[24] Damals handelte noch die Europäische Gemeinschaft (EG). Erst mit dem Maastricht-Vertrag von 1992 wurde die EG zur Europäischen Union (EU).

der eigenen Muttersprache ein Antragsverfahren durchzuführen. Dieses Verfahren ist vergleichsweise unbürokratisch und ermöglicht auch Neulingen den Marktzutritt. Was also für den Gütermarkt unzweifelhaft als richtig erkannt und mit der Einheitlichen Europäischen Akte 1986 auf den Weg gebracht wurde, gilt dem Grundsatz nach auch für Dienstleistungen und damit auch für Medienerzeugnisse.

Ein wichtiges Element, das durch die Fernseh-Direktive geschaffen wurde, ist der sog. „Kontaktausschuß" (Art. 23a der novellierten Fernsehrichtlinie von 1997). Dieser regelt den Meinungs- und Informationsaustausch zwischen den Mitgliedstaaten und der EU-Kommission. Der Kontaktausschuß und der dort stattfindende Informationsaustausch sollen dazu beitragen, daß die Kommission ein realistisches Bild erhält von den Maßnahmen und ggf. Schwierigkeiten der einzelnen Mitgliedstaaten bei der Umsetzung der Direktiven. Durch den Kontaktausschuß will die Kommission auch dem möglichen Vorwurf begegnen, sie würde zentral von Brüssel aus Regelungen vorgeben, ohne die spezifischen Umstände der Einzelstaaten zu berücksichtigen.

3.3.1. Freie Handelbarkeit und Austauschbarkeit von Fernsehprogrammen

Das marktwirtschaftlich-wettbewerbliche Herzstück der Fernsehrichtlinie ist ohne Zweifel Artikel 2a, der den freien Empfang und die Weiterverbreitung von EU-Sendungen im Hoheitsgebiet der jeweiligen Nationalstaaten garantiert. Bei aller notwendigen und berechtigten Kritik an manchen dirigistischen Elementen der Fernsehrichtlinie, die weiter unten angesprochen werden, ist der Grundsatz einer wechselseitigen Marktöffnung insgesamt positiv zu interpretieren. Aufgrund der beinahe unüberschaubaren Vielzahl von Kanälen und Programmen führt dies de facto zu einem Binnenmarkt für Fernsehprogramme. Sollten einzelne Sendungen tatsächlich den Anforderungen eines Landes widersprechen, muß es gezielt den Nachweis des Regelverstoßes erbringen. Grundsätzlich aber ist jedes Programm, wenn es in einem EU-Land rechtmäßig gesendet wurde, auch in allen anderen EU-Ländern zur Ausstrahlung freigegeben.

Dieser Grundsatz der freien Austauschbarkeit ist deshalb für die gesamte Medienordnungspolitik der EU von großer Bedeutung, weil er prinzipiell auch auf andere Regelungsbereiche der Informationsgesellschaft übertragen wurde, etwa im Bereich des Internet und der Telekommunikation. Hierauf wird später noch genauer eingegangen.

3.3.2. Förderung europäischer Programme und Erhalt der kulturellen Vielfalt

Das dritte Kapitel der Fernsehrichtlinie ist direkt mit der „Förderung europäischer Werke" befaßt. Dem Grundsatz nach geht es um den Erhalt der kulturellen Vielfalt, wie er auch in der Vereinbarung mit der UNESCO zugesagt wurde. Europäische Werke sind gemäß Artikel 6 (Richtlinie 97/36/EG) definiert als:

> „a) Werke aus Mitgliedstaaten
> b) Werke aus europäischen Drittländern, die Vertragsparteien des Europäischen Übereinkommens über grenzüberschreitendes Fernsehen des Europarates sind, sofern diese Werke den Voraussetzungen von Absatz 2 genügen

c) Werke aus anderen europäischen Drittländern, sofern diese Werke den Voraussetzungen von Absatz 3 genügen."25

Europäische Werke müssen zudem in wesentlicher Zusammenarbeit mit Autoren und Firmen produziert werden, die ihren Wohnsitz in einem EU-Mitgliedsland oder in einem europäischen Drittstaat haben. Zudem muß auch die Durchführung und Kontrolle eines Filmprojektes sowie die Finanzierung zum großen Teil aus den Mitgliedsländern der EU stammen. Damit europäische Werke auch tatsächlich produziert werden (können), werden im Rahmen des sog. MEDIA Plus Programms[26] sehr umfangreiche Fördermittel bereitgestellt von bis zu 500 Millionen Euro jährlich. Die Praxis dieser Dauersubventionierung europäischer Filme ist ordnungspolitisch allerdings nicht unbedenklich.

Neben der Herkunft wird auch die Verbreitung von Fernsehsendungen genau geregelt über den Sendezeitanteil für europäische Werke (Artikel 4 und 5 der Richtlinie):

„Die Mitgliedstaaten tragen im Rahmen des praktisch Durchführbaren und mit angemessenen Mitteln dafür Sorge, daß die Fernsehveranstalter den Hauptteil ihrer Sendezeit (...) der Sendung von europäischen Werken im Sinne des Artikels 6 vorbehalten" (Artikel 4, Satz 1).

Eine solche „Quotenregelung" ist ordnungspolitisch außerordentlich umstritten und widerspricht in mancher Hinsicht der Idee einer offenen Wettbewerbsordnung und den Nicht-Diskriminierungsregeln der WTO. Ob damit tatsächlich das vorgegebene Ziel des Erhalts der kulturellen Vielfalt und des Gegengewichts gegen Hollywood (USA) und Bollywood (Indien) erreicht werden kann, ist fraglich. Der Erfolg vieler amerikanischer Filme ist eben darauf zurückzuführen, daß sie in der Regel sehr stark auf die Präferenzen der Verbraucher und Kinobesucher zugeschnitten sind, während die meisten europäischen Autorenfilme nur für sehr kleine und hochgebildete Zielgruppen zugänglich sind.

In der tatsächlichen Anwendung und Umsetzung der Artikel 4 und 5 zeigen sich aber in Europa deutliche Unterschiede, die interessante Rückschlüsse auf die wettbewerbstheoretische Orientierung dieser Länder erlauben. Während beispielsweise die Skandinavier, die Niederländer und auch die baltischen Staaten sehr weltoffen sind und amerikanische Filme sogar meistens im Original mit Untertiteln in der Landessprache senden, geht Frankreich sogar freiwillig noch stark über die EU-Vorgaben hinaus. In Frankreich müssen 60 Prozent aller Filme zur besten Sendezeit europäischer Herkunft sein. Hiervon wiederum müssen zwei Drittel original in Französisch produziert sein. Radiostationen sind verpflichtet, 40 Prozent francophone Musikbeiträge zu senden (vgl. *Bertrand* 2005, S. 4).

Allerdings ist das ordnungspolitische Bild, das Frankreich von sich selbst zeichnet, keinesfalls eindeutig. Einer stark protektionistischen Neigung bei der Gestaltung der Programminhalte gegenüber steht das Faktum, das Frankreich das einzige Land in der EU ist, das einen vergleichsweise attraktiven und geschäftlich erfolgreichen öffentlich-

---

[25] In den Absätzen 2 und 3 sind die allgemeinen europäischen Marktzugangsregeln für Fernsehprogramme geregelt.

[26] Siehe http://ec.europa.eu/comm/avpolicy/media/index_en.html.

rechtlichen Sender (TF 1) privatisiert hat – durchaus mit beachtlichem Erfolg. Der französische Filmsektor hingegen ist strikt reguliert durch den Code de l'industrie cinématographique des Centre National de la Cinématographie (CNC), dessen Genehmigung erforderlich ist für jede Phase der Filmproduktion und -verwertung. Damit ist der französische Markt auch für europäische Produkte nur schwer erreichbar – von nicht-europäischen Anbietern ganz zu schweigen.

Eine ähnlich verschwommene Regelung der Fernsehrichtlinie bezieht sich auf die Förderung unabhängiger Produzenten (Artikel 5). Die Fernsehveranstalter sollen 10 Prozent ihrer Sendezeit für europäische Werke von unabhängigen Herstellern vorbehalten. Was genau mit dieser Formulierung intendiert ist, bleibt selbst für den Kenner des europäischen Fernsehmarktes unverständlich. Gemeint sind in erster Linie solche Medienerzeugnisse, die frei von Marktzwängen ausschließlich künstlerischen Motiven gewidmet sind. Dieser Zielsetzung liegt letztendlich die Theorie meritorischer Güter zugrunde, nach der kulturell hochwertige Güter (wie Theater oder auch Autorenfilme) in besonderer Weise verdienstvoll seien und positive Externalitäten für die Verbraucher erzeugen würden. Ob dies aber durch eine quantitativ sehr hohe Quotenvorgabe erreicht werden kann, muß stark bezweifelt werden. Mit einer solchen Vorgabe bevorteilt die EU automatisch öffentlich-rechtliche Anbieter.

3.3.3. Allgemeiner Zugang zu Großereignissen

In der Neufassung der Fernsehrichtlinie von 1997 geregelt ist auch der allgemeine Zugang zu Großereignissen (siehe Artikel 3a). Dies sind solche Veranstaltungen, die für die Öffentlichkeit von besonderem Interesse sind, also beispielsweise Hochzeiten der Königshäuser oder aber Begräbnisse von Personen mit herausragender Popularität (Papst *Johannes Paul II*, Lady *Diana*). Diese Ereignisse sind ordnungspolitisch vergleichsweise unproblematisch, weil sie kaum kommerziell nutzbar sind. Dem Informationsinteresse der Öffentlichkeit kann also durch eine unentgeltliche Übertragung gut Rechnung getragen werden.

Ordnungspolitisch viel problematischer ist die Anwendung des Artikels 3a auf massenattraktive Veranstaltungen des Sports, hier vor allem die Olympischen Sommer- und Winterspiele, die Fußballweltmeisterschaft und andere Ereignisse dieser Kategorie. Grundsätzlich sind diese Veranstaltungen marktfähig und könnten deshalb auch kostengünstig über Pay-TV angeboten werden. In vielen Ländern ist man beim Katalog der Sportereignisse von öffentlichem Interesse noch sehr viel weiter gegangen. In Deutschland beispielsweise sind praktisch alle Sportveranstaltungen zu Großveranstaltungen von öffentlichem Interesse deklariert worden. Geschürt von populistischen und sehr „volksnahen" Politikern ist gleichsam ein „Grundrecht auf Fußball" definiert worden. Dies führt in der deutschen Realität zur massenhaften Verschwendung von Gebühreneinnahmen und zu einer unzulässigen Wettbewerbsverzerrung gegenüber privaten Anbietern, die in ihrem wichtigsten Betätigungsfeld aus dem Markt gedrängt werden.

Dabei zeigt der Blick ins europäische Ausland und in die USA, daß auch das Angebot von attraktiven Sportveranstaltungen per Pay TV große Nachfrage anzieht. Sowohl in Italien als auch in England wird die dortige Fußball-Liga über Pay TV verkauft, ohne daß es der Attraktivität des Sports geschadet oder zu einem Nachlassen des Interesses geführt hätte. Die (kommerziell) wichtigste und größte Einzelsportveranstaltung der Welt, der amerikanische *Superbowl*, läuft grundsätzlich im frei empfangbaren Fernsehen, weil hier der Werbemarkt bei einer Massenausstrahlung besonders attraktiv ist. Es drängt sich also bei der europäischen Vorgehensweise (und erst recht bei der deutschen Variante) der Verdacht auf, daß es hier um eine ganz massive Förderung der öffentlich-rechtlichen Programme gehen soll, auf die in der Regel auch größerer politischer Einfluß besteht.

3.3.4. Jugendschutz

Der Schutz von Kindern und Jugendlichen hat in Europa sicherlich zu Recht einen herausragenden Stellenwert. Ordnungspolitisch handelt es sich um die Vorgabe von Minimalstandards, wie sie auch im allgemeinen Güteraustausch zur Vermeidung von Gewalt und Betrug durch den Gesetzgeber vorgesehen sind. Kinder sind nur begrenzt in der Lage, Fernsehinhalte von der Realität zu unterscheiden, so daß hier ein großes Manipulationspotential existiert. Außerdem können Kinder durch bedrohliche Bilder und Programminhalte in ihrer seelischen Entwicklung gestört werden. Der Schutz vor Pornographie und gewaltverherrlichenden Filmen sowie von extremer politischer Propaganda ist daher dringend erforderlich und beruht letztlich auf einem Konsens der privaten und der öffentlich-rechtlichen Rundfunkanbieter wie auch der Presse. Alle Sender beschäftigen Jugendschutzbeauftragte, die die entsprechenden Inhalte sorgfältig vor der Ausstrahlung prüfen und ggf. auch Beschwerden nachgehen. Die EU hat hier lediglich Dinge aufgenommen, die weithin konsensfähig sind und ohnehin schon in den meisten nationalen Medienordnungen verankert waren.

Als besonders schwierig gestaltet sich der Jugendschutz im Internet, weil hier der Zugang zu Informationen kaum zu begrenzen ist. Die EU-Kommission hat in diesem Handlungsbereich sehr stark auf selbst-regulative Kräfte gesetzt und die Internet-Provider zur aktiven Mitarbeit bei der Entwicklung von Filtersystemen gewonnen, da es letztlich auch im Eigeninteresse der Internetbetreiber ist, daß Kinder und Familien dauerhaft als Kunden gewonnen und erhalten werden können.

3.3.5. Orientierungen für Werbeeinheiten

Die Fernsehrichtlinie enthält eine Reihe von Regelungen bezüglich der Ausstrahlung von Werbung. Zu unterscheiden sind dabei qualitative und quantitative Vorgaben, die gleiche Wettbewerbsbedingungen für die Fernsehanbieter sicherstellen sollen.

Bei den qualitativen Vorgaben geht es darum, den Schutz von Jugendlichen und Kindern sicherzustellen. So ist beispielsweise die Werbung klar vom Programm zu trennen, weil kleinere Kinder üblicherweise noch nicht den Charakter von Werbesendungen erkennen können und deshalb dazu neigen, Werbeinhalte grundsätzlich als „wahr" einzustufen. Auch sind solche Werbesendungen untersagt, die geeignet wären, Vorurteile zu verstärken oder ethnische Gruppen zu diskriminieren. Werbung für Medizin ist im Fernsehen ebenso untersagt[27] wie Werbung für Tabak. Für alkoholische Ge-

---

[27] Das Werbeverbot für Medizin ist übrigens spezifisch europäisch, da es weltweit durchaus Werbung für Medizin gibt, beispielsweise in den USA.

tränke darf nur in bestimmten Grenzen geworben werden: So darf beispielsweise nicht der Eindruck erweckt werden, durch den Konsum von Alkohol würde die körperliche Leistungsfähigkeit gesteigert.

Bei den quantitativen Vorgaben geht es vor allem um die Gesamtsumme vorgegebener Werbeeinheiten bzw. um die Länge der Werbeunterbrechungen. In diesem Bereich dokumentiert sich eine sehr „regulierungsfreudige" Vorgehensweise der EU – beispielsweise im deutlichen Gegensatz zu den USA, wo es mehr oder minder dem Marktmechanismus und der Nachfragemacht der Verbraucher überlassen wird, die betriebswirtschaftlich optimale Werbelänge festzustellen (siehe *Wentzel* 2003).

Die wichtigsten europäischen Regeln sind im einzelnen:

– Sportübertragungen dürfen nur in den vorgesehenen Pausen für Werbesendungen unterbrochen werden,

– Nachrichtensendungen und Kindersendungen, die weniger als 30 Minuten dauern, dürfen nicht unterbrochen werden,

– die Übertragung von Gottesdiensten darf nicht unterbrochen werden.[28]

Für die normalen Fernsehsendungen gilt, daß bei einer Sendedauer von länger als 45 Minuten eine Werbeunterbrechung gestattet ist, bei einer Sendedauer von über 90 Minuten sind es zwei und bei einer Sendung/Film von über 110 Minuten drei Unterbrechungen. Vor allen Dingen von den privaten Anbietern wird diese quantitative Vorgabe als Wettbewerbsnachteil angesehen, insbesondere in den Ländern, in denen es den öffentlich-rechtlichen Sendern gestattet ist, neben den staatlich garantierten Gebühreneinnahmen auch noch zusätzlich Werbung zu plazieren.

Ganz aktuell plant die Kommission, diesen Bereich in der Überarbeitung der Fernsehrichtlinie 2006 marktfreundlicher zu gestalten. So soll zukünftig „Product Placement" – also die strategisch gezielte Plazierung von Produkten in bestimmten Filmen, erlaubt sein (vgl. *o.V.* 2005), wenn die Firmen im Abspann eindeutig gekennzeichnet sind. Die Medienkommissarin der EU, *Vivian Reding*, setzt auch in diesem Bereich verstärkt auf selbstregulative Kräfte und vertraut auf den Konsumenten als Entscheidungsträger, wenn es um die Nachfrage nach Medienerzeugnissen geht.

3.3.6. Zusammenfassung und Ausblick

Bei ordnungspolitischer Gesamtwürdigung der Fernsehrichtlinien 1984, 1997 und potentiell auch 2006 sind Vor- und Nachteile festzustellen. Sicherlich ist es – wie bereits erwähnt – ein großes Verdienst, daß es durch die europäische Initiative erstmalig möglich wurde, nationale Fernsehmonopole aufzubrechen. Der heutige europäische Fernsehmarkt ist in seiner grundsätzlichen ordnungspolitischen Ausrichtung sowie in der Qualität der Angebote sicherlich deutlich besser als vor 1984, und daß nicht nur durch verbesserte technische Übertragungsmöglichkeiten, sondern vor allem aufgrund der neuen ordnungspolitischen Ausrichtung hin zu mehr Wettbewerb.

---

[28] Eine solche EU-Regelung trägt fast schon komische Züge, als ob jemand ernsthaft erwägen könnte, einen TV-Gottesdienst zu unterbrechen, um zielgruppenspezifische Werbebotschaften zu versenden.

Kritisch bleibt jedoch zu vermerken, daß die Kommission in einigen Teilbereichen der Richtlinien deutlich über das Ziel hinausgeschossen ist und eine durchaus aus anderen Politikfeldern bekannte Überregulierung vorgenommen hat. Auf ein Werbeverbot während der Übertragung von Gottesdiensten hätte sicherlich verzichtet werden können, wenngleich durch eine solche Regelung – so unsinnig sie auch sein mag – kaum negative Konsequenzen resultieren dürften. Wesentlich kritischer sind hier die Quotenregelungen für europäische Programme zu sehen, die mit den bekannten Nachteilen von Kontingentierungen verbunden sind. Hier ist größte Aufmerksamkeit geboten, damit diese Quoten sich nicht in kleinen Schritten immer mehr ausweiten und letztlich eine Abschließung des europäischen Marktes nach außen bewirken.

3.4. Das Amsterdamer Protokoll vom 2. Oktober 1997

Öffentlich-rechtlicher Rundfunk ist in Europa immer noch stark verbreitet und befindet sich in manchen Ländern sogar wieder deutlich auf dem Vormarsch (Italien/ RAI, Frankreich/France Televisions, England/BBC, Deutschland/ARD und ZDF, Spanien/RTVE, Österreich/ORF, siehe *Internationales Handbuch* 2004). Daß öffentlichrechtlicher Rundfunk als Ergänzung zu einem marktlichen Angebot durchaus auch seine ökonomische Berechtigung hat, steht außer Zweifel. Es zeigt sich aber, daß öffentlichrechtlicher Rundfunk wie jede andere Bürokratie eine Tendenz hat, sich zunehmend mit sich selbst zu befassen und seinen Tätigkeits- und Einflußbereich dauerhaft auszuweiten.[29]

Grundsätzlich besteht auf europäischer Ebene die Problematik, daß öffentlichrechtlicher Rundfunk mit der Beihilfenkontrolle in Konflikt steht. Beihilfen sind nach dem EU-Vertrag verboten mit Ausnahme regionaler und sektoraler Beihilfen. Das Beihilfenverbot ist tatsächlich ein entscheidender Baustein des gesamten Binnenmarktes, denn nur so kann verhindert werden, daß nationale Regierungen ihre „nationalen Champions" offen oder verdeckt unterstützen und damit kleine Wettbewerber in unfairer Weise schädigen. Die privaten Rundfunkanbieter haben deshalb mehrfach gegen die Praxis der Gebührenfinanzierung geklagt und gegen das Verhalten besonders großer Öffentlich-rechtlicher, die sogar Fernsehgärten und Orchester betreiben und andere Aktivitäten, die kaum mit dem Grundversorgungsauftrag zu vereinbaren sind.

Im Vertrag von Amsterdam (Zusatzprotokoll) wurde deshalb der Versuch unternommen, eine klare Antwort auf die Frage zu geben, ob die Praxis der Gebührenfinanzierung dauerhaft tragfähig ist. Leider ist die Antwort wenig eindeutig ausgefallen. Grundsätzlich wird auf europäischer Ebene die Bereitschaft zum Erhalt des öffentlichrechtlichen Rundfunks festgeschrieben und auch die Legitimität von Gebühren wurde anerkannt. Gleichzeitig wurde aber darauf verzichtet, den Funktionsauftrag der öffentlich-rechtlichen Anstalten genauer zu bestimmen. Damit wurde der bürokratischen Ausweitungstendenz der öffentlich-rechtlichen Anbieter, beispielsweise in dem Bereich

---

[29] Ganz aktuell sei darauf verwiesen, daß es der ARD gelungen ist, die Gebühren zukünftig auch auf internetfähige PC auszuweiten. Ordnungspolitisch ist dies mit Sicherheit als schwerwiegender Fehler einzustufen. Zuletzt hat der ARD-Vorsitzende sogar ein Informationsmonopol für die ARD im Bereich der Verkehrsnachrichten eingefordert.

von Informationsdatenbanken oder andere, durchaus marktfähige Bereiche, keine wirksame Begrenzung entgegengesetzt. Es bleibt also der EU-Kommission, Direktion Wettbewerb, im Einzelfall überlassen, besonders massiven Regelverstößen nachzugehen.

3.5. Telekommunikation: technische Harmonisierung und Marktöffnung

Die Telekommunikation[30] ist ein wichtiges Element der europäischen Medienordnung und Teil der Informationsgesellschaft. Dieser Sektor ist aber ordnungspolitisch insoweit „unproblematischer" als der Rundfunk, weil das „kulturelle Element" fehlt, das häufig zu Protektionismus verleitet. Kaum ein nationaler Netzbetreiber oder Telefonanbieter würde ernsthaft behaupten können, sein Monopol wäre aus kulturellen Gründen wünschens- und schützenswert. Der Dienstleistungscharakter der Telekommunikation ist unzweifelhaft und auch in Europa unbestritten.

Die Telekommunikation war seit ihrer Entstehung zu Beginn des vergangenen Jahrhunderts in fast allen europäischen Ländern aus zwei Gründen im engen Zugriff des Staates. *Erstens* ging es um die besondere militärische Bedeutung der Telekommunikation, und *zweitens* wurde für den Telekommunikationssektor Marktversagen unterstellt. Es wurde argumentiert, Telekommunikationsnetze seien ein *natürliches Monopol*, das durch eine subadditive Kostenfunktion gekennzeichnet sei. Das Monopol sei also „volkswirtschaftlich effizient", aber eine staatliche Überwachung des Monopols sei angeraten.

Der erste Teil des Arguments ist immer noch von gewisser Bedeutung, weshalb bestimmte Bereiche des Frequenzbandes auch heute staatlicher Nutzung (Militär, Flugsicherung u.v.m.) vorenthalten bleiben. Das ökonomische Argument natürlicher Monopole ist jedoch weitgehend entkräftet worden und durch den „contestable markets-Ansatz" ergänzt worden, der die grundsätzliche Bestreitbarkeit der Märkte und den Wettbewerb in den Vordergrund stellt (grundlegend hierzu *Knieps* 2003). Insoweit hat sich der Paradigmen-Wechsel in der volkswirtschaftlichen Betrachtung auch direkt auf die praktizierte Wirtschaftspolitik ausgewirkt.

Wie auch schon bei der Fernsehrichtlinie hat die Europäische Kommission durchaus ihre Verdienste bei der Liberalisierung und Öffnung vormals hermetisch abgeschlossener nationaler Monopole erworben. Durch das 1987 erschienene „Grünbuch über die Entstehung des Gemeinsamen Marktes für Telekommunikationsdienstleistungen und Telekommunikationsgeräte" wurde in allen (west-)europäischen Ländern ein Diskussionsprozeß eingeleitet, der letztlich zur Zerlegung und Privatisierung der Postmonopole führte. Die Kommission leitete die Befugnis hierzu direkt aus dem EG-Vertrag ab (Artikel 81-86). Allerdings zeigt die Liberalisierung der Telekommunikation auch, wie langwierig solche Prozesse sind, weil die hiermit verbundenen Organisationen, Behör-

---

[30] Aus Platzgründen kann im vorliegenden Beitrag nur kurz auf den europäischen Telekommunikationssektor eingegangen werden. Für eine detaillierte und ordnungspolitisch fundierte Analyse sei auf die Arbeiten von *Knieps* (2003), *Graack* (1997) und *Welfens* und *Graack* (1996) verwiesen. Einen aktuellen und umfassenden Beitrag zum Stand der Telekommunikation in Europa liefert *Goodman* (2006).

den und Bürokratien sowie die hiermit verbundenen Rechtsgrundlagen sehr komplex sind.

Großbritannien hat in Europa die Vorreiterrolle bei der Liberalisierung der Telekommunikation übernommen. Damit wurde der Systemwettbewerb innerhalb von Europa eingeleitet, denn jenen nationalen Regierungen, die immer noch unter dem Druck der Interessengruppen schützend ihre Hand über die nationalen Monopole hielten, wurde zunehmend die Legitimationsgrundlage entzogen. Die EU wählte dabei den sehr zweckmäßigen Ansatz, zunächst die Infrastruktur (Netze) von den Diensten und Serviceleistungen zu trennen. Dadurch war es möglich, in kleinen Schritten den Wettbewerb auf allen Feldern zu ermöglichen.

1988 wurde öffentlichkeitswirksam der Markt für Endgeräte geöffnet. Bis dahin hatte beispielsweise die Deutsche Post das Monopol auf Telefonapparate, und die Lieferung eines beantragten Geräts konnte bis zu vier Wochen dauern. Die Post rechtfertigte ihr Monopol mit dem äußerst fragwürdigen Argument der Betreibersicherheit. Mit der Freigabe des Marktes für Endgeräte schossen in allen europäischen Ländern die Telefonläden geradezu wie Pilze aus dem Boden, und die alten Telefonapparate verschwanden sehr schnell. Dieser Liberalisierungsschritt war klug gewählt, denn die Verbraucher konnten unmittelbar erkennen, wie sehr sie von einer Marktöffnung profitieren würden. In eine ähnliche Richtung ging der zweite Liberalisierungsschritt, der 1990 die Dienste (Auskunft, Zeitansagen, Wetterbericht usw.) für private Anbieter öffnete. Auch hier wurde das Angebot sofort von den Verbrauchern angenommen, und ein neuer Markt entstand.

Wesentlich schwieriger gestaltete sich die Netzprivatisierung und Zusammenschaltung. Dies liegt u. a. auch in den besonderen Gutseigenschaften von Netzwerken begründet (hierzu *Shapiro* und *Varian* 1999). Durch die Open Network Provision (ONP) aus dem Jahr 1990 (90/387/EEC, ergänzt durch 97/51/EC) leistete die Kommission einen ersten Schritt, um die nationalen (monopolistischen) Netzanbieter zur Öffnung für kleinere und neue Wettbewerber zu zwingen. Durch die Zusammenschaltungs-Direktive (interconnection directive, 97/33/EC, ergänzt durch 98/61/EC) wurde die Weiterleitung von Signalen durch bestehende Netze ermöglicht. Gleichzeitig förderte die Kommission jedoch auch ein notwendiges Maß an technischer Harmonierung, beispielsweise um Mobiltelefonie innerhalb von Europa ohne technische Störungen zu ermöglichen. Diese technische Harmonisierung ist auch ordnungspolitisch unbedenklich, denn hierdurch wurde Wettbewerb auf gesamteuropäischer Ebene überhaupt erst möglich. Die vollständige Liberalisierung des europäischen Telekommunikationsmarktes wurde zum 1. Januar 1998 abgeschlossen.

Als problematisch erwies sich jedoch nach 1998 die selbst für *Insider* kaum überschaubare Fülle von Direktiven und Handlungsempfehlungen bei gleichzeitig immer noch bestehenden nationalen Regulierungen und Regulierungsbehörden. Der *Communication Review 99* führte deshalb zu einem neuen, einheitlichen Rechtsrahmen, der die verschiedenen Einzelaspekte der Netzwerkregulierung (ONP, UMTS, Interconnection etc.) zusammenfaßte (vgl. *Goodman* 2006). Dieser neue Rechtsrahmen trat 2003 in Kraft und umfaßt insgesamt nur noch fünf Richtlinien, nämlich die Rahmenrichtlinie, die Genehmigungsrichtlinie, die Zugangsrichtlinie, die Universaldienstrichtlinie und letztlich die Datenschutzlinie (ausführlich ebenda, S. 233 ff.). Sämtliche Liberalisierungsdirektiven wurden ebenfalls in einer einzigen Liberalisierungsrichtlinie integriert (2002/77/EC).

Durch die Liberalisierung der europäischen Telekommunikationsmärkte wurde europaweit ein riesiger Wachstumsimpuls ausgelöst. Mobiltelefonie beispielsweise wurde sehr preisgünstig und zu einem Massenartikel. Die Preise für Kommunikationsdienstleistungen fielen rasch: Ein zehnminütiges Festnetztelefonat aus Deutschland in die USA, das 1995 noch ca. 20 DM kostete, ist heute für ca. 15 Cent zu erwerben. Auch innerhalb von Europa ist Mobiltelefonie sehr preisgünstig geworden durch die Durchleitungspflicht für die einzelnen Netzbetreiber (sog. *roaming*). Gleichzeitig haben sich die Qualität und Serviceleistung vervielfacht. Und auch an der Börse nahmen die Telekommunikationsfirmen einen beachtlichen Aufstieg. Der Unternehmenszusammenschluß zwischen Mannesmann/D2 und Vodafone ist die größte Unternehmensübernahme in der modernen Firmengeschichte.

Die Intensität des Wettbewerbs und die Qualität der Versorgung der Verbraucher hängen entscheidend von der ordnungspolitischen Gestaltung der Wettbewerbsordnung ab. Der europäische Markt für Telekommunikation ist dabei ein sehr gutes Anschauungsbeispiel für das besondere Spannungsverhältnis von Liberalisierung und Harmonisierung. Ziele der Deregulierung sind *erstens* ein funktionsfähiger Wettbewerb und *zweitens* eine angemessene und vor allem flächendeckende Versorgung der Verbraucher mit tragfähigen Preisen. Telekommunikation hat sich in der modernen Gesellschaft zu einem sozialen Grundbedürfnis entwickelt. *Drittens* geht es um die optimale technische Nutzung vorhandener Ressourcen (Standardisierung, Netzsicherheit, einheitliche Frequenzvergabe, einheitliche Nummernverwaltung und andere organisatorische Bereiche). Die Europäische Kommission verfolgt bisher einen vergleichsweise schlanken Regulierungansatz[31], daß heißt, Regulierung erfolgt nur dann, wenn die privaten Anbieter nicht von sich aus zu einer tragfähigen Lösung gelangen. Nach der erfolgreichen Liberalisierung wurde der Telekommunikationsmarkt den *allgemeinen Wettbewerbsregeln* unterworfen.

3.6. Presse: Liberalisierung des Marktzugangs?

Der Pressemarkt in Europa ist weitgehend einer speziellen europäischen Rahmensetzung entzogen. Die Tagespresse wird als *meinungsbildendes Kulturgut* betrachtet und ist demzufolge Gegenstand des nationalen Presserechts und einer nationalen Pressefusionskontrolle, die in den meisten Ländern noch vergleichsweise restriktiv ausgelegt ist. Länderspezifisch gibt es große Unterschiede im Erscheinungsbild der Presse (vgl. *Matzen* 2004), aber auch bezüglich des Selbstverständnisses der Journalisten und Medienschaffenden.

---

[31] Ein schlanker Regulierungsansatz ist dadurch gekennzeichnet, daß er sich auf ein Minimum an staatlichen Eingriffen beschränkt, privaten Lösungen den Vortritt läßt und zugleich zeitlich befristet ist, d.h. daß eine (mögliche) Regulierung nach dem Wegfall seines ursprünglichen Grundes ebenfalls entfällt.

Allerdings muß unterschieden werden zwischen den Printerzeugnissen, die täglich an den häufig regionalen Märkten angeboten werden, und den dahinterstehenden Verlagshäusern, die europaweit agieren. Die großen deutschen Verlagshäuser sind auf diesem Wege – wie oben schon erwähnt – bereits sehr intensiv in Osteuropa engagiert. Allerdings ist eine mißbräuchliche Ausnützung von starker Marktmacht unwahrscheinlich, da über die Fusionskontrolle und das Binnenmarktprogramm schon ein Einfluß der Europäischen Kommission auf die Geschäftspraktiken der Verlage besteht.

Rein quantitativ ist die Presse in Europa ein kaum zu vernachlässigender Faktor. Ca. 121 Milliarden Euro Umsatz pro Jahr bei gleichzeitig ungefähr 750.000 Beschäftigten dokumentieren die große wirtschaftliche Bedeutung dieses Sektors, der allerdings einem starken Strukturwandel unterworfen ist. Die Produktivität der europäischen Presse gilt sogar im Vergleich zur amerikanischen Presse als höher, wenngleich solche empirischen Schätzungen mit Vorsicht zu betrachten sind. Durch die Ausweitung elektronischer Medien mit verschiedenen online-Zeitungen, Informationsdatenbanken usw. sind die klassischen Zeitungen bezüglich der Auflagenhöhe in die Defensive geraten, und zwar sowohl Tageszeitungen, Wochenzeitungen und auch Fachmagazine. Die Medienkonvergenz berührt auch die Presse, die zunehmend zum interaktiven Medium wird und mit elektronischen Medien verschmilzt.

Vor dem Hintergrund dieser Entwicklung hat zu Beginn 2006 die europäische Medienkommissarin *Vivian Reding* angekündigt, daß sie einen neuen Ordnungsrahmen für den europäischen Pressemarkt schaffen will, der zu den Regelungen der elektronischen Medien besser paßt. Hierdurch sollen mehr Wettbewerb und neue Wachstumsimpulse entstehen. Die Verlagshäuser sind gebeten worden, bis zum 15.11.2006 eine schriftliche Stellungnahme gegenüber der Medienkommissarin abzugeben, welchen Ordnungsrahmen sie bevorzugen würden. Die Kommission will dann die Informationen bündeln und mit einem „Grünbuch" an die interessierte Öffentlichkeit treten. Diese „Farbenbücher" sind bekanntlich der Auftakt zu einem intensiven Diskussionsprozeß der beteiligten Gruppen und führen – wie beim Rundfunk und bei der Telekommunikation – letztlich zu einer europäischen Direktive, die in nationales Recht umzusetzen ist.

Allerdings ist die europarechtliche Kompetenz der Medienkommissarin, einen solchen Vorstoß zu unternehmen, durchaus zu Recht umstritten. Der deutsche Pressemarkt als der größte europäische Teilmarkt gilt beispielsweise als sehr wettbewerbsintensiv und ist durch vergleichsweise hohe durchschnittliche Qualität gekennzeichnet.[32] Außerdem sind Selbstkontrollmechanismen gerade im Pressemarkt weit verbreitet und vergleichsweise erfolgreich. Durch eine umfassende Presseregelung würde die Europäische Kommission in gewisser Hinsicht ihrem eigenen Credo widersprechen, nur dann einzugreifen, wenn die privaten Unternehmen nicht von sich aus zu befriedigenden Lösungen gelangen können. Es wird sich also in der Zukunft zeigen, inwieweit die Kommission hier ein überzeugendes Konzept vorlegen kann oder ob es zu einem (erneuten) Subsidiaritätskonflikt mit den Einzelstaaten kommt.

---

[32] Zu einer ökonomischen Betrachtung des deutschen Pressemarktes siehe *Beck* (2005).

3.7. eEurope 2002 und eEurope 2005

Die sog. Lissabon-Strategie wird in verschiedenen Beiträgen dieses Bandes angesprochen. Kernpunkt dieser Strategie ist die Aussage, Europa bis zum Jahr 2010 zum
wettbewerbsfähigsten und dynamischsten wissensbasierten Wirtschaftsraum der Welt
zu machen. Wichtigstes Werkzeug zur Verwirklichung der hochgesteckten Ziele ist der
Ausbau der Informationsgesellschaft, von dem hohe Wachstumspotentiale und der Abbau der Arbeitslosigkeit erwartet werden. Zu diesem Zweck hat die EU die beiden Förderprogramme eEurope 2002 und eEurope 2005 aufgelegt, durch die u.a. die Jugendlichen verstärkt an die neuen Technologien herangeführt werden sollen. Ferner soll allen
gesellschaftlichen Gruppen ein preisgünstiger Internet-Zugang gewährt werden[33], weil
hierdurch positive Externalitäten für die wirtschaftliche Entwicklung vermutet werden
und die digitale Kluft (digital divide) zwischen gut informierten und weniger gut informierten Bürgern überwunden werden kann. Elektronischer Geschäftsverkehr soll ebenso gefördert wie auch die Effizienz der öffentlichen Verwaltung gesteigert werden.

Die wirtschaftspolitisch relevanten Teilbereiche von eEurope, das insgesamt elf Teil-
aspekte umfaßt, sind unter anderem *eBusiness, eCommerce, eLearning, eSecurity, eGo-
vernment, eHealth* und *eArbeit*.[34] Die Europäische Kommission will den elektronischen
Marktplatz ausbauen (eBusiness und eCommerce) und gleichzeitig die Sicherheit des
Datenaustauschs erhöhen. Nur wenn Vertrauen in die Sicherheit der Zahlungssysteme
und der Rechtswege besteht, kann das Geschäftspotential voll ausgeschöpft werden.
Beim eGovernment-Programm geht es darum, Kostenersparnisse in der öffentlichen
Verwaltung zu realisieren, beispielsweise durch den download von Dokumenten und
Formularen, und auch Genehmigungsverfahren zu beschleunigen. Besonders interessant
sind vor allem die Bereiche eHealth und eArbeit, durch die grenzüberschreitende (elektronische) Arbeitsplätze entstehen, sowie ein zunehmend vernetztes europäisches System der Gesundheitsvorsorge, durch das eine verbesserte Patientenbehandlung ermöglicht wird.

Aus Platzgründen kann an dieser Stelle auf die einzelnen Programme und die Auswirkungen der virtuellen Ökonomie nicht weiter eingegangen werden (ausführlich *Geruschkat* und *Wentzel* 2003, *Wentzel* 2005b). Gleichwohl bleibt festzuhalten, daß es
durchaus verdienstvoll ist, wenn die Kommission den Einsatz von neuen Technologien
durch umfangreiche Förderprogramme unterstützt. Allerdings ist es wirtschaftspolitisch
ausgesprochen naiv, von der Umsetzung von eEurope 2005 einen nachhaltigen Wachstumsimpuls zu erwarten, der Europa wieder weltweit auf einen Spitzenplatz bezüglich
Wirtschaftswachstum und Beschäftigungsstand bringt. Die dringend notwendigen Reformen auf den verkrusteten Arbeitsmärkten lassen sich nicht durch die Hoffnung auf
ein zweites Wirtschaftswunder des Neuen Marktes substituieren. Wie auch in der Industriepolitik oder Verkehrspolitik drängt sich der Verdacht auf, daß eine „Politik der öf-

---

[33] Bei der Internetnutzung haben allerdings im Jahr 2006 schon 12 der 25 EU-Länder die Zielvorgaben erreicht. Lediglich die osteuropäischen Beitrittsstaaten haben hier noch einen beachtlichen Nachholbedarf.

[34] Zu den Details siehe http://www.europa.eu/scadplus/leg/de/lvb/l24226.htm

fentlichkeitswirksamen Symbole" einer soliden Wirtschafts- und Ordnungspolitik vorgezogen wird (vgl. auch *Schüller* i.d.Bd.).

4. Normative Orientierung: Für eine Wirtschaftsverfassung des Medienwettbewerbs in Europa

Die voranstehenden Ausführungen dokumentieren einen stetigen Wandel in der europäischen Medienordnung. Bedingt durch die institutionelle Weiterentwicklung, die Aufnahme neuer Mitglieder, aber auch durch technische Innovationen wie das Internet und den elektronischen Markt besteht die Notwendigkeit, den bestehenden Ordnungsrahmen an die neuen Gegebenheiten anzupassen. Damit die Ordnungspolitik aber nicht zu einer „stop and go policy" wird, bedarf es einer konsequenten Ausrichtung am Wettbewerbsgedanken und eines widerspruchsfreien ordnungspolitischen Leitbildes.

Als mögliche (normative) Orientierung für einen europäischen Ordnungsrahmen der Medien kann die *Eucken*sche Konzeption einer Wirtschaftsverfassung des Wettbewerbs dienen, denn diese ist mit geringfügigen Modifikationen für die vorliegende medienökonomische Frage anwendbar. Ebenso wie es *Eucken* (1952/90) gelungen ist, einzelne Bausteine des Wettbewerbs in der allgemeinen Wirtschaftsordnung herauszufiltern, so können in Weiterführung des *Eucken*schen Ansatzes auch für eine europaweit konsensfähige Medienordnung Ordnungselemente hervorgehoben werden, die in einem interdependenten Verhältnis zueinander stehen.

Die Entwicklung eines wettbewerbspolitischen Leitbildes für Europa hat mehrere Vorteile. *Erstens* dient ein Leitbild als Orientierung für nationale Medienordnungspolitik, die zumindest in manchen Detailfragen weiterhin bedeutsam bleiben wird – etwa bei der Presse. *Zweitens* dient ein Leitbild den beteiligten Staaten als Anhaltspunkt, um notwendige Institutionen einer europäischen Ordnung auf der Basis eines konstitutionellen Minimums an gemeinsamen Werten und Lenkungsvorstellungen zu entwickeln. *Drittens* dient ein Leitbild auch als Orientierung für *private Initiative* bei der Entwicklung zweckmäßiger Regeln des wirtschaftlichen Zusammenlebens. Institutionen der Selbstregulierung werden nur dann erfolgreich sein, wenn die Menschen und Unternehmen wissen, in welchen Bereichen der Staat oder die internationale Staatengemeinschaft ordnungssetzend wirkt – und wo Eigeninitiative erforderlich und erfolgversprechend ist.

Im Zentrum einer wettbewerblichen Medienordnung steht ein *System freier Preise und Informationen*. Dieses Prinzip ist insofern grundlegend, als es die verschiedenen Funktionen der Medien sowohl als *Informationsvermittler* (in Analogie zu einem System freier Preise als Vermittler von Knappheitsinformationen) als auch als *Meinungsträger* beinhaltet. Jede arbeits- und wissensteilige Gesellschaft ist auf den möglichst freien Fluß von Informationen angewiesen, um die verstreuten Wissenspotentiale der einzelnen Menschen bestmöglich zu nutzen. Dieses Prinzip ist in Europa konsensfähig, da es unbestritten ist, daß die Förderung des freien Informationsflusses maßgeblich zur Erhöhung des Wohlstandes einer Nation beiträgt. Diese Sichtweise hat letztlich auch die erste Fernsehdirektive von 1989 gekennzeichnet und die europäische Marktöffnung bewirkt. Auch in den aktuellen *Kopenhagener Kriterien*, die zur Bewertung der Beitrittsfähigkeit der neuen Mitglieder herangezogen werden, ist die Presse und Medienfreiheit ein Kernpunkt. Konflikte einer internationalen Wettbewerbsordnung der Medien sind vor allem dann zu erwarten, wenn der freie Fluß von Ideen aus politischen Gründen oder (vordergründig) kulturellen Erwägungen limitiert oder gar unterbunden werden soll.

Ferner bedarf es verschiedener *konstituierender Prinzipien*. An erster Stelle ist dabei für jede Medienordnung in einem demokratischen Gemeinwesen der Grundsatz der *freien Meinungsäußerung* hervorzuheben. Jede Medienordnung innerhalb einer freiheitlichen Ordnung legitimiert sich dadurch, daß sie gleichsam als Instrument zur Verwirklichung dieses demokratischen Grundrechts wirkt. Meinungsfreiheit und die (unternehmerische und individuelle) Freiheit zur Veranstaltung von Rundfunk und zur Verbreitung von Meinung als *Pressefreiheit* sind in diesem Zusammenhang sehr eng miteinander verknüpft (vgl. *Wentzel* 2002a). In der Verbindung von Meinungsfreiheit und der Freiheit zur Veranstaltung von Rundfunk wird die Voraussetzung gesehen, um einen „Markt der Ideen" zu institutionalisieren. Das Recht, Informationen zu sammeln, zu interpretieren und zu verbreiten, wird als ebenso grundlegend angesehen wie die Freiheit, bestimmte Informationen *nicht* zu senden. Allerdings gibt es im europäischen Kontext durchaus unterschiedliche rechtliche und politische Auffassungen, ob Meinungsfreiheit als individuelles Recht oder aber als staatliche Gewährleistungsaufgabe – wie in Deutschland – anzusehen ist. In diesen Deutungen zeigen sich in besonderer Weise die unterschiedlichen kulturellen Wurzeln der verschiedenen Medienordnungen.

Als nächstes konstituierendes Prinzip einer Medienordnung ist die *Gemeinwohlorientierung* („public interest") als gemeinsames, übergeordnetes Interesse aller Rundfunkveranstalter – unabhängig von der konkreten Organisationsform – zu nennen. Selbst wenn es im konkreten Anwendungsfall schwierig ist, das *Gemeinwohl im Rundfunk* tatsächlich zu bestimmen (hierzu *McQuail* 1993, Kapitel 3), so dürfte doch die Verwendung dieser unbestimmten Rechtsnorm eine wichtige Orientierung für die Marktteilnehmer wie auch für die Rechtsprechung und Rechtsetzung sein. Selbst in der rein marktwirtschaftlichen und gewinnorientierten Medienordnung der USA wird eine ähnliche Formulierung gewählt – „public interest, convenience and necessity" – auch für die neuen digitalen Medien. *Compaine* (1995) hat diese Formulierungen als die zentralen in der gesamten amerikanischen Medienordnung bezeichnet, und zwar schon seit der erstmaligen Verwendung im *Radio Act* von 1927. Eine moderne Medienordnung muß sowohl der liberalen Idee offener Meinungsmärkte als auch sozialer Verantwortlichkeit verpflichtet sein.

Als nächster Baustein einer europäischen Medienordnung ist das *Privateigentum* hervorzuheben. Die elektronischen Medien sind *kein öffentliches Gut*, wie dies in den ersten theoretischen Analysen über den Rundfunk noch vermutet wurde und angesichts der technischen Besonderheiten des terrestrischen Rundfunks anfänglich auch zutraf. Im Prinzip läßt sich heute mit privater Initiative unter zweckmäßigen ordnungspolitischen Rahmenbedingungen eine Rundfunkordnung sichern, die den verschiedenen gesellschaftlichen und politischen Anliegen durchaus gerecht werden kann. Eine *allgemeine Marktversagensvermutung* im Rundfunk ist jedenfalls vollständig widerlegt. Diese Einschätzung ändert nichts daran, daß öffentlich-rechtlicher Rundfunk mit spezifischen

eigentumsrechtlichen Sonderregelungen als Ergänzung eines marktwirtschaftlichen An-
gebots in spezifischen Bereichen positive Wirkungen entfalten kann bei der Bereitstellung von Programmen, die nicht ohne weiteres marktfähig sind. Allerdings müßte –
anders als im Amsterdamer Protokoll von 1997 – ein genauer Funktionsauftrag definiert
werden, um wettbewerbsverzerrende Strategien der öffentlich-rechtlichen Sender zu
verhindern.

Unmittelbar mit dem Privateigentum verbunden ist das *Prinzip der Haftung*. Die Be-
lohnung eines Medienunternehmers für ein leistungsfähiges Angebot durch einen entsprechenden Gewinn ist ebenso positiv einzuschätzen wie der Verlust oder gar der
Marktaustritt im Falle einer schlechten Leistung. Die klassische Formulierung von
Adam Smith, daß wir unser Essen nicht dem Wohlwollen des Metzgers oder Bäckers
verdanken, sondern dessen Eigeninteresse, gilt im Prinzip auch im Medienbereich.
Auch wirtschaftsethisch ist nichts dagegen einzuwenden, wenn ein gutes Fernsehangebot (ebenso wie ein kulturelles Angebot in Theater, Oper und Museen) auf privaten
Gewinninteressen beruht. In diesem Zusammenhang ist es bedenklich, wenn den öffent-
lich-rechtlichen Anstalten in Deutschland durch die Finanzierungsgarantie de facto eine
Konkursunfähigkeit zugesichert wird, sie also (grundsätzlich) aus dem Konnex von Lei-
stung und Haftung entlassen werden. Die dauerhafte Wachsamkeit der europäischen
Wettbewerbshüter ist hier dringend erforderlich.

Aufgrund der besonderen Bedeutung der freien Meinungsäußerung für ein demokra-
tisches Gemeinwesen und möglichen Interdependenzen zwischen ökonomischem und
publizistischem Wettbewerb müssen Konzentrationstendenzen im Medienbereich mit
besonderer Vorsicht betrachtet werden. Offenkundig besteht die Gefahr, daß wirtschaftliche Konzentration und Macht in den elektronischen Medien unmittelbar in Meinungsmacht transformiert werden *kann*. In Europa dient der Aufstieg des italienischen
Medienunternehmers *Silvio Berlusconi* als Beispiel. Eine effektive *Monopolkontrolle*
(bei *Eucken* noch ein regulierendes Prinzip) und die *Sicherstellung offener Märkte nach
innen und nach außen* sind notwendig und konstitutiv, um die positiven Wirkungen des
(Meinungs-)Wettbewerbs auch im Medienbereich dauerhaft zu erhalten. Eine effektive
Monopolkontrolle muß aber auch möglichen Abschließungstendenzen öffentlich-
rechtlicher Anstalten entgegenwirken. Dies setzt voraus, daß die EU der Versuchung
widersteht, Liberalisierungsfortschritte im Binnenmarkt durch Abschließungstendenzen
nach außen zu kompensieren.

Als weiteres konstituierendes Prinzip einer europäischen Medienordnung ist die
Konstanz der Wirtschafts- und Medienordnungspolitik hervorzuheben. Jede unternehmerische Initiative benötigt stabile Erwartungen und Planungssicherheit. Eine europäische Medienpolitik, die durch unstetes Manövrieren die Menschen und Unternehmen
verunsichert, kann kaum zu einer funktionsfähigen Ordnung beitragen. Um den Wettbewerb auch bei der Suche nach den besten Regeln zu nutzen, empfiehlt es sich, möglichst *allgemeine Regeln* vorzuschlagen und nach dem Verbotsprinzip vorzugehen: Alles, was nicht ausdrücklich im Sinne eines Negativkatalogs verboten ist, ist erlaubt: *In
dubio pro libertate*. Zudem ist dem Sachverhalt abnehmender staatlicher Regelungs-
kompetenz dadurch Rechnung zu tragen, daß sich Medienordnungspolitik strikt am

Grundsatz der Subsidiarität orientiert und staatliche Regulierungsbemühungen erst für den Fall offensichtlichen und nachweisbaren Marktversagens erfolgen.

Das letzte konstituierende Prinzip bei *Eucken* ist die Interdependenz der wirtschaftlichen Teilordnungen, in der sich ein „Denken in Ordnungen" manifestiert. *Eucken* (1952/90) betont, daß der Wettbewerb nur im Kontext aller konstituierenden Prinzipien seine positiven Wirkungen entfalten kann. Eine isolierte Anwendung einzelner Prinzipien ohne die Gesamtschau könne sogar negative Auswirkungen haben. Diese Einschätzung dürfte auch für die Medienordnungspolitik von nachdrücklicher Relevanz sein – vor allem angesichts europaweit offener Grenzen. Ordnungspolitik in den Medien erfordert, die Reichweite staatlichen Handelns in Verbindung mit dem Gedanken der Subsidiarität klar abzustecken und glaubwürdig zu beschränken. Insbesondere inhaltliche Einflußnahme und die Verwendung offener und versteckter Handelsbeschränkungen sind deshalb *nicht* mit dem Leitbild einer „Wirtschaftsverfassung des Medienwettbewerbs" zu vereinbaren.

Literatur

Alexander, Alison; *James Owers* and *Rod Carveth* (Hg.) (1998), Media Economics, Theory and Practice, 2. Auflage, Mahwah, New Jersey.

Altmeppen, Klaus-Dieter (Hg.) (1996), Ökonomie der Medien und des Mediensystems: Grundlagen, Ergebnisse und Perspektiven medienökonomischer Forschung, Opladen.

ARD (Hg.) (2005), ARD-Jahrbuch 2005, 37. Jahrgang, Hamburg.

ARD-Jahrbuch 2006.

Baran, Stanley J. and *Dennis K. Davis* (2000), Mass Communication Theory: Foundations, Ferment, and Future, Belmont Ca.

Beck, Hanno (2005), Medienökonomie: Print, Fernsehen und Multimedia, 2. Aufl., Berlin.

Bertelsmann-Stiftung (Hrsg.) (1995), Fernsehen in den USA. Erfahrungen mit Regulierung und Selbstkontrolle, Gütersloh.

Bertrand, Claude Jean (2005), Study on Co-Regulation: Measures in the Media Sector, hrsg. vom *Hans Bredow*-Institut der Universität Hamburg.

Breunig, Christian (1999), Programmqualität im deutschen Fernsehen, in: Media Perspektiven, Heft 3, S. 94-110.

Browne, Donald R. (1999), Electronic Media and Industrialized Nations: A Comparative Study, Iowa State University Press.

Bullinger, Martin (1998), Die Aufgaben des öffentlich-rechtlichen Rundfunks – Wege zu einem Funktionsauftrag, Freiburg.

Cassel, Dieter (Hg.) (1998), 50 Jahre Soziale Marktwirtschaft: Ordnungstheoretische Grundlagen, Realisierungsprobleme und Zukunftsperspektiven einer wirtschaftspolitischen Konzeption, Schriften zu Ordnungsfragen der Wirtschaft, Bd. 57, Stuttgart.

Compaine, Benjamin M. (1995), Understanding New Media, Boston MA.

Cook, Philip and *Robert H. Frank*, (1995): The Winner-Take-All-Society, New York.

Dominick, Joseph R., Barry L. Sherman und *Gary A. Copeland* (1996), Broadcasting/Cable and Beyond: An Introduction to Modern Electronic Media, McGraw-Hill.

eEurope 2005 (2002), An Information Society for all: An Action Plan to be presented in view of the Sevilla European Council, Brussels – URL:

http://europa.eu.int/information_socety/eeurope/2002/news_library/documents/eeurope20
05/execsum_en.pdf

Eucken, Walter (1952/90), Grundsätze der Wirtschaftspolitik, 6. Auflage, Tübingen
1990.

European Commission (2006a), Audiovisual and Media Policies, Zugriff im Internet
unter: http://ec.europa.eu/comm/avpolicy/index en.htm

European Commission (2006b): Television without Frontiers, Zugriff im Internet unter:
http://ec.europa.eu/comm/avpolicy/index en.htm

Frieden, Rob (2001), Managing Internet-Driven Change in International Telecommunications, Boston und London.

Geruschkat, Ralf und *Dirk Wentzel* (2003), Virtuelle Integration: Zur Rolle der Internet-
und Medienwirtschaft im Integrationsprozeß, in: *Dieter Cassel* und *Paul J.J. Welfens* (Hg.): Regionale Integration und Osterweiterung der Europäischen Union,
Schriften zu Ordnungsfragen der Wirtschaft, Bd. 72, Stuttgart, S. 157-186.

Goodman, Joseph W. (2006), Telecommunications Policy-Making in the European Union, Northhampton, MA, USA.

Graack, Cornelius (1997), Telekommunikationswirtschaft in der Europäischen Union,
Heidelberg.

Gundlach, Hardy (1998), Die öffentlich-rechtlichen Rundfunkunternehmen zwischen
öffentlichem Auftrag und marktwirtschaftlichem Wettbewerb, Duisburg.

Hachmeister, Lutz und *Günther Rager* (2000), Wer beherrscht die Medien? Die 50
größten Medienkonzerne der Welt, Jahrbuch 2000, Becksche Reihe, München.

Hartwig, Karl-Hans und *Guido Schröder* (1999), Das deutsche Mediensystem zwischen
Markt- und Politikversagen – Wege zu einer rationalen Medienpolitik, in: Hamburger Jahrbuch für Wirtschafts- und Gesellschaftspolitik, Bd. 44, S. 275-293.

Heine, Klaus und *Wolfgang Kerber* (Hg.) (2006), Zentralität und Dezentralität von Regulierung in Europa, Schriften zum Vergleich von Wirtschaftsordnungen, Bd. 83, Stuttgart (im
Druck).

Heinrich, Jürgen (1994), Medienökonomie, Bd. 1: Mediensystem, Zeitung, Zeitschrift,
Anzeigenblatt, Opladen.

Heinrich, Jürgen (1999), Medienökonomie, Bd. 2: Hörfunk und Fernsehen, Opladen.

Hilliard, Robert L. (1991), The Federal Communications Commission: A Primer, Boston und London.

Hoffmann-Riem, Wolfgang (1981), Kommerzielles Fernsehen, Baden-Baden.

Holznagel, Bernd (1999), Der spezifische Funktionsauftrag des ZDF, in: ZDF-
Schriftenreihe, Bd. 55, Mainz.

Internationales Handbuch Medien 2004/2005, hg. vom Hans-Bredow-Institut für Medi-
enforschung, Baden-Baden.

Jarren, Otfried und *Patrick Donges* (2000b), Medienregulierung durch die Gesellschaft? Eine steuerungstheoretische und komparative Studie mit Schwerpunkt
Schweiz, Wiesbaden.

Knieps, Günter (2003), Telekommunikationsmärkte zwischen Regulierung und Wettbewerb, in: *Hans G. Nutzinger* (Hg.): Regulierung, Wettbewerb und Marktwirtschaft, Göttingen, S. 204-220.

Kramer, Steven Philip (2006), The End of French Europe?, in: Foreign Affairs, Ju-
ly/August 2006, S. 126-138.

Leipold, Helmut (1996), Zur Pfadabhängigkeit der institutionellen Entwicklung, Erklärungsansätze des Wandels von Ordnungen, in: Schriften des Vereins für Socialpo-
litik, N.F., Bd. 246, S. 93-115.

Leipold, Helmut (2006), Kulturvergleichende Institutionenökonomik, UTB, Stuttgart.

Leipold, Helmut und *Dirk Wentzel* (Hg.) (2005), Ordnungsökonomik als aktuelle Herausforderung, Schriften zu Ordnungsfragen der Wirtschaft, Bd. 78, Stuttgart.

Luhmann, Niklas (1996), Die Realität der Massenmedien, Opladen.

McQuail, Denis (1993), Media Performance: Mass Communication and the Public Interest, London.

Meckel, Miriam (1994), Fernsehen ohne Grenzen? Europas Fernsehen zwischen Integration und Segmentierung, Bd. 3, Wiesbaden.

Möschel, Wernhard (1991), Die Rundfunkordnung als ordnungspolitisches Ärgernis, in: Neue Zürcher Zeitung vom 17.04.1991.

Müller, Monica (1998), Markt- oder Politikversagen im Fernsehsektor, Frankfurt.

Noelle-Neumann, Elisabeth (1996): Öffentliche Meinung – Die Entdeckung der Schweigespirale, Frankfurt.

o.V. (2005), Legale Schleichwerbung. Neue EU-Fernsehrichtlinie erlaubt Product Placement, in: Der Tagesspiegel (Berlin) vom 14.12.05, online abgerufen am 11.07.2006 (http://archiv.tagesspiegel.de/archiv/14.14.05/2235108.asp).

Ohr, Renate und *Theresia Theurl* (2001) (Hg.), Kompendium Europäische Wirtschaftspolitik, München.

Parlasca, Susanne (1994), Medienkonzentration und Medienverflechtung – Zur Reichweite des kartellrechtlichen Instrumentariums, in: Wirtschaft und Wettbewerb, Jg. 35, Heft 3, S. 210-220.

Ress, Georg und *Jürgen Bröhmer*, (1998), Europäische Gemeinschaft und Medienvielfalt. Die Kompetenzen der Europäischen Gemeinschaft zur Sicherung des Pluralismus im Medienbereich, in: Marburger Medienschriften, Frankfurt.

Schüller, Alfred (2000), Theorie des wirtschaftlichen Systemvergleichs: Ausgangspunkte, Weiterentwicklungen und Perspektiven, in: *Helmut Leipold* und *Ingo Pies* (Hg.), Ordnungstheorie und Ordnungspolitik, Schriften zu Ordnungsfragen der Wirtschaft, Bd. 64, Stuttgart, S. 51-81.

Shapiro, Carl und *Hal Varian* (1999), Information Rules: A Strategic Guide to the Network Economy, Havard Business School Press.

Siedentopf, Heinrich (1995), Das Subsidiaritätsprinzip in der EG, Europäische Zeitung für Regionalentwicklung, Jg. 1, Heft 2, S. 7-11.

Tietzel, Manfred und *Dirk Wentzel* (2005), Pressefreiheit: Erfolg oder Mißerfolg einer Institution? in: *Thomas Eger* (Hg.), Erfolg und Versagen von Institutionen, Berlin, S. 53-88.

Verheugen, Günter (2005), Europa in der Krise: Für eine Neubegründung der europäischen Idee, Köln.

Voß, Peter (1997), Zwischen Freiheit und Zwang – Wer braucht den öffentlich-rechtlichen Rundfunk und wie lange noch? in: *Peter Oberender* (Hg.), Herausforderung Medien zwischen Freiheit und Zwang, Berlin, S. 27-39.

Welfens, Paul J.J. und *Cornelius Graack* (1996),: Telekommunikationswirtschaft, Berlin.

Wentzel, Bettina und *Dirk Wentzel* (Hg.) (2000), Wirtschaftlicher Systemvergleich Deutschland/USA, UTB-Taschenbuch, Stuttgart und New York.

Wentzel, Dirk (1998), Politischer Wettbewerb in der Informationsgesellschaft: Medien als Einflußträger und Kontrollinstanz der Wirtschaftspolitik, in: *Cassel* (1998), S. 711-740.

Wentzel, Dirk (2000a), Die öffentlich-rechtlichen Rundfunkunternehmen zwischen öffentlich-rechtlichem Auftrag und marktwirtschaftlichem Wettbewerb: Anmerkungen zu dem gleichnamigen Buch von *Hardy Gundlach*, in: ORDO, Bd. 50, S. 501-507.

Wentzel, Dirk (2000b), Vielfalt und qualitative Standards im Rundfunk: Ein Systemvergleich, in: *Bettina Wentzel* und *Dirk Wentzel* (2000), S. 281-334.

Wentzel, Dirk (2002a), Medien im Systemvergleich: Eine ordnungsökonomische Analyse des deutschen und amerikanischen Fernsehmarktes, Schriften zu Ordnungsfragen der Wirtschaft, Bd. 69, Stuttgart.

Wentzel, Dirk (2002b), Principles of Self-Regulation, in: Marburger Volkswirtschaftliche Beiträge 01/2002.

Wentzel, Dirk (2003), Der amerikanische Medienmarkt und sein ordnungspolitisches Leitbild, in: Orientierungen der Wirtschaftspolitik, hrsg. von der Ludwig-Erhard-Stiftung, Heft 1/2003, S. 53-56.

Wentzel, Dirk (2005a), Der Stabilitäts- und Wachstumspakt: Prüfstein für ein stabilitätsorientiertes Europa, in: *Helmut Leipold* und *Dirk Wentzel* (Hg.), Ordnungsökonomik als aktuelle Herausforderung, Schriften zur Ordnungsfragen der Wirtschaft, Bd. 78, Stuttgart, S. 309-331.

Wentzel, Dirk (2005b), European Legislation on the New Media: An Appropriate Framework for the Information Economy? In: The European Journal of Management and Public Policy, Vol. 4, No. 1, pp. 17-31.

Wentzel, Dirk (2006), Der Ausschuß der Regionen in Europa: Institutioneller Aufbau und Subsidiaritätsauftrag, in: *Klaus Heine* und *Wolfgang Kerber* (Hg.), (2006, im Druck).

Wiechers, Ralph (1992), Markt und Macht im Rundfunk: Zur Stellung der öffentlich-rechtlichen Rundfunkanstalten im dualen Rundfunksystem der Bundesrepublik Deutschland, Frankfurt.

Wiegerling, Klaus (1998), Medienethik, Stuttgart und Weimar.

Wissenschaftlicher Beirat beim Bundesministerium für Wirtschaft und Technologie (Hg.) (1999), Offene Medienordnung, Berlin.

Zöller, Michael (1984), Öffentliche Kontrolle und öffentliches Interesse: Die Diskussion um Binnenpluralismus und Außenpluralismus in der amerikanischen Medienpolitik, in: Hamburger Jahrbuch für Wirtschafts- und Gesellschaftspolitik, 29. Jahr, S. 257-273.

Die Autoren:

Apolte, Prof. Dr. Thomas, Universität Münster
apolte@uni-muenster.de

Bardt, Dr. Hubertus, Institut der deutschen Wirtschaft Köln
bardt@iwkoeln.de

Kortenjann, Ansgar, M.A., Universität Münster
kortenjann@uni-muenster.de

Leipold, Prof. Dr. Helmut, Universität Marburg
leipold@wiwi.uni-marburg.de

Michler, PD Dr. Albrecht F., Universität Düsseldorf
michler@uni-duesseldorf.de

Müller, PD Dr. Christian, Universität Duisburg-Essen
cmueller.homberg@gmx.de

Schüller, Prof. em. Dr. Alfred, Universität Marburg
schueller@wiwi.uni-marburg.de

Smeets, Prof. Dr. Heinz-Dieter, Universität Düsseldorf
smeetsd@uni-duesseldorf.de

Sundmacher, Dr. Torsten, Universität Duisburg-Essen
sundmacher@uni-duisburg.de

Wentzel, Prof. Dr. Dirk, Hochschule Pforzheim
dirk.wentzel@hs-pforzheim.de

Schriften zu Ordnungsfragen der Wirtschaft

(bis Band 51: „Schriften zum Vergleich von Wirtschaftsordnungen")

Herausgegeben von
Gernot Gutmann, Hannelore Hamel, Helmut Leipold, Alfred Schüller, H. Jörg Thieme

unter Mitwirkung von
Dieter Cassel, Hans-Günter Krüsselberg, Karl-Hans Hartwig, Ulrich Wagner

Band 81: *Martin Dietz,*
Der Arbeitsmarkt in institutionentheoretischer Perspektive, 2006, 314 S., 38,00 €, ISBN13: 978-3-8282-0365-5.

Band 80: *Gerrit Fey,*
Banken zwischen Wettbewerb, Selbstkontrolle und staatlicher Regulierung: Eine ordnungsökonomische Analyse, 2006, 332 S., 38,00 €, ISBN10: 3-8282-0364-7, ISBN13: 978-3-8282-0364-8.

Band 79: *David Nguyen-Thanh,*
Steuerreformen in Transformationsländern und wirtschaftspoliti-sche Beratung: Eine Fallstudie am Beispiel der Politik des IWF in Kroatien und Bosnien-Herzegowina, 2005, XXIV/287 S., 38,00 €, ISBN 3-8282-0318-3.

Band 78: *Helmut Leipold* und *Dirk Wentzel* (Hg.),
Ordnungsökonomik als aktuelle Herausforderung, 2005, X/413 S., 36,00 €, ISBN 3-8282-0319-1.

Band 77: *Werner Pascha* und *Cornelia Storz* (Hg.),
Wirkung und Wandel von Institutionen: Das Beispiel Ostasien, 2005, X/287 S., 48,00 €, ISBN 3-8282-0312-4.

Band 76: *Rolf Hasse* und *Uwe Vollmer* (Hg.),
Incentives and Economic Behaviour, 2005, X/134 S., 32,00 €, ISBN 3-8282-0308-6.

Band 75: *Martin Leschke* und *Ingo Pies* (Hg.),
Wissenschaftliche Politikberatung: Theorien, Konzepte, Institutio-nen, 2005, X/432 S., 38,00 €, ISBN 3-8282-0304-3.

Band 74: *Thomas Apolte, Rolf Caspers* und *Paul J.J. Welfens* (Hg.),
Ordnungsökonomische Grundlagen nationaler und internationa-ler Wirtschaftspolitik, 2004, X/236 S., 34 €, ISBN 3-8282-0293-4.

Band 73: *Hubertus Bardt* ,
„Arbeit" versus „Kapital" – Zum Wandel eines klassischen Kon-flikts, 2003, X/177 S., 32,00 €, ISBN 3-8282-0277-2.

Band 72: *Dieter Cassel* und *Paul J.J. Welfens* (Hg.),
Regionale Integration und Osterweiterung der Europäischen Union, 2003, VIII/543 S., 42,00 €, ISBN 3-8282-0278-0.

Band 71: *Alfred Schüller* und *H. Jörg Thieme* (Hg.),
Ordnungsprobleme der Weltwirtschaft, 2002, VIII/524 S., 42,00 €, ISBN 3-8282-0231-4.

Band 70: *Alfred Schüller,*
Marburger Studien zur Ordnungsökonomik, 2002, X/348 S., 32,00 €, ISBN 3-8282-0221-7.

Band 69: *Dirk Wentzel,*
Medien im Systemvergleich, 2002, XVII/268 S., 38,00 €, ISBN 3-8282-0220-9.

Band 68: *Thomas Apolte* und *Uwe Vollmer* (Hg.),
Arbeitsmärkte und soziale Sicherungssysteme unter Reformdruck, 2002, 454 S., 36,00 €, ISBN 3-8282-0204-7.

Band 67: *Dietrich v. Delhaes-Guenther, Karl-Hans Hartwig,Uwe Vollmer* (Hg.)
Monetäre Institutionenökonomik, 2001, VIII/400 S., 34,50 €, ISBN 3-8282-0194-6.

Band 66: *Dirck Süß,*
Privatisierung und öffentliche Finanzen: Zur Politischen Ökonomie der Transformation, 2001, 236 S., 31,00 €, ISBN 3-8282-0193-8.

Band 65: *Yvonne Kollmeier,*
Soziale Mindeststandards in der Europäischen Union im Spannungsfeld von Ökonomie und Politik, 2001, 158 S., 29,00 €, ISBN 3-8282-0179-2.

Band 64: *Helmut Leipold* und *Ingo Pies* (Hg.),
Ordnungstheorie und Ordnungspolitik: Konzeptionen und Entwicklungsperspektiven, 2000, 456 S., 42,00 €, ISBN 3-8282-0145-8.

Band 63: *Bertram Wiest,*
Systemtransformation als evolutorischer Prozeß: Wirkungen des Handels auf den Produktionsaufbau am Beispiel der Baltischen Staaten, 2000, 266 S., 34,00 €, ISBN 3-8282-0144-X.

Band 62: *Rebecca Strätling,*
Die Aktiengesellschaft in Großbritannien im Wandel der Wirtschaftspolitik: Ein Beitrag zur Pfadabhängigkeit der Unternehmensordnung, 2000, 270 S., 31,00 €, ISBN 3-8282-0128-8.

Band 61: *Carsten Schittek,*
Ordnungsstrukturen im europäischen Integrationsprozeß: Ihre Entwicklung bis zum Vertrag von Maastricht, 1999, 409 S., 39,00 €, ISBN 3-8282-0108-3.

www.ingramcontent.com/pod-product-compliance
Lightning Source LLC
Chambersburg PA
CBHW050633280326
41932CB00015B/2629